「熊野古道」
それは、千年以上の昔から、上皇、貴族、庶民まで、
いろんな人が歩いてきた「祈りの道」。
「この道を歩いたら、一体どんな体験ができるのだろう？」
そう思った私は、8月の灼熱の太陽の下、
三重県の伊勢神宮から、和歌山県の熊野本宮大社まで、
熊野古道約220キロを歩くことにした。

熊野古道伊勢路。

日本の重要な聖地のひとつ、伊勢神宮と、神道ができる以前、

二千年以上の古くより神聖な祈りの地であった熊野とを結ぶ道。

伊勢神宮

二見興玉神社

瀧原宮

この道を歩いていると、

日本人が本来持っている「八百万の神」という感覚が目覚めてくる。

神内神社

神倉神社

七里御浜

大門坂

日本一の落差と言われる那智の滝。

これを見たとき、千年前の旅人たちは何を想ったのだろう。

熊野那智大社

飛瀧神社

正遷座百二十年大祭
祈 熊野より日本の再生を！

大斎原

「老若男女、貴賎、浄不浄、信不信を問わず」
熊野は、すべての人を受け入れる。昔も、今も。

大斎原

熊野本宮大社

玉置神社

# はじめに——道を歩くと、いつもの毎日が違って見える

あなたは歩くことに興味がありますか?

熊野古道に興味がありますか?

どちらもない?

だとしたら私と同じです。正確には、少し前の私と同じです。

私も歩くことに興味はありませんでした。特に重いものを背負って歩くとか山道を歩くなんて、興味がないどころかむしろ苦手、嫌いでした。

でもいまは歩くことが好きです。なぜなら、歩いたことで生きることがすごく楽になったから。歩くことでしか見えないもの、出逢えないものがあることを知ったから。

それで、以前の私のように歩くことの魅力をまだ知らない方へ、その素晴らしさを知っていただけたらと思い、この本を書きました。

まずは私と「歩くこと」との出逢い、「熊野」との出逢いについてお話しします。

＊＊＊

それは2010年のこと。私は30代前半で、そんな妙齢(?)のせいか、仕事のこと、恋愛のこと、将来のこと、いろんなことの選択を迫られているような気がして焦っていました。仕事に大きな不満はなかったけれど、正直、やりたいことではなかったので、「これだ」というものを見つけて輝いている人や、それに向かってがんばっている人を見ては、「まぶしいな、羨ましいな。本当は私もあんなふうに生きたいのに」と悶々としていました。だけどじゃあ、自分は何をしたいのかと考えても、余計なこと、例えばそれで稼げるのかとか、いまからでは遅いのではないかなどの考えが邪魔をして、自分の本当の気持ちがよくわからなくなっていました。さらにそこに、「まだ結婚しないの？」という周囲からの無言のプレッシャーも感じ、余計に混乱していました。そしてこのままだと、「世間の常識」という波に飲み込まれ、自分が納得しないままどこかに押し流されてしまうような気がして怖くなりました。遠くない将来、「ほどほどに幸せだし。人生こんなもんでしょ」と言い、輝いている人を見ては羨望と嫉妬のまなざしを向けている自分が想像できて、ぞっとしたことを覚えています。

そんなとき偶然、ヨーロッパ版お遍路さん「サンティアゴ巡礼路」と出逢いました。

それまでちっとも運動していなかったし、アウトドア経験があるわけでもない。登山なんて学校の遠足以来。マンションの階段では4階あたりで息が切れてゼーハーするという状態だったけれど、日常から切り離された環境の中、たった一人で何十日も歩き続けたら、何かが見えてくるんじゃないか？

何のしがらみも関係ない、純粋な『自分自身』に出逢えるんじゃないか？　そう思って歩くことを決めました。フランスの聖地「ルルド」から出発し、ピレネー山脈を越え、スペインの西の端「フィニステーラ岬」まで、およそ1000キロの道のりを、約2カ月間かけて。

トレーニングなんてほとんどせずに出発したから、最初の数日はとにかく辛かった。「なんでこんなこと始めちゃったんだろう。もうやめて日本に帰りたい」と泣きながら歩く毎日。でも幸か不幸か、どこだかよくわからないフランスの田舎の村を歩いていたから、日本に帰るにしても次の大きな街まで歩いて行くしかない。それで歯を食いしばって歩き続けていたら、だんだん体が慣れてきて、歩くことが楽しくなってきました。体が慣れてくるだけでなく、歩くうちに自分にとって本当に必要な物がわかってくるから、荷物が軽くなっていくのです。

さらにザックの中だけでなく、心の中にあった余計なモノもどんどん消えていっていることに気づきました。傍目を気にする気持ち。「何者かにならなきゃ」と焦る気持ち。「なんであの人ばっかり」と嫉妬する気持ち。将来への不安。思うような自分になれない自分へのもどかしさ。自己嫌悪感。ほんとは欲しくないのに周りに影響されてなんとなく欲しがっていたもの。そんな、自分にとって必要ではないモノが、一歩一歩、歩き続けるうちにはがれ落ちていきました。そして過去への後悔も、将来への不安も消え、ただ「いま歩いている自分」だけになりました。

そうして歩いていたら突然、ある瞬間に、何もかもが美しく見えたのです。木も、大地も、遠くに見える村も、大げさでなく本当に、すべてがキラキラと輝いて見えた。いま、ここにいることの幸せ、自分自身であることの喜びが湧き上がってきました。そうして1000キロ歩き終えたときには、「何も心配することはない。自分の感覚を信じて、自分のペースで進めばいいんだ」と確信できるようになり、生きることが楽になりました。

もちろん日常に戻ると、多すぎる情報に惑わされ、心が揺れることもあります。でもそんなときも、歩いていたときの感覚を思い出すと、心の中から余計なものが消えていき、静寂とおだやかさが戻ってくるようになりました。

こんなふうに私は、道を歩いたおかげですごく救われました。それで、「この素晴らしさをほかの人にも伝えたい」「歩くことを必要としている人はほかにもいるんじゃないか」と考えるようになりました。

しかしすべての人が歩く旅をするためにスペインまで行けるわけではありません。そこで、「日本にもあのような道があればいいのに」と考え、日本の中で歩ける道を探しはじめました。しかし、いまいちピンとくる道がなく、日本を歩くことを半ば諦めはじめていました。

そんなある春のこと。なぜだか急に京都と奈良に行きたくなり、ふらっと2泊3日の旅に出ました。それは歩く旅ではない、ごく普通の旅行だったのですが、「もう今日は東京に帰る」という最終日に、不思議な偶然や出逢いが重なり、なぜか『その神社』へ行くことになったのです。まったくの予定外だったから予備知識は一切なく、名前と「熊野の神社らしい」ということ以外何も知らない状態で。

「どんどん山に登っていくけど大丈夫かなぁ。ほんとにこの道で合ってるのかなぁ」

不安になりながら運転すること約2時間。「やっと着いた」と少し浮かれたような気持ちで車を降りた私は、参道を歩きはじめた途端、そこに漂うただならぬ空気に圧倒されました。その荘厳な神聖さたるや、とても言葉では言い表せません。

標高1000メートルの霊山から漂う霊気。怖いほどに張りつめた空気。樹齢3000年を超える御神木やたくさんの巨樹。独特の形状をした溶岩質の岩。それらが醸し出す生命の神秘。そこは、物見遊山な観光気分では決して近寄ってはいけないような聖地でした。私は畏敬の念を抱くとともに、この神聖な場所にすっかり魅了されてしまいました。

「なんてすごい場所なんだろう……！　これが『熊野』なのか。だったら私、熊野古道を歩いてみたい」

そう思ったのが2012年5月のこと。

その後、不思議な流れで熊野古道の本を書くことになりました。その間たったの1カ月。その2カ月後には灼熱の太陽の下、滝のように汗を垂らしながら熊野古道を歩いていました。

＊＊＊

そんなふうにして生まれたのが本書です。

今回の旅は「本にする」という前提はあったものの、情報収集も準備もすべて自分で、いつもの一人旅のように行いました。もちろん一切つくりごとなし。何が起こるかわからない、リアルな「歩く旅」をしてきました。なぜなら、それこそが歩く旅の面白さだからです。そしてそのライブ感を楽しんでいただけるよう、歩きながらつけていた日記を元に、伊勢神宮から熊野本宮大社までの約220キロの記録をまとめました。そこには、「知っておくとより楽しめる、伊勢や熊野の基礎知識」も極力盛り込みましたので、珍道中を楽しみつつ、伊勢や熊野への理解を深めていただけるのではないかと思っています。また、読むだけではなく、実際に熊野を歩いていただけるよう、最低限必要な情報をコラムにまとめ、巻末には大変便利な〝超使える本気地図〟をつけました。

この本が、一人でも多くの方が歩く旅に興味をもつきっかけになれば、そしてあなたが「自分の道」を見つけるお役に立てば幸いです。

# 『歩く旅の本』目次

●中辺路編　185



歩く旅TIPS

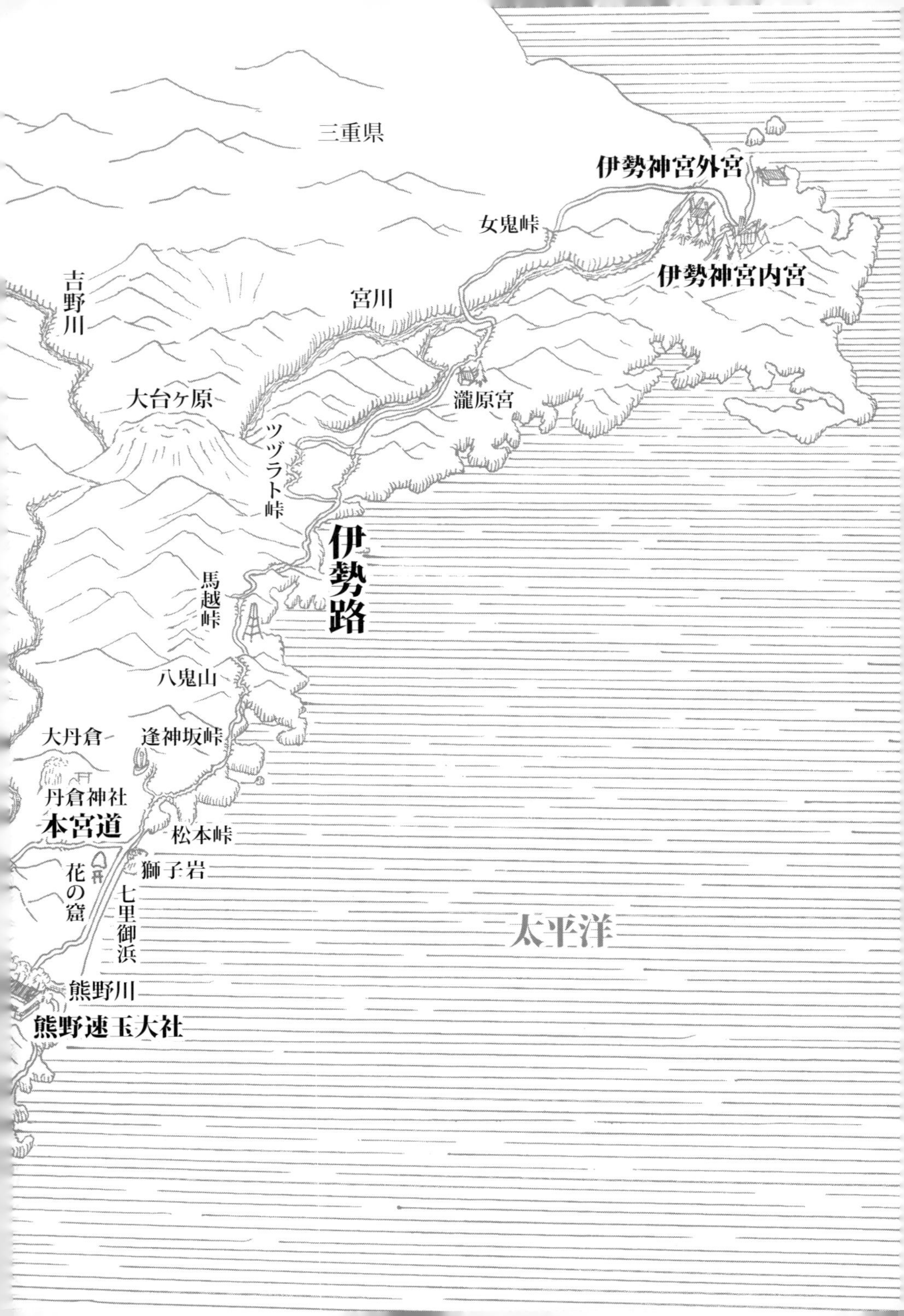
三重県
伊勢神宮外宮
女鬼峠
伊勢神宮内宮
吉野川
宮川
大台ヶ原
瀧原宮
ツヅラト峠
伊勢路
馬越峠
八鬼山
大丹倉
逢神坂峠
丹倉神社
本宮道
松本峠
獅子岩
花の窟
七里御浜
太平洋
熊野川
熊野速玉大社

# 熊野古道の鳥瞰図

京都府
大阪府
吉野山
紀ノ川
大峯奥駈道
高野山町石道
高野山
奈良県
小辺路
和歌山県
紀伊路
玉置神社
熊野本宮大社
大斎原
小雲取越
紀伊田辺
中辺路
大雲取越
熊野那智大社
大辺路

# プロローグ——出発の前に

## 熊野古道って、たくさんあるの？

熊野古道(1)を歩くことが決まり、地図を入手しようとして驚いた。なんと、複数の道があるのだ。てっきり「熊野古道」というひとつの道があるだけなのかと思っていた。でもそう言えばスペインの巡礼路も出発地点が異なるいろんな道があった。考えてみると巡礼路というのは、いろんな人がそれぞれの場所から聖地を目指したわけだから、万国共通、たくさんの道があるものなのかもしれない。

ということで熊野古道についてざっと調べたところ、いま歩ける道としては5つあることがわかった。

1つ目は「紀伊路《きいじ》」。

大阪と熊野を結ぶ道。おもに平安時代に上皇や貴族たちが歩いたため「貴族の道」とも言われる。当時の貴族たちは京都から船で淀川を下り、大阪の天満橋《てんまばし》あたりで船を降り、陸路を歩いて熊野に向かったらしい。なお紀伊路は途中の紀伊田辺で、山中に入る「中辺路《なかへち》」と海沿いの「大辺路《おおへち》」に分かれる。

(1) 熊野参詣道とも言う。

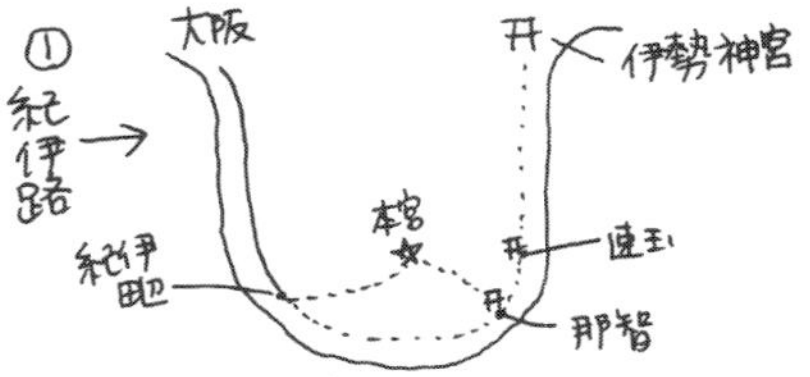

2つ目は「中辺路」。

紀伊田辺から熊野三山までつながる約150・5キロの道で、熊野本宮大社、熊野那智大社、熊野速玉大社を巡ることができる。平安時代に京都を出発した貴族たちはこの道を多く通ったため、道中には和泉式部が歌を詠んだ碑などたくさんの史跡がある。そのため中辺路も紀伊路同様「貴族の道」と呼ばれる。このルートは比較的高低差が少なく歩きやすい道であることと、古道らしい雰囲気が残っているため、特に滝尻王子から本宮までの37・7キロは熊野古道の中で最も歩く人が多い人気の道らしい。

3つ目は「大辺路」。

紀伊田辺から海岸沿いを南下し、紀伊半島をぐるっとまわり、那智にある「浜の宮王子」へと向かう約92キロの道。一部の熊野参詣者や行者が帰り道として歩いたと言われている。残念ながら現在はアスファルトの国道が多く、古道らしさが残っている部分は少ないらしい。ただ、所々残っている「古道」はとても美しいそうで、現在有志の方達が古道の発掘や整備を行っているそう。

4つ目は「小辺路《こへち》」。

仏教（真言密教）の総本山である高野山と熊野本宮とを最短距離で結ぶ約70キロの道。結構ハードな山々を越えるため、登山に慣れている人、健脚な人向きの道とのこと。

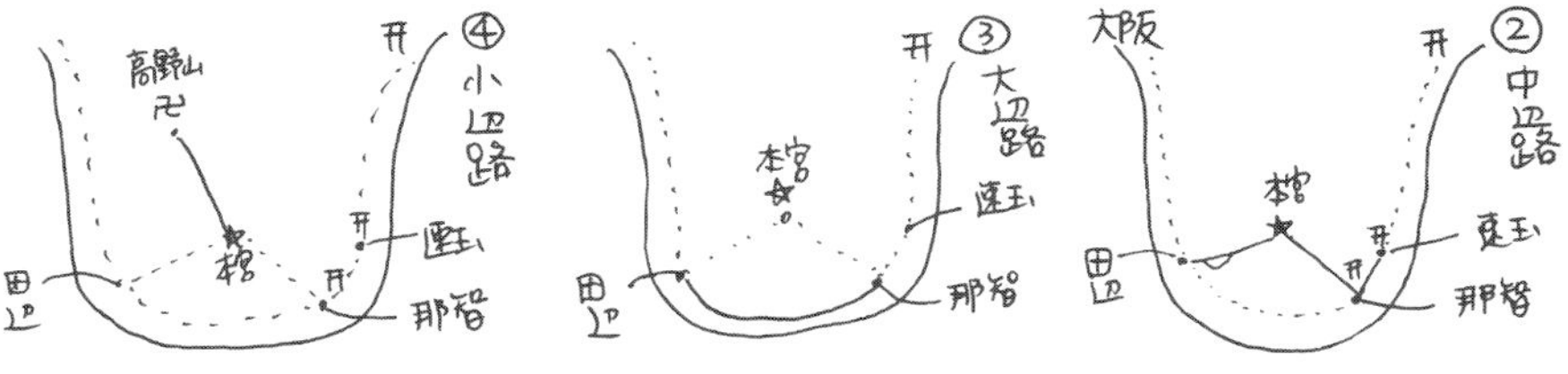

※なお、紀伊路とは「紀路《きじ》」とも呼ばれ、本来は紀伊半島西部から熊野三山に至る熊野古道すべてを指したらしい。つまり「小辺路」「中辺路」「大辺路」はもともとは紀伊路に含まれていたということ。近代以降、前述のように分けて呼ばれるようになったそう。

そして最後、5つ目の道は「伊勢路」。

これは伊勢神宮から熊野三山のひとつである熊野速玉大社をつなぐ道。伊勢路は江戸時代にもっとも栄えた道で、「お伊勢参り」を終えた人々がその後、熊野を詣でた際に歩いた道と言われている。そのため、紀伊路、中辺路が「貴族の道」と呼ばれるのに対して、伊勢路は「庶民の道」と呼ばれている。この道は小辺路ほど険しい山はないけれど、もっとも峠が多い道で、ひとつ峠を越えるごとにひとつ罪業が消滅すると信じられていたらしい。

さらに、「熊野古道」ではないが、「大峯奥駈道」という道もある。これは一般の人が熊野参詣のために歩いた道ではなく修験道の修行の道で、奈良県の吉野山と熊野三山とを結ぶ約170キロの道。標高1200~1900メートルの大峰山脈を越える道のりはとても険しく、現在でも修験の道として行者さんがここで修行を行っている。一般の人も歩くことは可能らしいが、熊野詣でを目的とした「熊野古道」とはまったく異なる道だ。

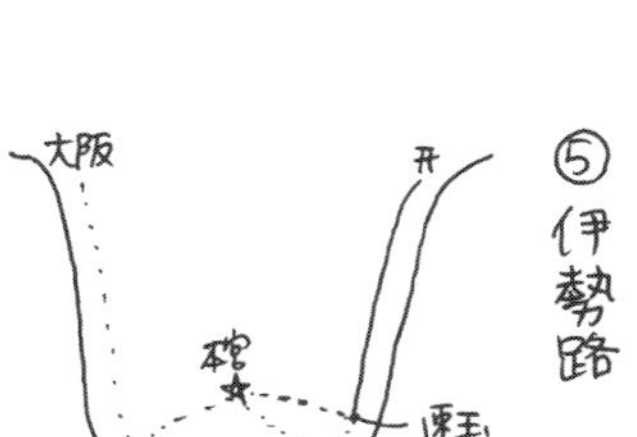

さて、この中からどの道を選ぶか。熊野古道歩きはまず、そこから始まることがわかった。

私は最初に伊勢路の存在を知ったとき、直感的に「伊勢路がいい」と感じた。「なんとなくピンときたから」というのが一番の理由だけど、冷静に考えても「伊勢神宮」という日本にとって重要な聖地と、神道ができる遥か昔から聖地だったと言われる「熊野三山」を結ぶ道だなんて、ものすごいルートに決まってる。そう思ってよく調べてみると、伊勢路沿いにはイザナミノミコトの墓所と言われ、日本最古の神社とも言われる「花窟神社《はなのいわやじんじゃ》」をはじめ、重要な聖地が数多く存在していることがわかった。知れば知るほど「聖地」という意味でも「日本を知る」という観点でも、とても貴重かつ重要な道に思える。いままでこの道にスポットライトが当たっていなかったことが不思議なくらいだ。

というわけで、ほかの道もいろいろ調べてみたけれど、やはり最初のひらめきどおり、伊勢神宮から出発する伊勢路を歩くことにした。もちろん、伊勢路のゴールである「熊野速玉大社」からは一部中辺路を歩き「熊野那智大社」そして「熊野本宮大社」まで行く。

**出発の日――〝憂鬱な気分〟は素敵な冒険が始まるサイン**

いつもそうだけど、準備とかバタバタしているうちに、あっという間に出発の日がやってくる。今回も、結局、仕事が忙しくて荷造りを始めたのが出発前日の夜、21時すぎ。ウェブサイトから必要な情報をプリントアウトしたり、いろいろやっていたら朝の5時になってしまった。眠いけど、5時45

分には家を出ないといけないから寝れない。いま寝たら絶対に寝過ごす自信がある。

というわけで一睡もせずに出発。よっこらせっと、荷物を担いで最寄り駅へ。

ラッシュよりやや早めの時間とはいえ、平日の山手線で大荷物、しかも濡れた靴下が干してあるザックというのは非常に周囲の視線がイタイ。荷物が大きいのは仕方ないとしても、昨日靴下を洗濯したのは失敗だった。曇っていたし山用の厚手の靴下だから乾かないかもしれないと思ったが、案の定、出発までに乾かなかった。それにしても海外だとこういうの気にならないのに日本だと気になるというのは不思議。やはり自分の国だから空気が読めてしまうせいだろうか。


そんなこんなで肩身の狭い思いをしつつ、やっと品川に到着。まずは新幹線で名古屋に向かう。ザックを網棚に乗せ、やっとちょっと落ち着いた。

新幹線とかロマンスカーとか「前向きに座る電車」って、「旅」という感じがして無条件にワクワクする。リクライニングをちょっと倒し、窓から流れる景色を見ていると、「あ～遠くに出かけるんだな～！」と、一気に旅気分、テンションが上がる。

熊野古道。一体どんな道なんだろう。今回はどんな体験が待っているんだろう。日本を歩くことと海外を歩くことは、どう違うんだろう。そして、どう同じなんだろう。2カ月間歩くのと、1～2週間歩くのとでは、やっぱり感じることは違うんだろうか。日本の巡礼路、伊勢路を歩き終わったとき、私は何を想うんだろう……。

な〜んて、いまはすっかり楽しい気分になってるけど、実は数日前までものすごく憂鬱な気分だった。というのも、歩く行程を考えているとき、欲しい情報が手に入らず、知りたい部分が把握できず、だんだん不安になってきたから。しかもこういうのって、一度不安になると負のスパイラルが回りはじめる。「ちゃんと道はあるんだろうか？」「どういう道なんだろう？」「歩いている人はいるんだろうか？」「宿はちゃんとあるんだろうか？　一人でも泊めてもらえるだろうか？」……などと、どんどん不安要素が浮かんできて、ますます憂鬱になってくる。しまいには、「あ〜行きたくない。今回のこと、『本にしましょう！』って話じゃなかったら中止にしちゃうのになー。あとに引けない状況だからな〜、行くしかないよな〜」なんて、超弱気になっていた。

でも、この出発前の憂鬱さ、私にとってはいいサインでもある。

初めてこの「出発ブルー」を経験したのは２００９年。初めての海外一人旅、しかも初めての南米に行くときだった。ペルーのマチュピチュ、ナスカの地上絵、聖なる谷、チチカカ湖、それからブラジルとアルゼンチンにまたがるイグアスの滝。どこもとても行きたい場所だったから、周りからの「女一人で南米は危ないんじゃない？」という声をよそに、最初はものすごく楽しみに、ウキウキしながら計画していた。でも出発が近づくにつれ、やっぱり南米に一人で行くことが怖くなってきて、「キャンセル料１００％かかってもいいから行きたくない……」という気持ちになった。だけど、行ってみたらものすごく楽しくて、いままでの価値観がポロンと広がる、素晴らしい体験ができた。

そして2回目の「出発ブルー」は2010年。初めてのヨーロッパにして、サンティアゴ巡礼路1000キロを歩く巡礼の旅に行くことを決めたとき。最初は鼻歌まじりにルンルン気分で準備してたのに、実際に出発が近づくと、やっぱり心配や不安ばかりが思い浮かんできて、「……行きたくない……。こんな荷物もって歩けないよ……」と、半ベソ状態になった。けれどこの旅も結局、その後の人生を変えてしまうような体験の連続で、行って本当によかった。

それでわかったのは、「出発ブルー」は、〝いままでの自分の枠を越える冒険のサイン〟だということ。たぶんこれは、旅以外のことにも言えるし、私以外の人にも言えるんだと思う。

「やってみたいけど、でもいざ本当にやろうとすると怖い（不安）」

その感情は、自分が慣れ親しんだ範囲を越えることから来る不安、憂鬱さなんだと思う。きっとそれは「自分の枠を広げる体験になるよ！」というサインなのだ。

だから私は、数日前に「伊勢路行きたくないよー！　熊野古道なんて歩きたくないよー！」というブルーな気分が襲ってきたとき、心の大部分では本気で憂鬱になりつつも、心の奥底、1％の部分では、「来た、来た、来た……」とニヤッとしていた。

熊野古道、伊勢路。初めての「日本を歩く旅」。どんな旅になるのか全然わからないけど、今回も、「行って、本当によかった！」と思える旅になるといいな。

# お伊勢まいり 編

# 伊勢の神社巡り

## 伊勢1日目

東京から名古屋というのは、新幹線に乗ってしまうと結構近い。座席に座ってじゃがりこを食べながら「ハァ〜よいよい」なんてくつろいでいたらあっという間についてしまった。

名古屋駅から伊勢市駅はJR（または近鉄）で2時間弱。結構遠いけれど、乗り降りする地元の人たちを観察したり、「伊勢って松坂牛の近くなんだな〜」など、初めての景色を楽しんでいるうちに、伊勢神宮の外宮がある伊勢市駅に到着した。まずはゲストハウスで大荷物を預け、身軽になって伊勢の神社巡りをすることにした。

## まずはここから――二見興玉神社

今回知ったのだが、お伊勢参りには「正しい順番」が存在する。最初に「伊勢神宮の外宮《げくう》」そして「内宮《ないくう》」の順番で参拝するのが正式(1)。さらに、昔は伊勢神宮に行く前に〝清き渚〟と称される「二《ふた》見浦《みがうら》」で禊《みそぎ》をし、心身を清めてから〝伊勢神宮〟に詣でるのが慣しだったと言われている。いまは二

(1) 片方だけをお参りすることは「片参り」と言われ、忌み嫌われている。

見浦で禊はしない（できない）けれど、近くにある二見興玉神社《ふたみおきたまじんじゃ》で「無垢塩祓《むくしおばら》い」を受けることで二見浦で禊をしたのと同じことになるそうで、いまでも正式に伊勢神宮に参拝する方や、ある種の神事に参加する方はこの神社で無垢塩祓いを受け、心身を清めてから神宮へお参りするらしい。

ということで、私も伊勢神宮に行く前に「二見興玉神社」に向かうことにした。

二見興玉神社までは伊勢市駅からＪＲでふたつとなりの「二見浦駅」から歩いて15分ほど。

二見浦駅を降りてから「夫婦岩、夫婦岩」と思って歩いていたからか（この神社は「夫婦岩」が有名）、どう間違えたのか、表参道ではなく裏側（？）の「東の参道」に来てしまった。でも結局これで正解だった。というのは、東の参道からは浜に降りる階段があり、浜に出られるようになっていたから。ここが昔の人が禊をした浜かはわからないけれど、明らかに「ここで禊をしてください」というような雰囲気だったのでズボンの裾をたくし上げ、ヒザ下まで海に入ることにした。

青黒くゆれる波を足下に感じながら、遠く、水平線を見ていたら、「昔の人もこの波を感じ、この景色を見ていたんだろうなぁ。やっとの想いで伊勢に到着したとき、彼らはどんな気持ちだったんだろう」と、時空を超えるような、なんだか不思議な気分になった。

浜からあがると、目の前に「龍宮社」[2]という神社があった。この神社、なんか違和感が？　と思ったら、狛犬の代わりにカエルの石像（狛ガエル？）が置いてあるではないか。左右のカエルがちゃん

(2) 龍宮社の「狛カエル」をはじめとして、二見興玉神社にはたくさんのカエルの置物や像があった。これは「二見蛙」といって、猿田彦大神のお使いをしたのがカエルだったからとのこと。蛙がお使いって……。なんか可愛い。ジブリのアニメ「千と千尋の神隠し」で「ハクさま！ハクさま！」と言うお使いカエルみたいなのが出てきたけれど、ああいう感じなのかな。

神社の本殿横にもぱっくりと口を開けた大きな白い蛙の置物が。よく見るとおみくじだった。この中に手を突っ込んでおみくじを取るって……発想がすごい。

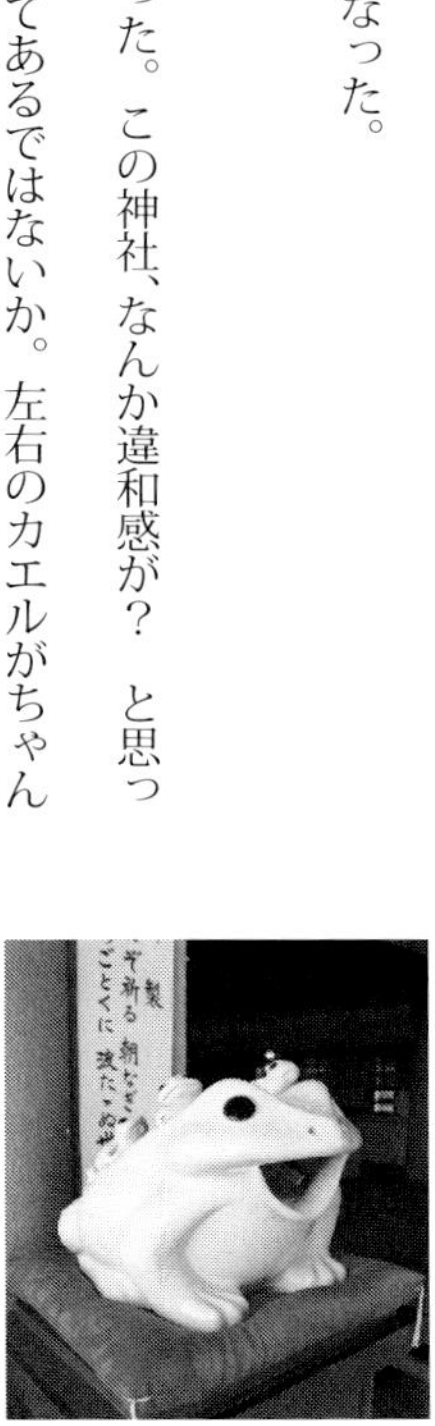

と阿吽の格好をしているのが可愛い。

「龍宮社」でお参りをすませて道なりに歩いて行くと、海の中から生えるように大きな岩と小さな岩があり、太いしめ縄で結ばれている「夫婦岩」が見えて来た。私はてっきり、この夫婦岩がご神体なのかと思っていたのだけど、この岩はご神体を拝むための鳥居の役割をしているらしい。じゃあご神体はというと、ふたつあって、ひとつは太陽(1)で、もうひとつは夫婦岩の沖、約700メートルの海中に沈んでいる興玉神石《おきたましんせき》。この石は猿田彦大神の御霊が鎮まっている霊石と言われている。いまは見ることができないけれど、「無垢塩祓い」で使う幣《ぬさ》(お祓いのときに使う道具)は、興玉神石の近くで採れる藻を乾燥させたものなので、興玉神石は本当に海中に存在している(江戸時代に起きた大きな地震で沈んだという説もある)。

「拝殿とか本殿といった建物は、人々が参拝しやすいようにあとからつくられたものであり、本当に大事なのはご神体である」と、ある本に書いてあったので、私は拝殿はもちろん、夫婦岩の方角にも手を合わせた。特にこの神社が祀っている神様、猿田彦さまは、道案内、道開きの神様なので、熊野古道を歩く旅の無事を願ってしっかりとお祈りした。

**日本の守り神――伊勢神宮(外宮)**

二見興玉神社の近くで赤福氷を食べた私は、来たコースを戻る形で伊勢神宮の外宮に向かった。伊勢神宮の外宮は正式には豊受大神宮《とようけだいじんぐう》といって、食べ物を司る神様をお祀りしている。そこから発

(1) 夫婦岩の間から昇る朝日を拝めるのは5~7月と言われている。

展して、食べ物だけでなく、衣食住、幅広い産業を守ってくださる神様として大切にされているらしい。境内には、「御正宮《ごしょうぐう》」「風宮《かぜのみや》」「土宮《つちのみや》」「多賀宮《たかのみや》」など複数のお宮がある。これらのお宮はそれぞれお祀りしている神様が異なり、御正宮以外の３つは拝殿の建物自体は似ているけれど、感じる雰囲気が少しずつ違った。一番奥、少し高い丘の上にある「多賀宮」だけものすごく人気があり、たくさんの人が並んでいたけれど(2)私は「風宮」が、なんか好きだなと感じた。「風宮」は字のとおり、風の神様（いざというときに神風を吹かせてくれるあの神様）をお祀りしているそうだ。

## 日本の守り神——伊勢神宮（内宮）

外宮でお参りしたあとは循環バスで内宮に向かった。

内宮の正式名称は皇大神宮《こうたいじんぐう》といい、天照坐皇大御神《あまてらしますすめおおみかみ》をお祀りしている。広さは外宮の約10倍。そして外宮と同じで、敷地内にいくつものお宮がある。

俗界と聖界とのかけ橋と言われる「宇治橋」を渡り、長い参道を進むと、右側に五十鈴川《いすずがわ》（五十鈴《いすず》川《がわ》御手洗《みたらし》場）に向かって降りる幅の広い石段が見えてくる。この川岸に敷きつめられた石畳は徳川綱吉（犬公方で有名）の生母、桂昌院が寄贈したと言われており、内宮へお参りするときにはここで手を清めるのが慣しだとか。さっそく階段を降り、手を洗おうと川を覗き込んで驚いた。なんとも水が清らかなのだ。思わず「本当に水があるの？」と手を触れて確認してしまうほど。川底の石も、魚も、少しも濁りがなく色鮮やかで、まるでビー玉を覗いているよう。五十鈴川というのは昔から神聖な川

(2) 内宮でも荒祭宮だけ行列していた。不思議に思って調べたところ、外宮の多賀宮も内宮の荒祭宮も御正宮に次ぐ第一の別宮、つまりほかのお宮よりも格式が高いお宮だそう。さらに現実的、行動的な神格である「荒御魂」をお祀りしているので個人的なお願いごとをする人がいるみたい。ただ、私が聞いた話では、伊勢神宮は元々、天皇が国の平安を祈るための場所であり、昔は「私幣禁断（しへいきんだん）」といって、個人的なお祈りを禁じていたらしい。だからいまでも本当は個人的なお願いごとをするよりも、「私」を超えたもっと大きなことを祈願したり、日頃の感謝をお伝えするほうがよいそう。

と言われているそうだが、確かに単に美しい川という以上の清らかさを感じる。

川で手を清めたあとは、すぐ右手にある「滝祭神《たきまつりのかみ》」へ向かった。ここは「とりつぎさん」とも呼ばれており、御正宮にお参りする前にこの神様に自分の名前と出身地をお伝えすると、とりついでくださるらしい。

滝祭神で〝おとりつぎ〟をお願いし、御正宮に向かって歩いていたら、右手に橋が見えてきた。ちょうど日差しが差し込み何とも言えず美しい。呼ばれるようにふらふらと橋に向かうと、ここは「風日祈宮橋《かざひのみのみやはし》」という橋で、橋を越えたら「風日祈宮《かざひのみのみや》」があった。どうも私は風の神様が好きなようだ。外宮でも「風宮」にお参りをしたとき、「なんかいいなぁ……好きだなぁ」と感じたけれど、やはりここも落ち着くというか、「とてもいいなぁ」と感じた。

その後、内宮の広さに感心しつつひたすら真っ直ぐ進むと「御正宮」が見えてきた。実は私にとって今回のお伊勢参りは人生で2度目だ。初めて来たのは中学の修学旅行のとき、遷宮したての年だった。20年ぶりにお参りする「御正宮」は驚くほど何も変わっておらず、私だけ20年分タイムスリップしたかのようで、なんとも妙な感じがした。

## 日本人は本当に無宗教？

それにしても、夏休みの暑い中、参拝のためにお賽銭を握りしめて大行列をつくって並ぶ人々を見ていると、「果たしてこの国の人たちはホントに無宗教なんだろうか？」と疑問が湧いてくる。伊勢にいると「実は日本人はすごく信仰心が厚い民族なのではないか？」と思えてくる。そして「日本人にとっての〝宗教〟はほかの民族にとってのそれとは少し意味が違うのではないか？」とも。

「信仰心」というと仰々しいけれど、日本人にとってのそれは「宗教」というより、「いただきます」とか「おかげさまで」というような、躾に近い、もっと生活に密着した感覚のような気がする。だから日本人は「あなたの宗教は？」と訊かれてもピンとこなくて、「ありません」と答えるのではないだろうか。「宗教」と意識していないから。それよりももっと、生活や生き方に溶け込んでいる感覚だから。

ありがたそうな石を見ればよくわからなくても手をかざし、太い木を見れば手を合わせる。もちろん海外の教会でも手を合わせる。ほかの国の人々に言わせれば意味不明、節操がないのかもしれないけれど、それは結構、素敵なことだ。なぜなら、過去多くの戦争はほとんどが宗教がらみなわけだが、日本人は基本的には宗教で戦争しない民族なような気がするから。よその知らない「神様」が来ても、それを追い払ったり、あるいは元々のほうを「正しい」とか言わずに、むしろなんでもありがたがって祈ってしまう人々のような気がする。実はそれって、日本人として誇りに思ってよい素晴らしい感覚なのではないだろうか。

## 江戸時代にタイムスリップ⁉——おはらい町、おかげ横丁

内宮のお参りをすませたあとは、楽しみにしていた「おはらい町&おかげ横丁」散策に向かった。

それにしても内宮の参道は大変なにぎわい。夏休みということもあるかもしれないけれど、人ごみをかき分けないと歩けないほど人が多く、活気がある。しかも意外にも若い人たちが目立つ。カップルや数人のグループ、ちいさな子どもを連れた若い家族など。みんな楽しそうに買い食いしたり写真を撮っていて、まるでディズニーランドに来た人たちのようだ。江戸時代の「お伊勢参り」もこんな風だったのかもしれない。老いも若きも男も女もみんなでワイワイ、行こうよヘイヘイ♪　お伊勢参り♪　みたいな。

縁日のような「おかげ横丁」で伊勢うどん（汁が真っ黒でビックリした）と、地ビールを飲んでお腹が満足したら、右前方に「おかげ座」(1)というのぼり旗が目に入った。「あれはなんだろう。歌舞伎でもやっているのかな?」と思い行ってみると、江戸時代の「お伊勢参り」を説明した博物館のようなものだった。入場料が300円なのでどうしようか一瞬迷ったけれど、「いまならすぐ入れます」と係の人が言うので「いまならも何も、そもそも誰も並んでないのでは……?」と思いつつ、「せっかくだから」と入ってみることにした。お金を払うとすぐに座敷風のシアターに通された。なるほど、「いまならすぐ入れます」というのはそういうことか。映像を流している最中だった場合は、その回が終わるまで待たないといけないシステムなのね。

(1) 江戸時代の「お伊勢参り」の様子を2分の1スケールで再現している。

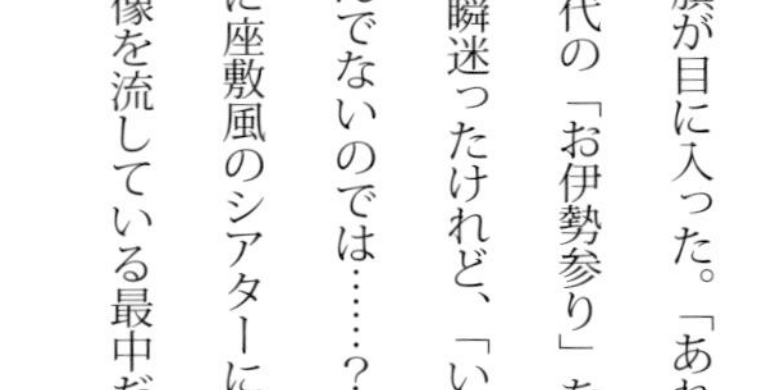

座席に座るとすぐに電気が消え、舞台が始まった。最初はからくり人形が小芝居をして、途中からその内容を引き継ぐような形で映像が流れた。「ふむふむ。ほほーう。なるほど～。〝抜けまいり〟(2)なんて初めて知ったわ～。へぇ～」期待していなかったが、これがなかなか面白いしわかりやすい。すっかり引き込まれ、最後のほう、「お伊勢参りは『おかげ参り』とも言われ、みんなのおかげ、大自然のおかげ、神様のおかげで生かされているということを、多くの人々は感じたのでした……」というところで、ジーンと感動していたら、映像の終わりと同時にスクリーンが割れ、その後ろからガッツポーズをしたたくさんのからくり人形（中にはクワを担いだ人形も！）がスポットライトを浴びながら出てきて、ちょっとビビった。「おかげ参り」というより「百姓一揆！」という感じ（汗）。

映像が終わると、2分の1スケールの人形によって江戸時代のお伊勢参りの様子が再現されてるコーナーへ誘導された。これがまた予想を遥かに上回るクオリティ。相当よくできている。見ているうちに、まるで江戸時代にタイムスリップした気分になるほど。しかも係の人がひとつひとつ説明をしてくれるので、非常にわかりやすい。昔は宿代はこうしていた、とか、お伊勢参りがなぜこんなに人気が出たのか、などを実際に町並みを歩きながら（覗きながら？）教えてくれる。

お伊勢参りとは直接関係ないけれど、驚いたのが当時の人の身長。係の人に「その橋のたもとの人形の横に立ってみてください」と言われたので、「おまいさん、ちょっとお待ちよ」とでも言い出しそうな、物憂げなポーズをした着物姿の女性の人形の横に立ってみた。すると係の人が「実はそのお

(2) 親や主人の許可を受けないで家を抜け出し、往来手形なしで伊勢参りに行くこと。普通は手形なしに関所を通過することはできないが、お伊勢参りに関しては黙認されていた。抜けまいりの人たちは着の身着のまま逃げるようにしていくので基本手ぶら。有名な「笠とゴザと柄杓（ひしゃく）」という、ザ・お伊勢参りの格好は抜けまいりの基本スタイル。昔はお伊勢参りに行く人を助けることは功徳になると考えられていたので、「抜けまいり」でも無事にお伊勢参りができたらしい。また、帰宅後も親や主人から罰せられなかったそう。

人形は、江戸時代の人の平均的身長なんです！」と言うではないか。「え〜！　こんなに小さかったんですか〜？　子どもじゃないですか、これ」。思わず声に出してしまった。

実際、人形の身長は私の胸あたり。係の人曰く、江戸時代の女性の平均身長は１４５センチくらいだったらしい。数字で言われてもさしてピンとこないけど、こうやって実際に寸法どおり、そしてちゃんと当時の衣装を着たお人形で再現されると、いかに小柄だったかがリアルに体感できる。私が１６７だから、22センチも小さい！(1)というか、22センチも私が大きいのか。ハッキリ言って、江戸時代に私が現れたら巨人である。たぶん「大女」とか「鬼」とか「ガリバー」とか言われて迫害されたかもしれない（もっとも江戸時代の人は「ガリバー」知らないけど）。とにかく、現代に生まれてよかった。

ちなみに、橋の逆サイドには男のお人形もあり、それも当時の人の平均身長１５７センチを再現しているとのこと。並んでみたけどやっぱり小柄。サイズとは不思議なもので、江戸時代の人たちがこんなに小さな体で一生懸命、伊勢まで歩いたのか、と思ったら「よくがんばったねぇ」と抱きしめたい気分になった。

それにしても、この「おかげ座」でわかったことは、伊勢神宮もさることながら、お伊勢参りに行く道中そのものがいろんな意味ですごかったんだろうな、ということ。運よくクジ引きで当たったことに始まり(2)歩いて向かう道中こそ、気づきや出逢いに満ちあふれ、素晴らしかったのだと思う。

(1) この橋の人形だけは当時の人の身長を伝えるために等身大。

苦労あり、楽しいことあり。人情を感じたり、自分の弱さを感じたり。おいしいものを食べたり、自分の村とは違うカルチャーと出逢ったり。そういうプロセスを一歩一歩経ることで、伊勢神宮にたどり着く頃には「自分はいろんなものによって生かされている＝お陰さまで、生きることができている」ということを体感し、心からの感謝の念を持ってお参りをしたのではないだろうか。

(2) 江戸時代には長屋の住人や近くのみんなでお金を出し合って旅費を貯め、クジ引きで当たった代表者が伊勢に行けるという「お伊勢講」というシステムがあった。

■救急用具

| | | |
|---|---|---|
| ◎ | 絆創膏 | |
| ◎ | 鎮痛剤 | 私の常備薬 |
| ◎ | かゆみ止め | |
| ◎ | 風邪薬 | |
| ◎ | コンタクト | アウトドアでは 1Day を愛用 |
| ◎ | 消毒薬 | |
| ◎ | 裁縫道具 | 針と糸は足のタコの処置に使います |
| ◎ | ティッシュ | 水に流せるポケットティッシュが便利。熊野古道は比較的トイレが充実しているから、トイレットペーパーを持って行くほどではない |
| ○ | タイガーバーム | 筋肉疲労や匂い消し（!?）や、何かと便利なので愛用 |
| ○ | コンタクト用目薬 | |
| ○ | リップクリーム | 外を歩いていると結構唇が乾燥する |
| ○ | ウェットティッシュ | 手を洗えないとき用に。必須ではないけれど、あると便利だから1つは持って行く |
| △ | ポイズンリムーバー | ヘビや蜂の毒を吸い出す道具。今回は持って行きませんでしたが、結構ヘビに遭遇したのでビビって帰宅後急いで購入（笑）。まあ毒蛇は見ませんでしたけどね |
| △ | 湿布 | 道中でいただいて役立ったので、軽いし今後は持って行ってみようかなと |

■洗面用具

| | | |
|---|---|---|
| ◎ | 化粧水 | 長期間の場合でも、途中のコンビニやスーパーで購入できるので全行程分用意する必要はない |
| ◎ | 乳液 | |
| ◎ | 日焼け止め | |
| ◎ | 歯磨きセット | |
| ○ | タオル ×1 | マイクロファイバーの速乾性のもの |
| ○ | 体を洗うタオル | 手ぬぐいで代用してもいいですね |
| ○ | 頭と顔と体と洗濯物を洗えるシャンプー | 日本ではマジックソープがそれにあたりますね。ただ、宿にあるのでなくてもよいかも。持って行くとしても、少量でOKです |
| △ | 手ぬぐい ×1 | なくてもいいけど、枕に敷いたり…… |

■その他

| | | |
|---|---|---|
| ◎ | 筆記用具 | モレスキン＆ジェットストリームの3色ボールペン愛用！ |
| ◎ | ケータイ | iPhone かなり便利。特にグーグルマップが重宝 |
| ◎ | ケータイの充電器 | |
| ○ | サブバッグその2 | モンベルの折り畳めるリュック 15ℓを愛用。温泉に行くときやスーパーに買い出しなど街歩き用に便利 |
| ○ | カメラ | |
| ○ | カメラの充電器 | |
| ○ | カメラの予備メモリカード | |

■貴重品

| | | |
|---|---|---|
| ◎ | 現金 | 伊勢路沿いの村ではクレジットカードが使えないケースが多々あります |
| ◎ | 保険証 | |
| ○ | クレジットカード | |
| ○ | キャッシュカード | 今回忘れて焦った。編集者さんに現金を借りて何とか助かった（笑）熊野古道はメガバンクよりゆうちょ銀行が便利です |

山の道具は、結構高いので代用品や借りものでも十分（特に衣類）。ただ可能であれば、靴とザックは自分に合ったものを用意すると歩く旅がぐーんと快適になります（靴とザックの優先順位は圧倒的に靴！）。購入する場合は、専門店（登山の店など）で試着してから買うことを強くお勧めします！　ちなみに私が伊勢路歩きで使用した靴は約1万 3000 円、ザックは1万 2000 円でした。

## ❶ 何を持って行けばいい!?

# 歩く旅の持ち物リスト～私の場合～

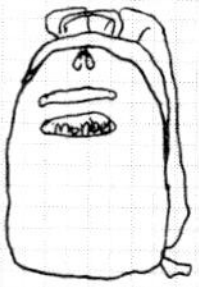

旅に持っていけるものは限られている。そこに何を入れるか考えるところから自分との対話が始まり、面白いのだと思います。「好きなモノをどうぞ!」という前提で、参考までに私の持ち物リストをお見せします。

**◎=必需品　○=大抵持って行く　△=行き先や季節によってケースバイケース**

### ■装備

| | | |
|---|---|---|
| ◎ | トレッキングブーツ | 必ず試着し、足に合ったものを |
| ◎ | ザック | 48ℓを愛用。ザックも試着して体に合うものを |

### ■衣類

| | | |
|---|---|---|
| ◎ | 下着上下3セット | 速乾性の素材がベター／日数が少ない場合は 2 セット |
| ◎ | 靴下 3 セット | 山用のもの。靴を試着するときに靴下の厚さを合わせて買う／日数が少ない場合は 2 セット |
| ◎ | 半袖Tシャツ×2 | もちろん速乾性！　綿 100% は乾きにくいので NG |
| ◎ | レインウェア上下 | モンベルのストームクルーザー愛用！ |
| ◎ | ズボン×2 | 途中で1本送り返した結果、2週間を1本では厳しかったと学んだ（笑） |
| ◎ | タオルマフラー | 今治マフラー 70 を愛用。とっても便利！ |
| ◎ | 帽子 | 日よけ&頭に変なモノが落ちてくるのを防ぐ |
| ○ | 長袖シャツ×1 | 防寒&日よけ対策。もちろん速乾性 |
| ○ | サンダル | 歩き終わってからの街歩き用。Keen のサンダル愛用 |
| ○ | 折り畳み傘 | 街歩きのときにレインウェアだとちょっと目立つので…… |
| ○ | 防寒着 | 薄手のダウンまたはフリース／伊勢路は真夏だったので持って行かなかったけれど、秋に歩いた中辺路ではダウンを持参。スペインのように長距離の場合は洗濯しやすさを考えフリースを持参 |
| △ | アームカバー×1 | 今回は夏だったので日よけ対策 |
| △ | 長袖Tシャツ×1 | 速乾性 |
| △ | スパッツ×2 | 私はワコール CW-X スタビライクスモデルを愛用／日数が少ないときは1セット |
| △ | 手袋 | 季節や行く場所によって、薄手のものやゴアテックスのものを |
| △ | トラベルシーツ | 完全に嗜好品です。意外と神経質なところがあるので…… |

### ■歩く道具

| | | |
|---|---|---|
| ◎ | ストック2本 | LEKI のストックを愛用。以前カーボン素材のモノを使っていたら折れたのでもう二度とカーボンは使いません！ |
| ◎ | 地図 | |
| ◎ | 大きめの安全ピン4～6個 | 常にザックにくっつけてある。使い道は、乾ききらない洗濯物をザックに干すため |
| ◎ | サブバッグ | ポシェットみたいなもので、カメラや地図、メモ、ペン、財布など、すぐ取り出したい物を入れる |
| ○ | 洗濯バサミ | |
| ○ | 水筒 1.5ℓ | ナルゲンボトルの 1ℓと 0.5ℓを1つずつ。片方に真水、片方にスポーツドリンク。ちなみに「いろはす」みたいな軽いペットボトルを水筒代わりにするのもアリ |
| ○ | ヘッドライト | 行く場所によっては不要かもしれないけれど、私にとっては必需品 |
| △ | コンパス | 熊野古道伊勢路レベルだったらなくてもよいかも |
| △ | 熊よけのベル | 行く場所によって |
| △ | ナイフ | 伊勢路では使わなかったけれど、これもついクセで「必要な道具セット」に入っているので持って行ってしまう |
| △ | 携帯用キーボード | 日記代わりに iPhone に記録するときに利用 |
| △ | 虫除け | 季節によって。なお、ハーブの虫除けが香りもいいから好き |
| △ | 細引き | 細いロープ。伊勢路ならなくても問題ないです |

## ピンとくる神社を探せ！

### 伊勢2日目

朝7時半。同室の人が出かける音で目が覚めた。寝坊してしまった！　今日は4時半に起きて伊勢神宮の朝イチ参拝（朝5時から可能）に行こうと思っていたのに。

共有スペースでヨーグルトを食べながら「やれやれ、どうするかな」と思っていたら、ゲストハウスのスタッフが話しかけてきた。「フクモトさん、歩く人なんですよね。古市街道っていう、猿田彦神社まで続いているよい道があって、朝歩くのにちょうどいいですよ。私も朝イチで歩いてきて、いま戻ってきたところです」と教えてくれた。へぇ、そんな道があるのか。ちょっと興味がある。ということで、少し出遅れたけど猿田彦神社、そして内宮まで歩いて行くことにした。

道を間違えなければ1時間ちょっとのところを30分余分に歩き、無事、猿田彦神社に到着した。

実は私、熊野古道を歩きはじめる前に必ずこの神社でお守りを買おうと決めていた。なぜならここは、道の神、道案内の神、旅人の神様である「猿田彦大神」をお祀りした神社だから。

お守りは種類も色もたくさんあったので迷ったが、結局、最初に目についた「猿田彦御守り」の黄色を買うことにした。たかがお守りかもしれないけれど、「このお守りがあれば道開きの神様、道案内の神様である猿田彦さまも伊勢路を一緒に歩いてくださるから、きっと絶対大丈夫！」と、とても心強くなった。正直、いままでお守りひとつでここまで心強く感じたことってない。やはり、たった一人で未知の道を歩くことが心細いからこそ、畏怖の念が湧いてきたり、謙虚な気持ちになるのかもしれない。だとしたら、心細いことは決して悪いことじゃない。

## 気持ちのよい神社――伊雑宮

猿田彦神社のあとは、別宮（1）のひとつである伊雑宮《いざわのみや》に行くことにした。

内宮の最寄り駅である「五十鈴川駅」から伊雑宮の最寄り駅「上ノ郷駅」までは12駅で、思ったより距離がある。もっとも、「遥宮《とおのみや》」（2）と呼ばれるくらいだから遠くて当然なんだけど。

上之郷駅は伊雑宮があるくらいだからそこそこ大きな駅だろう、と思っていたが、大きいどころか無人駅だった。しかもホームのすぐ目の前が田んぼで、電車を降りたらむわーんと夏の田んぼの匂いがした。いかにも「電車の本数少ないですよ」というオーラが漂っているので、帰りの時刻表を確認してから、伊雑宮へ向かった。

昨日は遥宮以外の別宮、12ヵ所をすべてまわった。正直、どこも鎮守の杜があって、玉砂利があっ

（1）「正宮（しょうぐう）のわけみや」の意味で、正宮に次いで格が高く尊いとされる重要なお宮。外宮に4つ、内宮に10、合計14の別宮がある。なお、正宮は外宮と内宮にそれぞれひとつずつあり、写真撮影禁止、白い絹の布がかかっている。

（2）内宮の別宮10ヵ所のうち2ヵ所、「伊雑宮」と「瀧原宮」は内宮から離れた場所にあるため、「遥宮（とおのみや）」と呼ばれる。ちなみに「伊雑宮」と「瀧原宮」では「瀧原宮」のほうが遠い。

て、社殿は質素な高床式で……と同じつくりなので、伊雑宮もきっと同じつくり、同じ雰囲気だろう、と期待していなかった。が、いままでまわった伊勢の別宮の中で一番気持ちがよい場所だった。「どうせ同じだろうから」と思わずに来てよかった。

とはいえ、つくり自体はほかの別宮とほとんど同じ。唯一の違いとしては、伊雑宮だけ神田があるということくらい。だからこそ、なんでこんなに雰囲気が違うのか、すごく不思議。でも明らかに違う。参道も鎮守の杜も社殿がある場所も、爽やかで、そして優しく包み込むような雰囲気で、まるで気持ちのいい温泉に入っているよう。そう言えばヤブ蚊もいない。あんまり気持ちがいいので、しばらくぼーっと立っていたら、同じようにぼーっと立っているおじさんがいた。きっとあの人も同じように感じているのかもしれない。

だけど、すべての人が「伊雑宮」を気持ちがいい場所と感じるかというと、そうとは限らないと思う。というのは、実は今回の旅に来る前、伊勢神宮に行ったばかりの友人がいたのでお勧めの場所を聞いたところ、彼女は即答で「倭姫宮はすっごくよかった。伊勢周辺の神社ってどこも似ているんだけど、倭姫宮だけは本当に気持ちのいい場所だったから、絶対行ったほうがいいよ」と教えてくれたのだ。だから昨日、倭姫宮に行くときはすごく楽しみにしていたのだけど、正直、私には特に何も感じられず、「ヤブ蚊が多いな～」という印象しかなかった。（倭姫命さまごめんなさい！）

考えてみると、こんなに似ている神社があるのに、人それぞれ好きな神社、ピンと来る場所、気持

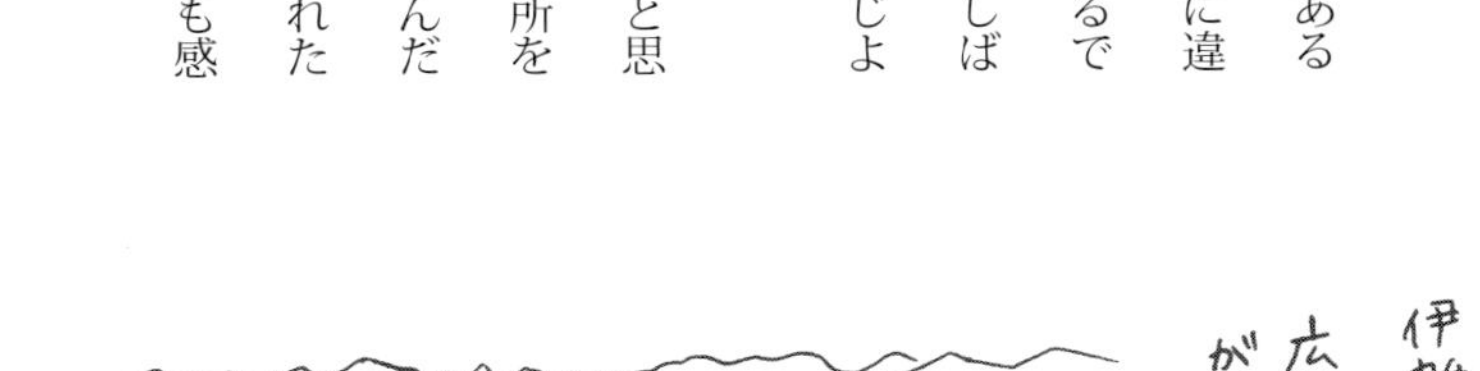

ちがいいと感じる場所が違うというのは、とても興味深い。しかも、本人は根拠なく「ここ好きだな」「なんか気持ちいい場所だな」と感じているだけなのに、よく考えたり、調べてみると、結構納得する理由があったりするから面白い。例えば私に「倭姫宮が好き」と教えてくれた友人は、みえる系の人（？）から「倭姫命」に縁があると言われることが多いらしい。

たぶん、自分が「なんか好きだな〜」と感じる神社（場所）というのは、何かご縁があったり、相性がよかったりして、自分にエネルギーをくれるところなのだと思う。そのときに大切なのは、先入観とか、余計な知識で判断するのではなく、自分の感覚を頼りにするということ。事前に情報を入れすぎてしまうと、感覚が鈍る気がする。少なくとも私は、事前にあまり情報を入れず、自分の感覚で体験し、あとで気になったところを調べる、というやり方が好き。そういう意味では、伊勢神宮の別宮は似たようなつくりの場所がたくさんあるからこそ、「どこが自分にとって一番ピンとくるお宮かな？」と、自分と相性のいい場所を探すつもりで巡るのも楽しいかもしれない。

伊雑宮でたっぷりよい気を浴びたあとは、「ご由緒」に書いてあった佐美長神社（伊雑宮から徒歩15分くらい）が気になったのでそこにもお参りに行き、「ここまできたら志摩磯部駅のほうが近いよ」と教えてもらったので、志摩磯部駅から帰ることにした。15時29分発の各駅停車に乗ったから、移動時間含め約2時間いたことになる。結構のんびりしてしまったけど、別に特にやることがあるワケじゃないからまったく問題ない。思うに、旅というのは予定をツメツメにしないほうが面白い気がする。

そのほうが「なんとなく気になる」という感覚に心置きなく従えて、思わぬ出逢いを楽しめるから。これって、旅だけじゃなく、人生にも言えるかも。

**伊勢3日目**

スケジューリングの結果、あまり時間がないことがわかり、ついに明日、歩きはじめることにした。だから今日が伊勢滞在最後の日。つまり準備ができる最後の日。

お土産や不要なガイドブックが重いので、ルートの最終確認をしつつ、ガイドブックから必要なページだけを切り離す作業をした。歩く旅をしたことがない人に言うと「そんな大げさな」と言われるけど、紙の重さはバカにならない。歩き出すと本当に、紙1枚でも軽くしたくなる。本当は伊勢に来る前にやるべきだけど、直前まで仕事でバタバタしていて準備の時間がなかったし、こちらにきてからのほうが入手しやすい情報もあったからこれでよい。その他諸々、東京に送り返すものを選別。

……と、そんなことをしていたら宿のスタッフが「誰が外にランチに行くか」「留守番は誰にするか」と話し合っていたので、留守番役を引き受けることにした。宿泊客はほとんど観光に行ってしまったから、宿には私と日本好きのフランス人女性カミーユ（9月から名古屋の大学院に留学するらしい）と二人きり。

ちなみにカミーユは「私、もう観光はいい。それよりニホンゴ勉強する」のだそうで、私の隣に座ってニホンゴの勉強をしている。ちなみにさっき、「ヒロコさん、『渋い』って、どういう意味ですか？」

と質問されて焦った。「古くて味わいがあるっていうか……」と苦し紛れに説明したら「味わい？　それはどんな味ですか？」と聞かれてさらに困った。日本語って難しい。

ちょうど郵送物の準備ができたところで宿のスタッフが戻ってきたので、郵便局に行くことにした。しかし驚いたことに、伊勢市駅には郵便局はないとのこと。最寄りの郵便局は内宮の参道まで行かないとないらしい。

夕方、郵便局から戻ると、ゲストハウスにはなぜだか妙に人が多く、混沌としていた。今日は家族連れのお客さんもいるのか、幼稚園児くらいの子どもが2人、板張りの共有スペースに転がって遊んでるし、昨日までいなかった顔のお客さんたちがビールを飲んでいる。片隅ではカレーを食べている集団もいる。私はなんとか空いているスペースを見つけ、昼間一緒にお留守番をしたカミーユと「日本のどこが好きなの？」などとおしゃべりしながらご飯を食べていた。

すると隣にいた男の人が「彼女フランス人だけど日本が好きなの？　じゃあいまから来る僕の友達と気が合うかも」と話しかけてきた。「この人、何を言ってるんだろう？」と思っていたら、しばらくして「エライお待たせしましたぁ～！」と言って、浴衣を着た金髪の男性がやって来た。呆気にとられて見ていると、「彼はカナダ出身なんだけど、いまは桂三枝（現・6代目桂文枝）の弟子の落語家で、桂サンシャインさんって言います。ちなみにサンシャインは『三輝』って書くんですよ」と紹介してくれた。

桂サンシャインさんは現在は伊勢に住んでいるそうで、単に友達（私に話しかけてきた男性）がこのゲストハウスに泊まっているから彼に会いに来ただけらしい。でも、その場にいたみんなのリクエストに応えて落語を披露してくれた。正直、「カナダの方に落語ができるのかな？」と期待していなかったけれど、これが面白いの面白くないのって、笑いすぎて腹筋が痛くなるほど、めちゃくちゃ面白かった！　その間にもどこからともなくお客さんがやってきて、共有スペースは超満員。暑いのと盛り上がっているのとで、いまにも湯気があがりそう。

幼稚園児から大人、フランス人からカナダ人落語家から日本人から、いろんな人がひとつ屋根の下で、ビールを飲んで、大笑いしている。すごく平和で、幸せな空間。

「一緒においしいものを食べて、大笑いする」

幸せも平和も、本当はすごくカンタンなことなのかも。

なんにせよ、伊勢最後の夜、熊野古道伊勢路出発前夜に、思いもよらぬ楽しい時間を過ごさせていただけて本当によかった。まるで伊勢の神様からのプレゼントみたい。

やっぱり旅って偶然の出会いが面白い。

一足先に部屋に戻った私は、ベッドの中で階下から漏れてくるみんなの笑い声を聞きながら、改めてそう思った。

◎2日分のひとこと

・人によって「パワースポット」は違う。自分の感覚を信じてピンと来る場所を大切にしたらいい。

・旅も人生も、予定をツメツメにせず、ゆとりを持たせておくほうが、思わぬ出逢いを楽しめる。

# 伊勢のあれこれ

伊勢では出発準備がメインだったので、荷物になるからお土産も買えないし、「ザ・観光」な楽しみ方はできなかったのですが、そんななかでも印象に残ったものたちをご紹介。

二見興玉神社
夫婦岩
月夜見宮
二見浦
外宮
内宮
倭姫宮
月読宮
猿田彦神社
伊雑宮
志摩
スペイン村

伊勢神宮の内宮と外宮は少し離れている。(4.5kmくらい)

伊勢うどん
500円

汁が黒い。
麺が太くてややのび気味!?

食べたもの

夏限定!
二見浦の赤福はすいていてのんびりできて良かった。

赤福氷 500円

お団子
1本100円

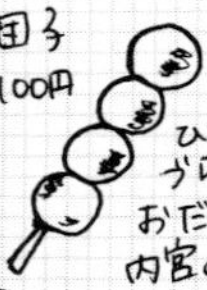

ひとりでお店に入りづらい時は
おだんごをごはん代わりにした。
内宮の参道のおだんご。
もっちりしておいしい!

これがあの!!
鼻くそ丸めて萬金丹《マンキンタン》!!

和漢伝承 福寿円満
萬金丹
伊勢名

中身。
正露丸の1.8倍くらい。
くさくない。

鼻くそ丸めて萬金丹て、ずっと正露丸のことだと思ってたけど、
これが本物!! しかも安かく!

要するに
カツオのづけ丼!?

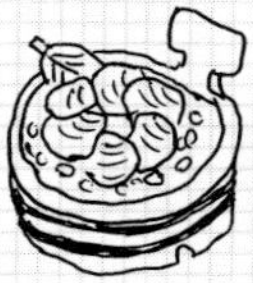

手こね寿し
1050円
新鮮でプリっとおいしい♡

民家の屋根に
サルの置きもの。
かわいい。

買ったもの

阿吽だよ

カエルの置きもの(しかも2つも!)
二見浦のカエルマジックにやられた。

モンベルのポケッタブル
リュック15ℓ / 2800円
外宮の参道のアウトドアshopで。
店員さんがすごく親切に
選んでくれた。
「東京から歩いた割には焼けてませんね」と言われ焦った。
(東京から1歩も歩いてません。)

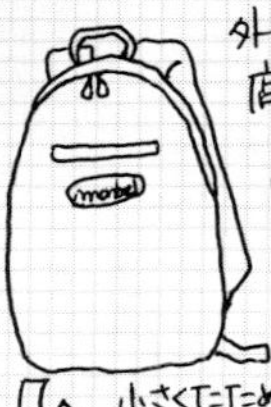
montbell

小さくたためる。便利!

montbell

7色もあって
すごく迷った。
結局、
最初に
目についた
黄色にした。

猿田彦神

道ひらきのお守り
500円 / 猿田彦神社

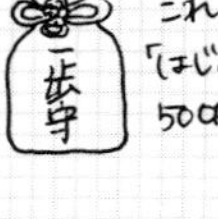
一歩守

これも迷った。
「はじめの1歩守り」
500円 / 猿田彦神社

おかげ座 ➡
リアルでおもしろかった。
300円の価値アリ!

# 伊勢路 編

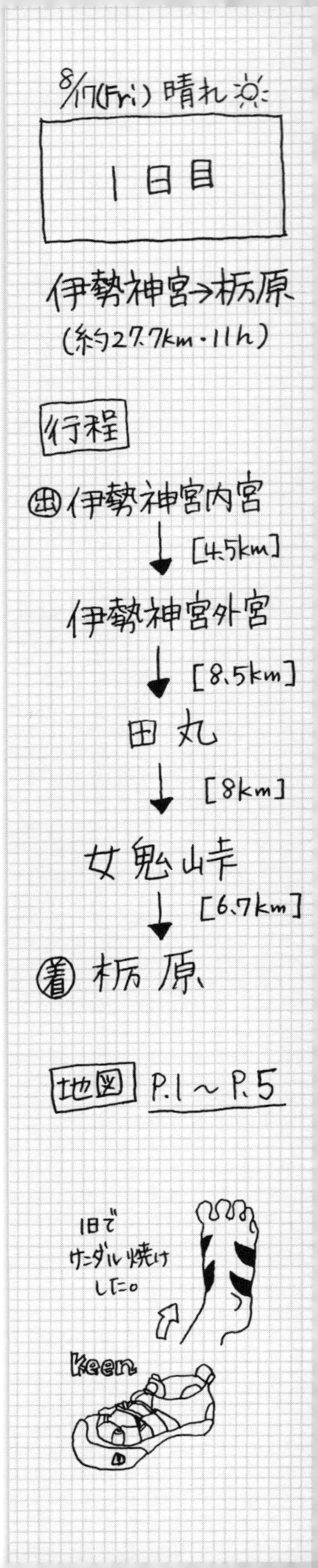
8/17(Fri) 晴れ
1日目
伊勢神宮→栃原
(約27.7km・11h)
行程
出 伊勢神宮内宮
[4.5km]
伊勢神宮外宮
[8.5km]
田丸
[8km]
女鬼峠
[6.7km]
着 栃原
地図 P.1〜P.5
1日でサンダル焼けした。
keen

## 旅立ちの日

いよいよ今日から歩きはじめる。今日の目的地（宿泊地）は栃原《とちはら》の岡島屋という民宿。ルートは内宮を出発点に、4・5キロ先の外宮を通過し、約8・5キロ先の田丸、そこから女鬼峠を越えて柳原、そして栃原まで、約27・7キロの道のり。

まだほとんどの宿泊客が寝静まっている中、出発の準備を整え玄関で靴を履いていたら、いつも親切にしてくれていたスタッフが「今日出発するんですか!?　歩いて熊野まで行くんですよね？　気をつけて行ってきてくださいね」と言って両手を差し出し、握手をしてくれた。

「で、伊勢にはいつ帰ってくるんですか」と訊くので、「戻ってきませんよ〜」と答えたら、「えー！　そうなんですか!?　でもそうか……」と、残念そうな顔をし、私の姿が見えなくなるまでずっと手を振ってくれた。

右のスペースについて

※「1日目」：休足日は除き、実際に歩いた日のみをカウントしています。

※「伊勢神宮→栃原」：出発地点と到着地点。カッコ内表記は1日に歩いた距離の合計と、かかった時間（歩行時間だけでなく休憩、寄り道を含む合計時間）を表しています。

※「地図」：本書の別冊地図のページ数を示しています。

※距離に関しては多少の誤差がある点ご了承ください。

数日前までこの街は見知らぬ土地だった。だけどいま、この街には別れを惜しんでくれる人がいる。そう思ったら、なんだかじーんとした。

**ひたすら単調なアスファルトの道――伊勢神宮→田丸**

朝5時すぎの内宮は人影もまばらで、いままでの中で一番神聖な空気が漂っていた。私は内宮の神様に、無事、熊野本宮まで歩けますようにとお祈りをし、外宮に向かった。

外宮では「出発の記念に」と、火除橋の前で守衛さんに写真を撮ってもらった。事前に編集者さんから「一応、女性一人で歩くので、安否情報だけは毎日連絡ください」と言われていたので、フェイスブックにいま撮ってもらった写真と一緒に、いまから出発する旨を投稿した。

地図で歩く方向を確認し、いよいよ歩きはじめる。「いまから出発だぁ！」と私の中では盛り上がっているけれど、マラソンみたいに走りはじめるわけじゃないし、考えてみたらただ歩き「続ける」だけなんだよね。ということで、外宮を地味に出発。ぬるぬると歩きはじめる。

事前に調べたときに、「伊勢から田丸までは特に何もないアスファルトの道なので、田丸からスタートするのでもよいかもしれません。昔の人も、田丸で巡礼装束に着替え、熊野詣でに出発しました」との情報を得ていたけど、確かにそのとおりかもしれない。というのも外宮を出てからずっと大きな道路沿いを歩いている。アスファルトだし車がビュンビュン通るし、自分の家から最寄り駅まで歩く

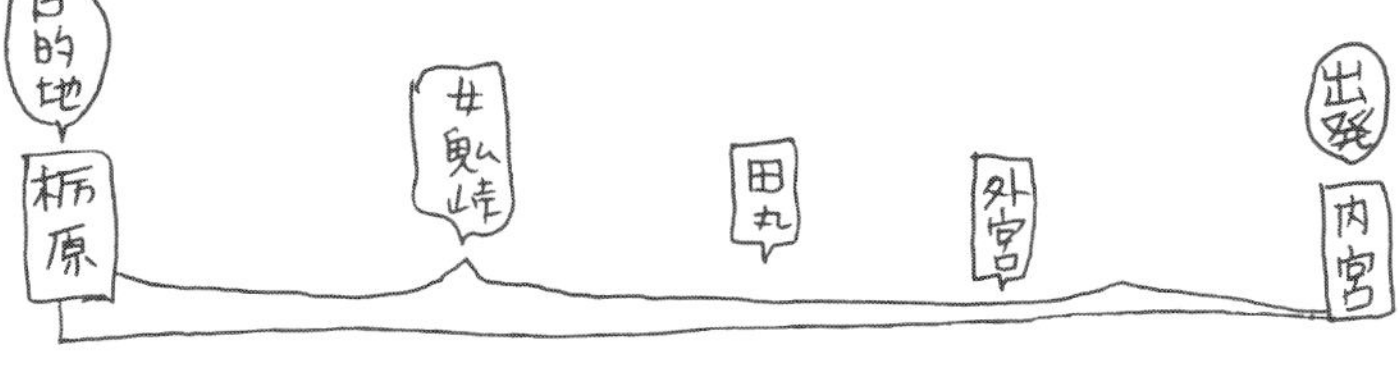

道とあまり変わらない。しかもスペインの巡礼路のようなわかりやすい道しるべはいまのところない。つまりいちいち地図を確認しながら歩かないといけない。これは均一のペースで歩けないから思いのほか疲れる。しかも、「この道で合ってるんだよな……」と不安な気持ちを抱いて歩くから精神的にも疲れる。

それにしても、伊勢路を伊勢から歩く人というのは、ほとんどいないようだ。なぜって自転車に乗っている人や、信号で止まっている車の人が奇異な目で見てくる、気がする。

橋を渡って川を越え、もう1時間くらい歩いてるけれど、全然「熊野古道!」という感じではない。まだ10時前なのに太陽がギラギラ照りつけてくる。普段汗をかかない私が、顔から汗が噴き出している。首に巻いたタオルマフラーは早くもグッチョリ。1リットル水を持っているけど、すでに500ミリリットル飲み干してしまった。まだ街だから自販機がたくさんあるのが救い。次の自販機でスポーツドリンクを買おう。やはり身体が水よりスポーツドリンクを欲している。

依然、アスファルトの道。車がビュンビュン走っている。所々歩道がないところもあって、結構怖い。轢かれそう、という意味で。

もちろん当たり前のように、歩いている人はいない。それどころか街の人も少ない。この辺の人は移動のときには自動車を使うのかもしれない。
途中、バイクの人やスポーツ自転車の人が、目が合ったときに会釈をしてくれた。この得体の知れない仲間意識に励まされる。

自動販売機を見つけるたびに５００ミリリットルのペットボトルを買っている。それでもすぐに飲み干してしまう。とにかく暑すぎる。公園のような場所、あるいは休めるお店があったら休みたい、と考えているのにまったく何もない。もう限界。肩が痛い。とりあえず田丸までがんばろう。田丸に行けば喫茶店とか涼しくて座れる場所があるはずだから、田丸まで、がんばろう。

**田丸、何もないんですけど……**

田丸に近づくにつれ、昔の石碑やお地蔵様、新しい道しるべみたいなものが出てきた。やっと少し「熊野古道を歩いている」という感じがしてきたけど……。
「ここが田丸という街の中心なんでしょうか。田丸の本当の中心地はどこなんでしょうか？」
思わず街にツッコミを入れたくなるほど何もない。田丸はネットで調べたときにも、「ここで昔の人は白装束に着替えた」とか「田丸が熊野詣での出発点」とか「田丸城跡がある」と聞いていたから、結構大きな街だと思っていたのに。そしてだからこそ、「田丸に行けば喫茶店があるだろう。そしたらちょっと涼んで座って休憩できるもんね」とそれを目指して灼熱の太陽の下、13キロを休まず歩い

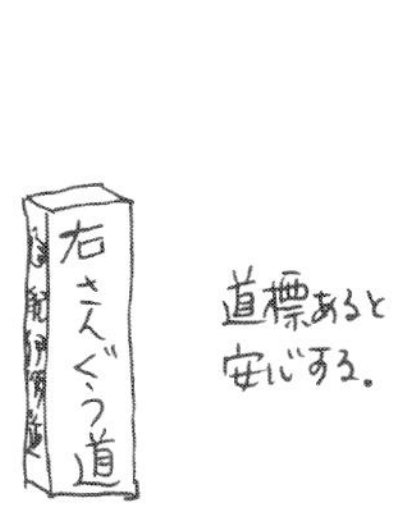

てきたのに、驚くべきことに田丸には喫茶店がひとつも見当たらないではないか。

「なぜ店がないんだ!! 喫茶店ひとつでいいのに!!」

思わず心の中で叫ぶ。しかし叫んでも解決しないので、折れそうな心を支えるべく、「1軒くらいは喫茶店があるはず。ないはずがない」と信じて歩き続ける。

しかし、一向にそれらしき気配はない。お盆でお休みなんだろうか? やや不安になり、「駅前に行けばさすがにあるだろう」と地図を確認したら、私が歩く道は微妙に駅を通過しないルートだった。

「駅に寄るべきか、寄らざるべきか」

駅があると思われる方向を見つめながら一瞬考えた。しかしいかんせん「田丸に着いたら涼んで休憩できるはず」というペース配分で歩いてしまったため、早くも体力ゲージは限界気味。「いまの私に駅に寄り道しているエネルギーはない。しかも、駅に行って喫茶店がなかったら衝撃が大きすぎる」。そう考え、地図の示す道を歩き続けることにした。「どうか道沿いに喫茶店がありますように。定食屋でもトンカツ屋でも何でもいいです」と祈りながら。

「もう寿司屋でも高い料亭でも文句言いません! 入れてもらえるのならどこでもいいです!」

歩きながらどんどん敷居が低くなっているにもかかわらず、ビックリするほどお店がない。この街の人は外食しないんだろうか。そんな余計なお世話なことを考えていたら、左側、小洒落たドアに「OPEN」の札を発見! 「よっしゃぁ!」と思ったのも束の間、近づいてみると、そこは美容室だった。

これにより、田丸で休むことは不可能と諦めた私は、今度は公園でもバス停でも何でもいいので日陰になっていて座れる場所を探しながら歩いた。しかし、それっぽい場所もまったくない。仕方ないので怒られること覚悟で、民家のブロックに腰掛けさせていただくことにした。

ザックを下ろして一息つき、もう役割を終えた田丸までの地図をしまい、田丸以降のページを取り出し……とやっていたら、やぶいた地図が風で飛ばされた。地図を追いかけて拾いに行ったら、ドスッという音とともにザックがブロックから落下した。フタを締めてなかったから飴やお菓子がこぼれてしまった。

「私、何やってんだろう……」

こぼれたお菓子を拾い集めていたら、なんだか哀しい気持ちになってきた。

田丸を過ぎてからは車が減ったので少し歩きやすくなった。それでもアスファルトの道路沿いを歩いてることに変わりはないが。1時間くらい歩いたところでコンビニを発見し、思わず駆け込む。涼しくて生き返る。コンビニがこんなにありがたいものだとは思わなかった。この先いつコンビニがあるかわからないので、「速攻チャージ」（栄養ドリンク的ゼリー）2つと、パピコ（アイス）とスポーツドリンクを買った。パピコは2本1セットになっていたが、あまりの暑さに余裕で2つとも食べてしまったので、「余らせたらどうしよう」なんて心配する必要なかった。

一応、無事に歩いていることを報告しようとフェイスブックをひらいたら、外宮を出るときに書いた投稿に「がんばれ！」とか「水ちゃんと飲めよ〜！」とか「遠くから応援してるよ！」など、友達からのコメントが入っていて嬉しくなった。暑い中たった一人で歩いているわけじゃないんだ、と早くも泣きそう。

相変わらずアスファルトの道を歩いているが、歩道がちゃんとある場所は比較的歩きやすい。「プップー！」というクラクションの音に振り向くと、白い軽自動車に乗ったおじさんがこちらを見て右手を上げて通過して行った。スペインでは歩いているとき、自動車が軽くクラクションを鳴らし「がんばれ！」の応援メッセージを送ってくれることがよくあったけれど、日本でもそんなことをしてくれる人がいるなんて。暑さと荷物の重さで眉間に皺を寄せて歩いていたけれど、フッと心が和んだ。

しばらくして今度は自転車に乗ったおばちゃんに話しかけられた。
「あんた、古道歩いてるの？　どこまで行くの？」と訊かれたので、「熊野本宮です」と答えたら、「えええええええええええー‼」と異常に驚かれた。慌てて「今日は栃原までですけど」と付け足したら、「あービックリした。熊野本宮まで歩くのかと思った」と言われた。さすがに今日は本宮まで行けないよ。２００キロ以上あるんだから……。
「おばちゃんも歩くの好きやで。本当なら歩きたいけど、足が悪いから歩かれへんのよ。あんたいいねー。がんばってな！」と言われてハッとした。そう、私は歩きたいから歩いているのだった。そして、歩くことができる健康な身体があるということは、とてもありがたいことなのだ。温かい言葉たったひとつがどれほど人に元気を与えるか。暑い中一人ぼっちで歩いていると痛感する。

**ひえ〜、昼でも怖すぎる女鬼峠**

やっと女鬼峠の少し手前、「成川」という場所まで来た。最近工事をしたばかりなのか、なんだか妙に綺麗な、道幅の広いアスファルトの道路が広がっている。それはいいのだが、地図も標識もわかりづらく、どちらに曲がればいいのかよくわからない。「こっちでいいのかなぁ」と不安になりながら進んだところ、「女鬼峠」と書かれたのぼり旗が見えて安心した。

ところで女鬼峠について事前に調べたとき、「女鬼峠はあまり高低差もなく、この先たくさんある峠の中では準備運動レベルです」との情報を得ていた。だから私は、「女鬼峠というのは名前は怖いけど、小高い裏山みたいな牧歌的なところなのだろう。肉体的にも精神的にも恐るるに足らず！」と思っていた。しかし……、目の前にぽつんと寂しげに現れた女鬼峠は、確かに形状としては「小高い里山」という感じで肉体的にハードな道ではなさそうだけど、なんというか、見るからに薄暗くて、人気がなくて、木々が生い茂っていて、昼の2時だというのにうすら涼しい風が吹いていて……ものすごく薄気味が悪い。この雰囲気で名前が「女鬼峠」だなんて恐ろしすぎる。しかも地名というのは

当然由来があるわけで……。ってダメダメ！　そんなこと考えたらもっと怖くなる。ただでさえ私は相当怖がりなのに。よし！　敵（？）を知るため、まずは峠の行程を地図でチェックだ！　私は持参していたガイドマップを参照した。

「距離——約1・8キロ、歩行時間——45分、散策レベル——☆、コースの特徴——熊野三山を目指した巡礼者たちは、お伊勢参りをすませたあと、伊勢路のスタート地点である田丸で巡礼衣装に着替え、熊野三山を目指しました。熊野街道（伊勢路）で最初に越える峠が女鬼峠です。女鬼峠は昼間でもほの暗く、千枚岩の岩盤を切通した道は、古道の歴史を感じることができます」

うんうん、確かに昼間なのにほの暗いよ。ほの暗いっていうかすごく暗いよ！　しかも歩行時間45分って結構長いな。小さい山に見えるけど、ずーんと奥まで伸びてるんだな。まぁ峠だもんね。どれ、次は案内板を見てみよう。

「現在地→荷車のわだち跡→水飲み場跡→茶屋跡→女鬼峠頂上→切り通し→如意輪観音→水飲み場→溜池→大神宮寺相鹿瀬寺跡」

…………。

と、峠って、こんなに史跡満載なのですか？　昔の峠には茶屋まであったのですか？　あぁ、そういえば「峠の茶屋」って聞いたことある。にしても……、うっそうとした山道を一人で歩くだけでも十分怖いのに、そこに「水飲み場跡」なんて石積みがあったら、昔の人の気配を感じてしまって絶対怖い！「山道一人」も「史跡一人歩き」もなんとか耐えられる、いや場合によっては楽しめるけど、このふたつが合わさるとちょっと怖すぎる。ハァ……。ちょっと覗いただけでわかる。単なる山道とは違う。ただならぬ空気が漂っている。私、ほんとに熊野まで歩けるかなぁ。これで「準備体操レベル」だったら、ほかは一体どうなってるのだろう？　だいたい、なんで古道の中で一番峠が多い伊勢路にしちゃったんだろう。それにしてもほんと、峠がこんなに怖い雰囲気だと思わなかった。そもそも、もっと人がいると思っていたのに、なんで誰もいないわけ？　世界遺産なのに、地元の人すら、車1台すら通らないわけ!?

私はあまりの怖さにぶつくさ独り言を言いながら女鬼峠の入り口でしばらくウロウロし、誰か熊野古道を歩く人が来ないか、あるいは地元の車が通らないか待った。そしてあまりに不安だったのでフェイスブックにも投稿した。

「いまから女鬼峠。誰もいないんですけど。名前が怖いんですけど。疲れたとか暑いとか吹っ飛ぶんですけど！　エンジェル峠とかにすればいいのに。誰か来て～！　一人じゃ怖いよーっ！」

そして誰もいないのを逆手に取って、（小さい声でだけど）思わず実際に声に出してしまった。

「誰か……、誰か一緒に歩いてくださ～い……」

でも、誰も来なかった。

投稿したばかりだから誰もフェイスブックにコメントしてないだろうな、と思いつつ確認したら、数人の友達が「いいね！」ボタンを押してくれていて、コメントが1件、しかも編集者さんから入っていた。編集者さんは結構私の安否を心配してくれていたので、「これはもしや『無理しないでね』とか!?」と思い確認したら、

「がんばれーっ!! 負けるなーっ!!」

と力強い応援が……。ハイ……がんばります……。

そう、がんばるしかない！ 行くしかない！ 歯医者と一緒！ 怖がるから怖いの！ 怖がれば怖がるほど、怖いものが長引くの！ 行く以外の選択肢がないいま、怖いものはさっさと終わらせるほうがよいの！

いよいよ女鬼峠を進む覚悟を決めた私は、それまで履いていたキーン（Keen）のサンダルを脱ぎ、ザックにしまっていたトレッキングシューズに履き替えた。なぜなら、この場所は歩くので精一杯、じっくり取材、写真撮影なんてできるワケない！ と判断し、猛スピードで駆け抜ける覚悟を決めたのだ。あとで編集者さんに「どうして女鬼峠の写真がないの？」と訊かれたら、暗くて写真がうまく撮れなかったとか、適当にごまかせばいいだろう。もしそれで何か言われたとしたら、「実際に歩いたことで、あそこは女の人が一人で行く場所ではないってことがわかったよ☆」と爽やかに答えよう。

（……猛ダッシュで峠を駆け抜けること38分……）

怖かったーっ‼　女鬼峠、昼下がりとは思えない薄暗さ、うっそうとした雰囲気！　あぁ、本当に怖かった。「怖い怖いって、もっとほかに表現はないんかい！」と怒られそうだが仕方ない。それ以外に言いようがない。どうでもいいけど、あまりの薄気味悪さにものすごい速度で歩き抜けた（駆け抜けた？）からか、峠を越えたらサングラスがなくなっていた。カチューシャみたいに頭につけていたのが落ちた模様。というかそれに気づかない私って一体……。どんだけビビってたんだか。でももう女鬼峠には戻りません。戻れません。サングラス、女鬼にあげます。

ちなみに、散々おびえておいてなんだが、道としては美しかった。全体的に雑木の山で、山道の右壁面にも木々が生えているから、古道の周りは緑で囲まれていて、まるで自然のトンネルのよう（「それを『うっそうとしている』と言うのだよ」という突っ込みはナシで）。とにかく、名前が怖くなければ歴史的雰囲気が残る美しい道(と、女鬼峠の名誉のために言っておく)。でも私は名前の怖さとか、そういうものがとても苦手なので、一人ではもう行きたくない。誰かと一緒に行くなら少しは考えてもいいけど。

## おじさんの優しさに泣ける——岡島屋さん

女鬼峠を越えたことで力を使い果たしながらも、灼熱の太陽の下、気力だけで歩き続けること2時間強。ギラギラと照りつける太陽も少し傾きはじめた夕方4時頃、やっと本日の宿、岡島屋さんに到着した。「一刻も早くブーツを脱ぎたい！」「シャワーを浴びたい！」。そう思って玄関を開けたのに、宿はガランとして誰も出てくる気配がない。

「ごめんくださーい」

何度か叫んでみたけれど、やはり返事がない。昨日予約の電話をしたときに、「6時頃到着します」と伝えたから、まだ宿の人はいないのかもしれない。ガックシしてふと左横を見たら、小さなテーブルの上にメモを見つけた。そこには、

「お客様へ。すぐに戻ります。2階、一番右奥にお部屋を用意してございますのでお上がりください」

と書いてあった。宛名は書いてないがきっと私宛だ。疲れて遠慮をしている余裕がないのでさっさと2階へ上がらせていただくことにした。

7部屋くらいある部屋は、どこも空室。どうやらお客さんは私一人のようだ。メモのとおり2階の突き当たりまで進むと、右の部屋だけ電気がついていて、早くも布団まで敷いてあった。私は畳を汚さないように窓際、カーペットが敷かれた広縁にザックを下ろし、どさりと座り込んだ。

それにしても疲れた。今朝は朝5時から歩きはじめたから11時間歩いたことになる。ハッキリ言ってスケジュールミス。初日にしては距離が長過ぎた。やはり峠がある行程で25キロ以上はキツイ。ちなみに歩数を確認したら47810歩！　多いんだか少ないんだかわからないけど、とにかく汗でぐっちょりだから早くシャワーを浴びたい。

30分くらい部屋でじーっと待っているのにウンともスンとも言わないので、1階に様子を見に行くことにした。すると玄関の柱に「御用の方は鳴らしてください」というブザーを見つけた。試しに「ブッ」と短く押してみたら、児玉清と前川清を足して2で割ったようなおじさんが疾風のように現れ、「フクモトさーん！　今日は暑かったでしょー！　お部屋上に用意してありますよ！」と、ものすごくフレンドリーかつ、あったかい歓迎をしてくれた。私は名乗ってないのに名前を呼ばれたことと、まるで旧友に再会したかのような笑顔に感動しつつ、荷物はすでに上にあげたこと、そしてシャワーを浴びたいことを伝えた。するとおじさん（岡島さん）は「どうぞどうぞ、お風呂も沸いていますよ！あとね、フクモトさんの隣の部屋に冷蔵庫がありまして、その中に冷たいおしぼりとビールが冷えていますから、セルフサービスでご自由にどうぞ！　あ、コップコップ。コップ持ってきますね」と言って小走りに消えて行き、キンキンに冷えて白くなったコップを持ってきてくれた。

「『シャワー』って言ったのに『ビールが冷えているから勝手にどうぞ』だなんて！」

私はリッツ・カールトンもビックリのサービスに恐れおののいた。いや日本人の以心伝心力に驚いた。「これが和の国の底力なのか⁉　これが日本の巡礼なのか⁉　おそるべし日本！　おそるべし岡島屋！」。単純な私はさっきまでの疲労はすっかり忘れ、上機嫌でお風呂に向かった。

いやぁ、お風呂はすごい。本当にすごい。誰が発明したのか知らないが、これを考えた人は間違いなく天才である。疲労回復、癒され度合いがまったく違う！　というのも私、スペインで歩いた体験が濃厚なため、「歩き終わったあとは当然シャワー。しかも、シャワーヘッドが壁にくっついている、立って浴びるやつ」しか想定していなかったのだ。

「思うに」

私は湯船に浸かりながら浴槽のふちにほおづえをつき、まだ明るい中庭を見ながら呟いた。

「歩く旅をすると、『感動センサー』の感度がよくなる気がする。だっていくら温泉が気持ちよくても、いつもはこんなに細胞レベルで感動しない。あとは『感謝センサー』の感度もよくなる気がする。正直、もし歩かずにこの宿に泊まり、このお風呂に入ったとしたら、やれ『古い』だとか『風呂が温泉じゃない』とか欠点ばかり見つけて、感動はもちろん、感謝も出てこないかもしれない。だけどこうして暑い中歩き、やっとたどり着くと、本当にオアシス、楽園に感じる。とすると、歩く旅は『幸せセンサー』の感度を上げることにもなるのかもな〜」

お風呂から上がった私は、当然、隣りの部屋の冷蔵庫に直行した。ぐひひ。冷えてる冷えてる！

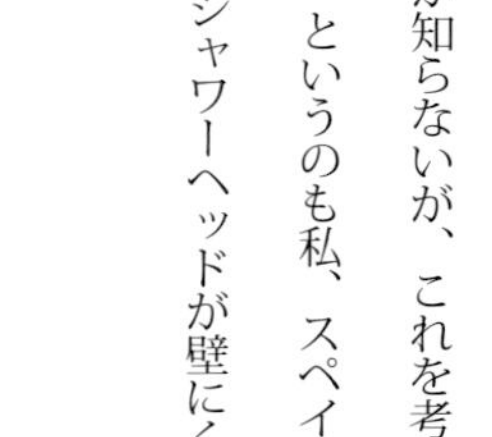

缶ビールがいっぱい！

「ウッマーーイ！」

風呂上がりのビール、いや「歩いたあとの」お風呂のあとのビールは最っ高においしかった。もしかしたら私、この歓喜の瞬間のために歩いてるのかも。

「もう1本開けちゃおっかな～」と2本目のビールに手を伸ばしたとき、「フクモトさーん、いい地図がありますよー！　もうお風呂でましたかー。入っていいですかー」と岡島さんの呼ぶ声がした。

「いいですよー」と応えると、岡島さんがお煎餅と書類を手にやってきた。そして持っていたたくさんの資料を広げると、「この地図持ってますか。え？　持ってない!?　古道歩くならこの地図持たなきゃ～！」と言って超便利な地図(1)をくださった。パッと広げてみて、その細かさに驚いた。というのも、私は東京で入手できる地図、およびガイドブックはほとんどすべて持参していたのだが、どれも歩くには大雑把すぎて、何度か道に迷いそうになっていたのだ。そしてそのことも、「この先の道を歩く上で憂鬱なこと」のひとつだった。でもこれがあれば明日からの道はバッチリだ。本当にありがたい。それにしてもこんなものが存在したとは……！　なんだかこの展開、ちょっとドラクエっぽい。「旅の途中で村人と出逢い、必要な情報をもらった。テレレレッテッテッテー♪（↑ドラクエの効果音）」みたいな。

「それにしても女性で一人で歩くなんてすごいですね。怖くないんですか」

いただいたイラストマップを見ていたら岡島さんが訊いてきた。

（1）本書別冊として収録させていただいた「熊野古道伊勢路図絵」イラストマップのこと。

「そりゃ怖いですよ！　今日歩いてきた女鬼峠なんて、本当に怖かったです。本気で泣きそうになりながら、おびえながら歩いてますよ！　峠って、全部あんな感じなんですか。明日以降もたくさん峠があるし、八鬼山とかも怖いし。それになんであんなに人がいないんですか。熊野古道って、世界遺産でしょう？　なんで人っ子一人いないんですか⁉」

今日一日人としゃべることに飢えていたこともあり、私は一気にまくしたてた。すると岡島さんは笑いながら「だってフクモトさん、今日は暑いですもん。この暑いのに外歩く人いませんよ～！　このあたりでもみんな、ちょっとした用事に行くのですら、もっと涼しくなってからにしようって、家の中にいましたよ～」と教えてくれた。なるほど、人っ子一人いなかったのはそう言うことだったのか。

「それにしても、どうして『女鬼峠』なんて怖い名前つけるんですかね。もっと素敵な名前にすればいいのに。あ、でも私相当怖がりなんで、理由知ってても言わないでくださいね。怖い伝説とかあったとしても、教えなくていいですから。聞いちゃうとこの先、一人で歩けなくなっちゃうので」と言うと岡島さん、「確かに怖い名前ですよね～。なんかね、この辺はほかにもいろいろ変な名前の場所があるんですよ。生首とか」って岡島さん！　言うなと言っているのに！「あ、ごめんなさい。でも大丈夫です。フクモトさんが歩くルートではないですから」ってあんまりフォローになってないから！

そんな感じで初対面ながらも意気投合（？）し、いろいろしゃべっていたら、古道情報はもちろん、結構プライベートなことも話してくださった。

岡島屋さんは江戸時代から6代続いている宿だということ。岡島さんご自身は最近までサラリーマンをしていたこと。ずっと宿を支えていたお父さまは101歳になること。定年退職を機にお父様の跡を継いだこと。でも高速道路ができてからは釣りやイノシシ狩りのお客さんも減り、そして熊野古道を歩く人もほとんどいないから、すっかりお客さんが減ってどうしたもんかなー、と思っていること。むかしはこの辺には熊野詣での旅人を泊める宿がたくさんあったこと。でも最近ではここ（岡島屋さん）しか残っていないこと。お客さんがまばらでいつまで続けられるか……と思っていること。

「でも、うちがやめてしまうとフクモトさんみたいに伊勢神宮から伊勢路を歩いて熊野詣でに行く人が泊まる場所がなくなって困ってしまいますでしょ。それだけが頭の痛い問題でねぇ。とりあえずいまはがんばって続けている状態なんですよ……」。岡島さんは苦笑いをしてそう話してくださった。

私は宿のがらんとした様子を思い出し、なんだか泣きたい気持ちになった。

正直今日の行程は結構長かったし、暑かったし、女鬼峠が怖かったし、ほとんど人と会わなくて寂しかったから、何度も「なんで歩いてるんだろう。電車に乗りたいなー」「ああ荷物が重い！　っていうか、やっぱり文明が発達しているいまの時代にわざわざ歩く必要なんてないのかもなぁ……」と弱気になった。でも岡島屋さんに到着し、岡島さんのあったかいおもてなしを受けたとき、歩いて来てよかったと、心から思った。そして「ヨシ！　明日もがんばって歩こう！」と思えた。だけどもしこの宿がなくなってしまったら、「伊勢神宮から出発し、熊野本宮へお参りする」という「伊勢路」は本当に途絶えてしまうかもしれない。それは勿体なさ過ぎる。

「ウーン、何かよい打開策はないですかねぇ……」

岡島さんの話を聞いてウンウン唸っていたら、「それよりもフクモトさん、明日はどこまで行くんですか」と訊かれた。「伊勢柏崎まで行く予定です」と答えると、「えぇっ!? 伊勢柏崎!? それは遠いですよ。ここから30キロ以上ありますよ！ フクモトさん、今日でこんなに疲れたなら、明日はもーっと大変ですよ！ 大丈夫ですか?」と、ものすごく心配された。そしてしばらく考えたあと、「こういうのはどうでしょう。たぶんフクモトさん、滝原《たきはら》までは行けると思うんです。22キロだから。そうしたら、車で迎えに行きますから、明日は滝原までにして、またウチに泊まったらいいですよ。そして次の日の朝、滝原までお送りしますよ」と提案してくださった。

岡島さん、生首って怖い地名言っちゃったけど、なんて親切な人なんだ……！ 私は岡島さんの心配りに感動した。そして、こういうことがあるからあまり前もってすべての宿を取ることはしたくなかったんだよな、と思いつつ、実はすでに伊勢柏崎の宿を予約してしまっている旨を伝えた。岡島さんは「そうですか、それでは柏崎には行かないといけないわけですね」と言ってまた、真剣な表情で地図を見つめた。

◎今日のひとこと

・怖いものは避ければ避けるほど、怖さが倍増する。避けられないなら、さっさと向き合い終わらせてしまうのがよい（ただし、避けられる怖いものは避けるべし！）。

# 歩く行程のつくり方

歩く旅の行程を考えるときには「宿」を中心に、「歩く速度（時速）」と「自分が楽しく歩ける距離」「道の高低差」「絶対に行きたい場所」を考えながら組み立てていきます。

## 歩く速度（時速）

平地では時速4キロが一般的と言われています。当然高低差がある道では遅くなるので注意して！

## 楽しく歩ける距離

私の場合は平地だと20〜25キロ。スペインの巡礼路を考えても、ほとんどの人が20〜35キロを1日の距離としていました。こちらも当然高低差があると短くなるので忘れずに！

## 例① 初日

まず宿がある場所を調べます。すると、田丸と栃原にあることがわかります。次に距離を調べます。内宮から田丸は13.1キロ。内宮から栃原は27.7キロ。どちらも歩いて行ける距離なので好みで決めます。私は田丸だと早く着きすぎる（時速4キロ計算で4時間弱）と考え、栃原まで歩くことにしました。28÷4時速＝7時間。つまり朝6時に出れば午後2〜3時には着く計算になりますし、大きな峠もないからいいだろうと考えました。ちなみに上記は純粋に歩くだけの時間なので、そこに休憩や寄り道の時間を足して夕方暗くなる前に宿に着くように逆算して出発時間を決めます。

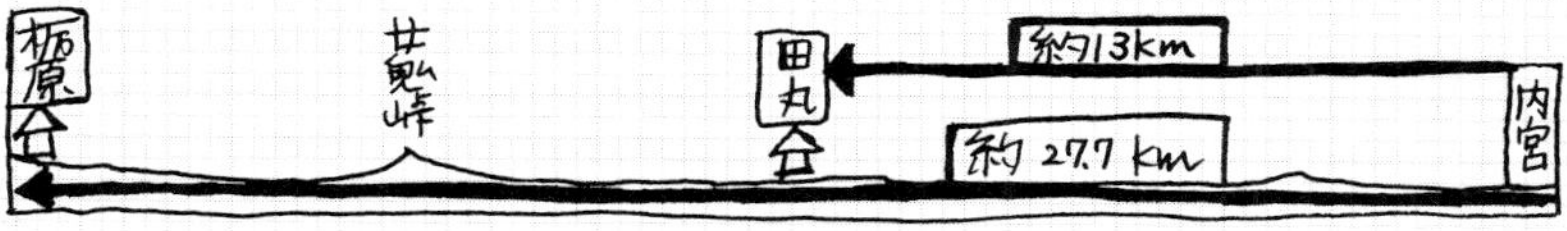


## 例② 八鬼山を越える日

現在地から宿がある場所を調べます。すると三木里と二木島にあることがわかります。次に距離を調べます。現在地から三木里までは約11キロ。二木島までは約26．2キロ。高低差を見ると、八鬼山は627メートルで最大の難所。三木里から先も峠が3つもあります。ゆえに、26．2キロは無理と判断。この日は八鬼山を歩くだけの日にしました。

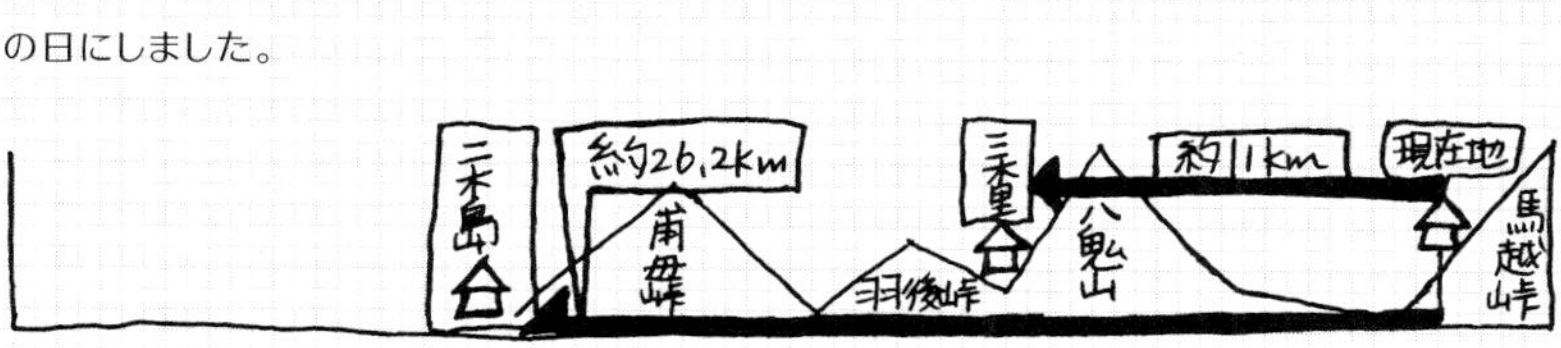


こんな感じで行程を考えます。宿は私のように1〜3日先の宿までしか決めず、歩きながら決める方法もあれば、最初から全部の宿を押さえておく方法、どちらもアリだと思います。私は自由度が高いプランにしていますが、当然宿が取れないリスクも。とにかく「自分が歩ける距離」「宿がある場所」を中心に自由に組み立てたらよいと思います。

8/18(Sat) 曇り/雨/雷

2日目

栃原→伊勢柏崎
(約32.3km・10h)

行程

出 栃原
↓ [15.8km]
三瀬谷
↓
三瀬坂峠
↓ [6.5km]
滝原
(瀧原宮)
↓ [10km]
着 伊勢柏崎

地図 P.6〜P.11

## 歩きつづけるべきか、やめるべきか!?

朝、荷物をバックパックに詰め込み、出発の準備をしていたら「フクモトさぁ〜ん」と岡島さんの呼ぶ声がした。ふすまを開けると岡島さんが笑顔で立っていて、「おはようございまーす! フクモトさん、コーヒーをご用意したので飲んで行ってください」と言ってくださった。素泊まりなのに悪いな、と思いつつ、1階に降りて行くとコーヒーだけでなく果物まで用意されていた。まるで実家みたい。お礼を言って食べていると、思い悩んだ顔の岡島さんがやってきた。ウリのような謎の果物をモグモグ食べながら見ていると、

「昨晩あれから考えたんですけど、もしフクモトさんが途中で疲れて歩けなくなってしまったら、私、車で迎えに行きます。そして、伊勢柏崎の宿までお送りします。私、今日は4時過ぎには自由になるので、それ以降はいつでも迎えに行けますから。だってやっぱり伊勢柏崎は歩いて行くにはちょっと遠いですもん」と提案してくださった。ちなみに昨夜、私と岡島さんは夜ご飯を食べたあと、23時く

らいまでおしゃべりをしていた。ということは岡島さんはあのあと、お風呂の中でも布団の中でも悶々と考えてくれていたということになる。私は岡島さんの親身さにすっかり感動しつつも、「全部の行程を歩いてみたいから」と、お気持ちだけありがたくいただき、柏崎までがんばって歩くと伝えた。

玄関で靴ひもを結んでいると、「もし途中でへたってしまったら、いつでも車で迎えに行きますから。本当に遠慮せず連絡ください」と言って岡島さんがメモ用紙をくれた。見ると、大きな字で携帯電話の番号が書いてあった。

「旅は道連れ世は情け」

熊野古道を歩きはじめてまだ1日しか経っていないのに早くもそれを実感した。私はいただいたメモを大切にしまい、「無事に熊野に到着したら必ず連絡します」と言って岡島屋さんをあとにした。

## やめるのも勇気——栃原～三瀬谷

今日からは岡島さんにもらったイラストマップのおかげで道がわかりやすい。それだけでも楽なのに、空が曇っていて暑すぎないから昨日よりずっと歩きやすい。思うのは、暑さがなく、荷物が重くなく、怖い名前の地名がなければ、この道はなかなか気持ちよい道だということ。竹林があったり、緑が美しい林道があったり、素朴な線路沿いをのんびり歩いたり。……と、気分良く歩いていたらさっそく第一関門が来た。道標「熊野古道」の矢印が指し示すのはフェンスの奥。「ご自由に開けてください」

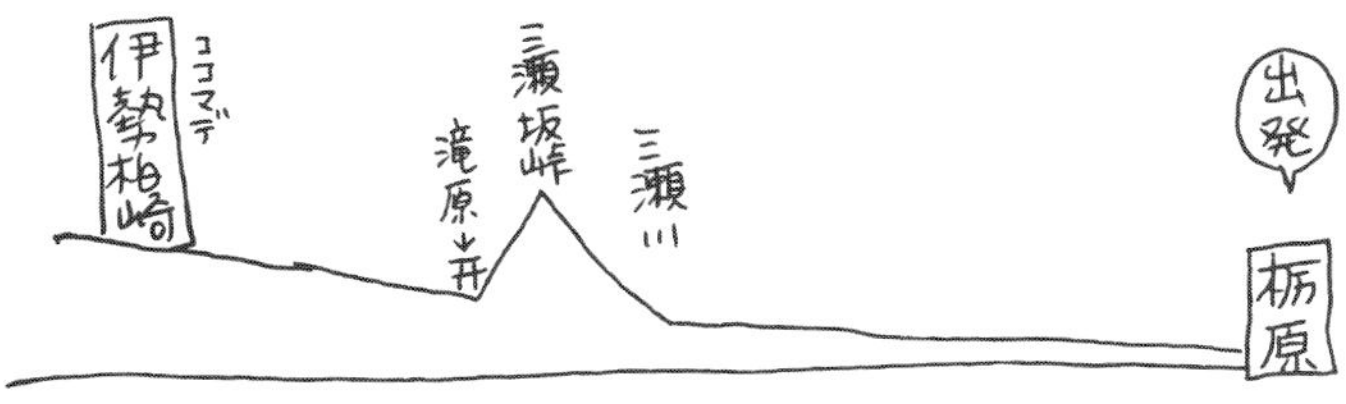

と書かれた扉の先を覗くと、草がボウボウに生い茂っていている。地面が踏みならされていないことからしばらく人が通っていないと思われる。しかも、「殿様井戸(1)コチラ」という矢印まで。井戸はちょっと……怖いよねぇ。私は地図を調べ、「殿様井戸」から続いている道がいま歩いている道(林道)とすぐに合流することを確認し、引き続き林道を歩くことにした。緩やかな坂をのぼると、見晴らしのよい場所に出た。空には太陽にうっすらと雲がかかり、眼下に広がる家々や田んぼはまるで日本昔話に出てきそうな光景。「きれいだなぁ、こんな景色がまだ残っているんだなぁ」。そう思って見ていたら、三重ナンバーの車が止まり、若い男の人が一眼レフで熱心に写真を撮っていた。ここは知る人ぞ知る、景色がきれいなスポットなのかもしれない。

「今日は暑すぎないし、昨日は履き忘れていたサポートタイツを履いているおかげで体力的にはずっと楽」と思っていたけれど、やはり2時間以上歩き続けると荷物の重さでジワジワ肩が痛くなってくる。「誰か助けて〜、重たくて肩が痛いよ〜」と思っていたら遠方、国道42号線沿いに「クロネコヤマト」の集荷所を発見！　迷わず駆け込み、ニコンの一眼レフと余分な地図を送り返すことにした。箱代含め990円。えぇ、えぇ、喜んで払いますとも。2・5キロ減らせるのは大きいもんね。

しかし軽くなった荷物にスキップしそうになったのも束の間。もう疲れてきた。誰もいないし何もない。無機質な国道沿いの道を歩いているから面白くない。もちろん休憩する場所もない。

「イラストマップによると、もう少しで国道沿いに休めるお店があるらしいからそこまでがんばろう」

(1) 江戸時代、お殿様がお忍びで神瀬の地(殿様井戸があるエリア)に鷹狩りに来たときに必ず駐屯、休憩を取ったため「殿様井戸」と呼ばれる。熊野街道の旅人たちは殿様が涼しく居心地のよいこの井戸に長居したため困ったという。ちなみにこの井戸は年中涸れることがないらしい。

と自分を励ます。

そうしてたどり着いた店は、とても入れる雰囲気ではなかった。窓から見える店内は薄暗く、まるでグーニーズ(2)の最初に出てくる閉店したレストランのよう。私は諦めて高速道路「紀勢自動車道」の柱のようなところで休憩することにした。

さっきまで「ありがたい曇り空」だったのに、いまはどんよりとした憂鬱な灰色に見える。暑くないのは助かるが気分が沈む。車がすごいスピードで走り去って行く。誰もいない。人気もない。民家もない。何にもない。峠とは違う意味で怖い。寂しい場所、という意味で。それでも今日はまだあと20キロも残っている。もう歩けないかもしれない。体力もだけど、なんだか心が折れそう。

「でもここでブルーになって座っていたら、日が暮れて暗くなって、もっと悲惨な状態になるだけだ。とりあえずあと少しだけ、次の街、『三瀬谷駅』まではがんばろう！」。私は無理矢理自分に気合いを入れ、立ち上がった。

三瀬谷の手前、国道から細い道に入った辺りで雨が降ってきた。伊勢路を歩きはじめて初めての雨。ただでさえ折れかけていた私の心はさらに折れた。とりあえず民家のガレージに避難させていただき、ザックを下ろして雲行きを見る。当分止みそうにない。目の前を、買い物用バギーを支えにしながら、おばあちゃんがヨロヨロ歩いている。元気なときは挨拶するけどいまは挨拶する元気もない。おばあ

(2) 1985年制作のアメリカ映画。少年たちが財宝を探す冒険を描いた大冒険スペクタクル！私にとっては初めて見た洋画。いまの映像技術からすると古い感じがするのだろうが、幼い頃見たあの映画は衝撃的だった。ちなみにシンディー・ローパーの主題歌も有名。

ちゃんもこちらを一瞥すると挨拶するでもなく、歩き去って行った。

すっかりやる気を失った私は、のろのろとザックからレインウェアを取り出し、ザックにカバーをかけた。

「歩き続けるべきか、やめるべきか」

気力が萎えてしっかり働かない頭の中で、ボンヤリ考える。

「このあとは峠が待っている。雨の中、峠を歩いても大丈夫なんだろうか。しかもこんなに弱っている状態で。ちゃんと峠を越えられるだろうか。いまならまだ、JRという最強のエスケープルート(1)を使える。どうする?」

心はなんだか気が進まない、歩きたくない、と言っている。身体ももうムリ、と言っている。でも頭だけは「ここで電車に乗ってしまったら、〝完全〟踏破じゃなくなっちゃうよ!」と言っている。わかってる。そんなことはわかってる!

だんだんイライラしてきた。それでもどうするか決められない。

やりきれない想いで泣きそうになっていたら、さっきヨロヨロ通り過ぎて行ったおばあちゃんがヨタヨタと歩いてきた。片方の目が悪いのか、左目が半分しか開いていない。おばあちゃんは右目で私を見ると、「これ」と、小刻みに震える手を差し出した。

「え……!?」

目の前には折り畳み傘があった。おばあちゃんは私に傘を渡すために、足をひきずるように歩いて

(1) 悪天候やトラブル時に途中でショートカットし、安全な場所へ下山するための道。

戻ってきてくれたのだ。

不機嫌な気持ちは一瞬で吹っ飛んだ。涙が出た。

疲れていたこと、心が折れかけていたこと、天気が悪いこと、この先に峠があること、その峠を今日はエスケープするかもしれないこと、でもエスケープしたくない想い、逃げた気がしてイヤなこと、〝完全〟踏破ではなくなることへの怒り、しかし峠を歩く気力が残っていないこと……などから、私はすごく不機嫌だった。自分のことでいっぱいいっぱいだった。でもそんな気持ちをおばあちゃんが忘れさせてくれた。

私はおばあちゃんに何度もお礼を言い、しかし自分はレインウェアを着ているから濡れないのだということ、そして折り畳み傘も持っているから大丈夫なのだということを伝えた。おばあちゃんは固まってしまった。たぶん、私の話の意味を理解するのに時間がかかっているのだろう。私はおばあちゃんを安心させるため、満面の笑みを浮かべガッツポーズをとった。するとおばあちゃんは、「大丈夫なんか？」と確認し、ヨロヨロと戻って行った。

おばあちゃんの優しさから元気をもらったら、今度は神様が歩くのをやめていい理由を与えてくださった。なんと、雷鳴が聞こえてくるではないか♪（↑喜んでどうする）

雷雨、という正々堂々と（？）エスケープルートを使う理由ができた私は、いきなり元気が湧いてきて、三瀬谷駅まで30分かかるところを20分で到着した。

国道沿いの大通りには町役場や道の駅、NTTもあってややひらけた雰囲気だったが、駅は無人駅で、時刻表を確認すると次の電車はなんと2時間後！　仕方ないので駅前にあったゆうパックを扱っている商店で、さらに荷物を送り返すことにした。長袖Tシャツや防寒着のダウン、そして「タイツを履くから毎日同じズボンでも汚くない！」と、換えのズボンまで。それでも時間が余るので、道の駅で昼ご飯を食べて時間をつぶすことにした。

**地元の人すら伊勢路を知らない⁉**

道の駅に入ると、そこは都会だった。いや、〝普通の人〟がたくさんいた。びしょ濡れで大きなザックを背負っている私は明らかに浮いていて、恥ずかしくなった。さらに追い打ちをかけるように、食券機の前で並んでいたら、テーブル席に座っている高校生くらいの女の子二人に、あからさまにジロジロ見られた。

最初は恥ずかしいから視線に気づかないフリをしていたけれど、あまりにもずっと見てくるので、さすがにイラッとして睨むように見返してしまった。それなのにちっとも目をそらさない。昔、初めて〝ガイジン〟が日本に来たときはこういう気持ちだったのかもしれない。変なモノを見るようにジロジロ見られるのって、とてもイヤな気分。

電車の時間が近づいて来たので三瀬谷駅のホームで電車を待っていたら、おしゃべりなおじさんに捕まってしまった。もう疲れきってるし、電車に乗る自分に対してまだ怒りを持っているから静かにしていたいのに、なんとそのおじさん、線路を挟んだ向かいのホームから大きな声で話しかけ、いや、叫びかけてきた。

「どっからきたのー?」と訊かれたから「東京ですー」と答えたら、「東京のどこー?」と突っ込んできた。本当は私、神奈川県在住。でも行動範囲は東京だし、「東京」と言うほうがわかりやすいかと思って海外ではいつも「東京から来た」と言っている。そのクセでつい「東京」と言ってしまったのだけど……。

困った私は適当に有名な地名を言っておけばいいやと思い、「渋谷ですー」と叫んだ。すると「すっごいなあー! おじさんは友達が港区に住んでるんだー!」と話を続けてくる。ハァ、そうですか。さっさと会話を終わらせたいので「いいですねー」と適当に言ったら「港区っていいとこなのー?」と訊いてくるではないか。深い意味はないよ、ただの相づちだよ! メンドクサイから「まぁー高いんじゃないですか。家賃とかー」と言ったら「じゃあ練馬区はー?」と訊いてきた。何せ我々、線路越しに叫び合ってるから周りの人(といってもあっちのホームにおばちゃん二人、こっちのホームに若い女の人一人しかいないけど)に丸聞こえ。なんで私は三瀬谷駅のホームで練馬区の説明なんてしなきゃいけないんだ。しかも私、練馬区のことあんまり知らないし。まったく。しかしおじさんは答えを待っている。仕方ないので、また適当に「練馬区は、港区より安いと思いますよー」と叫んだ。たぶん合ってるだろう。これでやっと会話が終わるか、と思ったらなんと、「じゃあ練馬区のほうが住みやすいわけねー?」と話を続けてくるではないか。このおじさん、一体何なの? 苦笑いしつつあたりさわりない返事をして話を終わらせた。つもりでいたのは私だけだった。

今度は「で、どこの山に登ってきたのー?」と訊いてくるではないか。だから「山には登ってませーん! 伊勢神宮から歩いてきたんですー! 今日は栃原から来ましたー」と叫んだら、「ヒャー! なんでそんなことしてんのー!」と言われた。「熊野古道を歩いているんですー! でも、もう今日は疲れたから電車に乗ることにしたんですー!」。くっそー。おじさん、私に一番言いたくないことを叫ばせおって! するとおじさん、「そらええわ。雷なっとるし電車乗ったほうがええ。それにこの辺は熊野古道ちゃうでー。熊野古道は新宮からやでー。この辺はなーんもあらへんよー!」と叫んできた。えぇ!? この辺は熊野古道だよ。伊勢路だよ!? 地元の人すらそれを知らないの!? それほど伊勢路は埋もれてしまっているの? 私は驚きつつも、話が長くなるのがイヤなので黙っていた。するとおじさん、まだ話を続けてくる! どこまで行くのかとか、いつ帰るのかとか。そんなこと知ってどうするんだろう?

それでふと思ったけど、さっきのジロジロ高校生もそうだし、もしかして、この町の人たちは好奇心旺盛なのかも。だとしたらさっきの高校生に悪いことしたな。思いっきり睨みつけちゃった。やっぱり心に余裕がないと人には優しくできないな。いろんな意味で『よゆう』とか『ゆとり』って大事だ。

そうこうするうちにやっと電車が来た。整理券を取って乗り込んだ車内はクーラーが効いて涼しく、とても快適だった。普段私たちは当たり前のように使っているけれど、座ったまま移動できるというのは、なんともすごいことだ。しかもこの電車、「新宮」行き。新宮といったら、熊野三山のひとつである熊野速玉大社がある場所で、伊勢路の終着点だ。「く〜！　涼しい車内で座っていれば新宮に行けるのか。しかも数時間で」。私はこのまま終点「新宮」まで行きたい衝動を抑え、瀧原宮《たきはらのみや》へ行くため1駅となりの「滝原駅」で電車を降りた。

## 心身が洗い清められる場所——瀧原宮

瀧原宮は私にとって「絶対訪ねたい場所」のひとつだった。なぜなら、ここは伊勢神宮の別宮《べつぐう》でもあり、元伊勢でもある唯一のお宮だから。しかも別宮の中でももっとも遠くに位置している。要するに特別な場所なのだ。

ちなみに、伊勢神宮の別宮は合計で14ある。そのうち2つ、伊雑宮と瀧原宮は内宮から遠く離れているため「遥宮《とおのみや》」とも呼ばれる。また、元伊勢とは何かというと、そのまま字のごとく「元々伊勢神宮があった場所（一時的にでも天照大神のご神体である八咫鏡《やたのかがみ》をお祀りした場所）」のこと。というのも実はいまの伊勢神宮はずっとあの場所にあったのではなく、「より理想的な鎮座地を求めて」何度も引っ越しをしているのだ。そのときに重要な役割を果たしたのが垂仁天皇の第4皇女である倭姫命《やまとひめのみこと》。約2000年の昔、彼女が天照大神の御杖代《みつえしろ》として御神託を受けながら理想の地を求め各地を巡ったと言われている。これを「倭姫命の御巡幸《ごじゅんこう》」という。だから伊勢近辺には倭姫命にまつわる伝承が多く残っている。ちなみに瀧原宮の由来は、倭姫命が天照大神の御鎮座地を探し求めてこの地にたどり着いたとき、川の流れが急で困っていたところ、この土地の神様である真奈胡神《まなごのかみ》に助けられた。そしてこの神様の案内でさらに進んだら「大河の瀧原の国」という美しい土地にたどり着いたので、そこにお宮を建てた。それが瀧原宮の始まりらしい。とにかく、こんなふうにして倭姫命は各地を転々としたため、元伊勢は三重県以外にも奈良県や京都府など広い範囲に渡り数十ヵ所以上存在する。しかし、くり返しになるけれど、数十ある元伊勢の中でも、別宮でもあるお宮はたった一ヵ所、この瀧原宮だけ。一体どんな場所なのか。私は期待に胸を膨らませ、瀧原宮に向かった。

曇り空の中、滝原駅から歩くこと約15分。車を避けようと裏道を通ったから一瞬「迷った?」と思ったけれど、目の前の杜からただならぬ雰囲気が漂っている。ちょうど工事中のおじさんがいたので、「瀧原宮はどこですか」と聞いたら、その杜を指差し「そこだよ。もう少し進むと右手に鳥居が出てくるから、そこから入れるよ」と教えてくれた。やっぱり。さすが瀧原宮、鎮守の杜の塀からすでに神聖な空気が漂っている。

参道の入り口には朱塗りも何も施されていない、木造のシンプルな鳥居が佇んでいた。奥には真っ直ぐに続く参道が見える。つくりとしてはほかの別宮とほとんど同じはずなのだけど、天気のせいか、なんだかほかの別宮とまったく空気が違う。

「これはゆっくり味わいたい場所かも」。そう思った私は、守衛さん小屋の前に大きなザックを置かせてもらい、貴重品だけ持って参拝することにした。鳥居をくぐり参道を進むと、そこは緑の薫りと清々しい空気に満ちていて、一歩、一歩と進むごとに心と身体に元気が戻ってくる感じがした。やはりエネルギーがチャージされる場所ってあるんだなぁ。

参道をしばらく進むと、伊勢神宮の内宮同様、右側に川まで続く石の階段があり、そこが御手洗場《みたらし》になっていた。手を洗おうと川に近づくと、さっきまで雨が降っていたせいか、上流側がぼんやりと白く霧がかっていて、なんとも幻想的。思わず息をのみ、そのまま手を合わせたくなるような美しい空間が広がっていた。この場所にいるだけで、心身ともに洗い清められ、そして新しいエネルギーを頂ける、そんな感じがした。

**『全部歩くことがエライわけじゃない』**

瀧原宮でお参りをしたあとは、再びＪＲで今日の宿がある伊勢柏崎駅まで向かった。

伊勢柏崎の宿「紀勢荘料理旅館」は、たまたま見つけたブログで実際に宿泊した人が「とてもいい宿だ」と絶賛していたので期待していた、が……。

宿のおばさん（つまり女将さん）はとってもいい人なのだけど、私が神経質なのか、小さいアリンコが行進しているのを発見してしまい、やるせない気持ちになった。期待していた分、精神的ダメージを受けた。こういうものは一度気になりだすと止まらない。さっきつまんで外に逃がしたはずなのに、別のアリンコがチョロチョロとどこからともなく出てきて、ちっとも落ち着かない（1）。

だけど救われたのは、宿のおばさんがすごく明るくていい人だったこと。夕飯は部屋で食べる形だったのだけど（この夕飯は美味しかった！）、私が一人で食べるのを可哀想と思ったのか、おばさんは私が食べている間話し相手になってくれた。そして、実は私は熊野古道を歩く本を書くということ、それなのに今日、滝原の手前から電車に乗ってしまって落ち込んでいるのだ、ということを話したら、「ア～ッハッハッハー」と明るく笑い飛ばし、「ええんちゃう？　ええんちゃう？　それも全部書いてしまったら。私が読者やったらそっちのほうが安心するな。『もし全部歩けなかったら、途中で電車に乗ってもいいんだ』って思えて、『それなら歩いてみようかな？』って思うよ～。だいたい、別に全部歩くことがエライわけじゃないんだし、苦行じゃないんだから。疲れたら休んだらいいし、電車に乗ったってええと、私は思うよ」と言ってくれた。それを聞いてすごく救われた。そして、「やっぱり今日はこの宿にしてよかった」と思った。

しかしいざ電気を消して寝ようと目を閉じたら、「またアリンコが出てきて、私の布団や髪の毛や顔に歩いてくるかも」と妄想が暴走しはじめた。そして、「この先も誰もいないアスファルトの道を歩き続け、一人ぼっちでアリンコがいたり、掛け軸が怖くて落ち着かない民宿に泊まらないといけないのかなぁ」と、歩き続けることが無性に嫌になってきた。本当だったら、安心してくつろげるマイルーム、マイベッドでぬくぬく寝れるのに。それがいかに幸せなことか、こういうときに痛感する。

（1）あとでよく観察したところ、アリンコは私のポーチにくっついていたチョコのカケラに向かって歩いていた。つまり私のせいでアリンコが外から入ってきて行列していたのであった。

本当に私、なんでこんなことしてるんだろう。明日のためにも眠らなきゃいけないのに、ちっとも眠れない。

そうしてすっかり「辛いスパイラル」に入り込んだ私は、夜遅い時間にもかかわらず友人に電話してしまった。しかも半分泣きながら。冷静に考えると、勝手に歩きに行っておきながら、辛くなって夜10時過ぎに泣いて電話するなんて、なんともヒドい話だ。しかし優しい友人は黙ってグチを聞いてくれたあと、「本当に辛くてもうムリって思ったら、いつでも東京に帰ってきたらいいよ。日本なんだから、ＪＲに乗ればいつでも帰って来れるよ。そして元気になったらまた、歩き直せばいいんじゃない？」と言ってくれた。私は途中でやめるとか、帰るという選択肢を考えたことがなかったから、それを聞いてハッとした。確かにここは日本だから、電車に乗れば簡単に家に帰れるのだ。そう思ったら急に気持ちが楽になった。私は友人にお礼を言い、電話を切った。

◎今日のひとこと

・「いつでもやめていい」と思うと逆にもう少しがんばろう、と思える。

歩く旅TIPS 4

# おさらい！神社参拝のマナー

熊野古道を歩いていると「これでもか！」というほどたくさんの神社を通ります。せっかくならきちんとした作法でお参りをしたいところ。ということで神社の参拝マナーをおさらいしましょう！

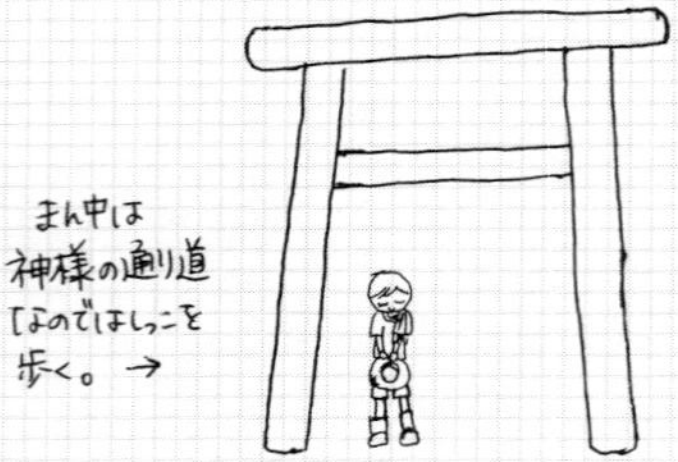
まん中は
神様の通り道
なのではしっこを
歩く。→

## 1. 鳥居をくぐる時は一礼を

鳥居の意味は諸説あるようですが、要するに神様の領域の門のようなものです。ということで鳥居をくぐる時は一礼してから入り、出る時は一礼してから出るのがマナー。人によっては自分の住所と名前を心の中で名乗ってから一礼して入る人も。なんにせよ誰かの家に入る時には玄関でご挨拶をするのと一緒で、勝手にズカズカ入るのは失礼だよ、ということですね。

## 2、身を清める

鳥居をくぐったらお手水で心身を清めます。たいていの神社には作法の看板があるのでご存知の方も多いですよね。順番は「左手→右手→左手に水を溜めて口をすすぐ→左手に水を流す（口をすすいだのを清めるため）→柄杓を立てて柄に水を流す（柄を清めるため）→元に戻す」。人によっては最初に足下にちょろっと水を垂らして足下を清める人もいるらしいです。

## 3、二拝 二拍手一拝

お祈りするときは深いお辞儀を 2 回、そして手のひらを合わせ、右手をちょっと下げて 2 回拍手。その後下げた右手（スライドさせた右手）を元に戻し、手を合わせてお祈りする。その時、住所と氏名と産まれた年を心の中でお伝えしてからお祈りすると良いそうです。

ちなみにお賽銭は投げ入れず、そっと入れましょう！

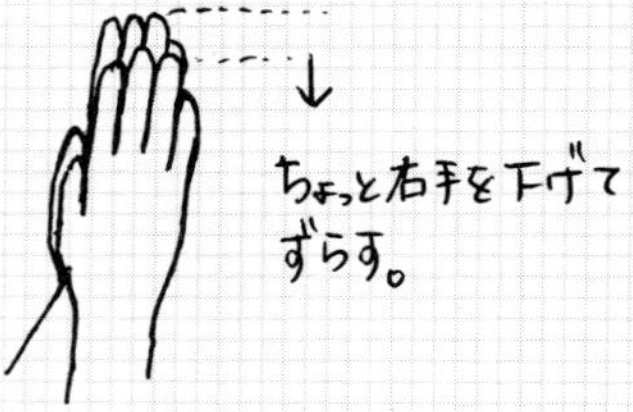
ちょっと右手を下げて
ずらす。

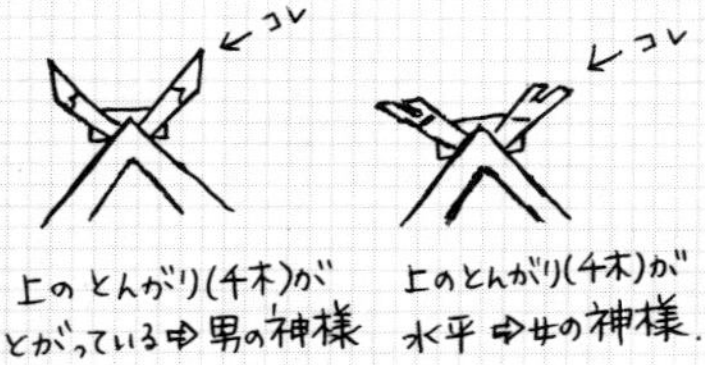
←コレ
←コレ
上のとんがり(千木)が
とがっている ⇒ 男の神様
上のとんがり(千木)が
水平 ⇒ 女の神様。

### マメ知識

一つの目安として、社殿の千木《ちぎ》の形を見ると、祀っている神様の性別がわかるそう。千木が平らのとき（内削《うちそぎ》）は女の神様を祀っている神社で、尖っているとき（外削《そとそぎ》）は男の神様を祀っている神社であることが多いらしい。

# 俗世から神々の支配する国へ

朝日の力ってすごい。昨晩はあんなに泣き言を言っていたのに、気持ちのいい青空を見たら「とりあえず今日1日は歩こう」と、歩く元気が戻って来た。やっぱり「夜明けの来ない夜はない」ということだね。しかも、出発の準備をしていたら珍しく母からメールが届いた。

「今朝、とても素敵なものを見ました。きっとこれはよいサインだから、伊勢路の旅も素晴らしいものになると思います。応援しているよ！」と書いてあった。心が折れた翌日にこんなメールが届くなんて不思議。目に見えない「何か」のサポートを感じる。

宿を出発するとき玄関で女将さんが、「無事に旅をできますように」と火打石を打ってくれた。そして、「今日のツヅラト峠は綺麗やで！　女鬼峠を一人で歩けたんだったら、これからはそんな怖い

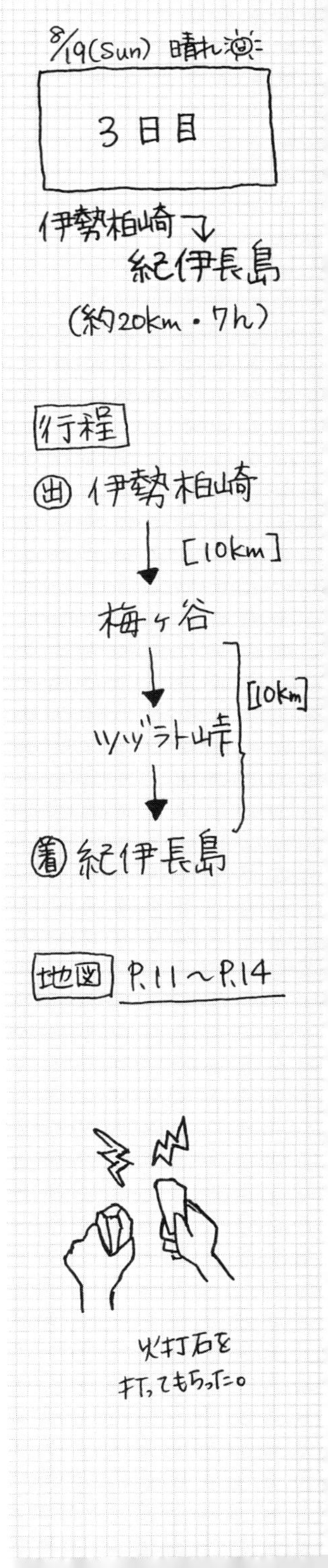

8/19 (Sun) 晴れ
3日目
伊勢柏崎
↓
紀伊長島
(約20km・7h)
行程
出 伊勢柏崎
[10km]
梅ヶ谷
[10km]
ツヅラト峠
着 紀伊長島
地図 P.11〜P.14
火打石を
打ってもらった。

道はないから大丈夫！」と明るく笑ってくれた。さらに、私のザックに付いている黄色いお守りを見ると、「それどこのお守り？もしかして猿田彦さんのとちゃう？　あんたそれ持ってるんやったらなおさら大丈夫や！　猿田彦さんは道開きの神様やから、それがあるなら何も心配することない！」と言って、ペコちゃんみたいな大きな笑顔で、私が見えなくなるまでずっと手を振ってくれた。

### 伊勢の国と紀伊の国の境界——ツヅラト峠

女将さんの言うとおり、確かに今日の道は昨日までの道と雰囲気が違って気持ちがいい。たぶんぐっと山奥に入ったから、大自然の中を歩く空気に変わってきたんだと思う。

しばらく歩いたところで、薄暗い雑貨屋さん兼薬局のようなお店を発見。峠に入る前に水分を十分に準備せねば、とスポーツドリンクとオロナミンCを買った。ビンは重いからこの場で飲んでしまおうと、店内でオロナミンCを飲んでいたら、お店のおばちゃんに「いまからツヅラト峠行きよるの？　一人で？　ハァー！　みんなバスでツアー組んできたりするよ。あとは夫婦さんとか。女の子の一人は見ないで。あんた気ぃつけてなぁ」と言われた。さらにそれを聞きつけたおじさんが奥から出てきて、「何⁉　あんたホンマに一人で行きよるんか。大丈夫かいなぁ〜。一人で行かんほうがええでぇ〜」と言ってきた。そこまで言われると、ただでさえ心細いのにますます心細くなる。まぁでも、おじさん、おばさんが心配してくれるのもわかる。今日の峠は3〜4時間かかる長い峠だから、お化け的な

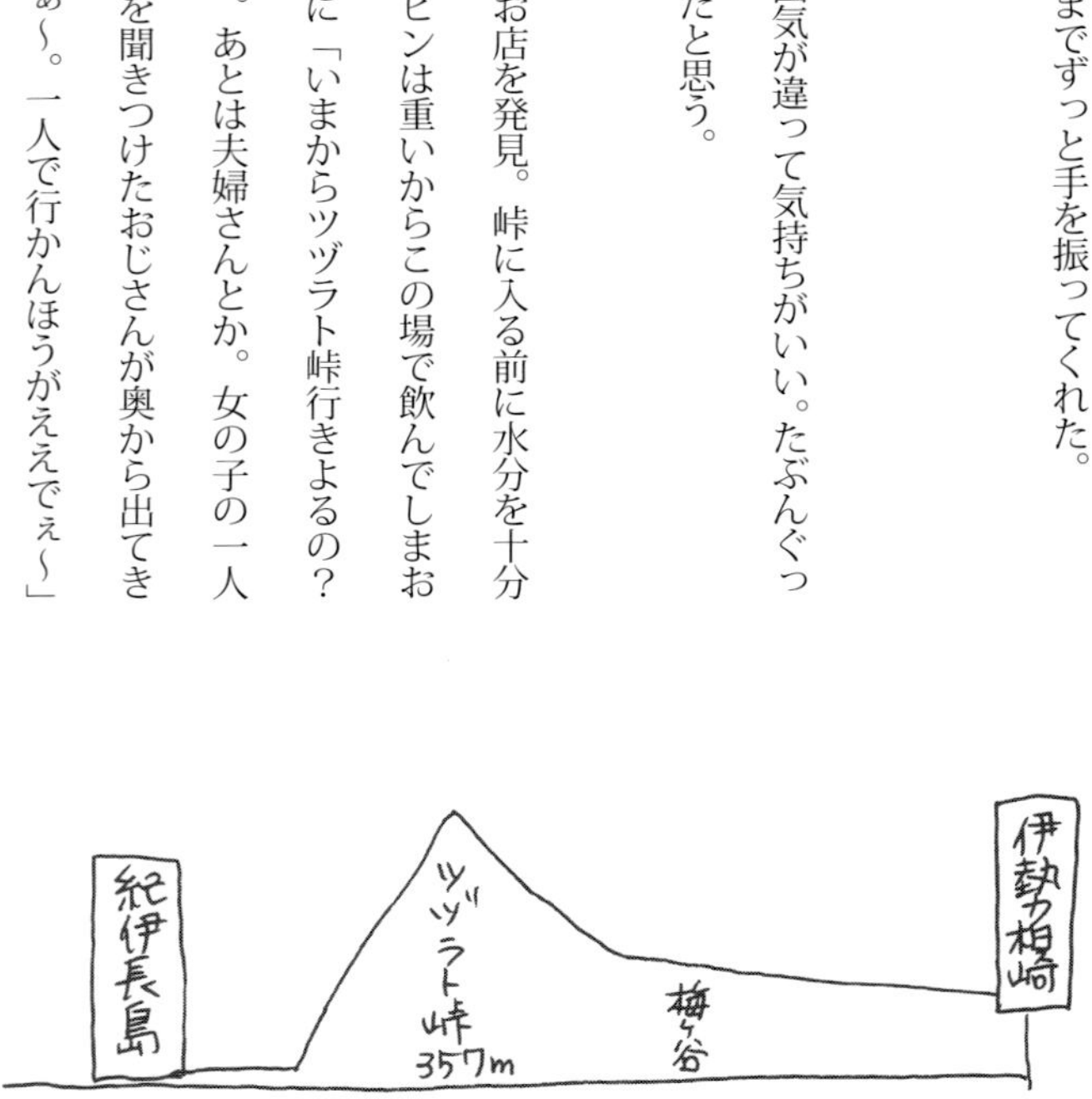

恐怖は置いておいたとしても怪我でもしたら大変だ。

ツヅラト峠は有名な峠のようで、近づくにつれ「世界遺産ツヅラト峠入口」と書かれた大きな標識が現れてきた。しかし峠を歩く決心がつかない私は峠の入り口付近にあるコミュニティーセンターに寄り道し、ひと休みすることにした。あいにく建物は閉まっていたので軒先に座って靴ひもを結び直したり、水を飲んだり、フェイスブックを見たり地図を見直したりしてズルズル過ごした。

「これ以上引き延ばしてはダメだ。女鬼峠で学んだじゃないか！　逃げるから怖いのが長引くって。避けられない恐怖ならサッサと終わらせるしかない！」

私は自分に気合いを入れ、コミュニティーセンターの軒下から立ち上がった。

すると、遠くに人が見えた。しかも山登りの人のようだ。急いで追いかけると、その人（推定年齢60代の男性）は静岡から来た人で、ツヅラト峠を歩くのだという。あぁよかった！　少なくともこの峠に私以外の人間がいる。それだけで本当に心強い。もし私が怪我をしても、このおじさんが発見し、救助を呼んでくれるはず。そう思うだけで本当に安心（そんなに怖いなら一人で歩き旅などするなという感じだが）。

静岡のおじさんは「私はトイレに行くのでお先にどうぞ。すぐに私も登りますから」と言うので、「了解です！　もし私が怪我して倒れていたら助けてください！　もしおじさんが怪我したら私が救助を呼びますから！」と言ったら、「ハハハ。わかりました」と言ってトイレに入って行った。

ツヅラト峠の登り口には、峠の案内板とともに手作りっぽい注意書きがあった。見ると「熊の目撃情報がありました。十分気をつけてください」と書いてあり、木々の間で立ち上がっている熊の写真が貼ってあった。こ、これは……。お化け的なものにおびえている場合ではない！　私は急いで熊よけのベル（1）を取り出し、ザックにつけた。

熊やら怪我やらお化けやらに怯えながら一歩、一歩と峠の中に入って行くと、そこには「もののけ姫」に出てきそうな世界が広がっていた。昨日の雨のせいか、マイナスイオンたっぷりの湿った空気、そして真っ直ぐに伸びた杉、朝露に濡れたシダ。確かに階段は急だけど、とても気持ちがよくて、瀧原宮のときのように歩くごとにエネルギーが湧いてくる。単なる「きれい」とか「気もちいい」だけではない。何かもっと神聖な感じがする。もしほかの峠もこういう感じなのだったら、一人でも歩き続けられるかもしれない。

ツヅラト峠の頂上に着くと、遠くに熊野灘の青い海がキラキラと輝いて見えた。まさに〝ひとつ峠を越えた〟。昔はここが伊勢の国と紀伊の国との境であり、そして現実世界と神様の世界との境だったらしい。確かにツヅラト峠は怖いというより、温かく見守られているような神聖な雰囲気がする。超恐がりの私が怖くないというのは、とても清らかでよい土地ということなのだと思う。そしてまた、この峠で少し空気が変わったようにも感じた。

（1）登山をするときの必需品。熊以外でも音を出すことでこちらの存在を示せるので、野生動物と無駄に遭遇しないために役立つ。いろいろなタイプがあるけど、私が愛用しているのはスター商事の「熊よけ鈴 小熊に金棒DX」（1700円税別）。熊の形をしたネジ部分を回すと消音することができ、電車の移動中など、熊ベルを使わないとき、チリチリ鳴らずに便利。何より形が可愛い。

## 海の男がいる素敵な宿——紀伊長島にある本日の宿に到着。ゆうがく邸

夕方4時前、無事、紀伊長島にある本日の宿に到着。

しかし今日も「チェックインは6時ごろ」と伝えていたからか、古民家のドアは全開になっているものの、中には誰もいない様子。「すいませーん！」と叫んでもだれも出てこないので、玄関に入らせていただき、座って待つことにした。

しばらく座っていたら、何やら奥に中庭があるようで、そこで人影が動いているのがチラッと見えた。どうやら誰かが布団を干しているっぽい!? 恐る恐る人影に近づいてみると、そこには真っ黒に日焼けした漁師のようなおじさんが、汗だくのランニングにハーフパンツという格好で布団を出したり入れたりしていた。まさか、この人がこの施設の人なのだろうか!? この施設、NPOア・ピース・オブ・コスモスなんてハイカラな名前がついているし、リフォームっぷりがステキだから、絶対オシャレカフェを経営していそうな自然派若夫婦とか、地域活性化を志す若いチームがやっているんだと思ってたのに。

私は予想外の人物に驚きつつ、「あのー、今日宿泊の予約を……」と声をかけた。すると漁師風のおじさんは、「オッ！」と突然話しかけられたことに驚きつつ、「オウオウ！ 6時ごろって聞いてたけどよ、早く来ちゃったのか。どっからきたんだ？ そうか、疲れただろ。お前の部屋はこっちだ」と言って、ドスドスドスッと2階の角部屋に連れていってくれた。

「ここがお前の部屋だ！」

そう言われた部屋を覗くと、純和風古民家という外観からはまったく想像できない、オシャレな洋室だった。そういえば今朝、火打石の女将さんに「あそこすごくステキやで。素泊まりやからご飯かでぇへんけど、ステキなとこやから私も今度本もって数日間泊りにいきたいわーって思うとったもん。きっと明日は楽しいでー！」と言われていたんだった。

なるほど確かにステキ。広い古民家を2、3年前に中だけリフォームしたそうで、室内は和風な外観とはうって変わってエーゲ海や地中海を連想させる白壁に塗り替えられ、床は肌触りのいいヒノキ、北欧の家具にありそうなシンプルなローベッド、キレイなトイレとシャワーと洗面台もついている。そして窓際には昔の作家が使っていそうなレトロな机とイスが。さらに見回すと、テレビやステレオ、ティファールの電気ケトルまで！　あまりの素晴らしさに感動して思わず、「1泊の予約だったのですが、疲れすぎて明日のハードな峠を越えられないので、2泊してもいいですか？」と訊いてしまった。すると漁師風のおじさん、「あ？　2泊？　2泊でも3泊でも好きなだけ泊まれよ。でも明日オレいいねぇんだった。でもうちの奥さんに頼めばいいって言うかも。あとで奥さん来るから訊いてみろよ」と言ってくれた。そして「なんか質問あるか？」と訊くので洗濯物を干す場所を訊ねると、「おう、洗濯するなら早くしたほうがいいぞ。いまならまだ日が照ってるからな」と言って裏庭のほうに連れて行ってくれた。そして洗濯機の下にあった洗剤ボトルを持ち上げ、「ここにアタックがあるからな、いや、ハミングだな、これ使え。干すのはこの洗濯バサミ使え」と言って、洗濯機と洗濯ハンガーを使わせてくれた。しかも無料で！　当然手洗いするつもりだったからすっごく嬉しい！

「洗濯機を使えるならたくさん洗っちゃえ！」と当初予定していたよりたくさんの洗濯物を持って古民家内をウロウロ歩いていたら、「おい、名前書いとけよ」と宿泊者名簿を渡された。さらに、「メシどうすんの。どこか食べにいくなら車で連れてってやるで。あとな、大きい冷蔵庫にポカリがいっぱい入ってるで、コーヒーもあるで、好きに飲んだらえぇ。コップもあるから勝手に使え」と言ってくれた。冷蔵庫を勝手に使っていいケースや、インスタントコーヒーを勝手に使っていいケースは過去に経験があるが、冷蔵庫のポカリを勝手に飲んでいいというのは初めてだったので念のため聞き返すと、「大きいやつはオレのだで、オレのは飲んでええ」とのこと。このおじさん、言葉遣い、ビックリするほど荒々しいけどすっごく優しい。さらに、「おい！　あとインターネットあるで、あとで教えちゃる」とのこと。おそらくＷｉ‐Ｆｉのことだろうか。感謝しつつ、早速冷蔵庫を開けると、そこにあったのはポカリではなくアクエリアスだった。おじさん……。きっとおじさんの頭の中では洗剤はすべてアタックで、スポーツドリンクはすべてポカリなのだろう。

「ヒャー！　快適！　快適！」

早速部屋でアクエリアスを飲んでいたら、「フクモトサァーン！　ちょっと来てー！」と階下からおじさんの叫び声が。

なんだろう、と降りて行ったら、おじさんはこの宿の持ち主ではなかったらしく、持ち主の人に延泊していいか電話してくれているところだった。「ハイ」と、突然受話器を渡されて焦ったが、とりあえず無事、延泊させていただけることになった。それどころか電話越しにお話しした宿のオーナーさん（60代女性）は、「2泊するなら台所のある広い部屋にしたったのに。いまからでも部屋替えたろか？」などとおっしゃる。この辺の方って、本当にみんな親切だなぁ。私は「どうせつくるとしてもお湯沸かしてカップラーメンくらいしか食べないのでいまの部屋で十分です」とお伝えした。

電話を切ると、今度はおじさん、パソコンを指差し「インターネットするならこれ使えるで」と言ってくださった。なるほど。でもこの設備のよさならＷｉ‐Ｆｉも飛んでいるのでは？　そう思って訊ねると、

「ワイファイ？　なんやそれ」

「えーと、無線でインターネットが使える電波です」

「それないわ。ここはそれない。このパソコンで線つけな繋がらん」とのこと。

すると今度はキッチン（木でできた立派なカウンターの、カフェのようなステキなキッチン）から呼ぶ声が。行くとそこには、おじさんの奥さんがいて、コーヒーを入れてくださった。さらに「足が疲れて痛いやろ？　そんなに歩いたら痛いわな。足痛いって聞いたから湿布もって来たで、今日は湿布たくさん貼って寝たらええよ」と言って、病院でもらうような効きそうな湿布を2袋もくださった。推測するに、おじさんが奥さんに電話して、奥さんがあとからここに来るときに湿布をもってくるように伝えてくれたのだろう。おじさん……。言葉遣いは荒々しいけれどやはりとても優しい。

カウンターでコーヒーを飲みながら3人でしゃべっているうちに、おじさんは以前マグロ漁船の機関長をしていたことがわかった。私の第一印象は当たっていた。やっぱり漁師さんだったのだ。しかもマグロ漁船って、ものすごくハードだと聞いたことがある。海の男の中の男だわ。さらにマグロ漁船のあとは海上保安庁に勤めていたらしい。思わず「えぇ！　海猿(1)じゃないですか！」と言うとおじさん、「ありゃ潜水士やろ、ワシは潜水士じゃないからな。海猿とはちょっと違うんだな」と言いながら、手ぬぐいでねじり鉢巻をしていた。完全に漁師だ……。

その後はおばさんが、「これ、おばちゃんが漬けたからちょっと甘過ぎるんやけど」と言っておしんこを切ってくださったり、お味噌汁をだしてくださった。と、そんな調子でかなり楽しくカウンターで会話していたら、なんと驚愕の事実が発覚！　ななんと、このおじさんと私、共通の友人がいたのだ。かなり衝撃！　なんて世界は狭いんだろう。「ご縁がある人」というのは、本当にご縁があるんだなぁ。

それから古道の話もいろいろ聞いた。特に私が恐れている伊勢路最大の難所「八鬼山」について質問したら、やはり相当ハードらしく、おばさんはすごく心配してくれた。が……、おじさんってば、「しかしあれやな、この子ぉが本当に一人で八鬼山いくとしたら、ちょっと面白いな」ってオイ！

なんにせよ、ここから先はどんどん「ザ・熊野古道」エリアになるようで、大変だけど美しい道が続くようだ。しかも、「この先はどこに泊まるの？」と聞かれたので、まだ決めていないことを伝え

(1) 海上保安庁の潜水士を題材にした伊藤英明主演のフジテレビのドラマ及び映画。作品の中では潜水士のことを「海猿」と呼ぶ。しかし実は海上保安庁内では「海猿」とは呼ばないらしい。ちなみに私は時任三郎演じる下川隊長が好み。

ると「いい宿があるで！」と言って、この古民家のオーナー（さっき電話で話した60代女性）が持っている三木里の宿を教えてくれた。「そこなら綺麗だから安心やで」とのこと。実は三木里エリアは宿は多いものの逆に多すぎて、どの宿にすればいいか決められずにいたのだ。「決められないということはまだ決めなくていいということ。必要な情報はきっと入ってくるだろう」と思っていたら、本当にそうなった。スペインの巡礼路を歩いたときにも感じたけれど、この世界って本当に、必要なものは絶妙なタイミングで与えられ、困らないようにできている。

なんだか昨日の夜、半ベソかいて友だちに電話したのがウソみたい。伊勢路を歩くことにして本当によかった。だって歩かなかったらこんな面白い出逢いはなかったから。

それにしても今日リアイアして東京に戻らないで本当によかった！

◎今日のひとこと

・朝の来ない夜はない。

・〝明日〟はどんな出逢いが待っているかわからない。予想を遥かに超える素敵な1日が待っているかもしれない。

・決められないときは決めなくていい。

くつの中は私が使ってる商品の名前orブランドです。参考まで。

『ランドネ』とか『PEAKS』とか山ガール、山男の雑誌も参考になりますヨ!

# 何を着ていく？

どんな服装で行けば良いのか想像がつかない方のために、
私の格好をご紹介します。

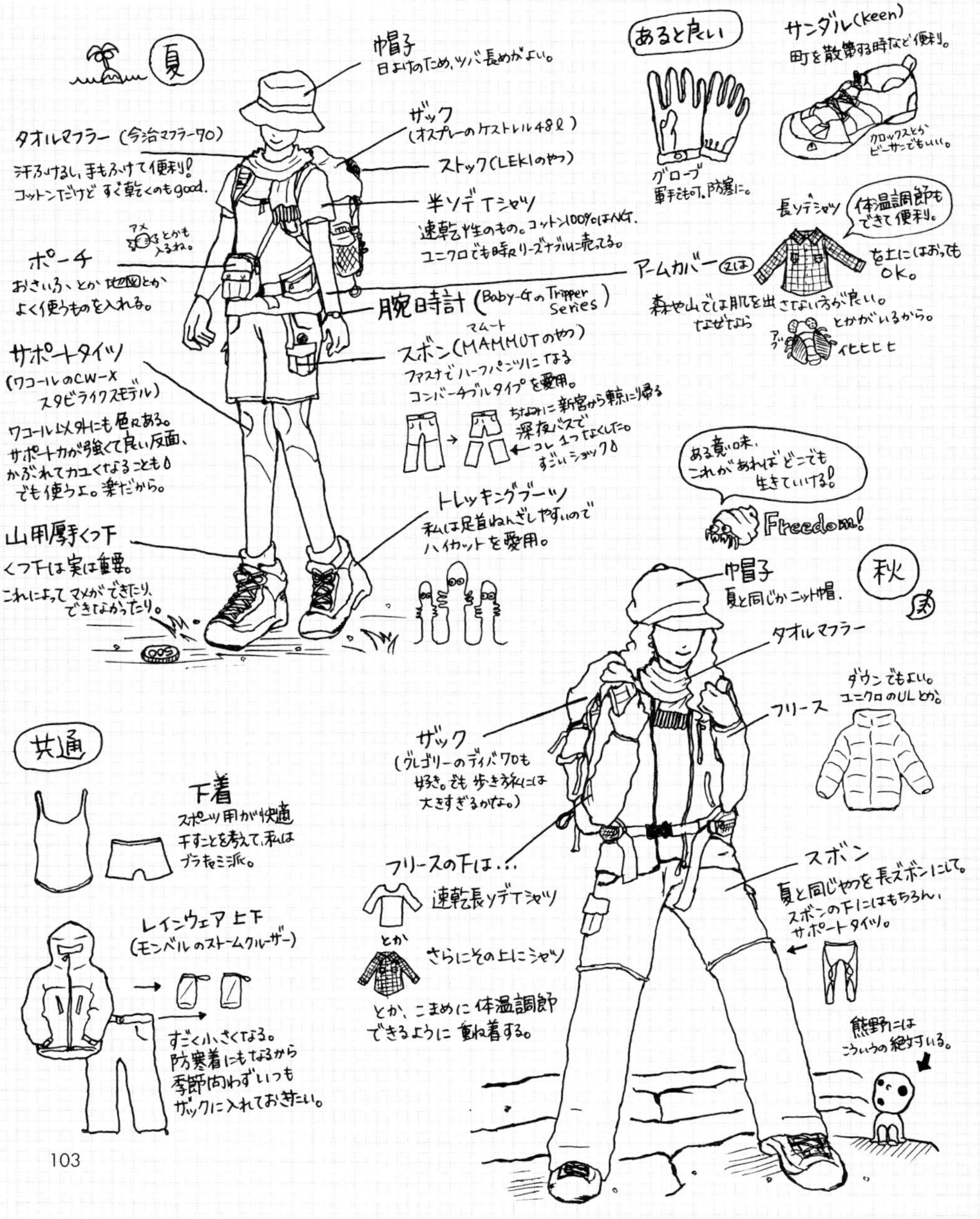
夏
帽子 日よけのため、ツバ長めがよい。
ザック（オスプレーのケストレル48ℓ）
タオルマフラー（今治マフラー70）
汗ふけるし、手もふけて便利! コットンだけど すぐ乾くのもgood.
ストック（LEKIのやつ）
半ソデTシャツ
速乾性のもの。コットン100%はNG。ユニクロでも時々リーズナブルに売ってる。
アメとかも入るね。
ポーチ
おさいふ、とか地図とか よく使うものを入れる。
アームカバー または
腕時計（Baby-GのTripper Series）
スボン（MAMMUT《マムート》のやつ）
ファスナでハーフパンツになる コンバーチブルタイプを愛用。
ちなみに新宿から熊野に帰る深夜バスで コレ1つなくした。すごいショック。
サポートタイツ（ワコールのCW-X スタビライクスモデル）
ワコール以外にも色々ある。サポート力が強くて良い反面、かぶれてカユくなることも。でも使うよ。楽だから。
トレッキングブーツ
私は足首ねんざしやすいので ハイカットを愛用。
山用厚手くつ下
くつ下は実は重要。これによってマメができたり、できなかったり。
あると良い
サンダル（keen）
町を散策する時など便利。
クロックスとかビーサンでもいい。
グローブ
軍手でも可。防寒に。
長ソデシャツ
体温調節もできて便利。
を上にはおってもOK。
森や山では肌を出さない方が良い。なぜなら
アブとかがいるから。
イヒヒヒヒ
ある意味、これがあればどこでも生きていける!
Freedom!
秋
帽子
夏と同じかニット帽。
タオルマフラー
ダウンでもよい。ユニクロのULとか。
フリース
ザック
（グレゴリーのディバ70も好き。でも歩き旅には大きすぎるかな。）
フリースの下は…
速乾長ソデTシャツ
とか
さらにその上にシャツ
とか、こまめに体温調節できるように重ね着する。
スボン
夏と同じやつを長ズボンにして。ズボンの下にはもちろん、サポートタイツ。
熊野にはこういうの絶対いる。
共通
下着
スポーツ用が快適 干すことを考えて、私はブラキャミ派。
レインウェア上下
（モンベルのストームクルーザー）
すごく小さくなる。防寒着にもなるから季節問わずいつもザックに入れておきたい。

8/21(Tue) 晴れ☀

4日目

紀伊長島→相賀

(約22.5km・10h)

行程

出 紀伊長島
↓ [3km]
一石峠
↓
三浦峠
↓
三浦 [6km]
↓
始神峠
↓
馬瀬 [5km]
↓ [8.5km]
相賀

地図 P.14〜P.19

# 恐怖のトンネル、そして神隠し!?

１日の休足日を経て心身ともにすっかり元気復活。

今日の行程はほどよいところに宿が取れなかったので（一人で泊まりたいと言ったら断られた）、小さい峠を３つくらい越えた先にある、相賀《あいが》の宿がゴール。全部で22キロくらいの道のり。本当は峠がたくさんあるからそんなに長距離を歩きたくないのだけど仕方ない。今日も元気に楽しく無事歩けますように。２日間お世話になった宿に別れを告げ、いざ出発！

**火事場のバカ力を発揮――古里歩道トンネル**

今朝まで泊まっていた「紀伊長島」という場所は、「魚《うお》まち」とも呼ばれる漁港の町らしい。確かに今日は左側に海を見ながら歩いている。町中は狭い路地が多く、昔ながらの商店があったりして、ちょっと懐かしい雰囲気。順調順調！　１日しっかり休んだおかげで気持ちも新たにいい調子で歩けている。と、鼻歌まじりで歩いていたら信じられない看板が……！

「『佐甫道』は土砂崩れのため、現在、通行不可となっています。古里歩道トンネルを通ってください」

な、なんということ！　ここでは半島沿いの遊歩道をきれいな景色を見ながら歩けると楽しみにしていたのに、一人でトンネルを歩けと!?　こ、怖すぎる……。熊野古道、やはり鼻歌まじりでは歩かせてくれないのか。

私は恐怖に呆然としつつ、数歩先にある「古里歩道トンネル」を覗いてみた。一応電気はついているものの、蛍光灯が弱っているのか、それともトンネルに対して蛍光灯の数が足りないのか、ほんのりと薄暗い。しかも真夏の真っ昼間だというのに、トンネルからはひんやりとした空気が漂ってくる。見ているだけで怖くて泣けてくる。とても行く気になれない。

私はトンネルの入り口から「通行不可」の張り紙のところまで戻り、途方に暮れつつ対策を考えた。周りを観察したところ、迂回路もバス停もない。しかし歩道トンネルの横には車用の大きなトンネルがあり、結構車が通っている。ということは選択肢は2つしかない。

その1、がんばって歩道トンネルを歩く。

その2、ヒッチハイクをしてトンネルの先まで自動車に乗せてもらう。

ところで、私はいままで「ヒッチハイク」というものをしたことがない。ヒッチハイク初心者にとっ

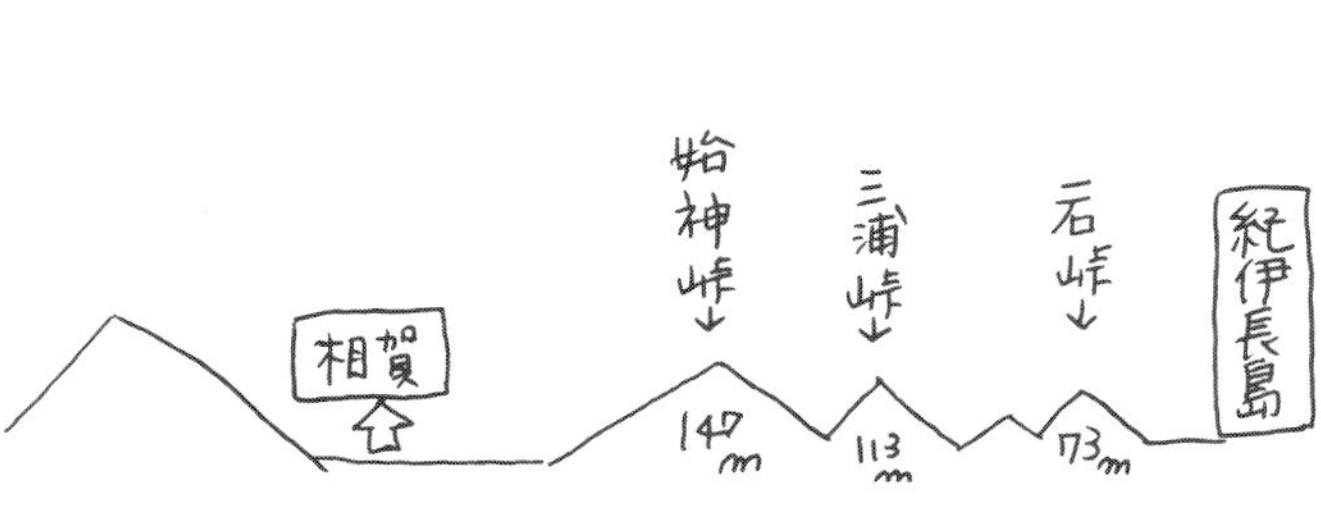

て、それはそれで結構緊張する。「やはり親指を立てればいいのだろうか」『どこまで行くの？』って聞かれるんだろうな。それで『トンネルの先まで』って言ったら『は？』って思われるかな」など、シミュレーションするうちにヒッチハイクをするのも大変なことに思えてきた。

「トンネルも怖い。ヒッチハイクも怖い。どうしよう」

ウロウロと5分くらい考えたあげく、なんだかどうでもよくなってきて、トンネルを歩くことにした。とはいえやっぱり怖い。だから怖い雰囲気が消えるように、iPhoneでGReeeeNの「キセキ」を最大音量でかけ、お守りを握りしめ、覚悟を決めてトンネルに入った。歌う、というより怒鳴るに近い大声で、iPhoneに合わせて「キセキ」の歌詞を叫び、変なモノを見ないようにひたすら真っ正面を見据え、無心で歩いた。いや、走った。「火事場のバカ力」というやつだろうか。すでにここに来るまでに峠をひとつ越え、それなりに疲れていたはずなのに、10数キロのザックを背負ったまま走った。トンネルを抜けたあとも走った。放心状態で走り続けた（考えてみると、トンネルから大荷物を背負った女が怯えた形相で「キセキ」を歌いながら走って来るほうがよほど怖い気もするが……）。

とにかく私は走り続けた。そして、普段だったら絶対入らない国道沿いの渋い喫茶店に逃げ込んだ。

カランカラン。

ドアを開けると、カウンターの奥におばちゃんが、手前にはスーパーマリオみたいな鼻ヒゲを生やしたおじさんが新聞を広げていて、二人でおしゃべりをしていた。

マリオヒゲのおじさんと目が合ったので、「やっていますか」と聞くと「やってるよ～、一応。好きなところに座りなよ～」と言ってくれた。

私は一番出口に近い隅っこのソファに座り、マリオヒゲのおじさんに向かって「メニューいただけますか」と聞いた。するとヒゲのおじさんは「おばちゃ～ん、メニューだって～」と言い、それを聞いたおばちゃんが水とお手拭きとメニューを持ってきてくれた。なんと、マリオヒゲのおじさんはお客さんだった。あまりにもお店になじんでいるから、てっきりお店の人かと思った。しかも「一応、やってる」なんて言い方するし。まぁいいや。私はおばちゃんを呼び、ジャムトーストを頼んだ。すると「ジャムがない」と言う。仕方ないのでチーズトーストを頼んだら「チーズがない」と言う。……この店には一体何があるのだろう。あるものを聞くほうが早いと思い、「何がありますか」と訊いてみると、おばちゃんは冷蔵庫を覗き込み「パンはあるよ」ってその次元か。さらに、「バターだったらあるみたい。私留守番だからようわからんのよ、ごめんなぁ」と言うので、「じゃあそれで」とバタートーストを頼んだ。気のせいかバターが少し不思議な味だったけど、もはやそんなことはどうでもいい。こうして無事にトンネルを抜け、人里（？）でトーストを食べられるだけでありがたい。

マリオヒゲのおじさんから「どっか山に登りに行くの？　どこから来たの？」などと訊かれたので、熊野古道、伊勢路を伊勢神宮から歩いていること、東京から来たことを伝えた。するとヒゲのおじさんはくるりと回転イスを回して私のほうに向き、「な～んでまた、こんなに暑いのに熊野古道なんか歩いてるんだ～。こんなに暑いのにわざわざ来なくたっていいだろうに」と呆れた顔をした。そしてテレビを指差すと、「ほら、いま銀座でオリンピックのメダリストパレードやってるぞ！　東京にいれば涼しいところでパレード見れたのに。暑いなか古道歩くよりよっぽどこっちのほうが面白いぞ」と、画面に映し出されたパレードの様子を楽しそうに見ていた。私はそれを見て妙な気持ちになった。

というのも、私は東京生まれ東京育ちで、祖父母も都内に住んでいたので〝田舎〟というものがなく、東京以外をあまり知らない。そしてことあるごとに、「人が多い」「空気が汚い」と東京の悪い部分を不満に思っている。だからマリオヒゲのおじさんが楽しそうにTVで銀座の様子を見ている姿や、そこに映し出される光景はすごく新鮮で「東京って、外からはこんなふうに見えるのか。パレードだし銀座だからかもしれないけど、なんだかキラキラして見えるなぁ」と感じてしまったのだ。

海外に出ると日本のことが客観的に見えるように、国内を旅すると、自分の街が客観的に見えるのかもしれない。さらに、海外と日本でもそうだが、やはり人は自分のところにないものをより面白いと感じるものなのかもしれない。少なくとも私にとっては銀座でパレードを見るより熊野古道を歩くほうがよほど面白い。などと思いつつ「いや～、まぁそうなんですけど、こんなに暑いと思わなかったもので」と言ったら、「いま8月だぞ！　暑いに決まってるわ！　それにスズメバチも出るし、マムシも出るし、この先は山賊も出るぞ～！　峠は怖いんだぞ～！　アッハッハ～！」と謎の脅しをかけつつ、この先の道のことをいろいろ教えてくれた。親切なのか面白がっているのかわからない。

そんなマリオヒゲのおじさんは元消防隊員だったらしい。それを聞いて「もし私に何かあったら助けにきてください」と言ったら、「オレもう引退したから関係ないもんね〜」と言われた。まぁそのとおりなんですけど。でも一瞬真面目な顔になり、「峠を登るとき、世界遺産の番号が振ってある標識(1)があるんだよ。ツヅラト峠とかにもあっただろ？　あの番号は意識しておいたほうがいいぞ。こっち（消防隊やレスキューの人々）の地図にもあの番号が書いてあるから、怪我をしたり遭難したとき、最後に見た番号がどの辺だったか伝えてもらえると探しやすいんだよ」と教えてくれた。

## 歩きながら考えること――始神峠

人と会話をしたおかげでだいぶ心が落ち着いた私は、マリオヒゲのおじさんと留守番店員のおばちゃんにお礼を言って喫茶店を出た。それにしても、こういう出会いは歩き旅ならではだとしみじみ思う。車やバスで移動していたらこういうローカルな喫茶店にはまず入らないし、入っても話しかけられないだろう。

ところで、私は２０１０年にスペインの巡礼路を歩いたわけだが、歩く前は「あの祈りの道を歩いたら、歩きながらいろいろ考えられるのではないか」と思っていた。でも実際に歩いてみると、たいしたことはほとんど考えなかった。というか考えられなかった。最初の頃は歩くのに必死であまり複雑なことを考えられないし、慣れてきてからは自分のリズムで歩くのが心地よく、歩いているその瞬間に一体化してしまう。どこまでも広がる空、果てしなく続く道、その上をトコトコと歩いているう

(1)

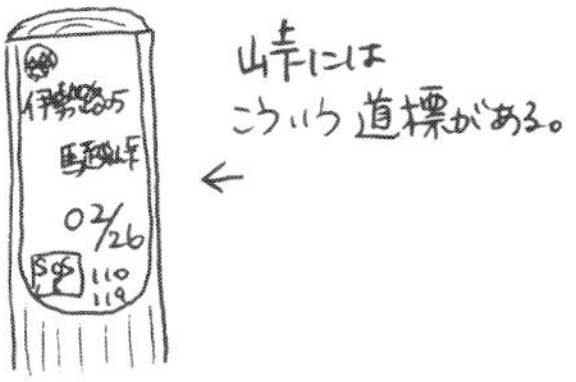

ちに、難しいことがどうでもよくなってしまうのだ。そんな中、しいて考えることといったら「今日のお昼ご飯は何食べようかな」とか「今日はどの村まで行こうかな。今日の宿は綺麗かな。綺麗だといいな」とかそのくらい。ある意味究極のシンプルライフ。歩く前はもっといろいろ考えられるものかと思っていたから、これは本当に意外だった。

それで、じゃあいま私は熊野古道を歩きながら何を考えているかというと、やはり「今日の宿、キレイかな」ということが一番頭の中を占めている(これはもはや「考えている」というより「祈っている」に近い)。あとは特に怖い道では、怖さを紛らわすため、どうでもいいことを考えている。例えば、昨日宿でドラマ(1)を見たから「小栗旬はかっこいいんだろうか?」とか。だって小栗旬ってドラマを見ているとかっこいいんだけど、よーく見ると、とくに顔自体はかっこいいわけじゃない気もしてくる。でもやっぱりドラマを見るとすごくかっこよくて、「もぉ〜! 私が石原さとみだったら製薬会社なんか行かないで抱きついてるのにー!」と思ったりするわけで。そんなことを、「始神峠《はじかみとうげ》」を歩きながらずっと考えている。熊野古道を歩くのにまったくふさわしくないが。

でも、この「考えない」とか「どうでもよいこと(軽いこと)しか考えない」というのは、実は偉大なことだと思う。だって普段の生活では、考えごとで頭の中はパンク寸前。返さなくてはいけないメールの返事や、やらなくてはいけない面倒な事務作業のこと、ときには漠然とした将来のことなど、頭の中は休むヒマなく動いてる。しかもそのほとんどが過去や未来のこと。「いま」に完全に集中していることなんてほとんどない。でもこうして歩いていると歩くことに必死になるから、「頭の中で

(1) 普段は歩き旅のときはTVは見ないのだが前日の宿では広い古民家にひとりっきりだったので怖くなってTVをつけた。たまたまフジテレビのドラマ『リッチマン、プアウーマン』(主演:小栗旬、石原さとみ)をやっていて、しかもちょうどクライマックスの回ですっかり見入ってしまった。小栗旬扮するベンチャー企業の社長と就職活動中の大学生(石原さとみ)がお互い好きなクセに自分の気持ちにフタをして「相手のために」と、あえて身を引くという萌えシーン満載だった。

せわしなくしゃべり続ける思考」から解放される。峠の怖さの前では（あるいは美しさの前では！）未来のことや過去のことなんてどうでもよくて、「いま」だけに意識が集中する。そして思考よりも「感覚」が敏感になる。

などと考えていたら（もちろんときには考え事もするのです！）始神峠の頂上に着いた。見晴らしが悪く、まったく頂上っぽくなかったけれど、それでもほっと一安心。あとは下るだけだ。そう思ったら景色を楽しむ余裕も出てきて「結構綺麗な道だな〜」なんて鼻歌まじりに下って下って、降り口に着いた。ら……。なんだか見たことがあるような景色が広がっている。「デジャブ？　いやいや、きっとこの辺は地形が似ているから景色も似ているんだろう。そうに違いない。さて、次はどっちに行けばいいのかな」と、右上の信号機を見て我が目を疑った。

『始神峠入り口』

ええええーーー!?　なぜーーー!?　なぜさっき見た『始神峠入り口』の信号機があるんだーーー!?

軽く目眩を感じつつ、あらためて景色を見回す。間違いない。目の前に見えているのはさっき歩いた国道だ。『始神峠』というだけあって神隠しにあったのだろうか!?　なんにせよ私、もう一回行く気力ないよ。思考停止。

しばらく呆然としつつ、とりあえずフェイスブックに状況を報告した。すぐに友人たちから「落ち着け！」とか「がんばれ！」とか「無理するな！」とか「深呼吸しろ！」とかたくさんの励ましコメントが届いた。それらのコメントを読むうちに落ち着きを取り戻したので、地図を広げ、どこで間違えたのか確認した。

なるほど、この峠には「明治道」と「江戸道」という2つの道があるのだが、私が持っている地図では「明治道」を行くことになっていた。だから私は「間違えないようにしなきゃ。明治道に行くんだ、明治道に行くんだ」と思いすぎるあまり、ひとつ手前の「右、明治道」の表札に従ってしまい、本来左に行くべきところを右に行ってしまったため、ぐるーっと一回りしてしまったことがわかった。さて、そうとわかればもう一度峠を越え直すか、諦めてバスに乗りJRというエスケープルートを使うか考えなくては。少し迷ったけれど、まだ時間的にも日没まで余裕があることと、間違えた場所を明確に特定できたこと、そして体力も精神力も大丈夫そうなことから、もう一度峠を登り直すことにした。暗くなる前に峠を越えなくては、と少し心配だったけれど、途中までは一度歩いた道だったし、何よりしっかり地図で確認したおかげで今度は無事、峠を越えることができた。

下山口からしばらく歩いたところで地元のおばちゃんたちが井戸端会議をしていた。私が通りかかると一人のおばちゃんに話しかけられた。「あんた姶神峠越えてきたんか？　休んでくか？」と言うので、うなずくと、すぐ目の前にある民家の広い庭に連れて行ってくれ、お茶とお菓子をくれた。さらに「おにぎりも食べるか？」と言って、おにぎりとお新香、それから梨までむいてくれた。「おいしい！　おいしい！」と食べていたら、「そうじゃろ。これね、ぜーんぶおばちゃんとこでつくったの。おばちゃんとこで作ったお米に、おばちゃんとこで作った野菜、そこの畑ね、そこで採れたキュウリと大根で作ったお新香。だから美味しいでしょー」と嬉しそうに教えてくれた。なんかいいなぁ。田舎のおばあちゃんちってこういう感じなのかな。というかもしやこれが噂に聞く「お接待」(1)なのだろうか。なんにせよ、本当にありがたい。今日の宿まであと8キロくらいあるけれど、この先は峠もないし、おばちゃんのおにぎりで元気が出たから歩くことができる。そう、本当に、歩き続けることができるのはフェイスブックで応援してくれる友だちのコメントや、古道で出逢う人々の温かいサポートのおかげだ。もしこれがたった一人、本当の独りぼっちだとしたら、とっくに心が折れている。こういう道を歩いていると本当に、自分は一人で歩いているのではなく、いろんな人に支えてもらっているおかげで歩けているのだと実感する。まさに「おかげ参り」だ。

(1)　基本的には四国のお遍路にある風習。巡礼者に対して物品(食べ物や草履、寝る場所やときにはお金なども)を渡すこと。なぜ「お接待」するのかというと、2つの意味があって、ひとつは「お参りに行かれない私の分までお参りしてください」という代参の意味と、もうひとつはお接待自体が行でもあり功徳となるからだそう。

**自分の態度を選択する**

夕方4時頃、無事、本日の宿に到着。今日は距離が長かったから、ハッキリ言ってもう限界。とりあえずお風呂に入って来よう。

お風呂に入るついでに、洗濯物を干すスペースがあるかなと、お風呂を通過してキョロキョロ偵察していたら、「何やってるんですか!?」と、宿のおばさんに怒られてしまった。最初に宿に来たときから感じていたけれど、今日の宿のおばさん、ちょっと怖いかも。怖いというか冷たい。いや、いまのは私がウロウロしてたのが悪いのかもしれないし、いままでの宿が特に優しい人たちばかりだったからそう感じるのかもしれないな。

と、思ったけど、やっぱり今日の宿のおばさんはちょっと感じが悪い。なぜって、部屋で電話をしていたら勝手に入って来て、まだ料理が残っているのに下げようとしたのだ(1)。ヒドイ！　でもダメ！　腹を立ててはいけない。相手が冷たいからって、私まで「目には目を、歯には歯を」をしてはいけない。だって、私が風呂場を通過してウロウロ偵察していたのがよほど気に食わなかったのかもしれないし、そもそもおばさんの立場で考えてみると、私は怪しく汚い巡礼者、いや巡礼かどうかも知らないはずだから、要するに「ただの怪しく汚い女」なわけだ。そんな私を、古いけれど清潔な宿に泊めてくれるだけで、ありがたいことなのだから。現に、最初に泊まろうと考えていた宿には「一人で泊まる」と言ったら予約を断られたのだし。だから感謝、感謝。

そう考えて、おばさんがどんなに不機嫌そうにぶっきらぼうに対応してきても感謝モードで接し続けていたら、なんと、おばさんの態度が徐々に変わりはじめた。相変わらず不機嫌そうな顔だが、さっき廊下ですれ違ったときには、「何、遠くから歩いてきたの？」と聞いてくれた。しかも「そうです、伊勢神宮から熊野本宮大社まで歩くんです」と答えたら、「この時期は暑いから水分いっぱいとってな。部屋に冷蔵庫あったろ、あれ、奥に入れると凍るから、凍らして持って行ったらええよ。気ぃつけて行きや」とまで言ってくれた。まさかこのおばさんが優しい言葉をかけてくれるなんて、期待してい

(1) あとで考えてみると、ノックをしていたのに、電話中だったため気づかなかっただけかもしれない。

なかったから余計に嬉しかった。

それで思ったが、やはり相手がどんな人だろうと、どんな態度をとってこようと、たとえ私を嫌おうと、それには関係なく、自分の態度を「選ぶ」ことが大切だ。相手や環境、状況に関係なく、自分の態度、心もちを選択する。反応するのではなく、選択する。そうすると、うまくすれば今回のように相手の態度が変わることもあるし、少なくとも自分は悪い気分に染められずに済む。そういえば昔、命に関わる大病をした親友がこんな話をしてくれたことがあった（その友達は29歳のときに大腸癌のステージ3になり、手術をして回復するも、術後4年目にしてまさかの転移が判明。場所的に手術をするのがすごく難しいし、手術をしても成功率は低いと言われていた）。彼はこう言っていた。

「あとどのくらい生きられるかわからないって知ってから、ＪＯＹ（喜び）だけを選択するようにしているんだ。そりゃ、余命があとわずかかも、って言われても、イラっとすることとか、ヤダなーって思うことは時々あるよ。でもね、人生の時間があと少ししか残されていないんだったら、なるべくその時間を、一瞬一瞬を、いいこと、楽しいこと、喜び、幸せで満たしたいと思ったんだ。だから、イラッとすることがあっても、そういう感情に自分の人生を占められるのはいやだから、すぐその感情を手放し、きれいなもの、美しい感情、優しさ、とか、そういうポジティブなものを選ぶようにしているんだ。だから僕はいま、すごく幸せだよ。余命が長くても、イライラしたり、怒ったり、ネガティブなものでいっぱいな人のほうが、よっぽど幸せではない、かわいそうだなと思う」と。

それから今日は道に迷ったおかげで2つのことを学んだ。

ひとつ目は「自分の感覚をもっと信じるべき」ということ。ふたつ目は「恐れ（恐怖）に支配されると道を間違える」ということ。

実は私、迷ったポイントで、本当は「左」だと感じていた。でも地図で見ると右っぽい。それで右に行って間違えた（ちなみに私は地図を見るのが下手）。つまり、私はもっと自分の感覚を信じるべきだった。もちろん、実際に山に登るときには感覚に従うだけではダメで、地図とコンパスに従うのが必須だけど、それにしても、もっと自分の感覚を信じるべきだったと思う。少なくとも耳を傾けるべきだった。そして地図をじっくり確認したり、周囲を観察するべきだった。

じゃあなぜそれをしなかったか、つまり、自分の感覚を信じてじっくり地図を見直したり、ポイントごとに地図を確認しなかったのかというと、それは峠ひとり歩きが怖かったから。だから岐路で「こっち」と間違えたほうを選んだらもう一直線。一瞬「なんか変かも？」と思ったけれど、早く人里におりたいあまりその感覚を無視してガンガン突き進み、結果、道を間違えた。

「自分の感覚をもっと信じること」「恐れに支配されると道を間違える」

なんかこれって、人生にも当てはまる気がする。

あとはそう、なんだかものすごい事態になってきている。

まず、紀伊長島のマグロ漁船のおじさんから携帯に留守電が入っており、かけ直してみたら、「いまどこ歩いてんだ？　大丈夫か？」という電話で、なんと今日、奥さんと2人で私が歩いているのではないかというルートを、私を探しながら車で走ってくれていたとのこと（心遣いに感涙）。

さらに、明日泊まる予定の山小屋「アルベルゲ山帰来《さんきらい》」のオーナーKさんからも電話があった。実はKさんと私のスケジュールがうまく合わず、やむを得ず明日は山小屋に2泊するしかない状況だったのだが、いま電話があり、「急に状況が変わったので、無駄に2泊していただかなくても大丈夫になりましたよ！」という連絡がきた。しかもその電話で今日の峠で道に迷った話などをしたら、Kさんが明日の峠（馬越峠《まごせとうげ》）の頂上で待ち合わせ、その上の天狗倉山《てんぐらさん》まで一緒に登ってくださることになった（天狗倉山からは絶景が見えるらしいので行ってみたかったのだが、結構急な上り坂らしいので一人で行くのは心細く、諦めようと思っていたのだ）。

さらになんと、私がもっとも恐れている（実際に「西国一の難所」と言われている）八鬼山を一人で歩くことが不安だとこぼしたら、八鬼山の語り部（ガイド）さんを確保してくださった。しかも八鬼山語り部の責任者の方を！　私、八鬼山のことは出発前から一番不安だったから、プロの方と歩いていただけるなんて本当にありがたい。

そして、ミラクルはそれだけでは終わらなかった。

山小屋の管理人さんに散々お礼を言って電話を切った直後、紀伊長島の宿（マグロ漁船のおじさんの宿）のオーナーから電話があり、「三木里の宿は決まったか。決まっていなかったらなんとか泊められるように手配する」との連絡が入った。実は、マグロ漁船のおじさんから「オーナーが三木里にも宿を持っている」と聞いたあとすぐに、その宿に電話をしたのだが、「その日は満員だから」と断られていたのだ。しかもたったいま、明日の宿が2泊から1泊に変更になったばかりで、三木里に行く日程も1日早まったから、電話の順番すらも、何もかもが本当に、完璧に、一番よいふうに運んでいるのを感じる。かつてスペインの巡礼路を歩いていたとき、ある修道士さんが、「You don't need to prepare. God will prepare for you.（あなたたちは何も準備をする必要はありません。神様がすべて用意してくださるから、何も心配はいりません）とおっしゃっていたけれど、まさに神様（というか「目に見えない不思議な何か」）の存在を感じる。普段、都会の中で忙しい生活をしているといろいろなことを自分でやっている気になって忘れてしまうけれど、見知らぬ土地で心細い旅をしていると、生きているということは、目に見えるものはもちろん、目に見えない何か不思議なものによって生かされていることなのだと実感する。だからジタバタ不安になったり、焦ったりしなくても、本当は大丈夫なんだよね。

◎今日のひとこと

・もっと自分の感覚を信じる。
・恐れに支配されると道を間違える。
・自分の感情や態度を「選択」する。環境や状況に「反応」するのではなく。

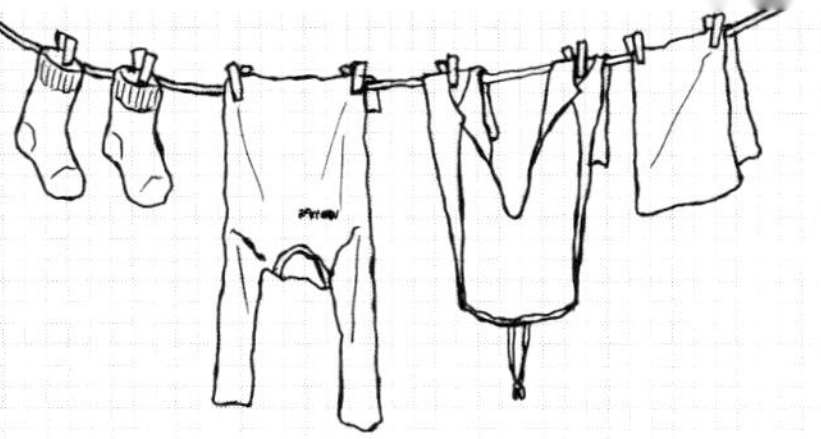

# 歩く旅のある1日

歩く旅は基本的に何もかもが自由。気の向くまま好きに歩けば良いと思います（笑）。「でもそれじゃイメージがつかめない」という人のために、私の1日の雰囲気をお伝えします。あくまでもご参考までに……。

**◉18:00〜19:00頃：**
### 夕食
今回は民宿泊が多かったので宿の時間に合わせて夕食。

**◉21:00〜23:00頃：**
### 就寝
翌日に歩く距離や行程を確認し、翌朝起きる時間を決める。

**◉16:00頃：**
### 宿に到着
唯一強く意識していたことは、「暗くなる前に宿に到着する」ということ。宿に着いたらまず、お風呂。その後洗濯をしたらほっと一段落。日記を書いたり、翌日の行程を調べたり、宿周辺をブラブラお散歩したり、その日撮った写真を見たりしてのんびり過ごす。

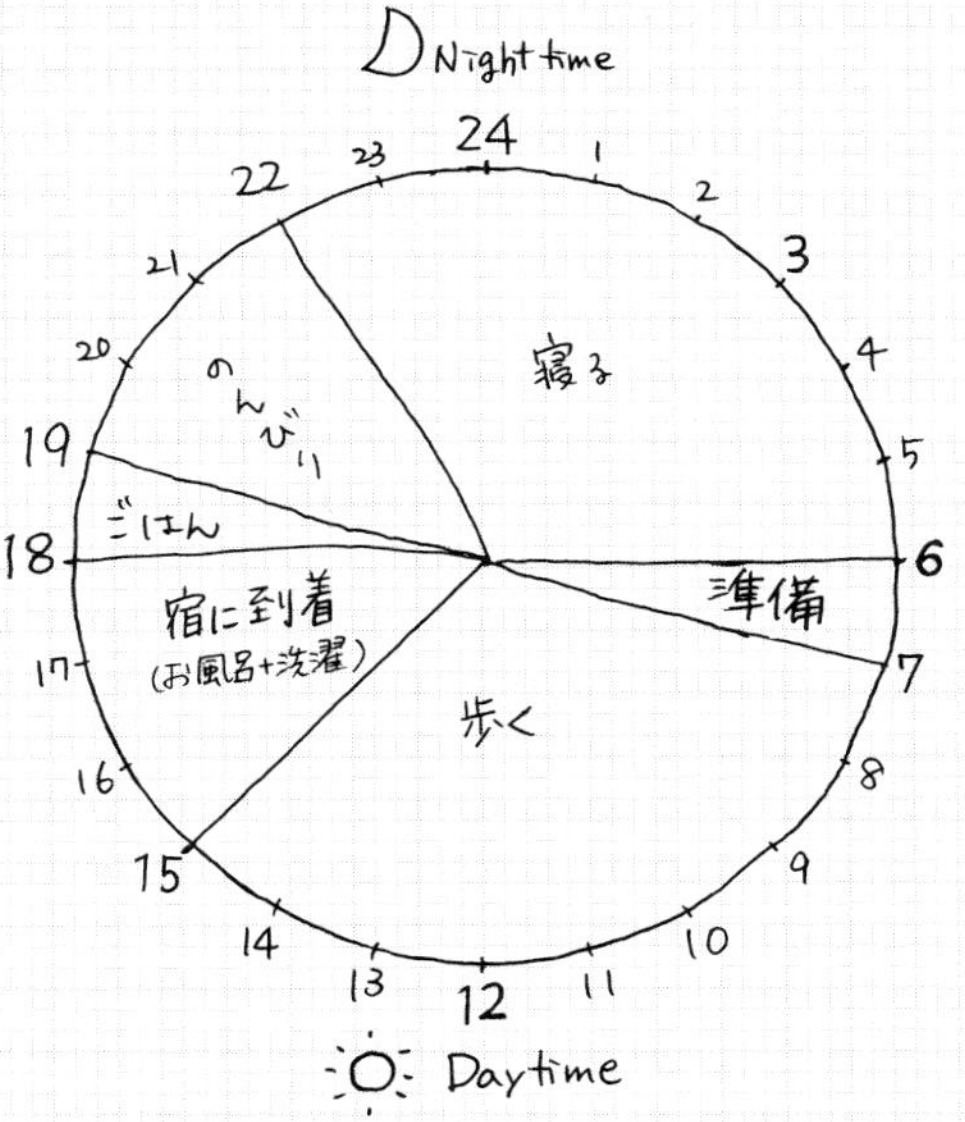
Night time
24
1
2
3
4
5
6
7
8
9
10
11
12
13
14
15
16
17
18
19
20
21
22
23
寝る
のんびり
ごはん
宿に到着
(お風呂+洗濯)
準備
歩く
Daytime

**◉5:30〜7:00頃：**
### 起床＋準備
歩くときは化粧をしないので、準備といっても顔を洗って荷物を詰める程度。

**◉6:30〜8:00頃：**
### 出発
距離が長いときや、気分的に早く出発したいときは大体7時頃出発。距離が短いときやのんびりしたいときは8時頃に出ることも。

**◉16:00頃まで：**
### 歩く＆食べる
朝ご飯はたいてい歩きながら。文字どおり歩きながら食べることもあれば、ベンチでひと休みするときに食べたり。昼ご飯も同じ。本当に気分で動いているので、「何時になったから食べる」とかはあまりなく、お腹がすいたら適当に食べる感じ。道の駅でソバを食べたり、コンビニで買ったおにぎりを食べたり、宿でつくってもらったお弁当を食べたり。ケースバイケース。
休憩ももちろん、気分次第。一応地図を見て「宿に何時頃着いていたい」「峠は何時頃に越えておきたい」ということをゆる〜く頭に入れつつ、休憩によさそうな場所があったり、景色がよくて座りたい雰囲気の場所があったら5〜20分休憩し、また歩き続ける。それをひたすら繰り返す。

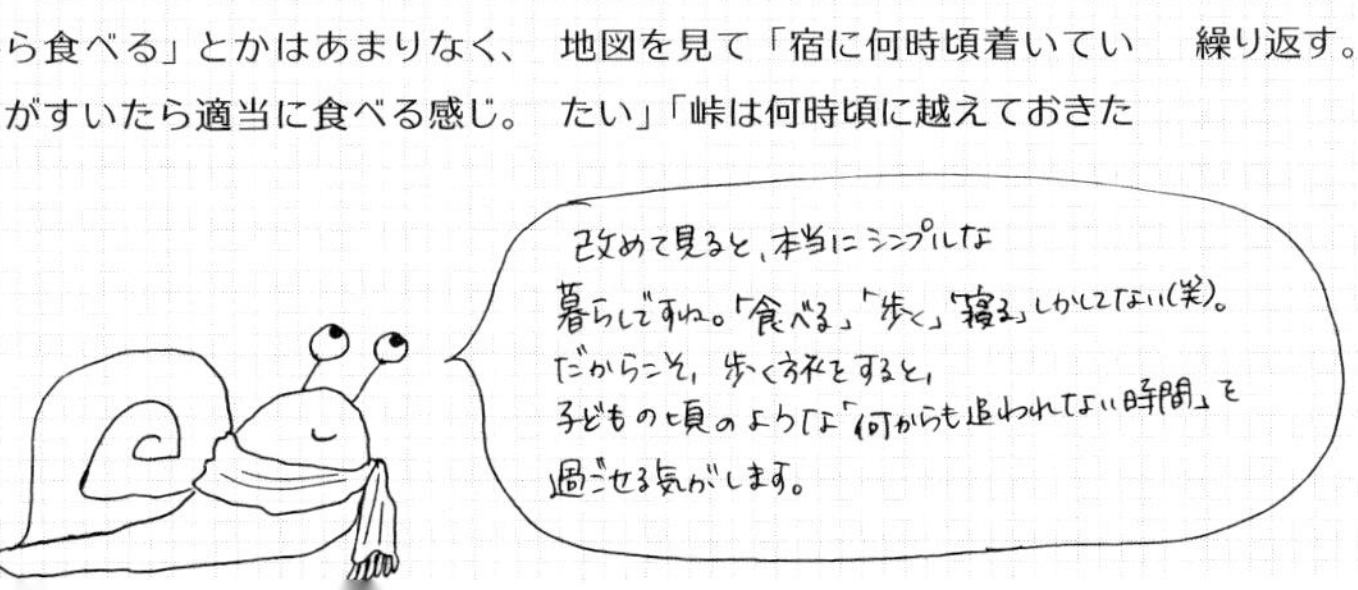
改めて見ると、本当にシンプルな
暮らしですね。「食べる」「歩く」「寝る」しかしてない（笑）。
だからこそ、歩く旅をすると、
子どもの頃のような「何からも追われない時間」を
過ごせる気がします。

8/22(Wed) 晴れ☼

**5日目**

相賀→尾鷲

（約5.5km・6h）

行程

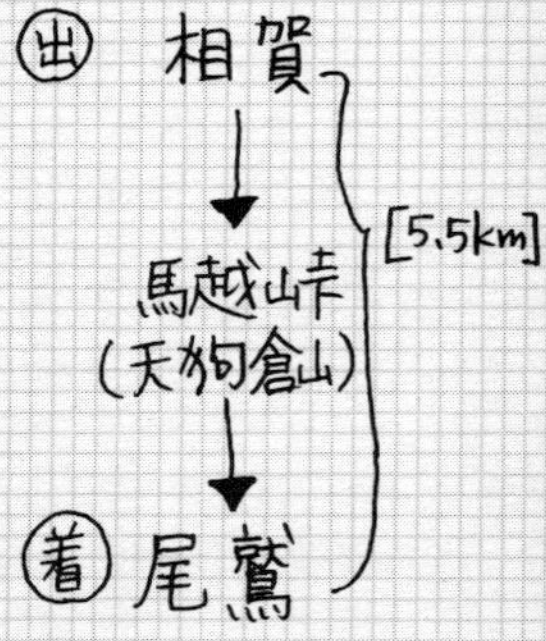


地図 P.19～P.20

くだもの屋のおじさんがバナナを1本くれた！

# すべての出逢いはつながっている

今日は、唯一事前に「絶対に宿泊しよう」と決めていた山小屋、「アルベルゲ山帰来《さんきらい》」に宿泊する。なぜ「絶対泊まろう」と思っていたかというと、出発前にスペイン巡礼者仲間から、「日本で唯一のアルベルゲ（巡礼者用の宿）が熊野古道にあるんだよ。そのオーナー夫婦もスペインの巡礼路を歩いていて、そのときの経験からアルベルゲを始めたんだって。しかもオーナーの旦那さんは熊野古道センターのセンター長なんだよ」と教えてもらっていたから。そんな「アルベルゲ山帰来」は「馬越峠《まごせとうげ》」を下ってすぐのところにある。この峠は標高325メートルで伊勢路の中ではそこそこ高い峠に入るけれど、いまいる場所（相賀《あいが》）から10キロも歩かないので今日の行程はとても楽。しかも昨日の電話で、アルベルゲ山帰来のオーナー（Kさん）と馬越峠の頂上で待ち合わせ、さらに上の絶景スポット「天狗倉山」に一緒に行けるのでとても楽しみ。考えてみたらこの旅で誰かと一緒に歩くのは初めてだ。誰かが待ってくれていると思うだけでこんなにウキウキするものだったとは！

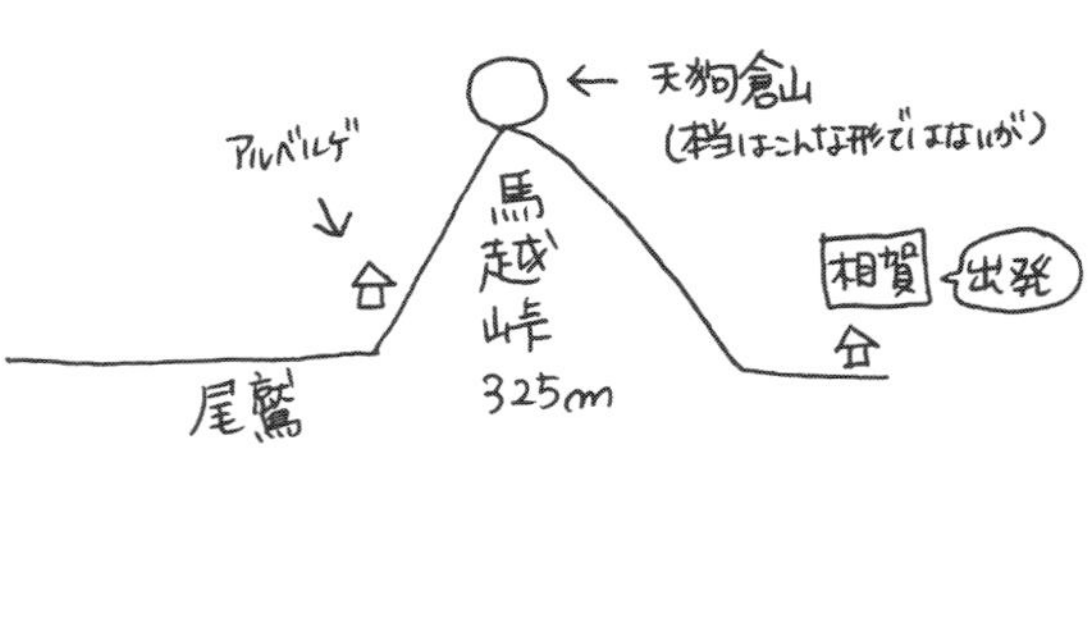

朝7時、ルンルン気分で荷造りを終え、お世話になった宿を出発しようと玄関に向かったら、例の不機嫌そうな宿のおばさんが、満面の笑みで「おはよう！」と挨拶してくれた。そして、「これ、歩きながら食べぇ。食べやすいようにひとつずつラップ包んどるから」と言って、温かいおにぎりをふたつくださった。私、朝食なし（もちろんおにぎりもなし）の予約だったのに。さらに、「馬越峠の方に行くんやろ？　道わかる？　宿出たら最初の角を左やで。そしたらな、巡礼手引き観音『はまぐり石』(1)っていう石があるから、そこにもお参りしたったらええよ。ほな暑いから気ぃつけてね」と言い、笑顔で見送ってくださった。おにぎりがとっても、あったかい。

やはり、一瞬「冷たいな」と感じる人でも、ほんとはいい人で、世の中には本当はいい人しかいない。そのことを信じて、いい部分だけ見ていればいいのだ。相賀のおばさん、どうもありがとうございます。

## きれいな石畳が残る峠——馬越峠

ほっかほかのおにぎりをほおばりながら歩いていたら、「国道42号線、熊野39キロ」の標識を発見！ついに熊野が視野に入ってきた！　もちろん、39キロというのは国道の距離であり、歩く道はもっとクネクネしているから距離が長い。でも、なんにせよ熊野に近づいていることを感じて嬉しい！

ところで、馬越峠というのは伊勢路の中でメジャーな峠のひとつらしい。今日までに何人もの人か

(1) はまぐりっぽい形の石（彫刻ではなく自然の石らしい）の真ん中に、観音様が彫ってある。

ら、「たくさんある峠の中でも、馬越峠が一番きれいに石畳が残っていて、古道らしい美しい道なんだよ。ＪＲのポスターとか、ガイドブックで使われる石畳の道は、馬越峠の写真を使うことが多いんだよ」と聞いていた。そんな馬越峠の入り口は、確かにいままでの峠とはまったく異なり、微塵もうっそうとしていなかった。相変わらず峠を歩いている人は私のほか誰もいなかったけれど、木の生え方の関係か、太陽の光が差し込んで明るく、全然怖くない。地面にはつるつるに光る大きな黒い石が綺麗に敷き詰められ、道の両脇には朝露に濡れたシダがみっしりと生えている。そして杉の木が真っ直ぐに伸びていて、確かにとても綺麗な道だ。数日前に歩いたツヅラト峠と比べると、馬越峠のほうが道幅も広く「昔の街道」という感じがする。ちなみにツヅラト峠は山道で、その分自然に近いから神秘的な雰囲気という点ではツヅラト峠に軍配が上がる。

そんな美しい石畳を楽しく歩いていたらあっという間に峠の頂上に着いた。

今晩の宿である「アルベルゲ山帰来」のオーナーKさんとは頂上で待ち合わせしている。早かったかな、と思いつつ見渡すと、Kさんはもう頂上で待っていらした。

私はKさんのことはほとんど何も知らなかったので、実際にお会いして、年齢を伺って驚いた。というのも、「スペインの巡礼路を歩いた」とか「山小屋を運営している」と聞いていたから、アクティブでワイルドな女性をイメージしていたのだが、目の前にいるKさんは、華奢でとても上品な「マダム」という表現が似合う70代の方だった。しかし、「じゃあ、そろそろ天狗倉山に行きましょうか」と言う優しい声について登りはじめてさらに驚いた。なぜってKさん、ものすごい健脚なのである。もちろん、私は10キロ以上の荷物を背負い、Kさんは小さなリュックだけ、という差はあるが、それにしても追いつけないほどの早さでヒョイヒョイ急な坂を登って行くのだ。しかも息ひとつ乱されず。私なんて早くもゼェゼェ言ってるのに！　私は息を切らしながらKさんに訊ねた。

「Kさんは（ゼェゼェ）、やっぱり（ゼェゼェ）、学生時代に（ゼェゼェ）、山岳部とかで（ゼェゼェ）、いらしたんですか？（ゼェゼェ）」

するとKさん、

「いいえ〜。私が山に登りはじめたのは、お勤めをしてしばらくしたあとですから、30代だったかしら。あ、ここちょっと足下滑りやすいので気をつけてくださいね。そう、それでね、私は30代から始めて、それから時々登るようになったのです。でもやっぱり山登りは健康にもいいみたいですね。お友達で最近山登りを始めた方がいるんですけど、健康診断の数値が全部平常値に戻ったたって言ってましたもの。しかもお一人ではなくて、そういう方がたくさんいるんですよ」

と、まるでホテルのラウンジで優雅にお茶しながら話しているかのような口調で教えてくださった。実際には両手を使わないと登れないような絶壁気味の岩場を登っているのに、Kさんおそるべし。

そして颯爽と山に登るKさんを見て、「70代でも（と年齢を連発して失礼ですが）自分次第でこんなに元気に動くことができるんだな」と、とても明るい気持ちになった。

そうして登った天狗倉山の頂上は、「尾鷲の町と海が一望できる絶景ポイント」のはずが、1メートル先だって見えないくらいにガスっていた。Kさんは「こんなことは初めてだわ。残念ですね。本当はあちら側に熊野の海がずーっと見えるんですよ」と、とてもガッカリしていた。だから私は、これはこれでまるで天空の城にいるみたいで楽しいからまったく問題ないです、と伝えた。

それより天狗倉山というのは不思議なところで、頂上に二階建ての家くらいの大きな岩がある。私は巨石好きなので、どうもこういう石には惹かれてしまう。大体、なんでこんな岩がこんなてっぺんにあるのだろう。とても不思議。するとKさん、「この大岩には登っていいんですよ。さあ行きましょう」といって、大岩にかかっているはしご(1)を指差した。

「これってご神体っぽいけどいいのだろうか」と思いつつKさんに続いて大岩に登ると、岩の上は平らになっていて、想像以上に広かった。どこかの物置じゃないけど、この岩も「100人乗っても大丈夫ー!」、いや、もっと乗れるかも。Kさん曰く、「地元の人は元旦の早朝はここでご来光を見る方もいるんですよ。私たちも時々来るんですけど、そのときはびっしり人が登っていて、座る場所もないくらいなんです」と教えてくださった。

### ひとつの目標地点――アルベルゲ山帰来

天狗倉山を下り、私たちはKさんのアルベルゲに到着した。アルベルゲ山帰来は、別荘のような素敵なログハウスを1棟貸し切り、というなんとも贅沢な宿だった。

(1) Kさん、はしごを登ろうとした私に向かって、「このはしごはまだ壊れたという話を聞いたことはありませんから、大丈夫ですよ。もし壊れたとしたら、初めて壊れたことになりますね、ウフフ」と、安心させようとしてくれているのか、脅しているのかよくわからない説明をしてくださった。

夕食は敷地内の喫茶店で食べるシステムだったので、シャワーを浴び、洗濯物を干したあと、歩いて30秒のところにある山小屋風のカフェに伺った。少し早過ぎたようで、「すぐに夕食ができますから、よかったらスペインの巡礼路を歩いたときの写真を見ていてくださいね」と言われたので、写真を見ながらご飯を待つことにした。

写真の中にはもちろん私が知っている場所もたくさんあった。中には私にとって想い出深い村の写真もあったし、私のお気に入り「無料で飲めるワインの泉」の写真もあった。それらを見ているうちにふと「なんで私、熊野古道を歩いているのに、こんなにたくさんのスペイン巡礼路の写真と出逢うんだろう」と不思議な気持ちになった。でも確かに、2年前あの道を歩かなかったら、いま私は熊野古道を歩いていないわけで。私の中では確実にこのふたつはつながっている。でもそれを言ったら、カミーノ(2)に行こうと思ったのは、3年前のアレがきっかけなわけで、そんなアレは……、と要するに、子どもの頃からいまに至るまで、すべての出来事、すべての出逢いは全部つながっているってことか」と、なんだか不思議な感覚になった。

私の中で今日のアルベルゲはひとつの目標地点だったから、すでに旅が終わったような気分になっている。明日が伊勢路最大の難所、八鬼山だというのに。しかもまだ熊野市にすら入っていないのに。早くも「熊野古道、いい旅だったな」という感じ。

はしごを登った岩の上。イナバの物置よりはるかに広い。

(2) スペインの巡礼路の通称。カミーノ（Camino）とはスペイン語で「道」という意味。正式にはエル・カミーノ・デ・サンティアゴ（和訳：サンティアゴ巡礼路／サンティアゴへの道）。

……と思っていたら……、熊野古道はやはりそんなに甘くなかった。まだまだ終わっていなかった。別棟のカフェでの美味しいご飯と楽しいおしゃべりを終え、「寝る前に明日の準備しよ〜♪」と、外に干していた洗濯物を取り込んだら、大嫌いなゴキブリが飛び出して来た！　思わず悲鳴をあげてしまったが、ここには私一人。自分でなんとかするしかない。泣きそうになりながら殺虫剤で退治した。あぁ、どっと疲れた。峠三個分疲れた。やはり山の夜は油断がならない。もっと早く洗濯物を取り込んでおくべきだった。それにしても、熊野古道ってば、私に息をつかせないつもりだな。

でもここは料理は美味しいし（オーナーは栄養士さんでもある）、情報もいっぱいで清潔だし、洗濯機は無料だから、とても快適。まさか虫というトラップは想像していなかったけど。まぁ山の中だから仕方ない。さっきまで「自然って最高！　私ももっと自然の豊かな場所で暮らしたいな〜！」なんて思ってたけど、所詮私は都会生まれ都会育ちの軟弱者だ。

◎今日のひとこと

・皆ほんとはいい人。だから人のいい部分だけを見てればいい。

歩く旅TIPS ❼

# 熊野がもっと面白くなる小話 1

出かける前に知っていると、熊野がもっと面白くなる小話をご紹介します。

## 三体月の伝説

熊野には月が3つ見えるという「三体月」の伝説があります。どんな話かというと、むかし1人の修験者が里にやって来て、「私は11月23日の月の出たときに、高尾山の頂上で神変不可思議の法力を得た。村の者も毎年その日時に高尾山に登って月の出を拝むがよい。月は三体現れる」と言ったそうです。これを聞いた村人は半信半疑で陰暦の11月23日の夜、高尾山に登って月の出を待ったところ、本当に3つの月が現れた、という伝説です。この「高尾山」という場所は中辺路の途中にあり、今でも11月23日にこの場所で月を見るイベントをしているそうです。中辺路の高尾山近辺は私も歩きましたが、とても気持ちのよい場所でした。

さらに、熊野にはもうひとつ「三体月」の伝説があります。それは熊野本宮大社の起源の伝説で、むかし、猟師が獲物を追いかけて大斎原に来たところ、3つの月がイチイの木に降りて来て「私は熊野三所権現です」と名乗ったため、これを祀ったのが熊野本宮大社の始まりだという伝説です。これは平安時代の『熊野権現垂迹縁起』という書物に書かれているそうです。真偽はわかりませんが、違うルートから「3つの月」という伝説があるのは面白いですよね。

## よみがえりの道

熊野は黄泉の国とか黄泉の国につながっている場所、と言われています。諸説あって何が本当かわからないのですが、イザナミノミコトの墓所と言われる「花の窟」があったり、蘇生伝説のある温泉（湯の峰温泉）があったり、とかく古くから「あの世に近い場所」と信じられていたようです。そして、そんな熊野に行き、帰ってくることは、「黄泉の国から帰ってくること」すなわち「よみがえる」「うまれかわる」とも考えられていたそうです。

実際に熊野を歩いてみて、黄泉の国とつながっているかはわかりませんが、とにかく自然が深く、生命エネルギー（自然のエネルギー）が濃厚な場所だと感じました。しかも途中には少し険しい道もあるので、そういう場所を無心に歩いていると、自分の中の不要なものが消えていき、自然のよい気をいただける感じがしました。

おまけ情報としては、熊野古道と姉妹道であるスペインのサンティアゴ巡礼路も、「生まれ変わりの道」と言われています。遠く離れた土地なのに共通したいわれがあるのは不思議ですね。

El CAMINO
Spain
KUMANO
Japan

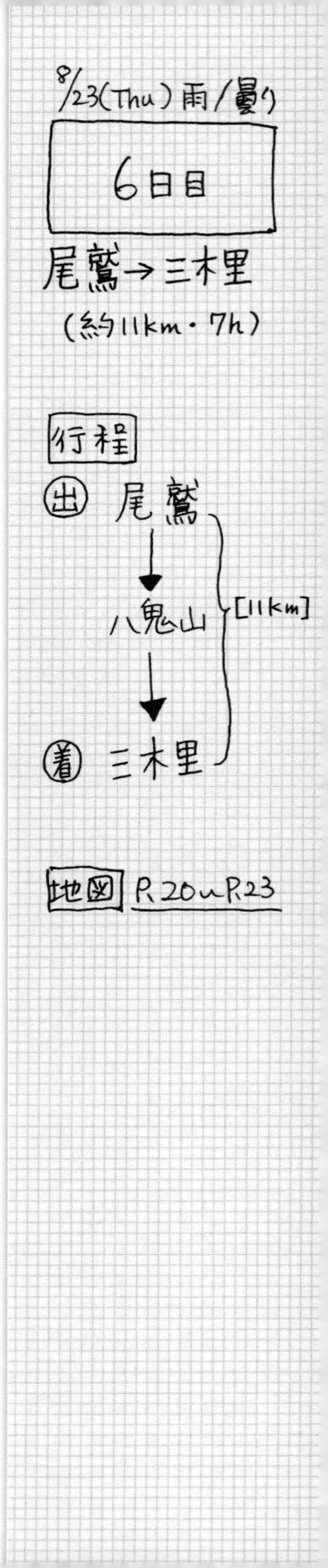
8/23(Thu) 雨/曇り
6日目
尾鷲→三木里
(約11km・7h)
行程
出 尾鷲
八鬼山
着 三木里
[11km]
地図 P.20~P.23

## 西国一の難所、八鬼山にあったもの

イヤな予感がして目を覚ますと、雨が降っていた。朝から降るのは伊勢神宮を出発してから初めて。それがよりによって最大の難所、八鬼山越えの日にくるとは。

こんなこともあろうかとスケジュールに余裕を持たせてあるから、日程的には出発を明日に延ばすことも可能だけど、語り部さん（ガイドさん）は「運よく今日だけ空いていた」ということだったから、明日歩く場合は一人で行かないといけない。

どうしたものか……、迷っていたらKさんから電話がかかってきた。てっきり「今日は雨だから困りましたね、出発どうされますか?」という電話かと思ったら、「お弁当のめはり寿司のご用意ができましたので、いつでも喫茶のほうに取りにいらしてくださいね」という内容だった。拍子抜けしつつ、雨の八鬼山歩きを不安に思っていること、場合によっては延泊も考えていることを伝えると、「うちはもう1泊していただいてもまったく問題ないですが、でも雨でも歩くのは、山登りをする場合、

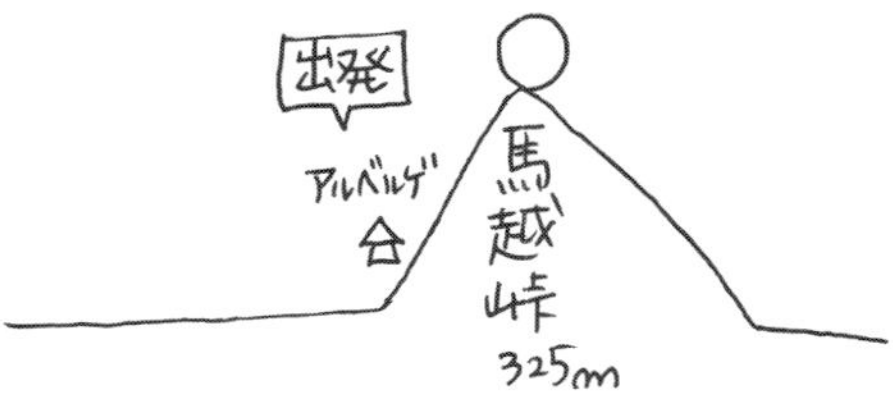
出発
アルベルゲ
馬越峠
325m

なんと申しますか、『基本』、ですけれども。特に通しで歩く場合は……」と言われてしまった。さすがKさん、上品だけど言うことはワイルド。やはり登山家は違う。

なるほど、と思いつつも、私は自分が「登山家」ではないことを知っているので、普通の人でも大丈夫かを確認するため語り部さんにも電話した。語り部さん曰く「旅行会社のツアーでも、今日くらいの雨なら、いやもっと強い雨でも歩きますから今日はまったく問題ないですよ」とのことだったので（そして何より、語り部さんはやる気満々で、すでに自宅を出発し、八鬼山の登山口に向かっているということだったので）、予定どおり出発することにした。

宿から八鬼山の登山口までは尾鷲の町を突っ切る約4キロの道のり。町を突っ切ったあと、「矢ノ川橋」という橋を渡りアスファルトに舗装された川沿いの車道を歩いていたら、なぜか小さなカニがたくさんつぶれていた。車に轢かれた模様。カニってこんなに町中まで登ってくるんだなぁ。そんなことを思いながら歩いていたら、だんだん雨が弱まってきた。出発するときKさんが、「最近、朝だけ雨が降って、1〜2時間すると止んで、お昼にはかんかん照りになるという日が続いているんですよ」とおっしゃっていたけれど、今日もそんな天気なのかもしれない。

語り部さんとは登山口で待ち合わせすることになっているが、まだ語り部さんらしき人物は見当たらない。というか、誰の姿も見えない。雨で濡れたベンチに荷物だけ置き、あたりを偵察して待つこ

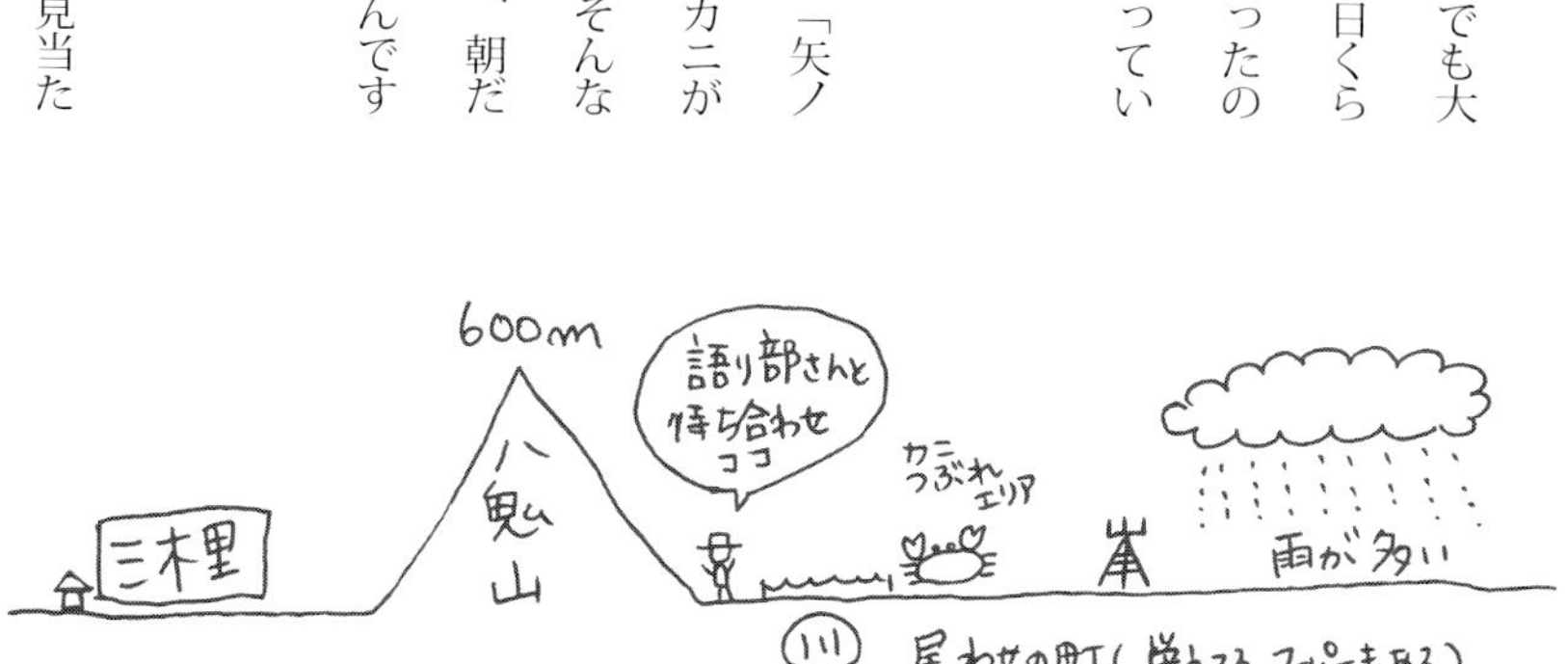
600m
語り部さんと待ち合わせココ
八鬼山
三木里
カニつぶれエリア
雨が多い
尾わせの町（栄えてる。スーパーもある）

とにした。

「ほぅほぅ、あれが八鬼山の入り口か」

雨が降っていたことも手伝って、八鬼山の入り口はなんとも本気度Aランクのオーラを漂わせている。少なくとも昨日歩いた馬越峠とはまったく雰囲気が違う。かといって、ツヅラト峠とも違う。八鬼山のほうがもっとひっそりとしている。「ここを一人で歩くのは、特に雨の中歩くのはちょっとあり得ないな。直前の依頼にもかかわらず語り部さんを手配してもらえて本当によかった」。そう思っていたら背後から「フクモトさんですか?」と話しかけられた。振り向くと、健康的な茶色に日焼けした、感じのいい50歳くらいの男性が満面の笑みで立っていた。

その人は「八鬼山の語り部の田中(仮名)です」と名乗り、「一応」と言って語り部の身分証のようなカードを提示した。さらにゴソゴソとリュックに手を突っ込み、「ハイ、これどうぞ。八鬼山を無事に歩けるように、お守りです」と言って、かまぼこ板を小さくしたようなキーホルダー(1)をくれた。見ると、「八鬼山越え」と焼き印が押してあった。

私は田中さんの人のよさそうな笑顔とお守りにすっかり嬉しくなり、「いかに八鬼山を恐れていたか」や「いかに女鬼峠が怖かったか」をベラベラしゃべった。田中さんは「そうでしたか、そうでしたか」と感じよく聞いてくれたあと、「八鬼山は確かに名前がちょっと怖い感じですけど、とても綺麗な場所ですよ。私なんてもう50回以上登っていますが、一度も怖い思いをしたことはないから大丈

(1) 三重県がつくったキーホルダーとのこと。

夫ですよ。それに、旅行会社のツアーでいろんな方を案内しますが、フクモトさんよりずっと年上でずっと歩き慣れていない方でもちゃんと歩き通せていますから、ここまで歩いてきたフクモトさんなら余裕ですよ！」と言ってくださった。

なるほど、田中さんは「八鬼山語り部の責任者」と伺っていたが、本当に八鬼山のエキスパートのようだ。そんな田中さんが「大丈夫」と言うならきっと大丈夫なのだろう。何より、八鬼山のプロフェッショナルである田中さんが一緒に歩いてくださるのなら、雨が降ろうが雷が落ちようが大丈夫なはずだ。私は田中さんのおかげで一気に気持ちが楽になり、むしろ八鬼山が楽しみになった。

## 噂の八鬼山に登る

さっそく田中さんからもらったキーホルダーをザックに付け、田中さんのあとについて歩きはじめた。しかしどうも何かがおかしい。何がおかしいんだろうと見回して気づいた。田中さん、傘をさしているのだ。普通、山に登るときは傘の代わりにレインウェアを着る。傘をさして歩く人なんて見たことがない。しかし田中さんは登山道に入っているのに傘をさしている。なぜ？　これが語り部スタイル？　不思議に思い聞いてみると、「いや、実はレインウェア忘れてしまったんです。アハハ。まぁもうじき止みそうだし大丈夫でしょう」とのこと。なんという気軽さ。まるで近所のコンビニに行くようだ。そんな田中さんを見ていたら、ますます八鬼山ってそんなに怖いところじゃないのかも、と思えてきた。

歩きはじめた八鬼山は予想していたよりも大変ではなく、いままでの峠とさして変わらない感じがした。所々にある史跡の解説を受けつつ順調に登る。途中「行き倒れ巡礼者の供養塔」で田中さんが手を合わせたので、私もマネして手を合わせた。「やっぱり昔はいまより道が歩きにくかったり、オオカミや山賊がいたから亡くなる方が多かったんですかね」と訊いたら、「昔の巡礼者には病気を抱えた人も多くいたらしいです。だから亡くなる方も多かったのだと思います」と教えてくれた。

しばらくして、古道が途切れ林道と交差する場所に来たので「まさかもう登ってしまったとか?」と思い訊いてみたら、「ここまでは準備運動という感じですね。ここからが本番です」と笑顔で言われた。ですよね……。田中さん曰く、バスツアーなどの場合、一旦この場所で皆さんの様子を確認し、ダメそうな人は林道を使ってエスケープしてもらうとのこと。

林道を横断すると再び案内板が出てきた。雰囲気的にもここからぐっと山に入って行く。少し歩くと「七曲がり」という案内板が出てきた。田中さんから「ここから少し急な坂道が続きます。足を滑らせないように気をつけてくださいね」と説明を受ける。なるほど、気を引き締めて登ろう。

登ってみると「七曲がり」は、思っていたよりキツくなかった。いや、客観的に考えたらキツいのだと思う。坂が急だし距離も長い。しかしとにかく田中さんは歩き方が上手なのだ。一瞬「ちょっと遅いかな？」と感じるペースなのだが、常に一定のペースでぬたぬたと地を這うヘビのように登って行く。途中から「どうもこの歩き方が楽に歩けるポイントなのかもしれない」と気づいたので、それからは田中さんの影のようにピタリとくっついて、足の置き場までマネして歩いた。それでわかったのが、田中さんは何気なく登っているようでいて、石畳の石の形や大きさはもちろんのこと、角度や段差の具合なども見極めながら1歩1歩ペースを崩さずに(もちろん私の体力に合わせた速度で)登っているということ。おかげで伊勢を出発して以来、もっとも楽に歩くことができた。西国一の難所だからと一番恐れていたのに。やはり歩くコツってあるんだなぁ。そのことを田中さんに伝えると、歩くペースや休憩の場所はもちろんのこと、足を置く石や歩幅まで「どうすれば誰でも楽に八鬼山に登れるか」を日々研究しているのだと教えてくださった。田中さんは本当に八鬼山を愛しているのだ。

上手に登れて体力的に余裕があるせいか、それとも田中さんが一緒だから精神的に余裕があるせいか、あんなにおびえていたのに、実際に歩いてみたら、八鬼山はとても素敵な山だと感じた。例えば石畳なんかは、昨日の馬越峠のほうが美しく敷き詰められているけれど、しかし馬越峠ほど人が歩いていないから、八鬼山の石畳にはみっしりと緑色に苔がはえていて、違う意味でとてもきれい。それに標高が高いから馬越峠よりもひっそりと静かで、深淵な感じがする。加えて雨上がりだからか神秘的な雰囲気もある。そういう意味ではツヅラト峠に似ているが、八鬼山のほうが歴史を感じる。実際、八鬼山にはたくさんの史跡や石碑がある。たとえば町石(1)を兼ねたお地蔵さんもたくさんあり、「昔

(1) 町というのは昔の距離の単位で、約109メートル。町石とは1町分を表す標識みたいなもの。

の人もこのお地蔵さんを励みに歩いたのかな」と歴史を感じられる。しかもこのお地蔵さん、面白いことに何体かは、ベロを出している。ただ、どうしてベロを出しているのか、正式にはわからないらしい。田中さんは、ベロ出し地蔵は急坂などシンドイ場所にたくさんあるので、「きっと、巡礼者たちの心を和ませるためにユーモアでベロを出しているんじゃないか」とおっしゃっていた。確かにベロ出し地蔵さんたちは、意地悪な顔で「アッカンベー!」をしているというよりも、「テヘっ」という感じで、もっとお茶目な表情、親しみが込められている。

それともうひとつ、八鬼山に登って驚いたのが、(というか田中さんに説明を聞いて驚いたのが)頂上にあるお寺、八鬼山日輪寺の三宝荒神堂《さんぽうこうしんどう》。そもそも八鬼山の頂上にお堂があるだけでも驚いたが、なんとこのお堂、約1300年もの歴史があり、西国三十三カ所(1)第一番札所(2)の「前札所」なのだと言うからたまげた。「前札所」というのは初めて聞いたが、いわば「0番札所」のような存在で、かつてはここのお札がないと1番札が1番の意味をなさないという大変重要なものだったらしい。西国三十三カ所の一番札所といえば、かの有名な「那智の滝」の近く、青岸渡寺《せいがんとじ》だが、まさか、青岸渡寺の1番札よりも前の重要な札所が、こんな地味な山奥(というと八鬼山に失礼だが)にあったとは。八鬼山というのは実はものすごい聖地、神体山なのではないか、という気がしてきた。そのことを何気なく田中さんに言ったら、「確かにそうかもしれません。実はあるお寺(3)の一番偉いお坊さんもお忍びで定期的に八鬼山に参拝にいらしていると聞いたことがあります。だからそういう世界では、いまでも大切な信仰の山なのだと思います」と教えてくださった。

(1) 近畿2府4県と岐阜県にある33ヵ所の観音霊場のこと。観音さまが人々を助けてくれるときに33の姿に変化するそうで、そこから33という数字が来ているらしい。西国三十三ヵ所の観音さまを参拝すると、現世で犯したあらゆる罪業が消えて極楽浄土に行けると信じられている。

(2) 巡礼者が参拝のしるしとして札を納めたり受け取ったりするところ。

その後は、もう本当に拍子抜けするほど（というと言い過ぎだが）、「なんであんなに八鬼山を恐れていたんだろう!?」というくらい気持ちよく歩けた。そしてそれは一重に田中さんの熟練した「八鬼山歩き」のおかげ。そんなふうだったから、下りはもっと余裕を持って、景色を見たりいろいろ観察しながら楽しく歩けた。それで気づいたのが、田中さん、なんと私を先導し、所々で解説もしつつ、さりげなく落ちているゴミを拾ったり、歩く人の邪魔になりそうな枯れ枝を道の脇によけながら歩いていたのだ。登りのときは自分が歩くのに精一杯で、そこまでは気づかなかった。そのことを指摘すると、田中さんはお一人とか、ほかの有志の語り部さんたちと一緒に、休みの日や空いた時間を使ってボランティアで雑草の手入れをしていることを教えてくださった。

いままで歩くことに必死で気づかなかったけれど、田中さんのように道を守ってくださる方がいるから熊野古道を歩くことができるのだ。歩けるということは、あらゆる意味で「歩かせていただいている」ということなのだ。

**お接待の心に感激！**

今日は八鬼山を歩いて終わり、という行程だったので、下山後はすぐに宿に向かった。ただ、今日の宿（数日前に泊まった紀伊長島の宿のオーナーRさんの宿）は場所がわかりにくいということで、Rさんと公民館の前で待ち合わせていた。田中さんに宿のことを聞かれたのでそのことを伝えると、

（3）わざわざ「お忍び」で来ているということなのでお寺の名前は伏せたが、とても有名な、総本山的お寺なので驚いた。そのことからも、八鬼山は実はそちらの業界では重要な場所だと思われる。

待ち合わせ場所の公民館まで一緒に行ってくださった。

公民館に到着すると、すぐに宿のオーナーRさんがやってきた。年齢的にもっとシニアな雰囲気の方かと思っていたが、実際にお会いしたRさんはものすごくチャキチャキ元気で若々しい方だった。そして面白いことに、Rさんとは今日が初対面なのに、語り部の田中さんに向かって「今日はどうも、八鬼山を一緒に歩いていただいてお世話になりました。いや数日前にね、彼女から連絡があったとき、一人で歩いてるって言うから、『八鬼山を女の子一人はアカンよ〜、危ないで〜、絶対語り部さんに付いてもらったほうがええで〜』って言ったんですよ。でもねぇほら、急だったから無理かなーなんちゅって思ってたんやけど、あとから『田中さんという方と歩けることになった』って聞いたから、それなら大丈夫やと安心したんですよ〜」と言い、頭を下げてくださった。なんだか保護者みたいだ。

しかし、そんなのはまだ序の口だった。

Rさんの宿（満員で泊まれないところ、無理矢理なんとかしてくれた）に着いたと思ったら、「これ、シャワー浴びたあと用。えらい涼しいでぇ！」と言ってワンピースの部屋着を貸してくれ、さらにシャワーから出ると「これ、頭につけて。日焼けケア」「これ、肌に塗って。美白」「次これ。無添加だから肌に優しい美容液」「あとトマトジュースつくったるな。もんのすっごい美味しいやつ」などなど、次から次へと、保護者というか美容に詳しい女友達という感じでどんどんいろんなものを出してくださるのだ。極めつけは夜ご飯。「フクモトさん、食べれないものある？　好き嫌いある？」と聞かれたので、素泊まりのはずだけど、もしや作ってくれるとか？　と思いつつ、「何でも食べられます」と答えたら、「じゃあ、お寿司と中華、どっちがいい？　あなたカップラーメンとかロクなもの食べてないんでしょ！　そんなんじゃ歩くパワー出ないよ！　だから今日は私が夜ご飯美味しいところに連れてってあげる。ハイ、お寿司と中華どっちがいい？」と訊いてくるではないか。「なんで私がロクなもの食べてないって知ってるんですか？」と訊くと、「だってあなた、紀伊長島で『料理できる部屋に移してあげる』って言ったら、『カップラーメンしか食べないからいい』って言ってたじゃない」と言われた。そういえば確かにそう言ったな。Rさん、そんなことを覚えていてくださったのか。まるで母親。じ～んと感動していると、大阪出身のRさん、行動が素早いので「ハイ、じゃあもう出かけるよ。これ、上から着て」と言ってカーディガンを貸してくれた。そして手渡されるままにカーディガンを羽織ると、「ハイ、じゃあ行くよ」と車でRさん行きつけのお寿司屋さんに連れて行ってくれた。

お寿司屋さんでは、Rさんご自身は運転しているからお酒を飲めないのに、「あんた、今日八鬼山越えたんやから、乾杯せな！　ほら、遠慮せんで生ビール飲み」と言って私にだけ生ビールを注文してくれた。さらに板さんに「この子、伊勢神宮から熊野本宮まで歩いてるんやで。今日は八鬼山を歩いてきたんよ。明日も歩くから、精がつくものたくさん食べさせたって！」と言い、私にも「ほら、何でも好きなもん頼み」と言う。結局サザエの刺身から太刀魚（？）の白焼きからお寿司から、美味しいものをお腹いっぱいご馳走になってしまった。

歩く旅が、何が起こるかわからないこと、素敵な出逢いに満ちあふれていることは知ってるつもりだったが、まさかここまでとは正直思っていなかった。お刺身の一番美味しい部分を、さりげなく私のお皿に載せてくれるRさんを見ていたら、なんだか胸が熱くなった。なぜって考えてみると、いや考えるまでもなく、Rさんは私の素性をほとんど知らない。単に伊勢から熊野古道を歩いている女で、たまたま紀伊長島でRさんの宿に泊まっただけの関係だ。それなのにいま、私はRさんの車で、Rさんのワンピースに身を包み、Rさん行きつけのお寿司屋さんでご馳走になっている。しかも、「八鬼山を無事越えられたから乾杯！」なんてしてもらっている。そして少し自慢げに板さんに向かって「この子は伊勢から本宮まで歩いているんだよ！」なんて言ってくれている。

最初の頃、一人ぼっちで心細くて不安でたまらなかったことや、半ベソかいて東京の友達に電話したことを考えると、なんだか信じられない。いままでほとんど国内を旅したことはなかったけれど、日本って思っていた以上に、人情とか人を信じる心、お接待の心で満ちあふれている国なのかもしれない。

◎今日のひとこと

・石畳の峠を歩くときは、小さなステップで、上向きになっている石に足を乗せるのがポイント。下向きになっている石に足を乗せると滑る。

どうなの？？？

# 歩いてみたいけど ちょっと不安!? 歩く旅Q＆A

答えは自分の中にある!

「歩く旅」は、初めての方にとっては少し不安があるかもしれません。そこで未経験者が熊野古道踏破を考えるときに出てくるであろう質問に答えます！

## 歩く旅＝（登山＋バックパッカー）÷２!?

### Q1：事前にトレーニングをしたほうがいい？

A1：必須ではありませんが、できたら1度くらいは当日と同じ重量の荷物を背負って、1日分の距離を歩くといいと思います。すると感覚がわかるので真剣に荷物を減らしはじめます（笑）。靴を新調した場合には、低山や街中を歩いて履き慣らしておくとラク。

### Q2：歩く旅を満喫しようと思ったら、何日必要？

A2：「歩く旅に何を求めているか？」にもよるので、「何日」とは言いづらいですが、そのとき閃いた日数、あるいは行ける日程が、いま必要な日数なのでは？と思います。しいて言うなら、2週間以上ぶっ通しで歩くと、歩く旅の醍醐味を味わえます。でも日数よりも、「2日で歩ける距離を3日かける」など、ゆとりをもって歩くことが満喫するポイントかも。

### Q4：おすすめの地図は？

A4：伊勢路を歩くうえでは「伊勢路イラストマップ探検隊」が作成している『熊野古道伊勢路図絵』がベスト（本書別冊として収録）。プランを立てるうえでは高低差表記がある『熊野古道伊勢路名所図絵』（東紀州地域活性化事業推進協議会）が参考になります。また、新宮から本宮への地図に関しては、本書別冊のイラストマップのほか、ウェブサイト「わかやま観光情報」（http://www.wakayama-kanko.or.jp/walk/index.html）の地図も、那智から本宮までは見やすいです（高低差表記もアリ）。

### Q3：水はどのくらい携行したほうがいい？

A3：私は基本1.5ℓ前後を携行しますが、季節や場所を考え、水分補給が容易な場所では1ℓに減らしたり、逆に夏だったり水分補給が難しいエリアでは2ℓ持ったりします。なお、人が1時間に失う水分量は「体重×行動時間×5」だそう。つまり、体重50 kgの人が10 kg の荷物を背負って1時間歩く場合は、60kg×1×5＝300㎖となります。参考までに。

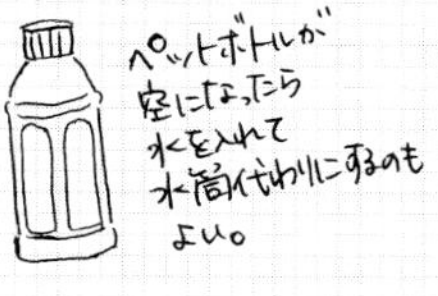
ペットボトルが
空になったら
水を入れて
水筒代わりにするのも
よい。

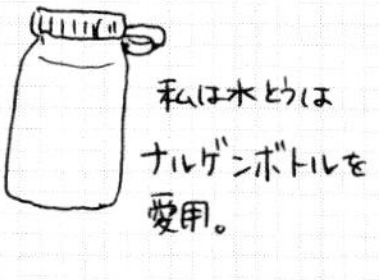
私は水とうは
ナルゲンボトルを
愛用。

### Q5：どうしても歩けなくなったらどうしたらいい？

A5：そんなときは無理せず公共交通機関を使ってください。「退く勇気」「やめる勇気」もあります。それを伝えたくて、本書でも赤裸々に一部分電車に乗ったことを書きました。あの後、登山ガイドさんと話したところ、「直感的に『行かないほうがいい』と感じるときはそれに従ったほうがいい。無視すると怪我や事故を起こすことが多い」と言われました。

最低限の情報収集や勉強は必要ですが、でも、あえて「旅行」ではなく「歩く旅」をするのなら、あまりガチガチにとらわれず、直感を研ぎすまし自分の感覚に従う。そんなふうに、自分の中の「野生」にスイッチを入れて、ざっくり考えるのもアリだと思います。

8/24(Fri) 雨/晴れ

7日目

三木里→二木島

（約15.2km・6h）

行程

㊤ 三木里 [5km]
↓
三木峠
↓
羽後峠 [6.5km]
↓
賀田
↓
曽根
↓
甫母峠
（曽根次郎坂 [3.7km]
太郎坂）
↓
二木島

地図 P.23～P.25

## 鬼の語り部登場!?

今朝も雨。昨日教えてもらったが、熊野エリア（特に尾鷲周辺）は屋久島に次いで日本で二番目に降雨量が多いらしい。

さて、今日は三木里《みきさと》から二木島《にぎしま》まで歩く。距離的には約15キロと長くはないけれど、三木峠、羽後《はご》峠《とうげ》、甫母峠《ほぼとうげ》と合計3つの峠を越える。でも気分は余裕。なぜならありがたいことに、今日も語り部さん（昨日とは別の方）に一緒に歩いていただけることになったから。

宿を出て語り部さんとの待ち合わせ場所「三木里駅」に向かって歩いていたら、路地裏の細い道で謎の影が近づいてきた。目を凝らして見ると2匹のサルだった。よくテレビのニュースで、「サルの被害」なんていうのを見たことがあるけど、こんなに堂々と町中を闊歩しているものだとは思わなかった。飛びかかってきたらどうしようとビクビクしていたら、サルは私のことなんて気にも留めず、勝

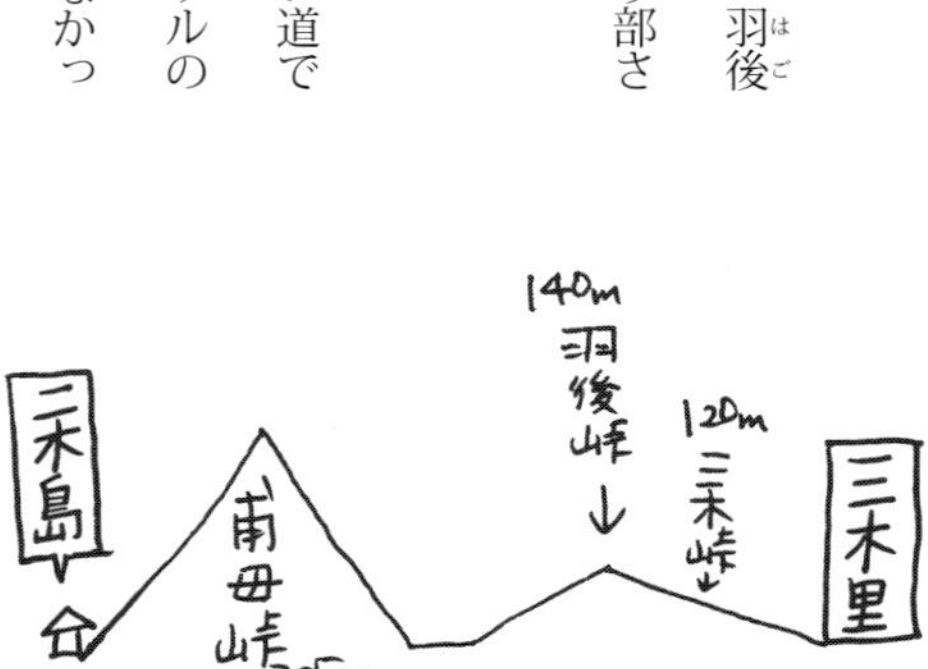

二木島
甫母峠 305m
140m 羽後峠
120m 三木峠
三木里

手に人の家に入って行ってしまった。

三木峠と羽後峠は2つの峠ではあるが、形としてはひとつの山で、標高120メートルのところが三木峠、140メートルが羽後峠という。「どちらもたいして高くないから余裕～」と油断していたら、めちゃくちゃキツかった。今日の語り部さん（山本さん〈仮名〉）にも、「地図的にはなだらかなんですけど、アップダウンを繰り返すから精神的にやられるんですよね～」と予告されてはいたが、まさにそのとおり。そもそも「140メートルなら余裕だぜ」と舐めていたから心構えができていないし、語り部さんの言うとおり、せっかく登ったと思ったのに、またしばらくして下る、そしてさらに登る、というのを繰り返させられると心が折れる。というか、いつ気を抜けるのかわからず疲れる。羽後峠にはきれいな猪垣《ししがき》（イノシシよけの石垣）が残っているから見るのを楽しみにしていたのだが、ハッキリ言って猪垣どころではなかった。いや、確かに綺麗でしたよ。苔むした石垣がダーッと垣根になっていて。でもそれよりも「いつ終わるんですか、このダラダラとした坂道は」ということで頭がいっぱい。しかも今日の語り部である山本さんは非常に真面目、律儀な方で、ポイントごとに立ち止まり、資料を広げていろいろと解説してくださる。これ、荷物が軽ければ大変ありがたいのだけど、荷物が重いと、歩いては立ち止まり、歩いては立ち止まりを繰り返すのは正直苦行。重いザックが肩に食い込み、肩がちぎれそうに痛くなってくる。最初は気合いでがんばって話を聞いていたけど、だんだん肩の痛みから頭まで痛くなって来た。だから本当に申し訳ないと思いつつも、語り部さんの丁寧な説明に対して「ハイハイ、ハイハイ。あ、江戸時代なんですね。そうですかー、すごいですねー。あの、もう歩いていいですか?」などと言ってしまった。しかも、羽後峠の次の「甫母峠」では肩が限界に達し、話を聞くこともできず、「説明はあとでまとめて聞かせてください。私、ちょっと先に行きます」と言い残し、トレイルラン状態で下山口まで走り去ってしまった(山本さん、本当にごめんなさい!)

**怖い地名が多い理由《ワケ》**

山本さんとは結局、今日のゴールである二木島駅の東屋で合流し、二人で冷えたジュースを飲みながら聞きそびれた峠の解説を聞かせてもらった。一通り説明を聞き終え、ふと例の疑問、「どうしてこの辺には女鬼峠とか八鬼山とか『鬼』が付く怖い名前が多いのか」を訊いてみた。すると山本さん、それまで暑さでグニャッとしていたのに急にキラーンと目が輝き、「それはですね、いろいろあるんですよ。私、実は鬼を研究していましてね、『鬼の山本』って呼ばれているんですよ」と言うではないか。

「お、鬼の山本ですか……」

「そうです。実は私、『世界鬼学会』の会員でもあるのです」

そう言うと〝鬼の山本〟さんは「世界鬼学会　会員」と書かれた名刺を差し出し、鬼について熱く語りはじめた。

〝鬼の山本〟さんによると、このエリアには「鬼」の漢字が付いていない場所でも「キ」という音の地名がたくさんあるとのこと。例えば私が昨日泊まった「三木里」や今日泊まる「二木島」など。実はそれらも元は「鬼」という漢字を当てていたらしい。しかし明治以降、「鬼という字をあまり使わないようにしましょう（なんとなく怖いから？）」というルールができたそうで、それ以降、「鬼」のかわりに「木」など別の漢字を当てるようになったとのこと。ではなぜ「鬼」なんていう地名をつけるのか。山本さん曰く「実は鬼というのは神さまのことなのです！」とのこと。特に神様の意味での〝鬼〟を表現するときは、「鬼」という漢字の一画目の点がない字、すなわち「角《つの》のない鬼」で書くらしい。

「だから〈紀州〉は〈鬼州〉でもあり、鬼の国〈キの国〉、つまり、神の国なのです」と山本さん。

なるほど、鬼は神様だったのか。何せ日本は八百万の神様がいる国。トイレにだって貧乏にだって神様がいるんだから、鬼が実は神様です、と言われても何ら不思議はない。こういうサイドストーリーを聞けることを考えると、やはり語り部さんと歩くのは（たとえ道中を一緒に歩かなかったとしても）価値があるなと、デカビタCを飲みながら思った。

## 完璧なタイミング

その後、山本さんの電車が来るまでおしゃべりしていたら、「明日はどこまで行くんですか？」と訊かれた。「明日は峠を4つ越えて、一気に熊野市駅まで行くつもりです。まだ宿は決めてないから今日探さないといけないんですけど」と答えると、「熊野市駅だったらいい宿があるよ。スペインの

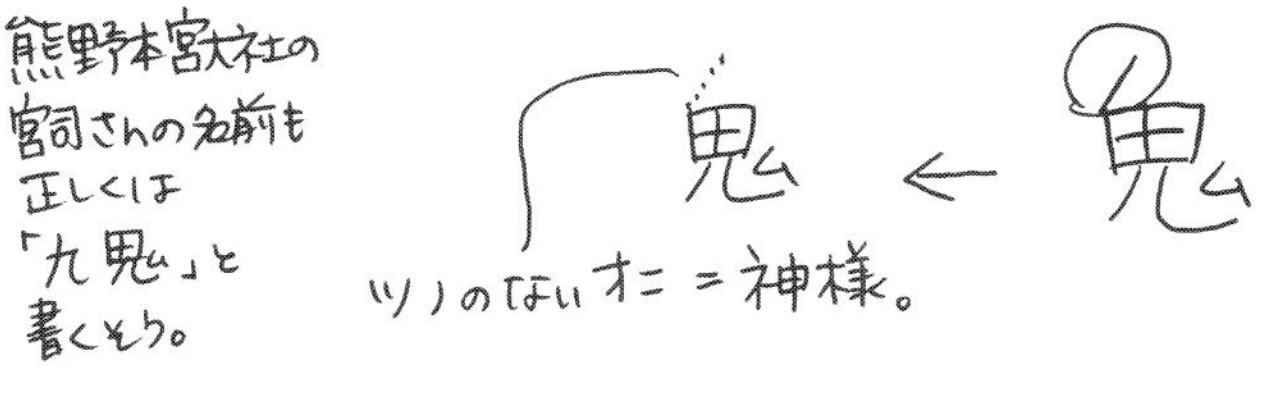
熊野本宮大社の
宮司さんの名前も
正しくは
「九鬼」と
書くそう。
鬼
鬼
ツノのないオニ＝神様。

巡礼路を歩いたフクモトさんと同じ年くらいの女の子が働いている民宿があるから、彼女のところに泊まったらいいよ。いま電話して、『泊めて』って言いなよ。確か、ついこの間までスペインに行ってたみたいだよ」と教えてくださった。実は私、その女性のことも、その宿のことも、別の方から聞いて知っていた。しかしネットで調べたら、その宿は熊野市駅(古道沿いにある駅で明日の私のゴール)から車で約50分かかる山奥にある上、送迎サービスがないから行くのは無理と諦めていたのだ。鬼の山本さんにそのことを伝えると、「大丈夫だよ。彼女に電話して、『迎えにきて♪』って言えば来てくれるよ。で、次の日は休足日にして丸山千枚田とか車で連れてってもらいなよ。それとね、その宿から本宮大社も近いんだよ。車で行けるよ」とおっしゃるではないか。イヤイヤ、車で一気に最終ゴールまで行ってしまったら「伊勢路を歩く」の意味がなくなっちゃうんですけど……、と思いつつ、鬼の山本さんの異常にしつこい「電話しろ、電話しろ、いますぐ電話しろ」コールに負けて、彼女のケータイに電話してみた。

しかしケータイは留守電に繋がってしまった。まぁそうでしょうよ。これで山本さん諦めたかと思ったら、「じゃ、宿に電話してみなよ。彼女宿にいるよ、たぶん」と本当にしつこい。一体誰の回し者なんだ!? とにかく鬼の山本さんが電話するまでしつこいので、今度は宿の電話にかけてみた。

トゥルルルル、トゥルルルル……

「はい、山里民泊あかくらです」

今度は繋がった。女の人の声だ。

緊張しつつ、一般客を装って熊野市駅からのアクセス方法を質問すると、車で40～50分かかり、それ以外の交通手段はなく、お迎えサービスもないとのこと。そうですよね、HPにそう書いてありましたもんね。そこで、諦めて電話を切ろうとしたら、鬼の山本さんが私のケータイに耳を近づけてきた。そして「この声はMさんじゃないかな？　たぶんMさんだ、間違いない」とつぶやき、目で合図をしてくる。仕方がないので、「すいません、変なことをお伺いしますが、Mさんという方、いらっしゃいますか？」と聞くと、電話の女性は怪しむように一瞬間を置き、「……はい、私ですが……」と答えた。そこで私は、自分の身分――スペインの巡礼路を歩いたこと、巡礼仲間からMさんのことを伺っていたこと、そしていま、熊野古道を歩いていて語り部の田中さんや、〝鬼の山本〟さんからもMさんのことを伺ったこと――を伝えた。すると電話の女性は、

「もしかして、フク、フク……、伊勢路を歩いている、フク……」

「フクモトです」

そう続けるとMさんは、

「あーーー!!　聞いてますーー!!」と嬉しそうに大声を出した。

なんと彼女の耳にも私が熊野古道を歩いていることは届いていたらしい。情報化社会おそるべし。おかげで（？）私たちはすぐに話が盛り上がった。初対面どころか電話で話しただけなのに、話題は尽きることなくおしゃべりが止まらない。これは是非、会えるならお会いしたいなあと思い、明日泊まれないかそれとなく訊いてみた。

すると彼女は、とても申し訳なさそうに、「実はうちの宿は1日1組様限定の宿で、お一人のお客様はお受けしていないんです。私が宿のオーナーだったら絶対オッケーなんですけど、私はそこまで権限がないから。でもオーナーに相談してみます」とのこと。それなら仕方ないや、と思い、その後また雑談で盛り上がっていたら、突然何かを思い出したように、「あ！　もしかして明日って25日ですか？　だとしたらすごいタイミングいいかも！　フクモトさん、来ていただけるかもしれません！」というのは25日は友達と貸し切りで泊まりのバーベキューパーティーをすることになってるんです。それに合流しませんか？　しかも参加する友達は熊野市駅に集合して車で来るから、フクモトさん宿まで来れますし！」とMさん。なんという巡り合わせ。私は即答で参加したいと伝えた。しかも聞いていると彼女の友達がとてもユニークで楽しそう。「フランスで1年間写真を勉強してた子とか、海外のコミュニティービレッジにいた子とか、こっちで農業やってる子とか、面白いですよ！　年齢も30代が多いからみんな同年代です」って、最高じゃないですか。完璧なタイミングに素晴らしい出逢い。これこそ歩く旅だ。やっぱりすべては完璧だわ。ありがたいことだ、と興奮していると、なんと、完璧なお導きはそれだけではなかった。

Mさん曰く「次の日は天気がよかったら川遊びもしようと思ってるんです。だから時間が大丈夫ならぜひ！　ただ、宿のオーナーが近くにある神社を管理しているんですが、昨年の雨の被害で祠がくずれてしまったから、私はそのお手伝いに行かないといけないんですけど」とおっしゃる。

実は私には、今回の旅でとても行きたい神社があった。そこは知る人ぞ知る場所で、原始的な信仰の跡が残る素敵な神社らしいのだが、いかんせん古道からはずれた山奥にあるため、今回の歩く旅では行くのは無理かと泣く泣く諦めていたのだ。私は「まさか……」と思うものの、いや、このハイパー完璧な流れならあり得る、と思い、恐る恐る訊いてみた。

「実は私、丹倉神社《あかくらじんじゃ》にどうしても行きたかったんですけど、山奥だから歩きだと行くの難しいよな、今回は無理だろうなって諦めていたんですけど……」。それを聞いたMさん、絶叫。

「ええ!! そこですよ! 丹倉神社ですよー!!」

ドーン!! キターーーッ!! 歩く旅の不思議、炸裂。

私「やりたいやりたい! その神社の修復やるやる! 手伝う!」

Mさん「こ、これは! これはすごい! これはやばい! 完全にお導きですね! ちょうどオーナーから、翌日時間ある友達いたら手伝って欲しいって言われてたんです! キャー! すごい偶然! すごいタイミング!」

と、何とも大興奮のなか電話を切った。


それにしてもすごい。普段は一人のお客さんは泊めず、しかも車で50分の山奥、送迎サービスもない宿が、たまたまその日だけ貸し切りで、ちょうどその日に私が熊野市駅に到着するなんて。なんというタイミング。もしあの日、紀伊長島で休息日を取ってなかったら? もし、馬越峠のアルベルゲで雨が降ったからともう1泊していたら? もし、相賀の手前の宿で「一人のお客様はお受けしていないんです」と断られていなかったら？　そもそも伊勢を17日より前に、あるいはあとに出発していたら？　どの瞬間がずれてもこの偶然はなかった。しかも異常なほどのしつこさで〝鬼の山本さん〟に、「Mさんに電話しろ、電話しろ」と言われなかったらこの出逢いはなかった。山本さんのしつこい「電話しろ」攻撃も、もしや神さまの仕業（？）と思えてくる。正直、今日峠を歩いているときには、「一人で歩くのもアリだったかもな」なんて一瞬思ったこともあったけれど、山本さんの役割は私にとって「語り部さん」というより、東屋でMさんに電話させることだったのかもしれない。

私は鬼の山本さんにこのことを報告した（もっとも、報告するまでもなく、山本さんは私のケータイに耳をくっつけて聞いていたから全部知っていたが）。「山本さん、Mさんに電話するよう言ってくださってありがとうございます！」と言うと山本さんは少し照れくさそうに目をそらし、「いや、たぶんフクモトさんと話が合うんじゃないかなーと思ったからね」だって。

そうこうするうち山本さんの電車の時間になったので、山本さんは駅へ、私は宿へと向かった。

## 「ビール」と「クマーノ」？

二木島という町は入江になっている小さな港町だ。いまは人口も少なくひっそりしているが、昔は捕鯨で栄えたらしい。現在はもう捕鯨はしていないけれど、まだ小さな「ナントカ水産」といった加工場があり、おばちゃんたちが黙々と水揚げしたばかりの魚をさばいていた。なんとなく地中海沿岸の古い小さな港町みたいで味のある雰囲気だ（行ったことないけど）。

今日の宿「川口家」は「ナントカ水産」からほど近く、入江沿いにあった。古いけれど清潔で、イメージとしては田舎のおばあちゃんの家。和室には私の苦手な日本人形と掛軸があり、一瞬「ゲッ」と思ったが、そこまで怖くないタイプの日本人形なので今日もよく眠れそう。しかも掛け軸は虎だから大丈夫（もっと和風、お侍の絵とかだと怖い）。「お食事ができました」と呼ばれたので下の食堂に行ったら、20〜30畳の広い和室に私のテーブルと食事だけポツンと置いてあった。やはり今日もお客は私一人だったのか。広すぎる空間で黙って食べるのも落ち着かないので、思わずTVをつけ芸人のしゃべりにツッコミを入れながら夕食を食べた。お料理はお刺身から煮付けから揚げ物から、とにかく魚三昧。港まで徒歩1分なだけあって、どれも新鮮でとても美味しかった。宿のおばあちゃんに「お魚もご飯も美味しかった」と伝えたら、「アハハそうか。ここは魚しかないでなぁ」と言う。おばあちゃんカワイイ。たった一人の客のために料理をするのはコストパフォーマンスが合わないだろうに、ありがたい。

ちなみに昨日、予約をするためにこの宿に電話を掛け「女性1人で1泊したい」と伝えたら、おばあちゃんにとても不機嫌な声を出され、断られそうになった。途中でおばあちゃんに「もしかして、古道歩く人？」と言われたので、「そうです。三木里から歩くんです」と答えたら、急に安心した声になり「予約オッケー」となった。それを見ていた昨日の宿のオーナー（お寿司をご馳走してくれたRさん）が、「宿の人にとって一人客をとるのって怖いのよ。何なんだろう、って思うから。うちだって最初フクモトさんのこと断ろうかなと迷ったけど、直感で泊めて平気と思ったから泊めたんやで。最初から『伊勢から熊野古道を歩いてる』って言えば予約取りやすいと思うで」と教えてくれた。

食事を終えた私は2階の部屋に戻り、明日の行程や地図を確認した。明日は一気に4つの峠を越えて熊野市駅まで歩く。なんとその次はもう、伊勢路のゴール、新宮だ。あと2日で伊勢路を歩き終えるなんて、ちょっと信じられない。考えてみると最初の2日間、ツヅラト峠までは辛かったけど、その後はなんだかんだ面白い出逢いが満載で、道も古道っぽくなってきて、毎日バラエティに富んだ時間を過ごし、あっという間だった（なんて、すっかり終わる気分でいるが、新宮のあとは、本宮大社まで2泊3日の道のりが残っている。しかもその間には八鬼山を超える、熊野古道中最大の難所と言われる「大雲取越《おおくもとりごえ》」「小雲取越《こくもとりごえ》」が待っている）。

そういえば、東京の友人から「熊野に行くならぜひ訪ねてみて。新宮に着く日がわかったら連絡してみて」と紹介されていた修験者の方がいたんだった。いままで新宮に着く日が見えなかったけど、やっと見えてきたから電話してみよう。あんまりギリギリになっても失礼だから（もっとも、「あさって新宮です」というのは十分ギリギリだが）。

ということで私は、友人の紹介の修験者の方に電話してみることにした。ちなみに友人からは、「古い友だちで、熊野に移住し30年近く修験者として修行をしている、変わった修験者」という事前情報しかもらっていなかった。さすがにそれだけではちょっと心配だったのでiPhoneで検索したら、ものすごい目力のある（要するにちょっと怖い）修験者の写真が出てきた。私は一旦ケータイを置き、「私はAさんにご紹介いただきました、フクモトと申します。８月中旬より伊勢神宮を出発し、熊野古道伊勢路を歩いております」と、何度か予行演習をした。お茶を一口すすり、気持ちを落ち着かせ、ドキドキしつつダイアルを押すと、すぐに「はい」と野太い声の男の人が出た。

ショエーッ！　やっぱり怖い。私は緊張しつつ、さっき練習した挨拶をした。すると、「おー！　おぉ、おぉ！　聞いてるよぉ〜！　Aちゃんの友達だろ〜!?　なんか熊野古道歩いてるっつー！　で？で？　いまどこにいんの？　どの辺歩いてんだよ!?」と、ものすごいフランクかつ、異常にテンションが高い！

勢いに押されつつ「今日は二木島という港町にいます。明日木本、熊野市駅まで歩く予定です」と答えると、「じゃあもう近くまできてんじゃんよー！　オッケーオッケー！　うちは新宮と本宮の間なんだよ。新宮からも歩くんだろ？　そんとき泊まってけよ！　Aちゃんから泊めてやってくれって言われてんだよー！　何人くるんだ？　一人か？」と修験者さん。単に訪ねるだけのつもりだった私は急な展開に驚きつつ「え、えーと、いまは私一人ですが、新宮でもう一人女性が合流するので女性二名になります」と伝えた。すると、「オッケー！　二人な！　で、ビール飲む？　酒は何が好き？」と修験者さん。人数確認の次がビール飲むかって……。驚いて黙っていると、「いやほら、この辺なんもないからさ、飲むんだったら用意しないといけないだろ？　だからそういうのは遠慮しないで正直に言ってもらったほうがこっちも助かるんだよ〜！　で、飲むのか？」と修験者さん。そ、そういうことなら……。「ビ、ビールをお願いします。ちなみにもう一人、新宮で合流する女の子も、お酒をたくさん飲みます」と私。

「おうよ！　了解！　イイネェー！　楽しみになって来た！　そういえば、フクモトさんたちが来る日あたりによぉ、なんかスペイン人の世界的ロッククライマーが来るらしいぜ。もし一緒になったらスペインの巡礼路の話で盛り上がるんじゃねーの？　楽しそうじゃん！　そうそう、こないだもフランス人が来たぜ。スペインのカミーノ歩いたあとは日本の『クマーノ』だっつってな！　ハッハッハ。まぁいいや。じゃ、また新宮を出発するとき連絡してねー！　じゃーねー！」ガチャ。

ツーッ・ツーッ・ツーッ……。

電話を切ったあと（切られたあと？）手元のメモにはなぜか、「ビール、クマーノ」という謎のメモだけが残っていた。きっと緊張とすごいテンションのギャップで無意識にキーワードをメモしてしまったんだろう。にしても「ビール」と「クマーノ」って、一体どんなキーワードなんだか。でもよかった。修験者の方というから、どれだけ厳しいんだろう⁉　と緊張したけど、すごくフレンドリーで楽しそうな方だったし、何より修験者の方のところに泊めていただけるなんて、いろいろお話を聞けそうで貴重な機会だ。それにしても熊野って、キャラが濃い人多いなぁ。

◎今日のひとこと

・休憩するのも進むのも、自分の意図を超えた次元で、完璧なタイミングで歩いている。だから何も心配しなくて平気。

・すべての出逢いには意味がある。あまりにしつこく「電話しろ」と言われたときには電話したほうがよい（笑）。

・ご縁がある場所には無理しなくても自然と行けるようになっている。行けないときはそのときは行くときじゃないということ。だから執着する必要はない。

How much money do I need?!

# 知っておきたいお金のこと

歩く旅に必要なお金
・交通費（家＜スタート地／ゴール地）
・宿泊費
・飲食費
・雑費（郵送、詰り部品etc）

歩く旅にかかる費用は基本的に普通の「旅行」と同じか、それ以下だと思います。なぜって、移動の交通費がかからないからです（笑）。

## 宿の価格帯はこんな感じでした。

・素泊まり4000〜6000円

・1泊1食（朝食）4500〜6000円

・1泊1食（夕食）6500〜8400円

## 全部でいくらかかったの？

参考までに私が伊勢神宮〜熊野本宮までの11泊12日間で使ったお金はざっくりと以下のとおりです。

| | |
|---|---|
| 交通費 | 約1万5000円（自宅〜出発地点／伊勢市） |
| | 約1万5000円（到着地点／本宮〜自宅） |
| 宿泊費 | 6万6900円（11泊12日） |
| 食　費 | 1万7376円（自販機の水分補給含む） |
| 雑　費 | 1万9700円 |

合計＝13万3976円

※なお、宿代は宿のランクやシーズンによって変動しますし、食費もどのくらい食べるかによって変わりますので、あくまでも参考として見てください。

780×2=1560
+3000円?!

## 平均の宿泊費と食費。

・宿泊費平均1泊6000円前後

・食費平均1日1500円

（600〜2000円の範囲だった）

## 補足1.

道具を買う必要がある人は、そのお金が追加になりますね。でも最初からいい道具を揃えても使わなくなるともったいないので、まずは家にあるものをうまく利用したり、周囲の人から借りたり、中古を安く入手する、というのでもいいと思います。

## 補足2.

古道沿いではクレジットカードが使えない場所も多々あります。また、ATM も都会ほど多くはないので注意が必要。もちろん郵便局はあります。私は次回からはゆうちょ銀行をうまく使おうと思いました。

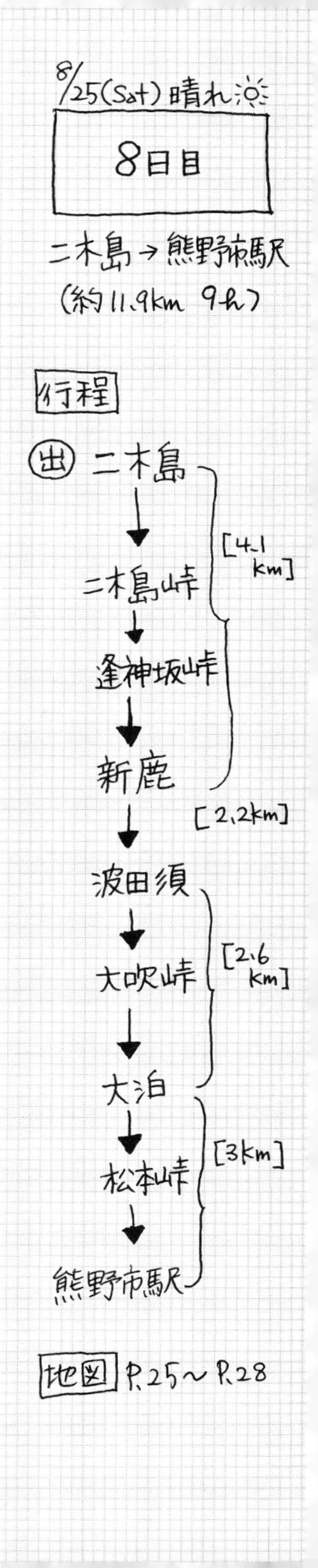
8/25(Sat) 晴れ
8日目
二木島→熊野市駅
(約11.9km 9h)
行程
出 二木島
[4.1km]
二木島峠
逢神坂峠
新鹿
[2.2km]
波田須
[2.6km]
大吹峠
大泊
[3km]
松本峠
熊野市駅
地図 P.25～P.28

## ついに熊野へ

今日の行程は峠を４つ越え、約12キロ先の熊野市駅まで。今日は八鬼山でお世話になった語り部、田中さんの完全なる個人的好意で、今回も一緒に歩いていただけることになった。

朝７時半に二木島駅の東屋で待ち合わせをしている。田中さんはわざわざ尾鷲市（２日前に歩いた馬越峠のほう）から車で来てくださる。私は徒歩３分の民宿から向かう。のに、５分遅刻してしまった。

### まさに幽玄の美――二木島峠、逢神坂峠

今日のひとつ目とふたつ目の峠は、ラクダの背中みたいに、ボコボコとひとつの山にふたつ頂上があり、２つの独立した峠をゼロから登るというより、ラクダのコブを縦走するイメージ。田中さんによると、「最初に行く二木島峠って、なぜか意外とキツいんですよね。私の感じでは八鬼山よりエラ

イ（=大変）かも」とのこと。せっかく一番の難所を越えたと思ったのにそれよりキツイなんて、まるで子ども騙しにあっている気分。この調子だとまだ次に「本当はここが一番キツイ」というところが出てきそう。

気を引き締めて登りはじめた「二木島峠」と「逢神坂峠《おうかみざかとうげ》」は、それはそれは美しい道だった。登るときに田中さんから、「二木島峠と逢神坂峠は八鬼山と違って史跡も少なく、特に特徴がない道なので、旅行会社のバスツアーなどでもスキップされることが多いんです。淡々と登りが続く道をひたすら歩くだけなので『退屈な道』とおっしゃる方もいます」と説明されていたから、「どれほどつまらない道なんだろう?」と思っていたが、そこは筆舌に尽くしがたい美しい道だった。人があまり歩かないせいか、ほかの峠と違って、石畳はもちろん、まわりの岩も、木の幹も、目に映るものほとんどすべて、きれいに苔むしている。セミの声もなぜかこの峠では聞こえず、静寂があたりを包んでいる。灼熱の太陽も木の葉のカーテンに遮られ、ここではやわらかい緑の光に変わっている。深い緑、鮮やかな緑、淡い緑、濃い緑……なんとも美しい緑の空間。まるで違う世界に迷い込んだかのよう。

そして坂道も、確かに登りではあるものの、程よい角度なので歩きやすく、まったく辛くない。さらに坂を上りきったところには、あたり一面に緑の苔が、花畑のようにびっしりと広がっていた。なんとも幻想的な、まるでアニメ『風の谷のナウシカ』に出てきそうな異空間だった。まさに「幽玄の美」とはこのことを言うのではなかろうか。

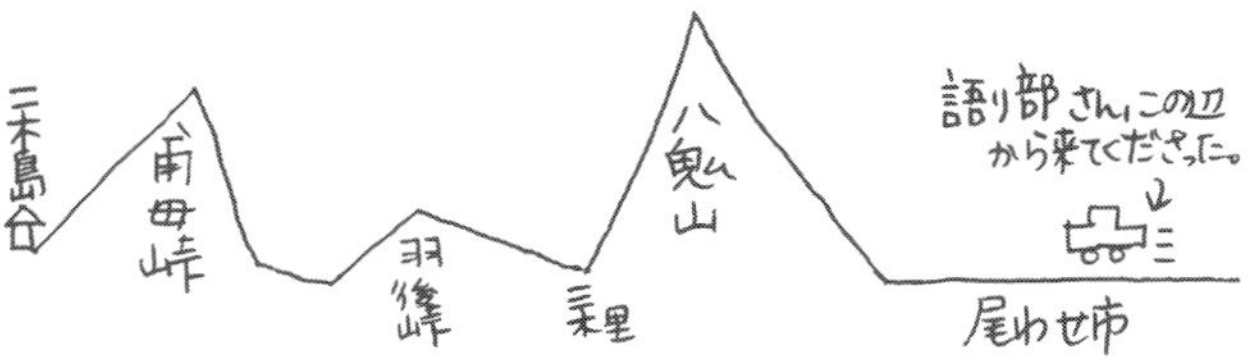

そんな空間を全身で味わうように私は、ゆっくり、ゆっくりと歩いた。苔むした石畳を固いトレッキングブーツの底で傷つけないように、そっと、やさしく。

そうして、もう少しで出口、という場所に来たら、急にセミの鳴き声が聞こえ出し、８月の射すような日差しが戻ってきた。ムワッと暑いアスファルトの道を歩いていると、さっきまでの空間が夢だったように思えてくる。二木島峠と逢神坂峠は、「あの世」とは言わないけれど、でもこの世とも思えない、時がひっそりと流れる不思議な空間だった。

田中さんにそう伝えると、「2つ目の『逢神坂峠』は、伊勢の神様と熊野の神様が会った場所なのでその名前がついたと言われています。それで神秘的な雰囲気があるのかもしれませんね」と教えてくれた。「やっぱり！」と納得していたら、「でも、昔はたくさんオオカミがいたから、『オオカミ坂』という名前になり、あとから漢字を当てはめたという説もあって、私はそっちの説が本当じゃないか、と思ってるんですけど」とのこと。

その後、名前もついていない小さな峠（というか丘？）を越え、徐福伝説で有名な波田須《はだす》へ。徐福というのは中国の秦の始皇帝の部下で、「不老長寿の薬を探してこい！」という命を受けて日本まで来た人と言われている。その徐福が上陸し、住んだ場所がここ、波田須だそうだ。だからこの周辺には「徐福の宮」など徐福にまつわる史跡がたくさんある。ただ、それらはみんな古道から少し離れている。田中さんに「徐福の宮とか行ったほうがいいですか？」と聞いたら、「まぁ今回はパスしても

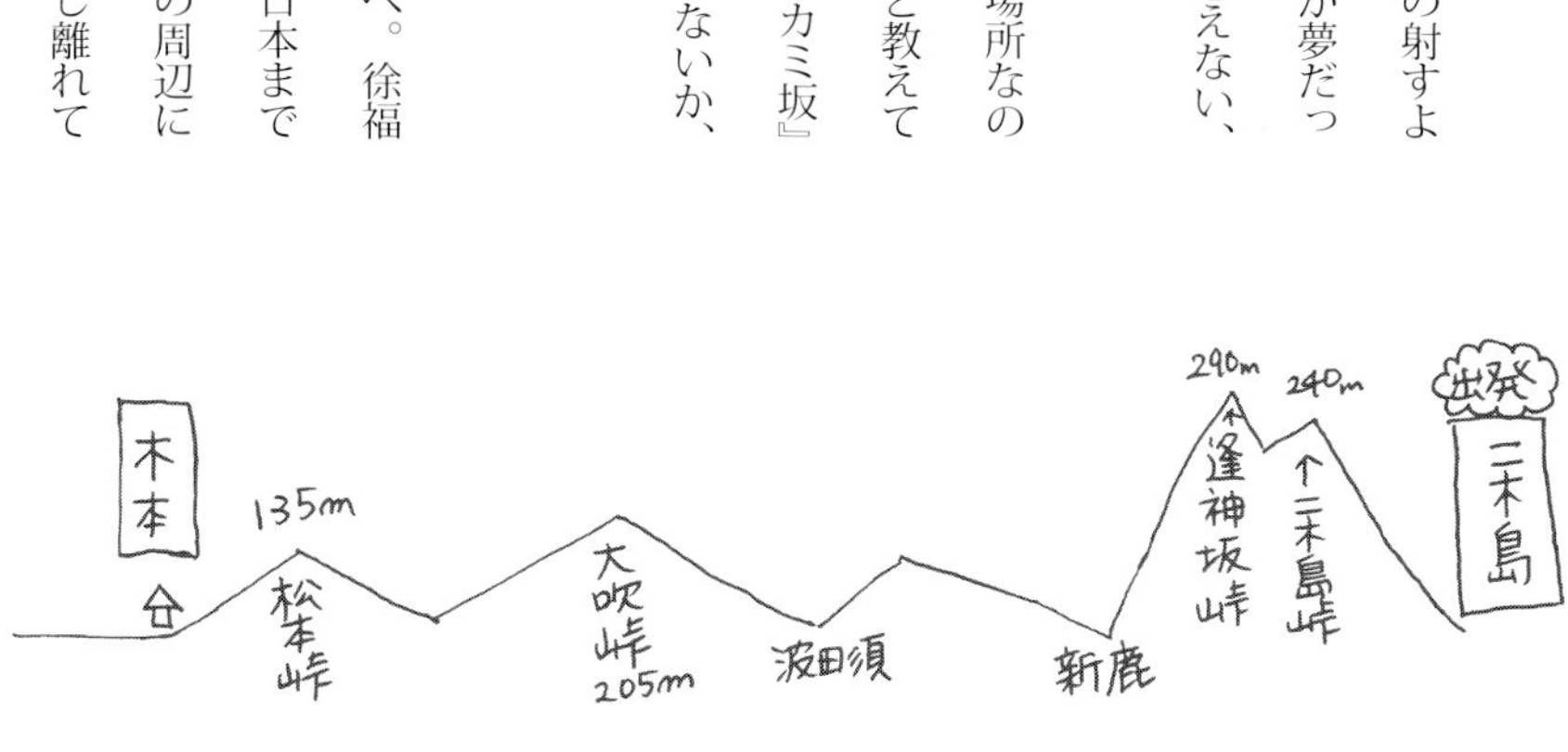

いいんじゃないですか」と言われたので次回のお楽しみに取っておくことにした。その代わりではないが、古道沿いにあった「徐福茶屋」という、まったく徐福に関係なさそうなログハウス風の休憩小屋に入った。この茶屋、営業中なんだか準備中なんだかよくわからない雰囲気で（だんだんわかってきたが、熊野古道周辺にはそういう店が多い）、中に入ると店員と思われるエプロン姿のおばちゃん二人と、古道歩きっぽいおじさんが一人、麦茶を飲みながらしゃべっていた。考えてみたらこのおじさん、今回の旅で初めて見た巡礼者だ。訊くとそのおじさんは大阪から来たそうで、伊勢神宮からの行程を何回かに分けて歩いているとのこと。

　茶屋のおばちゃんは私と田中さんに「冷たいもん飲むか?」と言って麦茶を出してくれると、再び大阪から来たおじさんの古道歩き話に耳を傾け、熱心に相づちを打っている。当然メニュー表も出さなければ、何も売る気配がない。それどころか「お代わり飲むか?」とどんどん麦茶を注いでくれる。まるで近所の家状態。別にいいのだが、一応商売なのでは（?）と、あまりの商売っけのなさに心配になり、思わずラムネ（１００円）と貝殻を加工してつくったキーホルダー（２００円）を買ってしまった。そしてこれ以上涼しい場所に座っているとお尻に根が生えて動けなくなるので、おばちゃんにお礼を言い、予想どおりまったく徐福と関係なかった「徐福茶屋」をあとにした。

## 「26キロ」という距離を実感――松本峠

その後、竹林で有名な大吹峠《おおぶきとうげ》を越え（竹林では風が吹くと竹同士がぶつかり、「カコン、カコン」

と何とも風流な音がした）、本日最後の、そして伊勢路最後の峠「松本峠」の登り口に来たときには、すでに足の裏が砕けそうに痛かった。地図で見たときには「135メートルだから松本峠は余裕だな」と思っていたが、3つの峠とひとつの丘（？）を越えたあとの身体には石段の1歩1歩がものすごい破壊力を持っていた。

「田中さん、松本峠、低いからって、舐めてました。見た目以上に、キツいっすね」と言うと田中さんも、「松本峠の登りって結構急なので、高さの割に意外とキツいんですよね〜」と同意。でもやっぱり、田中さんの口調からはゆとりが感じられる。さすが山男。

「あーもうダメだ。足の裏の骨が、く、砕ける〜、いや、砕けてるかも〜、っていうか、足の裏って、骨あるのかー？　土踏まずは空洞ー？」と、思考がおかしくなってきた頃、峠の頂上に到着した。放心状態で切り株に座っていたら、田中さんが目の前にある背の高いお地蔵さんについて説明してくださった。曰く、このお地蔵さんは「鉄砲傷のお地蔵さん」とも呼ばれているそうで、昔、暗闇の中を歩いていた鉄砲の名手が、異常に背の高い人影（お地蔵さん）を見て、『怪しい！　これは狸が化けているに違いない！』と勘違いし、鉄砲を撃ったらしい。見ると確かに、お地蔵さんの下のほうに鉄砲の跡が残っていた。田中さんが言うには、「鉄砲の名手だから、普通だったら頭を狙いますよね？　でも下に玉跡がある。これは手元が狂ったわけではないんです。狸というのは化けるときに上下逆さまになるらしいんです。だから、猟師は化けているであろう狸の頭を狙ったつもりだということです」と教えてくださった。ということは、昔の人は本当に本気で狸が化けると思っていたのか。先日DV

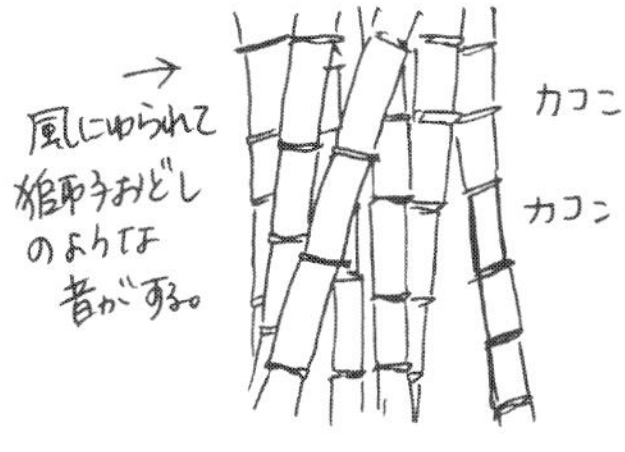

Dで『平成狸合戦ぽんぽこ』を見たばかりだった私は、その部分に妙に感動した。

頂上で休憩したら元気が出てきたので、「少し古道から外れるんですけどぜひ見たほうがいいと思います」という、田中さんイチオシの絶景が見られる展望台へ行くことにした。ゴツゴツした木の根をよけながら生い茂った道を歩くこと約5分。展望台、というか東屋が現れた。中に入ると、三日月の弧を描くように熊野灘の海岸線がスーーーッと、どこまでも、どこまでも延びているのが見えた。海の色は鮮やかな藍色とエメラルドグリーンのグラデーション。それを縁取るような波打ち際の白。透き通るスカイブルーの青空に、もくもくと立体的な入道雲。まるで地中海のような開放的な海。沖縄以外で日本にもこんなに美しい海があったなんて知らなかった。そして何より、この三日月の「弧」が紀伊半島の「東側の曲線」なのかと思ったら「地球！」という感じがして感動した。

「この海岸は『七里御浜』といって、『日本の渚百選』や『21世紀に残したい自然百選』にも選ばれているんですよ。そしてあの先の方が、フクモトさんが明日歩いていく新宮です」

田中さんに言われて、遠く、海と陸と空がひとつに合わさる地点を見て、初めて「26キロ」という数字が意味する距離を実感した。

松本峠を越えたあと、お世話になった田中さんを熊野市駅までお送りし、私はMさんの宿で開かれるバーベキューに向かうべく、「お友達」がやっているという雑貨屋さん「木花堂《このはなどう》」に向かった。

昨日は電話で大盛り上がりしたから忘れていたが、冷静に考えると、私はMさんにお会いしたことはない。はたして「これは『友だちの友だち』といえるのだろうか」と、緊張しつつお店のドアを開けた。店員さんに「いらっしゃいませ」と言われたけれど、小心者な私は、しばし様子をうかがうべくお客さんを装って店内を見ていた。しかし大きなザックにヨレヨレの帽子ではどうしたって普通のお客さんには見えないのだろう。店員さん（女性）がおそるおそる私に近づいてきて、「あの、もしかしてMちゃんのバーベキューに参加する……？」と訊いてきた。あぁよかった！ 話は伝わっているみたいだ。私はホッとして「はい、そうです。急に入れていただくことになってすいません」と言った。すると、「ワー！ やっぱりー！ 伊勢から歩いて来たんですよねー？ 昨日Mちゃんから参加者全員にメールが回ってきて楽しみにしてたんですよー！ すごーい！ まま、とりあえず荷物を置いて」と、すごく感じがよい人で、温かく迎えていただけて安心した。

そして驚いたことには、私がネットで見つけて参考にしたブログ「クマノジャーナル」(1)（何を隠そう、それを見て伊勢柏崎の火打石の女将の宿に泊まったのだ）を書いているまさに張本人が、この雑貨屋のオーナーSちゃんだった。しかもSちゃんの実家は私の家と近いことが判明。縁がある人とは本当にご縁があるのだなぁ。なんだか今回の旅では「縁」の持つ不思議さ、すごさを体験させてもらっている気がする。

しばらくして続々と「Mさんの友人」達が集まってきた。みんなで唯一のスーパー、イオンで買い出しをして、車で山奥にある宿へ向かった。

（1）「奥熊野」への旅のキッカケとなることを目指し、2010年10月に創刊された季刊のフリーペーパー。127ヵ所（県外59ヵ所、県内68ヵ所）の店舗・施設等で設置されている。（2012年11月時点）なんと、企画編集から置いてもらう場所の開拓まで、木花堂の店主Sちゃんが一人でがんばったらしい（いまは仲間と一緒にやっているとのこと）。

その宿は想像以上の山奥で、イオンを出たときはまだ夕方だったのに、到着する頃にはもう真っ暗、星が瞬きはじめていた。車から降りると、「Mちゃーん！　フクモトさんだよー！」と、「Mさんの友だち」である雑貨屋のSちゃんにMさんを紹介された。Mさんと私が知り合いのはずなのに、彼女と私は初対面で友だちに先に会っている、という展開がおかしくて、「はじめまして」と言ったあと、二人で「おもしろいですねー！　これが〝歩く旅〟のよさですよねー！」と言って笑い合った。

Mさんも彼女の友だちもみんないい人で、面白い人ばかりだった。どう見てもサーファーにしか見えないみかん農家の社長を筆頭に、山小屋スタッフ兼イラストレーター、セレクトショップのオーナー、カメラマン、梅農家のスタッフ兼バンドマン（しかもトゲトゲのついた腕輪とか、かなりハードロックな格好！）、デザイナー、元スタントマンの整体師など。中には神奈川から移住してきた人もいるけれど、共通していたのは、みんなこの熊野が大好きな人たちだということ。そして真剣に、「熊野をもっとよくするにはどうしたらいいか？」を考え、行動しているということ。

私はいままで、同年代の人たちでその地域をよくする活動をしている人たちに出逢ったことがなかった。大抵、50代とか、60代の方が多かった。だから同年代で自分が住んでいる場所を愛し、そこをもっとよくするためにできることを考え、実行している人々（それも大学のサークル活動のように楽しいノリで）がいることを知って、驚いたし、嬉しかった。そしてそんな人たちと出逢えたことは、本当にありがたいと思った。何度も繰り返してしまうが、これはまさに「歩く旅」をしていたからで、もしこれが、車とか電車でブーンと行く旅だったら、たぶんなかった出逢いだと思う。

黒い革
トゲ
梅農家スタッフ兼
バンドマンの腕輪。
「少年メリケンサック」
みたい。
でも、やさしくていい人だった。

それどころか歩いていたって1日でもずれていたらこの出逢いはなかった。そう考えると、「出逢うものはどうしたって出逢うし、出逢わないものはどうしたって出逢わない。どう計算しようがしまいが、無理矢理強引にやろうがやるまいが、すべては人智を超えた存在によって動かされている」と感じずにはいられない。だって私は伊勢を出発するとき、「25日に熊野市に到着しよう」なんて微塵も考えていなかった。ただただ、その場の流れと直感に従って歩みを進めていただけ。

昔ある人が、「起こることはすべてベスト」と言っていたけれど、こういう不思議な偶然を体験すると、「本当にそのとおりだな」と実感する。雨が降ったのも、足が疲れて歩けないほどになったのも、第一希望の宿が取れなくて仕方なくその先の町に行ったのも、すべては最善のことで、起こるべくして起こっているのだと心から思える。道を歩き終わったあとも、いつもこういう気持ちで生きられたら本当に素敵だろうな。な〜んて物思いに耽っていたら、「古今東西ゲームやろー！」と誰かが言い出し、みんなでビール片手に古今東西ゲームをした。熊野を愛する人々の集いなだけあって、お題が「熊野の地名〜！」とか「熊野の名産〜！」とか、冷静に考えると、「オイオイ、これって、関東から来た私のこと何も考えてないでしょ！」という状況なのだが、自分でも不思議なくらい、スラスラと地名や名産品が出てきた。

酔っぱらった頭で「なんで私はこんなに地名を言えるんだろう？　熊野は、初めてだぞ？」と考えてわかったのが、ここまで毎日地図を見て歩いて来たから、自分でも知らない間にいろいろな地名を覚えてしまったということ。そう考えると歩く旅って、まるで縫い物みたい。チクチクとひと針ひと針縫い合わせるように、一歩一歩歩くことで、自分とその土地とを縫い合わせていく。つながりをつくっていく。一度にたくさんの距離は進めないけど、その代わり、その土地と、人々と、深く触れ合うことができる。

そう考えると結局、歩く旅の素晴らしさは〝出逢い〟だと思う。人との出逢い、自然と出逢い、その土地との出逢い、歴史との出逢い、文化との出逢い、そして自分自身との出逢い。しかもそれはすべてを前もって計画する『パックツアー』とは異なり、すべてがアドリブ。本番にならないと何が出てくるかわからないし、同じものは二度と出て来ない。人生と同じ、一期一会の世界。だから例え同じ道を歩いたって、ある人に起きた出逢いが、ほかの人にもあるとは限らない。それどころか、同じ人が同じ道を歩いたって、同じ体験は二度とできない。でもだからこそ意味があるし、素晴らしい。そして道はいつだって、そのときのその人に必要な出逢いを用意してくれる。

熊野の山奥、丹倉の夜空に包まれながら、新しくできた素敵な仲間を見ていたら、そんなことが思い浮かんだ。

◎今日のひとこと

・狸は化けるとき、上下逆さまになる。

# ピックアップスポット1 歩いて行けるところ

熊野古道沿い、あるいは少し離れるけれど、十分歩いて行ける距離にあるおすすめスポットをご紹介します！

## 猿田彦神社 & さるめ神社 (伊勢路沿い)

伊勢神宮の内宮参道から歩いて5〜10分の場所にある神社。ここはお導き、道開きの神様なので時間のある方は、歩く前に旅の無事を祈ってもいいかもしれないですね。また、境内には「佐瑠女《さるめ》神社」もあります。「さるめ」というのは「アマノウズメノミコト」のことで、天照大神が天岩戸に隠れてしまったとき、楽しい踊りで場内を沸かせた、あの神様です。とても有名な神様なのに、「アマノウズメノミコト」を祀る神社はほとんどないそう。この神様は芸能の神様と言われているので、今でも芸能の世界の方々がよくお参りにくるそうです。

## 鬼ヶ城 (熊野市駅周辺 / 松本峠のすぐ近く)

古道沿いではないですが、松本峠のすぐ近く、海にせり出したところに「鬼ヶ城」と呼ばれる奇岩の断崖絶壁があります。ここは昔、多娥丸という賊（南蛮から渡来した人とも言われている）が住みついた場所。多娥丸は周辺の住民の物資を盗んだり、海を行き交う船を襲って宝物を奪ったりして恐れられたため、「鬼」と呼ばれるようになり、彼らが住みついているこの岩場を「鬼ヶ城」と呼ぶようになったそう。距離的には約1キロで、入り口と出口が別なのでそのまま熊野市の方に抜けることができます。ただ、海が荒れているときなど天候によっては危ないので気をつけてください（私も古道歩きの途中で行こうとして「今日はやめとき！」と地元の人に止められ、その日は行くのをやめました）。なお、結構ワイルドな場所なので、行く場合には大きなザックでは行かないほうがいいです。大荷物は宿において、貴重品だけの軽装備での観光をお勧めします。

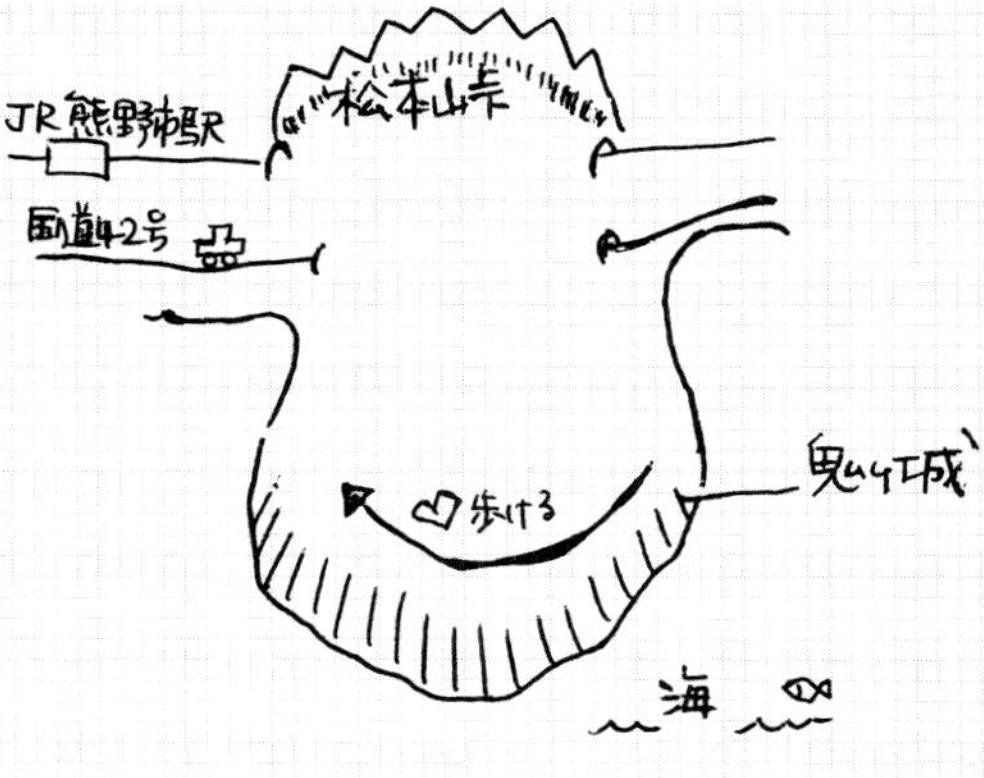

## 崖っぷちでほんとの豊かさを考える

偶然にも、私が行きたいと考えていた「丹倉神社《あかくらじんじゃ》」は、Mさんが働いている民宿の近くだった。

そこで、バーベキューの翌日は休足日にして、丹倉神社やその先にある「大丹倉《おおにぐら》」（1）まで行き、そのあと近くで川遊びをすることにした。

丹倉神社は事前に「派手な拝殿などは一切なく、ご神体の磐座が鎮座しているだけの原始的な神社」との情報を得ていたのでとても楽しみにしていた。「山奥」と聞いていたので荒々しい場所を想像していたが、車道脇、細い石の階段を降りた先にあったのは、まるで温泉のような、あるいは母親のような、優しく温かい雰囲気の場所だった。ちなみに私は「見える系」の体質でもないし、霊的なことに詳しくもないけれど、それでもなんとなく「聖地」と呼ばれる場所には、何種類かパターンがあるような気がしている。たとえば優しい系とか荘厳系とか。そしてここは私の感覚では明らかに「優しい温かく包み込む系」の場所。そんなことを考えていたら地元のおじさんがやってきて、「おじさんは腰が悪くて気功の治療を受けてるんだけど、この神社に来ると気功を受けているときと同じような感じがするよ。よくわからないけど、なんとなくここに通っていると治りそうな気がするから通っているんだ」とおっしゃっていた。おじさんの言うこと、わかる気がする。

神社でお参りをしたあとは「せっかくだから大丹倉まで行こう」と言うMさんに、「うんうん！

（1）高さ300メートル、幅500メートルに及ぶ大絶壁。修験者たちの聖地だったとも言われている。

行こう行こう！　大丹倉行ったらきっと驚くよ！」とノリノリのカメラマンRちゃんの提案を受け、大丹倉まで行くことにした。

## 悩みが吹き飛ぶ場所――大丹倉

大丹倉はどんな場所か一言でいうと、高さ３００メートルの断崖絶壁。この地をよく知るMさんから「絶対にここより左には行かないでね。助けられないから！　風が吹いたり、足を踏み外したら大変なことになるから！」と叫ばれ、恐る恐る岩に登ると、足を踏み外したら「大変なこと」というか、「即アウト」な場所だった。でもだからこそ、そこからはいままで見たこともない景色が広がっていた。パラグライダーをやる人はこういう景色が見えているんだろうか。普通の山だったらもっと山肌が見えるわけだけど、ここは絶壁だから横、および斜め下に土地は見えず、自分の周りには青空しかない。恐る恐る下を見下ろそうと、近づける限界まで崖っぷちに近づいたら、恐怖でお尻がスースーくすぐったくなった。それでもがんばって覗くと、まるで鉄道模型を見ているみたい。遥か下にジオラマのように小さく川や道路が見えた。視線を上げると遠くに山々が見える。あそこまで飛べるんじゃないか。そんな、自分が鳥になったかのような錯覚に陥る。こういう雄大な景色の中にいると、街での暮らしの雑多な悩みなんか、ほんっとうにどうでもいい、ちっぽけなことだと思える。

その後、Mさんおすすめの「天然滑り台のあるプール」へ（でも残念ながら私たちは水着がないので泳げなかった）。ヌルヌル滑る川底にキャーキャー言いながら写真を撮ったり、滝つぼに足を浸して語り合ったりした。そのときMさんと話したのが、「今日は朝起きてから大丹倉まで歩いて、川遊びして。すっごく楽しくって綺麗で気持ちがいいのに、お金は一円もかかってないんだよね。でも、すっごく贅沢で豊かだよね」ということ。それで大学時代のことを思い出した。

私は大学生の頃、開発経済学のフィールドワークでタイの農村にホームステイをしたことがある。そこでは怪我をしたりお腹が痛くなったら山に薬草を採りに行き、お腹がすいたら木苺をつんでおやつにし、山を走り回って過ごした。電気がないから朝は日の出とともに起き、暗くなったら眠る。日中は畑仕事や機織り。シャワーは雨水。そんなふうに村人と同じ暮らしをしながら2週間滞在した。お金は1バーツも使わなかった。都会の生活しか知らなかった私にとって、2週間過ごしてお金を一銭も使わないというのは衝撃だった。そして滞在最後の日、大学の先輩がとても印象的なことを言った。「山は、薬局であり、スーパーマーケットであり、公園であり、私たちの生活のすべてである。山は私たちに必要なものをすべて、与えてくれる」

現実としていまの社会では完全にお金と離れて暮らすことは難しい。しかし本当はお金がなくても暮らすことはできるのだと思う。必要なものは、すべて自然が与えてくれる。いや、いまだって、お金が介在しているからわかりにくくなっているだけで、本当はすべてのもの——食べ物にしても、石油にしても、金属にしても——は、元はすべて自然の恵みであり、私たちは自然の恩恵を受けて生活をしている。だから本当に、私たちはもっともっと、自然を大切にしないといけない。

そのときにやはり、歩くこととか、自然の中で遊ぶことはとても意味があることだと思う。というのは都会に住んでいると、「自然を大切に」と言っても、正直ピンとこない。でも、こういう場所で、本当に美しい自然に癒され、自然で遊ばせてもらっていると、「この美しい川を洗剤で汚してはいけない」と、すごくリアルにイメージできる。思うに、いまは食べものにしても何にしても、つくる人(生産の現場)と使う人(消費者)が離れすぎてしまっている気がする。それにより、自分の行動がどんな影響を与えているのか想像できなくなり(もちろん頭では想像できるが、そこには実感が伴っていない)、よくない循環が起きているように思える。そう考えると、これからは「離れる」の逆、つまり「つながり」がますます重要になるのかもしれない。そんな「つながり」が大切になるであろう時代に、自分と自分自身とをつなぎ、自分と地域とをつなぎ、自分と人とをつなぎ、自分と自然とをつなぐ、「歩く旅」はすごくおすすめだと改めて思った。

◎今日のひとこと

・「本当の豊かさ」とお金は実はあまり関係がない。

# ピックアップスポット２ 歩くには遠いところ

古道からちょっと離れるので、歩くより車で行ったほうが良いおすすめスポットをご紹介します！　ちなみに、私は本宮大社まで歩き終わったあと、「観光」として乗り物を使って行きました。

## 丸山千枚田　JR 熊野市駅から🚗30分

日本の棚田百選にも選ばれている棚田。「千枚田」というのは大げさかと思ったら、なんと実際には約 1300 枚あるらしい。それどころか 1601 年には 2240 枚の田んぼがあったという記録も。私が行った季節は秋で、ちょうど稲の刈り取り前だったので金色の稲穂が綺麗に段々になっていて絶景でしたが、本当は田んぼに水を張っている田植えの時期が一番美しいらしい。

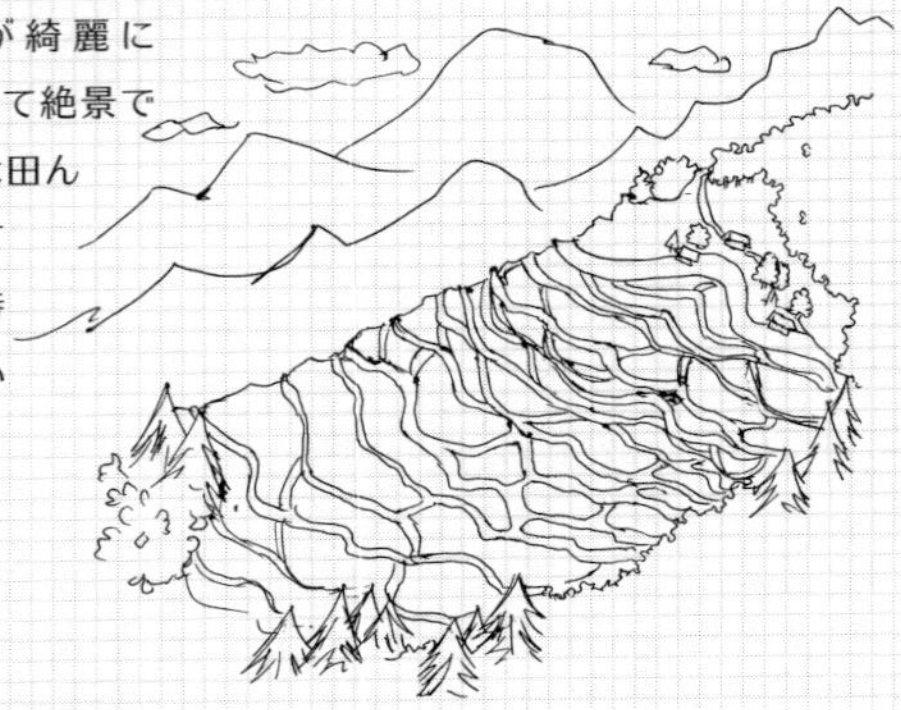

## 大馬《おおま》神社　JR 熊野市駅から🚗15分

立派な瀧もあり緑が美しいこの神社には、狛犬がありません。なぜなら「獅子岩」とその近くにある「人面岩」が大馬神社の狛犬の役割を果たしているから。この神社は、恒武天皇の時代（約 1200〜1300 年前）に征夷大将軍である坂上田村麻呂が「鬼ヶ城」で鬼を退治し、その首を地中に埋め、その上に社を建立したのが始まりとか。その後、江戸時代にこの話を聞いたお坊さんが参詣しようとしたところ、「花の窟」あたりで大きな葦毛の馬に乗った田村麻呂の御霊が現れて社まで案内したという伝説があり、そこから「大馬神社」と呼ばれるようになったそう。ただ「大馬」には諸説あり、田村麻呂の愛馬が一緒に埋められたから、とも、「大魔を封じた社」から「大馬」となったとも言われています。

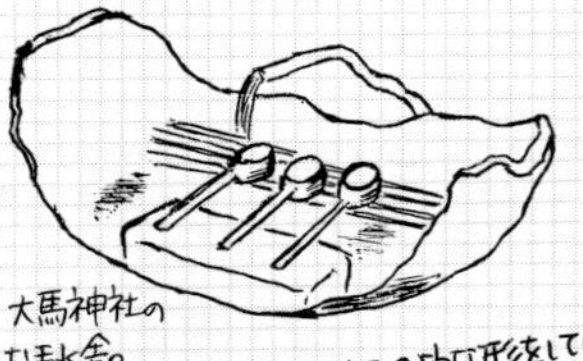

大馬神社のお手水舎。天然の一枚岩が卵のカラのような形をしている。コケも生えていて、味があるというか、重厚というか。すごいです。

## 神内神社　JR 新宮駅から🚗15分

派手な社殿などはなく磐座をご神体とする神社で、昔の自然崇拝の雰囲気が残るとても素敵な場所。境内には約300種の植物が繁茂しているそうで、参道に入った瞬間、空気が変わるのを感じます。ここはイザナミノミコトとイザナギノミコトが一女三男を産んだ場所と伝わり、安産と子どもの健康を守ってくれる「子安神社」として大切にされています。確かに神社の中には安産を祈願したたくさんの「よだれかけ」が奉納されていました。参道入ってすぐ左には、「子安神社」にふさわしい形をしたご神木が、社殿の左には見事な大楠（こちらもご神木）があります。本当に素晴らしい場所なので、マナー良く、大切にお参りしたい神社です。

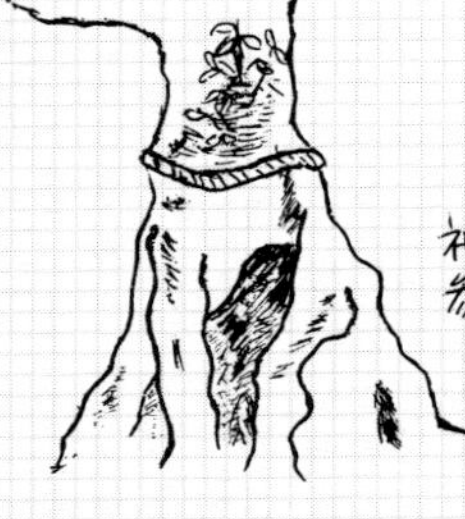

神内神社の参道にある御神木。岩を抱きしめている。赤ちゃんをだっこするお母さんのよう。

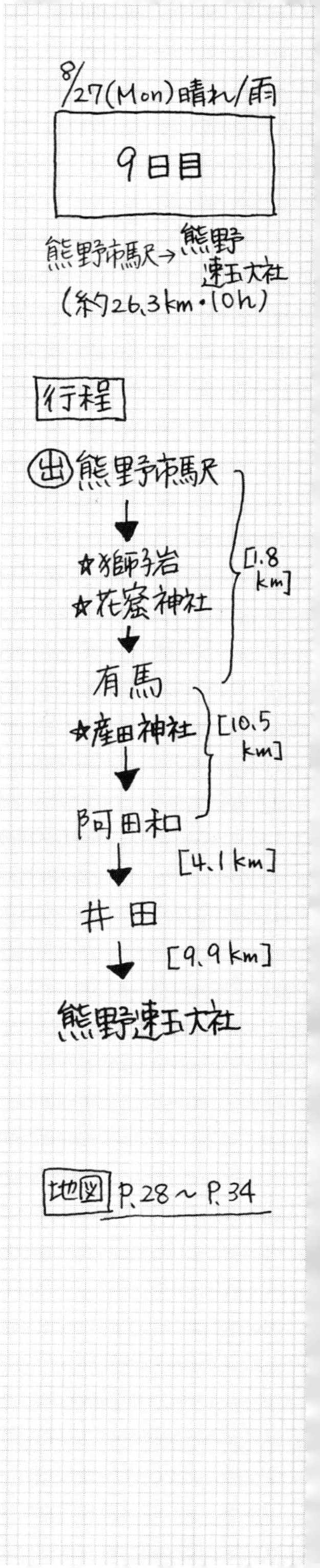
8/27(Mon)晴れ/雨
9日目
熊野市駅→熊野速玉大社
(約26.3km・10h)
行程
出 熊野市駅
☆獅子岩
☆花窟神社
[1.8km]
有馬
☆産田神社
[10.5km]
阿田和
[4.1km]
井田
[9.9km]
熊野速玉大社
地図 P.28〜P.34

## ずぶ濡れの伊勢路ゴール

今日はいよいよ伊勢路のゴール、和歌山県新宮市にある熊野速玉大社まで歩く。距離にして約26キロ。浜街道と呼ばれる七里御浜《しちりみはま》沿いの道をひたすらまっすぐ進んでいく。基本一本道だし、気持ちのいい七里御浜を眺めながら歩けるので気が楽。何より峠がないというのが大きい。

### 獅子だからカッコいい——獅子岩

早朝に宿を出発し、フンフン鼻歌まじりで熊野市の町を海岸に向かって進むと、すぐに日本のスフィンクスとも呼ばれる「獅子岩《ししいわ》」に着いた。獅子岩自体は昨日もおとといも遠くから見ていたからもう最初の感動はないけれど、近くでまじまじ見ると、細部まで本当によくできているなぁと感心する。

実際には自然にできたもの（地盤の隆起と海風の浸食によって）らしいけど、誰かが意図的にライオ

ンを彫刻したみたい。そういえばおととい松本峠の展望台にいたカップルが獅子岩のほうを指差し、

女「あー！　あれがイノシシ岩かぁ！　見えるー！」

男「イノシシってなんだよ！　獅子岩だろ！　お前はいつもテキトーだな、ほんとに！」

という会話をしていてウケた。確かに音の響きは似ているけど、イノシシ岩だとだいぶ微妙。こういうのは獅子だからカッコいいんだよね。

そんなことを考えながら獅子岩を見ていたら、熱心に写真を撮っている男の人が目に入った。見た感じ30歳前後で、近くには荷物がくくり付けられた大きめのスクーターが止めてある。きっとバイクで旅をしている人なんだろう。話しかけてみたら、その男性は京都から来た人で、「これから四国まで行って、四国をまわるつもりなんです」と教えてくれた。四国ってちょっと遠くないか？　そう思って訊くと、「夜中の2時までにまわり終えればいい」だか、「夜中の2時にどこどこに着く予定」だか言う。この人は一体どういう人なんだろう。普段何をしているんだろう。大学生風でもないし。まったく、世の中にはいろんな人がいるもんだ。って、向こうからしたら私もそう見えているんだろうけど。実際その人は私のことが謎だったようで、「ずっと歩いて来たのか」とか「どこから来たのか」とか興味津々で訊かれた。だから「伊勢神宮から来た」と答えたら「えーーっ！」と驚いていた。「国道を歩いて来たんですか」と訊くので歩き用の地図を見せ、「昔の人はお伊勢参りのあと、熊野古道を歩いて熊野三山まで行ったんですよ。その道のことを『伊勢路』って言うんです」と説明したら、興味深げにまじまじと地図を見ていた。やはりバイカーの人は、こういう「歩く旅」とかに興味がある

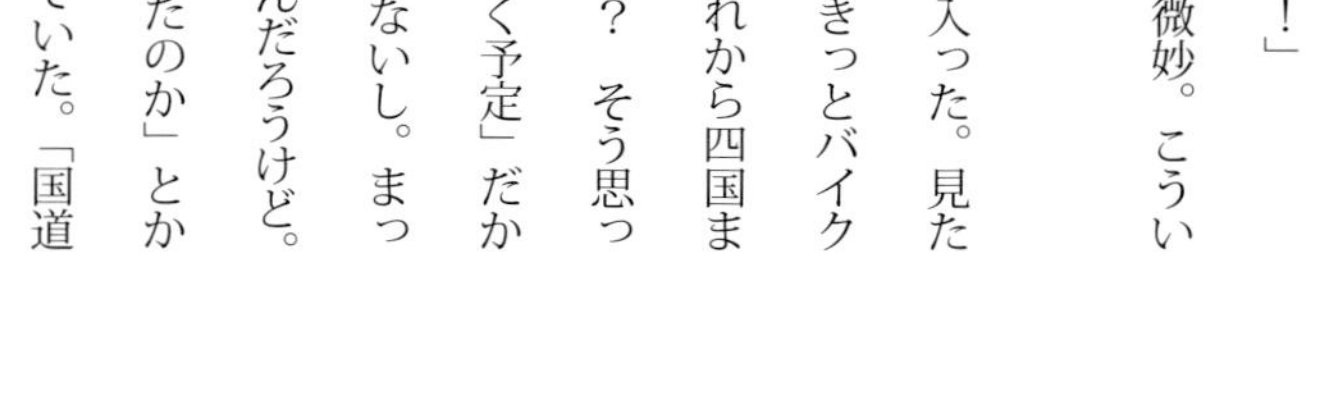

のかな。彼は一通り地図を見終えると、「この辺の人なんですか」と訊いてきた。だから「東京から来ました」と答えたら、「ええーーー！　東京から歩いて来たんですか!?」と大きな声で叫ぶではないか。たったいま、「伊勢神宮から歩いて来た」と言ったばかりなのに。

## ちぎれた道路に唖然——産田神社

そんな謎の四国バイカーと別れ、獅子岩のお向かいにある「花窟神社」へ参拝し、そこから少し古道を外れ、歩いて40分くらいの「産田神社《うぶたじんじゃ》」に寄り道をした。産田神社に行く途中、一瞬道に迷ったので近くで井戸端会議をしていたおばあちゃんに道を聞いたら、丁寧に教えてくれたうえ、「あんた産田神社さん行くの～。偉いね～」と褒められた。実はここにたどり着くまでにも、道行くおじいちゃんやおばあちゃんから何度か褒められていた。「あんた古道歩いてるの。偉いね～」と。歩くのが楽しいから（時々怖いけど）好きで歩いているのに、それだけで褒められるというのは、なんだか変な気分。だからその都度、いい歳してマンガみたいに「テヘヘ」と言ってしまう（でも褒められるのは嬉しい）。

さて、私がわざわざ寄り道してまで行く「産田神社」のすごさや、熊野市の面白さを理解するには、日本の神話を知っていることが欠かせないので、関連する部分だけざっくりカンタンに説明します（私は歴史の専門家ではないので、私が理解している範囲で、ですが）。

むかしむかし、高天原《たかまがはら》という天国のような神様の国があって、そこで神様たちが会議をしました。その結果、男女二人の神様が「あなたたち、地上に国つくってきてね」と地上に派遣されます。旦那さんのほうがイザナギノミコトで奥さんのほうがイザナミノミコト（女のほうに「美《み》」がつく、と覚えると混乱しない）。そうして地上に来た二人はまず国をつくっていきます（ちなみにそのとき最初にできたのは「淡路島」）。国づくりを終えた二人は今度は山の神、川の神、海の神、など次々に神様を生んでいきます。そうして最後に生んだのが火の神で、生み終えたイザナミノミコトは火傷して死んでしまいます。それを嘆き悲しんだ旦那さんであるイザナギノミコトは……、と、この先は別の話なのでここでは省略しますが(1)、なんとそのイザナミノミコトが火の神（カグツチノミコト）を産んだのが、私が向かおうとしている「産田神社」なのです（なお、先ほどお参りした「花窟神社」は、日本書紀にも登場する日本最古の神社で、火傷して死んでしまったイザナミノミコトの墓所と言われており、その正面には火の神「カグツチノミコト」の墓所もある）。

話を産田神社に戻すと、とにかくそこは、イザナミノミコトが火の神を生んだ場所であり、亡くなった場所でもある（産んだときに火傷して亡くなったから）。要するに大変重要な神社なのだ。さらにここには、日本でも2カ所しか残っていないと言われる「神籬《ひもろぎ》」（まだ、社殿がない時代の祭祀場）がある。一説によると弥生時代から祈りの場だったとも言われているから、つまりは、紀元前後、要

(1) なお、このあと、奥さん（イザナミノミコト）が亡くなった悲しみに耐えられない旦那さん（イザナギノミコト）は、黄泉の国（死後の世界）に奥さんを捜しに行きます。でもそこでいろいろあり、禁を犯した旦那さんは逃げ帰ってくるハメになります。無事この世に逃げてきた旦那さんは「あ〜、黄泉の国怖かった〜。とりあえず身体洗お！」（と言ったかは知りませんが）禊をします。その禊の結果生まれたのがかの有名な「天照大神（あまてらすおおみかみ）」、それから「月読命（つくよみのみこと）」、そして「須佐之男命（すさのおのみこと）」なのです。日本の神話は、神様の名前が変わったり似ていたりして混乱しますが、まずはわかりやすい「マンガでよくわかる〜」のようなものから読みはじめると、意外

するに２０００年以上前からこの場所が聖地だったことになる。それってものすごいことだ。「産田神社」とはそういう場所なので、私はぜひとも行きたかった。

そんな産田神社は、派手派手しさは一切なく、静かで落ち着いた雰囲気の場所だった。特に何か「エネルギーを感じる」とかはなかったけれど、「ここで遥か昔、２０００年以上前から祈りが捧げられて来たのか」と考えたら、神社というより遺跡に来たときのような感慨深い気持ちになった。こういう場所はあまり観光地化しすぎないで、いまのひっそりとした厳かな雰囲気をずっと保っていて欲しい。

そんな産田神社に来て一番衝撃だったのは、実は神社そのものではなく、神社の目の前の道路（橋）がちぎれるようになくなり、「通行禁止」になっていたこと。工事の看板によると、これは昨年（２０１１年）の大雨の影響だそう。２０１１年の大災害といえば東日本大震災が真っ先に浮かぶし、東京にいるとそのニュースばかりが目についたけれど、熊野もこんなに被害を受けていたとは。しかも災害から1年近く経つのにまだ「通行止め」状態だなんて。熊野の大雨のニュースもテレビで少し見たけれど、まさかここまでだとは思わなかった。

いまは、新聞やテレビ、インターネットで多くの情報に触れることができる。でも、そのことと「本当に理解している」こととは別なのだ。たくさんの情報に触れられることで「知った気」になってしまい、逆にどんどん本当のことが見えなくなっているのかもしれない。それって、なんだか少し怖い。

と面白いし、神社をお参りするときにも、「ほーう、ここはあの神様の……」と、理解が深まるので、のんびり読んでみるといいと思います。

「旅をすることもそうだけど、普段の生活でも、なるべく自分の目で見て、触れて、感じて、自分の頭で考える。極力一次情報に触れにいく。そういうことを意識的に大切にしよう」産田神社の前のちぎれた道路を見たことで、そう思った。

「浜街道」に戻った私は、ひたすら堤防の上を歩き続けた。怖い峠を歩かなくて済むのはよいけれど、灼熱の太陽と、アスファルトから照り返す反射熱のダブルパンチを浴びながら歩くのは、もう暑いのなんのって、気分はトースターで焼かれる食パン。夏大好きな私ですら1時間以上は歩けない。少しでも日陰を見つけては休み、また歩き、日陰を見つけて休み、を繰り返した。そして「あ～、もうだめだ、このままだと脳みそが溶ける！　っていうか熱中症で倒れそう～」と思ったところで、例によって「普段だったら絶対入らないような」喫茶店を発見した。私は迷うことなくドアを開けた。ら、カウンター席には常連客と思われる地元のおじさん軍団がぞろぞろと5～6人座っていて、一斉にこちらを振り返り、ジロジロ見られた。ひえ～。一見さんお断りの店だったのか。しかしもう入っちゃったし……。私は小さくなって隅っこに座り、かき氷を頼んだ。「なるべく早く食べて、さっさと出よう」と思っていたら、マスター（なかなか美人の中年女性）が私に、「歩いて来たの？」と質問した。そしてこれを皮切りに、それまで様子をうかがうようにジロジロ、いやギロギロ見ていたカウンター席のおじさん軍団から質問攻撃にあった。「熊野古道を歩いてるのか？」「一人で歩いてるのか？」「どこから来たのか？」「どこまで行くのか？」など、お決まりの質問から、「なんで歩いてるんだ？　失恋したのか？」と失礼かつ余計なお世話な質問から、「最終目的地は熊野本宮です」と言っているのに、「で、その後は高野山まで行くのか？」とか、もう何ともマイペースな質問を繰り出してくるおじさん達。極めつけは、「お前、キュウリいるか？」って、話、飛び過ぎですから。しかも、いまキュウリをもらっても荷物になるからと、「いえ、キュウリは特には要らないです」と答えたら、「お前！キュウリ食べると熱中症にならないんだぞ！　しかもこれ、オレがさっき採ってきたばっかりなんだぞ！　しょうがないからお前にやるよ！　特別にトマトもやる」と言って、トマトとキュウリをくれた……。

**可愛さにノックアウト――ウミガメ公園**

喫茶店を出て再び歩きはじめる。それにしても暑い。いままでは間、間で峠を歩いてきたから気づかなかったけれど、やはりアスファルトパワーはすごい。反射熱で暑さ二倍！　荷物を軽くするためにも、早速もらったキュウリを食べながら歩き続ける。すると左側、国道42号線から「プップー！」というクラクションが聞こえ、車が止まった。振り向くと運転席の女性が窓を開け、「どこまで行くのー？　乗ってかーん？　この車、新宮のほうまでいくよーー？」と言うではないか。なんて親切。でも乗るわけにはいかないのです。あとちょっとで伊勢路踏破なんです。私は女性に「大丈夫でーす！ありがとうございますー！」とお辞儀をした。女性は「大丈夫なーん？　歩くほうがえぇのー？」とまだ心配そうにこちらを見ていたが、私の意志が固そうなのを見て、「気ぃつけてなー！」と言って走り去って行った。車には乗らなかったけど、「誰かが見守ってくれている。一人で暑い中歩いているわけじゃない」と感じて、すごく励まされた。

元気が出たところで遠くにオアシス（ウミガメのいる道の駅）を発見。前の休憩から1時間しか歩いていないけれど迷うことなく道の駅に逃げ込んだ。あぁ涼しい。火照った身体を冷やすべく、エアコンの効いたガラス張りの休憩所で放心状態で座っていたら、隣にいたおばあちゃんに話しかけられた。最初は普通に返事をしていたのだが、途中で異変に気づいた。どうもボケてるっぽい。同じことを何度も聞いてくる。そのたびに同じことを答える私。しかもおばあちゃんの耳が遠いからお互いとても大きな声。ふと、「この部屋の中にいる人みんなに聞こえているだろうな」と思ったが、もはや暑さと疲労とで、そんなことがどうでもよく思えた。そして、「あれ？　日本国内なのに、（いい意味で）周囲の目を気にせずにいられるのって、初めてかも。歩き終わってからも、東京に戻ってからも、いつでもこんなふうでいられたらすごく楽だろうな。そうできたらいいな」と、繰り返される質問に答えながら思った。

地図にはこの道の駅のところに「ウミガメ公園」と書いてあったけれど、まさか本物のウミガメがいるわけではないだろう、と思っていたら本当に隣の建物にいるようなので見に行った。たいして期待していなかったが、ウミガメの可愛さにノックアウトされた。餌付けされているからか、ものすご

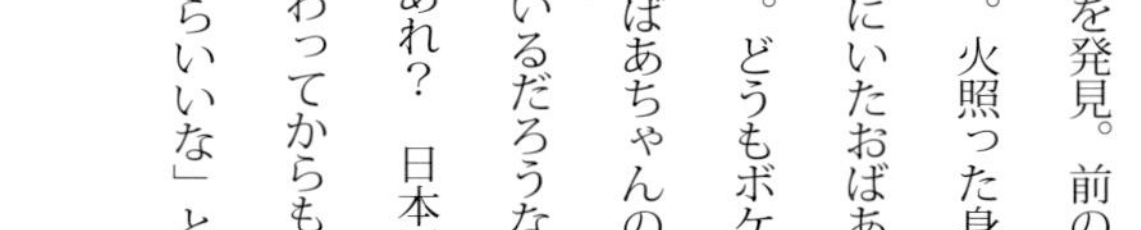

く人に慣れていて、私が近づいてカメラを向けると陸に上がる勢いで前足（？）をバタつかせて近づいてくる。しかも2匹目も3匹目も！　真っ黒い大きな目でこちらを見ながら必死にバタバタ近づこうとする様子はめちゃくちゃ可愛かった！　もっと遊んでいたい気持ちに駆られつつも、ただでさえ休憩の取りすぎで時間が押しているため、後ろ髪を引かれつつウミガメたちに別れを告げた。

道の駅の駐車場ではドライブデートっぽいカップルが戯れていた。別に指をくわえて見とれていたわけではないが、彼らを見ていたら思わずストックを落としてしまった。その音に驚いて振り向くカップル。慌てて拾う私。あぁ恥ずかしい。

道の駅から少し歩くと、古道は久しぶりに海沿いから外れ、小高い丘のほうへと続いていた。少し高台になっているため、右に林、左眼下に海、となかなかよい景色。途中「横手延命地蔵」というのがあり、お地蔵さんの横には「子どもがこの水で手を洗うと指の先から疳の虫が出て治るという伝承がある」という湧き水があった。「延命の水」と書いてあったので一瞬、手を洗って水を飲もうか？と思ったけれど、なんとなくやめた。お地蔵さんに手を合わせて歩き続ける。

「しかし、疳の虫ってのは一体なんなんだろう。指先から出入りするもんなのかな」などと考えていたら、紀宝町の新興住宅地の中を歩くところで道に迷い、危うく民家の庭に入りそうになった。こういう住宅街って、細い道が多くてわかりずらい。持っていたイラストマップだけではわからないので

iPhoneで地図を確認し、道を修正。今回の歩き旅ではすでに何度もiPhoneのグーグルマップ(1)に助けられている。iPhoneは現代の歩く旅人の必須アイテムかも。

住宅地を抜け、あとちょっとで熊野川にぶつかる、というところで突然雨が降ってきた。さっきまでのカンカン照りがウソのようだ。空は灰色の雲で真っ暗。大粒の雨が次から次へと落ちてくる。なんとも極端な天気。「欲しいのは中間なんだけど!」って、天気に怒っても仕方ない。私は近くにあった建物の軒先で雨宿りさせていただいた。郵便屋さんも雨宿りをしていたのでお互いに顔を見合わせ「急に来ましたね~」「弱まりそうにありませんね~」などと話す。しばらく待てば止むかな、少しは弱くなるかな、と思って待っていたが、一向に止む気配はない。それどころかどんどん強くなっている。これは少しでも早く行ったほうがいいかもしれない。郵便屋さんもそう思ったのか、「じゃ、お気をつけて!」と言って、カッパを着て原チャリで走り去って行った。私も諦めてレインウェアを着て歩きはじめるか。

レインウェアを着ているとはいえ、土砂降りの雨の中、傘をささずに歩く人というのはすごく異様なのだろう。工事の交通整備をしているおじさんたちの心配そうな(怪しむような?)視線を感じる。それにしても伊勢路の最後も最後、新宮に着く数キロ手前、鵜殿《うどの》の町でこんな大雨に遭うとは(しかもそれまでは灼熱地獄だったのに!)。やはり熊野古道伊勢路、一筋縄では歩かせてくれない。

(1) グーグル社が提供している地図サービス。Wi-Fiや3Gが繋がっていれば、現在地はもちろん、目的地までの道順なども教えてくれる優れもの。つまり歩き用の「カーナビ」といったところか。弱点は、グーグルマップに接続してしまうとiPhoneの電池の減りが早くなること。ゆえに歩くときには本当に道がわからないときのみグーグルマップに頼るのがポイント。
※iPhoneのOSによってはグーグルマップは使えません。

先ほどの雨宿りポイントからほんの数十分で熊野川が見えてきた。向こう岸が今日のゴールである新宮市、つまり和歌山県になる。ちょっと感動。そしてこの熊野川、実は2日前に山里民泊あかくらのMさんから「ぜひよく見てきて！」と言われていた場所でもある。正確にはこうだ。

「去年の大雨は本当にすごかったんだよ。熊野川が氾濫したんだけど、熊野川って、ほんっとうに広くて、大っきい川なの。まさかあの川が氾濫するなんて、誰も想像しなかったし、いまでも信じられない。それくらい川幅が広いの。フクモトさん、新宮に行くとき『熊野大橋』っていう長い橋を通るから、よく見てきて。『この川が溢れるなんてあり得ない！』ってきっと驚くから」

そんな熊野川は、予想していたより遥かにずっと広かった。それに川の水面から道路まではとても距離（高さ）がある。これを越えて水が溢れてきたなんて、まさに「あり得ない！」。でも、それは昨年起きた。あり得たのだ。どれほど恐ろしかっただろう。どれほど大変だっただろう。そして産田神社の前のちぎれた橋を見ればわかるように、それはまだ終わった過去の出来事ではない。

熊野の神社はご神体が岩だったり、瀧だったり、つまり自然崇拝的なものが多いわけだけれど、そんな、「アニミズム」が熊野に根付いていたのは、この荒々しい自然も関係あるのかもしれない。そんなことを考えながら三重県と和歌山県とをつなぐ「熊野大橋」を渡っていたら、ちょうど真ん中にさしかかったところで雨がピタリと止んだ。本当にピタリと。このあと私は橋を渡ってすぐ右側にある「熊野速玉大社」に行くわけで、そう考えるとなんだか禊をさせられたような気分だ。

## 「伊勢路」の終着点へ――熊野速玉大社

雨がやんだとはいえ全身ずぶ濡れ、体中から水が滴っている状態で、熊野速玉大社に向かった。熊野速玉大社は熊野大橋からほど近く、橋を渡り終えてから10分程度で着いた。熊野速玉大社というのは、言うまでもなく熊野三山のひとつであり、本日の私のゴールであり、そして何より、伊勢神宮から続く「熊野古道伊勢路」の終着点である。

「速玉大社にお参りをするとき、どんなふうに感じるんだろう?」「感動するんだろうか?」なんて想像していたけれど、昨日までと同じ、「無事、今日の目的地にたどり着いた」という気分だった。でもそれも当然かもしれない。ここはまだ最終ゴールではなく、あと数日かけて熊野本宮大社まで歩くのだから。

それでも、速玉大社の入り口付近にある「八咫烏神社《やたがらすじんじゃ》」やご神木のナギの木(どちらも熊野を象徴するもの)を見たときには「ついに熊野に来たんだな」という気持ちになった。

しかし何より感動したのは、数日前の不思議なご縁バーベキューで友だちになったYさん(新宮市在住)が速玉大社の前で待っていてくれて、「雨が降ってるから大丈夫かなと思ってたんですよ。ずぶ濡れじゃないですか。寒くないですか? 身体が冷えてるんじゃないですか?」と言いながら、車で那智勝浦の温泉に連れて行ってくれたこと。新宮には温泉がないことは事前に調査済みだったから、まさかの温泉が本当に嬉しかった(しかも歩きはじめて2日目、三瀬谷駅で替えのズボンを送り返していた私はびしょ濡れズボンしか履くものがない。ということでYさんにズボンまで借りてしまった)。Yさんとは数日前のバーベキューで出逢ったばっかりなのに。熊野が特別なのか、歩く旅マジックなのかわからないけれど、今回の旅では本当にいろんな人の「親切リレー」に支えてもらっている。知ってる人、知らない人、出逢ったばかりの人、いろいろな人の親切に(1)。

◎今日のひとこと

・テレビや新聞など、間接的な情報からは本当のことはわからない。

・替えのズボンはやっぱり必要。

(1) 平安時代には障害のある方(たとえば目が見えない方など)も一人で熊野に参詣していたという記録もあるそう。これは沿道の人々が代わる代わる助けてあげたから可能だったのではないか、とも考えられている。私が「親切リレー」のように感じたのは偶然ではなく、熊野にはそのような風土があるのかもしれない。

# 3～4日間で歩ける、伊勢路おすすめプラン

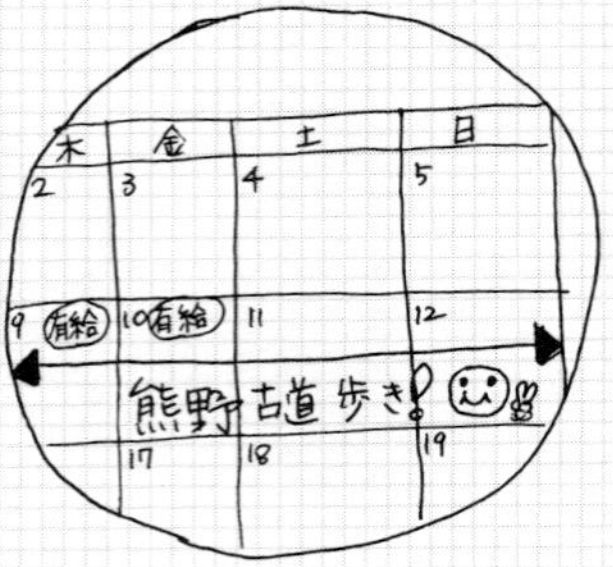


伊勢神宮から熊野三山まで一気に歩くと感動もひとしお。しかし全行程を歩くには最低11～12日間は必要です。もちろん何区間かに分けて少しずつ歩くのもアリですが、「全部は歩けないけど、伊勢路の雰囲気を味わいたい」という方のために、3～4日間で歩けるプランを考えました。

## plan1 いいとこどり! 熊野三山を巡るプラン

厳密には「伊勢路」ではなく「中辺路」ですが、「熊野速玉大社」「熊野那智大社」「熊野本宮大社」の熊野三山を歩くゴールデンコース。難所の大雲取越、小雲取越があるので事前に近所の低山で足慣らしをしておくと無難。ちなみに関東近辺だと埼玉県の棒ノ折山が大雲取と近い高低差です。

1日目：熊野速玉大社→神倉神社→補陀洛山寺→那智大社→青岸渡寺→飛瀧神社（約22.2キロ）
　宿泊場所：那智エリア（例：美滝山荘）
2日目：青岸渡寺→小口／大雲取越（約14.5キロ）
　宿泊場所：小口エリア（例：小口自然の家）
3日目：小口→本宮大社／小雲取越（約14キロ）
　宿泊場所：本宮周辺、あるいは湯の峰温泉エリアなど（例：蒼空げすとはうす）

## plan2 伊勢路ならではの峠を越えまくる! 峠&石畳三昧プラン

伊勢路の特徴である峠と石畳をたくさん歩きたい人におすすめ。ただ、少しキツイかも？　でもこの周辺は弥生時代からの祈りの聖地がたくさんある、知る人ぞ知る神聖なエリアです。

1日目：鷲毛→馬越峠→尾鷲（約3.5キロ）宿泊場所：尾鷲エリア（例：アルベルゲ山帰来）
2日目：尾鷲→八鬼山→三木里（約11.2キロ）宿泊場所：三木里エリア
3日目：三木里→三木峠→羽後峠→甫母峠→二木島（約9.9キロ）宿泊場所：二木島エリア（例：川口家）
4日目：二木島→二木峠→逢神坂峠→波田須→大吹峠→松本峠→木本／熊野市（約11.9キロ）

## plan3 伊勢の国と紀伊の国の境目! ツヅラト峠を越えるプラン

峠と峠の距離が結構あるので少し地味（退屈？）かもしれませんが、そこも歩いてこその「歩く旅」。ということで、かつて伊勢の国と紀伊の国の境目だったと言われるツヅラト峠を起点とし、伊勢路の中でもっともきれいな石畳と言われる馬越峠まで行くプランはどうでしょう？

1日目：梅ヶ谷→ツヅラト峠→紀伊長島（約10キロ）宿泊場所：紀伊長島エリア（例：ゆうがく邸）
2日目：紀伊長島→一石峠→三浦峠→始神峠→馬瀬→船津→相賀（約24.9キロ）宿泊場所：相賀エリア
3日目：相賀→馬越峠→尾鷲（約3.5キロ）

# 中辺路 編

8/29（Wed）雨

**10日目**

熊野速玉大社 → 熊野那智大社
（約20.8km・9.5h）

**行程**

出 熊野速玉大社
↓ [9.3km]
高野坂
↓
佐野王子
↓ [1km]
宇久井駅
↓ [1.4km]
小狗子峠
↓ [0.8km]
大狗子峠
↓ [2.1km]
道の駅なち
↓ [0.2km]
補陀洛山寺
↓ [4.7km]
大門坂
↓ [1.3km]
着 熊野那智大社
青岸渡寺

地図 P.35〜P.40

## 熊野古道はアマゾンだったのか!?

今日からの2泊3日は、中辺路という道の一部を歩く。今日は熊野速玉大社から那智の滝がある那智大社まで。明日は那智大社から小口。あさっては小口から熊野詣での終着点である熊野本宮大社まで歩く。ある意味、今日からの3日間は熊野三山（「熊野速玉大社」「熊野那智大社」「熊野本宮大社」）をつなぐクライマックスコースといえる。しかもその途中には熊野古道最大の難所と言われる、「大《おお》雲取越《くもとりごえ》」「小雲取越《こくもとりごえ》」という山越えがある。一体何度目の〝最大の難所〟なんだよ、とツッコミを入れたくなるが、大雲取越は熊野古道で標高がもっとも高い870メートルの山。しかも道中では標高800メートル前後の3つの峠の登り下りを繰り返す。さらに途中には亡くなった方が白装束姿で現れるとの言い伝えが残る坂道「亡者の出会い」や、餓鬼や妖怪ダル（ダル神とも呼ばれる）に取り憑かれると言われる危険エリア（？）もあるから、今度こそ本当の最大の難所。文字どおり熊野古道の一番の「山場」と言って間違いない。そんな道を一人で歩くのは、それはそれは心細い。「私、涙が出ちゃう。だって女の子だもん♪」という感じだ。

　実際今まで出会った人々からも、「あんた、大雲取越も一人で行くんじゃないやろな。あっそこはエライでー。ほんまに気ぃつけてなー」と言われていた。もはやここは「歩き旅」というより、「登山」に近いので、確かに一人歩きは危険。いつもの私なら、碧いウサギよろしく、淋しすぎて独りきりで震えているところだ。しかし今日の私は余裕、いやむしろ笑顔なのである。なぜなら、仕事熱心な〝編マキちゃん〟こと、編集者のマキ女史が、「よりよい本をつくるために、私も熊野古道を体験したほうがいいと思う」と、こともあろうか最もハードな行程を一緒に歩くと言ってきたのだ。やったね〜。ということで、本当ならガクガクブルブル震えながら一人で出発するところを、朝8時15分、鼻歌を歌いながら待ち合わせ場所である熊野速玉大社の鳥居前で編マキちゃんを待っていた。

　それにしてもこの2週間近く、「熊野古道」という独特な空間を一人で歩いてきたから、現世の東京から知っている人がやってくる、というのはなんだかすごく変な感じがする。浦島太郎、とまでは言わないけれど、いままで自分の中の世界で過ごしていたのに、急にオープンな外の世界に連れ出される気分。

　そんなことを考えていたら、曇り空の下、スカイブルーのザックを背負った編マキちゃんが、人影のない真っ直ぐな参道を、細長い手を振りながら歩いて来た。折角なので鳥居の前で二人で記念撮影し、「無事、本宮大社まで歩けますように」と、速玉大社でお参りをした。さらに少し寄り道をし、神倉神社へ立ち寄ってから古道を歩くことにした。神倉神社はなぜか「熊野三山」には入っていない

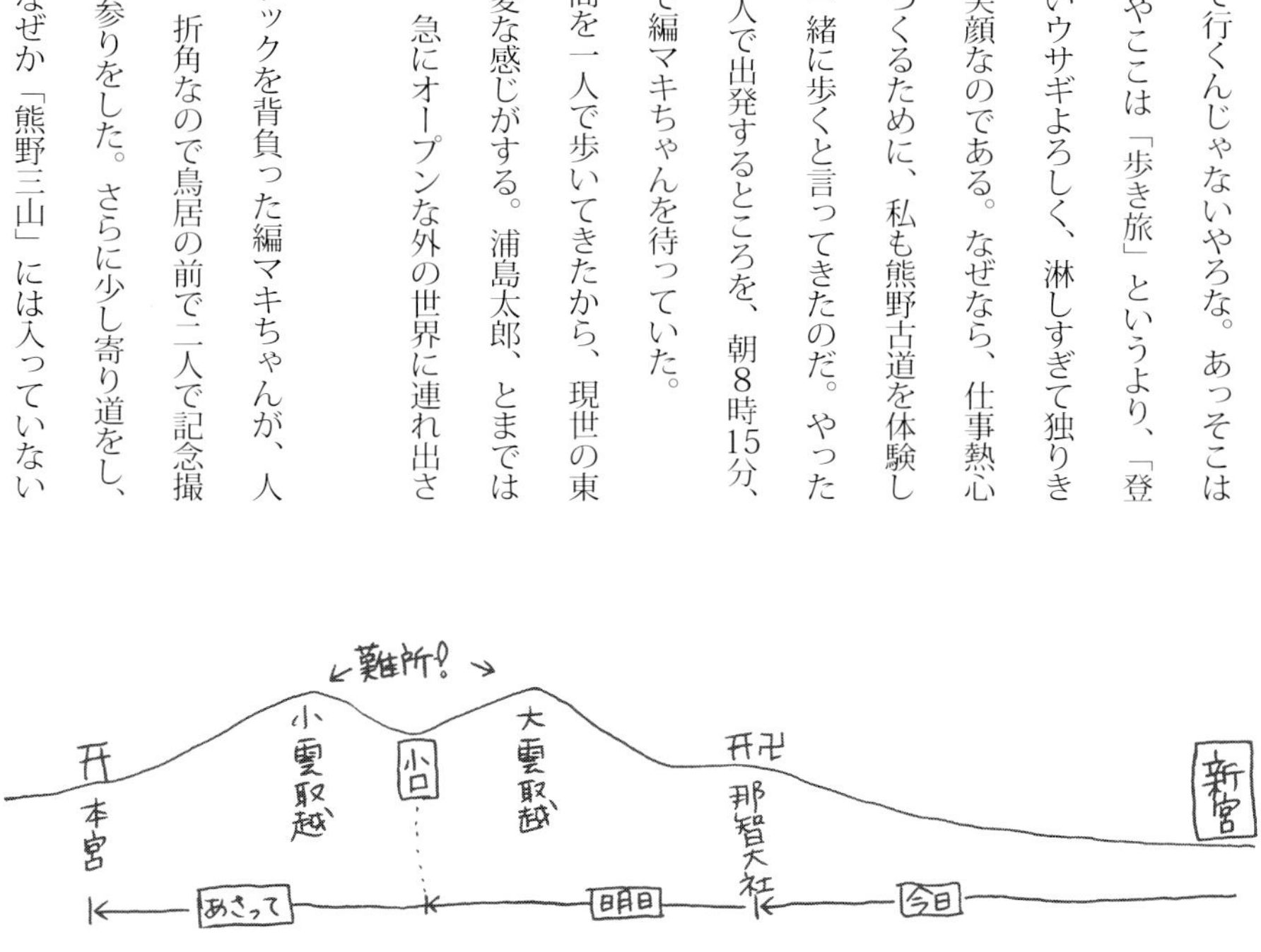

が、熊野権現が最初に降臨したと伝わる霊石（ゴトビキ岩）がある重要な神社であり、熊野速玉大社の別名「熊野新宮」とは熊野本宮大社ではなく、神倉神社に対しての「新宮」なのだ。

## いつの間にか石畳歩きのプロに!?――神倉神社

「神倉神社」は速玉大社から歩いて10～15分くらいのところにある。小さな橋を渡り、境内を少し歩くと、噂に聞いていた急な石段――源頼朝が寄贈したと言われる538段の階段――がどこまでも、どこまでも上へと続いていた。

「荷物……どうする？」

10キロ強の荷物を背負っている私たちは、おもむろに顔を見合わせた。もちろんいままでの峠を考えれば背負って登れないこともない。しかし今日はこのあと二十数キロ先の那智の滝まで歩くわけで、それを考えると少しでも体力を温存しておきたいところ。しかもなんだか雨がパラついてきた。言うまでもなく雨に濡れた石段はよく滑る。大荷物があるとバランスを崩しやすいから特に下りが危ない。ということで私たちはベンチにザックを置き（もちろん最低限の貴重品は身につけて）、手ぶらで石段を上ることにした。

ところで私は普段の生活ではまったく運動をしていない。階段を4階分上がっただけで息が切れるような運動不足ライフを送っている。それに引き換え編マキちゃんは趣味でダンスを習っていて定期的に運動している。だから現時点での私たちの体力は互角だろう、と思っていた。しかし、伊勢路の威力は想像以上だったようで、私は自分で思っていたより遥かに筋肉が鍛えられていたらしい。登りはじめてみたら538段の石段はまったく余裕。それどころか「やっぱりちゃんと階段になっていると歩きやすいな〜。緑が綺麗だな〜」なんて鼻歌まじりに登ったのだが、編マキちゃんはかなり悪戦苦闘しており、そのことに驚いた。ただ様子を見ていたら、筋肉的に大変というのはもちろんのこと、しかしそれより、いびつな形をした石段を歩くことに慣れていないため、どこに足を乗せていいのかわからず、さらには雨で足下がつるつる滑るから、それが怖くて時に手を使って這うようにして歩いているようだった。なんにせよ怪我でもしたら大変だ。私は、「急がなくていいよー！　ゆっくりねー！　あと、石は角度を見て、下向きになっている石は避けて、上向きになっている石に足を置くといいよー！」と、数日前に語り部さんから習った石畳歩きのコツを伝えた。

　そうして石段を上り終えると、左手に赤い鳥居が現れた。鳥居の先はスパーンと視界が開けている。近づいてみると、そこは崖っぷちというか山のヘリの部分になっていて、熊野灘と新宮市の街並が広がっていた。そして右上を見上げると、ご神体である巨大な岩、ゴトビキ岩がどっしりと乗っかっていた。ゴトビキ岩のすぐ前には小さな拝殿があり、階段で近づける。私たちは当然そこまで登り、手を合わせた。ゴトビキ岩の右横には寄りかかるようにして巨石がもうひとつあり、その間には小さな空間があった。その空間も大切な場所だそうで、通りがかりの地元のおばちゃんが「弥生時代は神に仕える人がこの中でお祈りしていたらしい」と教えてくれた。なるほど、産田神社と同じく、ここも

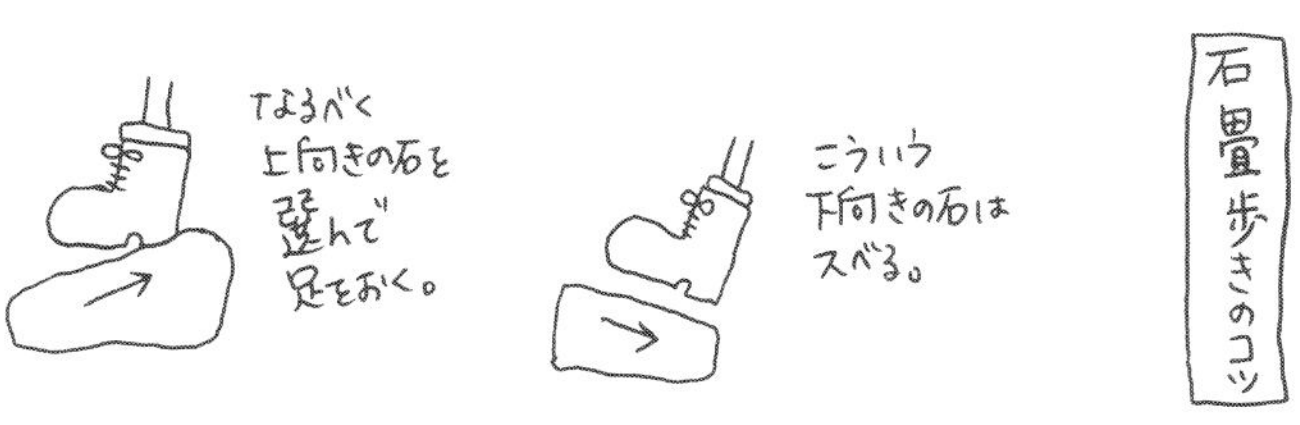
石畳歩きのコツ
こういう下向きの石はスベる。
なるべく上向きの石を選んで足をおく。

とても古い祈りの場、聖地だったのだな。雨が降っていることもあり、なんだか静かな力強さ、迫力を感じる場所だった。

### 演歌の砂浜——七里御浜

神倉神社を出発し、新宮駅を通過する頃には雨はさらに強くなってきた。傘をささずに歩く女二人は相当怪しく見えるのだろう。地元のおじさんがわざわざ近寄ってきて「雨が降ってるよ?」と心配してくれた。雨が降ってることは知っています! と思いつつ、「ハイ! 大丈夫です!」と満面の笑みで答えたら、「雨が降ってるのに歩くの? 雨が降ってるのに?」と何度も聞き返された。

神倉神社を出てからまだ30分も経っていないのに私たちはすでにびしょ濡れ。しかもまだ新宮駅周辺なはずなのに早くも道に迷った。

今日からは「伊勢路」ではなく「中辺路」になるため、いままで使っていたわかりやすいイラストマップ(1)が使えない。とりあえず和歌山県が発行している「中辺路」の地図で歩いているが、自動車ならこれで十分かもしれないものの、細い道などが省略されていて歩くには少しわかりづらい。二人、歩いては立ち止まり、歩いては立ち止まり、早くも濡れてグニャグニャになりはじめている地図を確認し合う。

「困ったときのグーグルマップ!」ということでiPhoneを取り出すも、ポタポタと雨粒が落ちてき

(1) 道に迷った体験をふまえ、別冊のイラストマップには「中辺路編」も収録しました。

て画面や指が濡れるから思うように操作ができない。えぇい！　歩く旅の〝先輩〟としてかっこよくささっと地図を読み解き、「編マキちゃん、こっち！」と言いたいところだが、いかんせん私は〝地図が読めない女〟。iPhoneやら地図やらをくるくる回し、「うーん」ともたもたやってる間に編マキちゃんが「あれがここに見えて、それがそっちだから……、たぶんこっちだと思う」と道を解析してくれた。なんと頼もしい。アニキ、どこまでもついて行きます！

その後も何度か迷いつつ、やっと海岸に出た。数日前に松本峠の展望台から見た七里御浜は、地中海を思わせる美しいエメラルドグリーンのグラデーションをしていた。しかしいま、目の前に広がっている熊野灘は重苦しい灰色で、怒ったようにゴーゴーと鳴き、白波を立てている。そして何より浜には防波堤も防風林も何もない。つまり、この砂浜を数百メートル歩かなくてはいけないらしい。

ゴウゴウ唸る灰色の海を左手に、ズボズボと砂浜に足を取られつつ、どしゃ降りの雨の中、海岸を歩く女が二人。まるで演歌の世界。「これ一人で歩いていたらかなり切ない。また『本当に辛い』って泣きそうになってたかも。二人でよかった。編マキちゃんは大丈夫かしら。心細くないかな？」。そう思って振り返ると、彼女は激しい雨の様子や歩く私の姿をiPhoneで撮影しているではないか！

結構衝撃だった。当たり前だけど、同じ状況でも人によって感じ方、取る行動って全然違うんだなぁ。彼女だったら、伊勢路で私が怯えていた道、泣きながら友達に電話した日など、まったく違うように感じ、違うように過ごしたのかもしれない。そう考えると私って、一回辛くなると「私ばっかり辛いわ。くすん」と、辛さの底なし沼に自分からずぶずぶとハマっていく思考のクセがあるかもしれないと気づいた。そんなことしたって得なことはひとつもないんだから今度から気をつけよう。と、内面では己の内側と向き合いつつも、カメラを向けられると何かやらねば、という気分になり、とっさにiPhoneに向かって「台風レポーター」のマネをしてしまった。そうしたらすごく楽しくなってきて、二人で笑ってるうちに「演歌調の砂浜」を歩き終わった。結局、楽しいとか楽しくないとか、辛いとか辛くないというのは、環境ではなく心の持ち方次第なんだよな。どんなに悲惨な状況でも切ない状況でも、面白がってしまえば、どんなときでも楽しく過ごせる。

砂浜のあとは、「高野坂《こうやざか》」という、峠、というほどでもない、ちょっと生い茂った林のようなところに来た。すると私の前を歩いていた編マキちゃんが急にピタリと立ち止まった。どうしたのかなと後ろから様子を伺うと、「無事に通れますように」と小さく呟いていた。その姿を見て、「やはり私だけじゃないんだ。人は心細いとき、思わず神に祈るんだな」となんだか嬉しくなった。きっとそういう意味でも熊野というのは、神様とか、目に見えない存在、自分を生かしてくれている存在を感じられる場所なのかもしれない。

高野坂の途中からは私が前を歩いた。相変わらず雨は降り続いている。雨の日の古道は薄暗い。しばらく歩いたところで左側、少し奥まったところに「金光稲荷神社《こんこういなりじんじゃ》」の鳥居を見つけた。私は振り返り、

「行く?」と訊いた。編マキちゃんはすでにやや疲れたような表情で、少し考えたあと「いい」と首を振った。普段ならきっと「せっかくだから行ってみよう」と言っただろう。フフフ。しめしめ。これなら女鬼峠の写真がなくても怒られないな。なぜ写真が撮れなかったか、きっとわかってくれるだろう。私はニヤリとほくそ笑んだ。

**和歌山の皆様、許してください！——小狗子峠、大狗子峠**

高野坂を抜けてしばらく歩いたところ、「黒潮公園」で一旦休憩。

トレッキングブーツの中に水が溜まり、足がズブズブして気持ち悪いし歩きにくい。「気休めに」と、ブーツから水を出して靴下を絞ったら、ジャバーッと雑巾絞りのように水が出てきた。ちょっとしたことだけど、これでずいぶん歩きやすくなった。

その後はしばらくアスファルトの道を歩き、JR宇久井《うくい》駅を越えると「小狗子《こくじ》峠」が現れた。「小さい峠だし、一人じゃないから余裕、余裕」と思っていたのも束の間、道が荒れてるの荒れてないのって、超大荒れなのだ。ほとんど歩く人がいないのか、道は消えかけているし、道端の雑草は肩くらいまでボウボウに延び放題だし。極めつけは道のど真ん中に大木(1)が倒れている！　おそらくこれも昨年の大雨の影響なのかもしれない。倒木をくぐり、またぎ、上を渡る。「私たち、熊野古道を歩いてるんだよねえ？　なんかまるでアマゾン探検隊みたいだねぇ！」なんて談笑しながら歩いたけど、

(1) 一瞬「これは橋？　わざと?」と見まごうような倒木。この大木の上を歩くよりほか、道はない。一人で歩いてたら引き返していたかも。丸太の上はつるつる滑るので、2本のストックがとても役立った。

例によって一人だったら相当怖い。雨に濡れた大木の上は、つるつる滑って歩きにくかったが、両手に持ったストックのおかげで二人とも無事、峠を越えることができた。安心すると同時にあまりの荒れっぷりに思わず、「三重県側は語り部さんがちゃんと道を整備してくれているから道が荒れてなかったのに！　きっと和歌山県は『速玉大社』とか『那智の滝』とか『本宮大社』があるから、何もしなくたって観光客が来ると思って、あぐらをかいて整備していないんだよ！」と熱弁を振るいながら歩いた。

　すると次の峠、「大狗子《おおくじ》峠」登り口横のトンネルから手にカマを持った人が7～10人、のっしのっしと歩いて来た。まるで「オーシャンズイレブン」(1)のポスター状態。な、なんだ？　と思って見ていたら、みんなお揃いの白い帽子をかぶっていて、そこには「和歌山古道保全ボランティア」というような文字が書かれていた。リーダーっぽいおじさんと目が合うと、「古道歩いて来たの？　どっから？　小狗子峠も歩いてきた？　どうだった？　荒れてた？」と訊かれた。私たちはここぞとばかりに、「すっごい荒れてました。草ぼうぼうで、太い木が倒れていて道が塞がっていたので、その上を通ってきたんです」と、身振り手振りを交え、どれほど荒れていたかを説明した。するとおじさん、「そうかー、あの辺すぐ荒れちゃうんだよね～。先週も整備したばっかりなんだけど。とにかくありがとう！　いまから行ってくるからね！」とのこと。それを聞いて私、モーレツに反省。何も知らないくせに「和歌山県あぐらかいてる」なんて言ってほんと、すみませんでした。和歌山県のみなさまも、ちゃんと古道を整備してくださっていたのですね。無知な私を許してください。それどころか別れ際

(1) 2002年に国内公開されたアメリカ映画。内容としてはラスベガスのカジノの金庫破りをする犯罪アクションらしい。何せ私は映画自体は見ていないのだ。しかし、ジョージ・クルーニーを中心に、ブラッド・ピット、ジュリア・ロバーツなど豪華キャストが「やるぜ、やっちゃうぜ！」という感じで颯爽と歩いているシーンを捉えたポスターがとても印象的なのです。

におじさん、「いまから大狗子峠行くの？　そっちだよ、その階段登るの。いまおじさんたち整備したばっかりだからこっちは歩きやすいと思うよ！　そうね、10〜20分もかからないかな」と笑顔で教えてくれた。とてもいい人。だから私たちも笑顔で、「ハイ、ありがとうございます！」とお礼を言った。すると、「でもね、このトンネル行けばすぐだよ、5分もかかんないよ。ハッハッハ！」と笑われた。まぁ確かにそうなんですけど……。

大狗子峠はおじさんの言うとおり短い峠だった。出口からは国道に合流しており、ひたすら国道沿いを歩く。結構車が多くて怖い。昨日1日休息日で歩かなかったせいか、それとも雨で体力を消耗しているのか、今日は妙に疲れる。那智の滝までまだ9・2キロあるのに。

やっと那智の道の駅に到着。かなり立派な施設でなんと温泉まである。奥のほうには情報センターも。編マキちゃんと二人、「地図がびしょ濡れになっちゃったから、新しい地図をもらってこようか」と言い合う。しかし一回座ってしまったら立ち上がる気力が湧いてこない。「今日はなぜこんなに疲れるんだろう？」とぼんやり考えながらベンチでダラダラしていたら、編マキちゃんがおもむろに立ち上がり、地図を取りに行ってくれた。感謝！　それにしても昨日深夜バスであんまり寝てないはずなのに体力あるなぁ。やっぱり荷物の重さがポイントなのだろうか。なぜならさっき彼女の荷物を持たせてもらったらすごく軽くてビックリしたのだ。一体何が入っているのだろう。でもそのわりに体

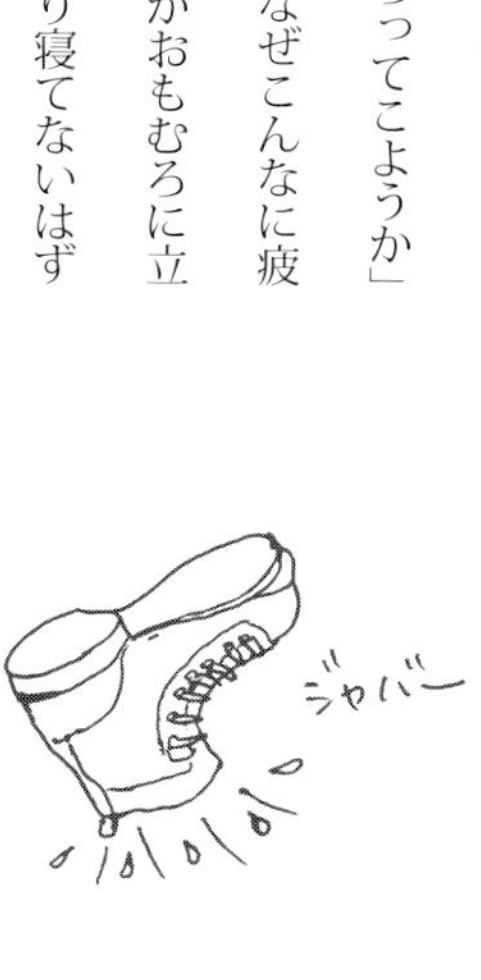

憩のたびに「食べる〜?」と言っていろいろ食べ物を出してくれるからさらに不思議。あのザックの中身はどうなっているんだろう?

「もしや四次元ザック……?」

私は自分が疲労困憊しているのを棚に上げ、編マキちゃんが元気なのを荷物のせいにするのであった。

新しい地図を手にベンチで座っていたら、知らないおばさんが近寄ってきた(まぁここでは基本、知らない人ばかりなのだけど)。何だろう、と思っていると、「あのぉ、もしかして、さっき国道を歩いていた方ですか? 車から見えたんですけど、子どもたちが『絶対あの人たちだ! さっき歩いていた人たちだ!』って言うもんですから……。どこから歩いているんですか?」と話しかけられた。それを聞いて、「車で私たちを追い抜く人たちも、実は中から見ていて、気にしてくれているんだ。『見守られている』とは、まさにこういうことを言うんだなぁ」と、何とも言えない安心感を覚えた。

たっぷり休憩をした私たちはまず、道の駅の向かいにある世界遺産のお寺、「補陀洛山寺《ふだらくさんじ》」に立ち寄った。

ここには一風変わった実物大の船の模型が置いてある。補陀落渡海《ふだらくとかい》といって、昔お坊さんがこの船に設置された箱の中に入り、出られないように外から釘を打ち付け、熊野灘に流されたそうだ。つまり捨身行《しゃしんぎょう》のひとつである。なぜそんなことをしたかと言うと、そうすれば観音菩薩が住むという「補陀洛」にたどり着けると信じられていたから。

お寺の片隅には石碑があり、そこにはたくさんのお坊さんの名前が書いてあった。この方たちはみんな、生きたまま箱の中に閉じ込められ（もっとも自ら志願したので意に反して「閉じ込められた」わけではないが）補陀洛に向けて出航した方たちだ。

熊野灘は「灘」という字が表すとおり、とても荒い海と聞く。そんな中、こんな簡素な船で、しかもこんな小箱に閉じ込められての船出はどれほど苦しいものだっただろう。船酔いの経験がある私は想像しただけで酔いそうだ。当然、ほとんどの方は亡くなったそうだが、中には沖縄のほうに打ち上げられた人もいるらしい。助けられたお坊さんたちは、そこで熊野の神仏を祀ったそうで、その影響で沖縄にも「熊野神社」があるらしい。

## 昔見た景色――大門坂

補陀洛山寺を出ると、「那智8キロ」と書かれた標識があった。

「さっき別の標識では那智まで7キロって書いてあったのに、こっちでは8キロに増えてる!!」

車の人にとっては1キロなんてたいした違いはないのだろうが、歩く人にとっての1キロは大きい。スペインのときもそうだったけれど、こういう標識って結構適当なんだよね。もちろん日本のほうがずっとずっと正確だけど。

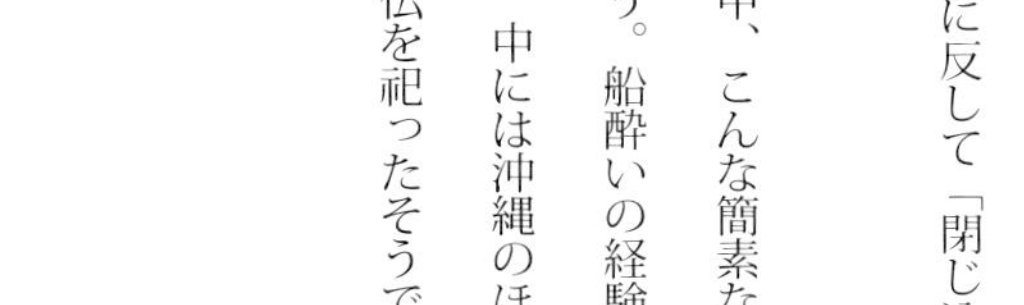

私は無常にも距離を伸ばしてくるいい加減な標識に脱力しつつ、気力だけで歩き続けた。雨は相変わらず勢いよく降り続いている。追い抜いて行く自動車のワイパーは最速で動いている。だんだん坂道になってきた。強い雨のせいで周囲はよく見えない。辺り一面、灰色の世界。灰色のアスファルト、灰色の雲、灰色の雨。登り坂がきつくなってきた。一歩、一歩、一歩、一歩。もう辛いとも感じない。なんでこんなことしてるんだ、とも思わない。思う余裕がない。ただただ無心で足を前に踏み出すだけ。一歩、一歩、一歩、一歩。すると、荷物が重いはずなのに、足は疲れているはずなのに、なんだか心地よくなってきた。一歩、一歩、一歩、一歩……。そうして無心で歩き続けること約2時間。これを越えれば那智大社、という大門坂の入り口にたどり着いた。

「大門坂はものすっごいきれいやで」

そう聞いていたとおり、確かにそこは美しい道だった。

しとしとと降り注ぐ雨。濡れてぬるりと黒く光る石畳。道の両脇には数百年、あるいは千年以上の樹齢を誇るであろう巨木が立ち並んでいる。白くもやがかかった道の先を見ていると、ふっと、平安時代にタイムスリップしたような錯覚に陥る。何とも幻想的な雰囲気。

思わず感嘆のため息を漏らし、そっと「きれいだね」とささやくと、編マキちゃんも小さく「うん」と頷いた。そして独り言のように、「昔、『なんてきれいなんだろう?』って思った景色は、ここだったんだ……」とつぶやいた。

きっと大門坂にはいい気が満ちているのだろう。さっきまでしゃべるのも億劫なほど疲弊していたのに、大門坂を登りきったときにはなんだか少し体力が回復していた。だから今日の宿はすぐそこだったけれど、最後の体力を振り絞り、那智大社と青岸渡寺に「無事に那智まで来ることができました」とお礼参りをしに行くことにした。

## 神仏習合の地——熊野那智大社、青岸渡寺

初めて見る「熊野那智大社（神道）」は、「青岸渡寺（仏教）」と想像以上に隣接していて驚いた。両方の敷地は門で繋がっていて、その門には那智大社側からは神社っぽい装飾が、青岸渡寺側からはお寺っぽい装飾が施されていた。まさに「神仏習合《しんぶつしゅうごう》」[1]を象徴するような場所。私は宗教の専門家ではないから詳しいことはよくわからないけれど、でも単純に、神社とお寺の間がちゃんとつながっているのを見ると、「異なるものを排除するのではなく両方を大切にする」「違いを見るのではなく共通点を見る」という雰囲気が感じられ、とても素敵だと思った。この、「排除するのではなくそれぞれをちゃんと尊重、大切にする」というのは日本のよい部分だと思う（なお、残念ながら明治政府によって神仏分離令[2]が発令されたことで、お寺や仏像、教巻を破壊する過激な動き「廃仏毀釈《はいぶつきしゃく》」が起こり、現在では神仏習合はあまり残っていないらしい）。

那智大社で先にお参りをしたあとは、ふたつをつなぐ「門」をくぐり、今度は青岸渡寺で手を合わせた。青岸渡寺の庭からは那智の大滝が見えた。お寺から滝までは少し距離があるため、そこから見

(1) 土着の信仰と外来の宗教である仏教とを融合して再構築（習合）した信仰のことで、つまりは、仏さまも、神さまも同じ（一体）であるという思想のこと。

(2) 神仏習合を禁止し、神道と仏教、神と仏、神社と寺院とをはっきり分けましょうということ。今日に一番影響を与えているのは明治政府が発令した「神仏分離令」だが、中世や江戸時代にもあるにはあったらしい。

える滝は決して迫力があるものではない。しかし墨色の山々を背景に、朱塗りの三重塔の奥、途切れることなく流れ落ちる真っ白な那智の大滝は、水墨画のような美しさだった。

人間は死に、時代は移り変わる。だけど那智の滝は、遥か昔から変わらぬ姿で流れ続ける。江戸時代、平安時代、もしかしたらもっともっと昔から。そしてたくさんの人がここからこの景色を見たのだろう。その多くは自分の足で歩いて。

「大変だったけど、歩いてきてよかった」

ひんやりした山の空気を吸い込みながら、しみじみそう思った。

隣を見ると、編マキちゃんも雨に打たれながら無言で遠くを見つめていた。感想を言い合わなくても、例えそれぞれが別のことを感じていたとしても、「あの長い道のりの末に見るこの景色」を共有している。そう思うとなんだか嬉しかった。

「……そろそろ行こうか」

どちらともなく言い、私たちは宿に向かった。

◎今日のひとこと

・一人は一人のよさ、二人は二人のよさがある。

歩く旅TIPS

# ⑬ 熊野がもっと面白くなる小話 2

熊野のシンボル的な存在のうち、2つを紹介します。

こわくないよ!

## 八咫烏 ヤタガラス

八咫烏は熊野のシンボル的存在で、古道を歩いているといろいろなところで目にします。伝説では、神武天皇を熊野から大和の橿原（現在の奈良県あたり）まで先導したと言われています。一般的に八咫烏は3本足で描かれます。「八咫」というのは「八咫鏡」などにも使われていますが、咫《あた》というのは昔の単位で、要するに「八咫もあるほど=とっても大きい」という意味だそうです。ちなみに八咫烏はサッカー日本代表のシンボルマークでもあります。これはサッカーを日本に初めて広めた人が熊野エリア出身だったことから、その方へ敬意を表してつけたと言われています。個人的には八咫烏は3本足だからサッカーに有利、という意味もあるんじゃないかな? という気もしています。

熊野牛王符(お札)は
ヤタガラス文字で書かれてる。
三山でお札の絵は全部違う。
本宮には
ヤタガラスポストも
ある。
←黒い。
このポストに投函すると、
八咫スタンプを押して
もらえるらしい。
八咫ポスト
JFA

## なぎの木

なぎの木は古くから神の宿る木として神社の御神木とされているそうです。特に葉っぱが固くて縦にたくさんの葉脈があるため、縦には割けるけれど横にはなかなかちぎることができません。このことから「縁結び」や「商売繁盛（人と人との縁を結ぶから）」にご利益があると考えられていました。昔の若い女の子はなぎの葉を鏡に入れていたそうです。あとはつき合っている男女で「縁が切れないように」となぎの葉をお互いに身につけたりしていたそうです（という話を編マキちゃんにしたら落ちていたなぎの葉を拾い簡単に横にちぎってしまいました……）。

また、その他にも「なぎ」という言葉の響きが「凪ぎ（波が立っていない状態）」や「困難を『なぎ倒す』」に通じることから、旅路の安全、航海の安全などのお守りにもされていました。昔は熊野詣に来た人は、帰りの旅の安全を祈ってなぎの葉を身につけていたそうです。

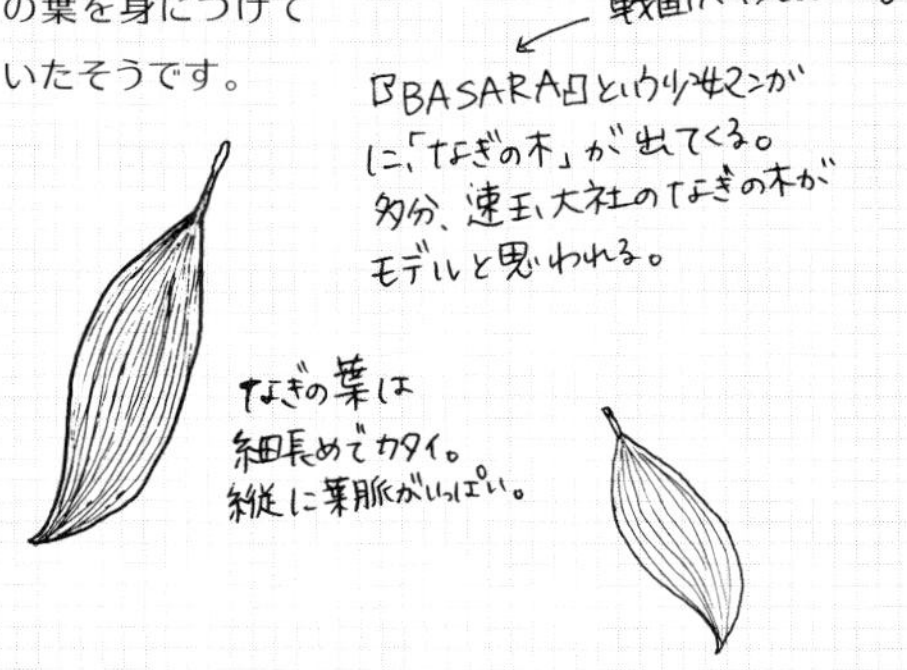
戦国バサラではない!
『BASARA』というマンガに「なぎの木」が出てくる。
多分、速玉大社のなぎの木が
モデルと思われる。
なぎの葉は
細長めでカタイ。
縦に葉脈がいっぱい。

8/30(Thu) 曇り

11日目

青岸渡寺→小口
(約14.5km・8h)

行程

出 青岸渡寺
[1.2km]
那智高原休憩所
[3.2km]
舟見茶屋跡
[5.3km]
越前峠
[3.8km]
円座石
[1km]
着 小口

地図 P.40～P.42

## 迷子はどっち？

今朝の宿、美滝山荘はロケーションが最高だった。青岸渡寺と那智大社へ続く長い階段を下りてすぐの場所にあり、しかも部屋からは那智の滝が見える。もちろん普通に清潔だし、ご飯はすごく美味しかった。これでお風呂が〝温泉〟だったら完璧。いままでは一人だったから用意されないかぎりアルコールは飲んでいなかったが、昨夜は当然のようにビールで乾杯をした。歩き終わったあと、そしてお風呂上がりのビールは極楽以外の何ものでもない。この瞬間にすべての苦労や大変さは吹っ飛び、何もかもが「サイコー！」に塗り替えられるから歩く旅はやめられない。

**白い龍がすまう滝――飛瀧神社**

さて、今日は那智から小口まで「大雲取越」を歩く。距離的には約14・5キロとたいしたことはないが、800メートル級の峠3つで構成された山を越えるので一説によると八鬼山よりもエライらしい。

しかしそんな〝エライ〟道を歩きはじめる前に、小さな荷物だけ持って宿から徒歩5分の飛瀧《ひろう》神社に行くことにした。恥ずかしながら私、青岸渡寺と那智大社しか知らなかったのだが、那智の滝をご神体に祀っているのはこの飛瀧神社なのだ。

飛瀧神社の入り口には大きな鳥居があり、その奥には石畳の階段。そして両脇には太い杉の木が並び、昨日あまりの美しさに感嘆のため息を漏らした「大門坂」に少し雰囲気が似ていた。早朝ということもあり、参拝客はほかに誰もいない。やはり神社は早朝の清々しい空気の中行くのが一番いい。石畳の階段を一歩、一歩と降りて行くと、ゴォーーーっと滝の音が大きくなってくる。昨日、「この辺電車が通ってるのかな!? 遠くに電車が走る音がする」と思ったのは滝の音だったのか。

階段を下りきると、そこには大きな拝殿などはなく、滝壺の前に鳥居があるだけだった。まさに、「那智の滝」が神様（ご神体）なのだ。飛瀧神社から見る那智の滝は、青岸渡寺から見たときとはまったく印象が違った。青岸渡寺からは、音も立てず一筋の滝が流れ落ち、まるで水墨画のようだった。しかし、飛瀧神社から見上げる那智の滝は、白い龍たちがグワーっとあとからあとから降りてくるようで、荘厳さと繊細な力強さを感じた。

飛瀧神社で参拝を終えた私たちは、大きい荷物を取りに宿に戻り、熊野古道の入り口がある青岸渡寺へと向かった。宿を出るとき、宿の若旦那兼料理長のような男の人が私たちを見送ってくれたのだが、不思議なイントネーションでしきりに、「スズメバチにはほんと気をつけてください。今日は雷は大丈夫そうですが、スズメバチだけはほんっと気をつけてください」と何度も言うので、どれほどスズメバチがいるんだろう、と恐ろしくなった。しかも、私が赤いレインウェアを着ていたら、「赤はスズメバチを挑発してしまうので、できれば裏返して着たほうがいいと思います。スズメバチはほんっと怖いので」とアドバイスしてくれた。スズメバチに黒がダメ、というのは知っていたが赤がNGというのは初耳。「闘牛と間違えているのでは？」と思ったけど地元の人が言うのだからそうなのかもしれない。私はゴアテックスのレインウェアを裏返し、濁ったシルバー面を表にして着た。

青岸渡寺の横を熊野古道の入り口を探してウロウロ歩いていたら、入り口の代わりに「黒飴ソフト」の看板を見つけてしまった。チラッと編マキちゃんの様子をうかがうと、彼女も「黒飴ソフト」に目が釘づけになっている。訊くまでもない。

茶屋のお兄さんはとても親切な人で、本当はまだ開店前、準備中だったにもかかわらずアイスを売ってくれた。しかも私たちの装備を見て、古道の入り口や、大雲取越の登り口への行き方について丁寧に教えてくれた（ちなみに「黒飴ソフト」は黒砂糖の味がしてコクがありすごくおいしかった）。

茶屋のお兄さんの言ったとおり、青岸渡寺横の古道入り口から大雲取越の登り口がある「那智高原休憩所」の奥までは20分以上の上り坂で結構キツかった。

「まだ登り口前ですでにこんなに疲弊させられるとは。さすが大雲取越、おそるべし」

「でも地図によると、何気にいまのところが一番急だったみたいだよ。次のポイントの『登立茶屋跡《のぼりたてちゃやあと》』と『舟見茶屋跡《ふなみちゃやあと》』までは登りだけど、それを越えれば意外とイケるかも」と二人で励まし合う。

歩くペースを人と合わせると疲れるので、私たちは自分のペースで歩き、先に着いたほうが適当にベンチがある場所であとから来る人を待つ、というスタイルで歩くことにした。

**また、あなたに会えてよかった——大雲取越**

登りが続く「舟見茶屋跡」までの道のりは、確かに楽ではなかったが上りっぱなしではなく、ある程度登ったら平らになり、そしてまた登る、という道だったので、覚悟していたより大変ではなかった。むしろ、石畳や時々開けて見渡せる遠くの山々がきれいだったり、霧がかって神秘的な杉並木が素敵だったりして楽しく気持ちよく歩けた。その先はしばらく平坦な道が続き、「色川辻《いろかわつじ》」を越えてからは小川の横を歩いたのだが、ここがまた大変「もののけ姫」だった。いや、幻想的で素晴らしい場所だった。チョロチョロと冷たいきれいな水が流れ、その周辺にある岩も木の幹も石畳もすべてが苔むしている。そしてなぜか、きれいなまん丸の岩（両腕で丸をつくったくらいの結構大きいもの）が所々に転がっていた。それらにもびっしりと苔が生えていて、まるで巨大マリモ。一体なぜこんなに大きな岩がきれいなまん丸になっているのだろう。川で削られて、というには大きすぎる。しかもひとつではなくたくさんある。すごく不思議だ。巨大マリモの表面をそっと触ると、水気を吸った苔は湿っ

て弾力があり、まるで大きな動物みたい。生まれて初めて、苔のことを「かわいい」と思った。苔だけでなく、木も岩も水も空気も、すべてのものがキラキラと命に満ちあふれている感じがした。

巨大マリモの小川を越えると林道と合流し、一瞬熊野古道を見失った（古道と林道は違う。林道は自動車も通れる道路。アスファルトで舗装されているときもある）。はて、どっちに行けばよいのだろう。地図を出そうかと思ったら、前方崩れかけた道の下のほうに「古道はこちら」と壊れかけた看板があった。「フフン、わかりにくいけど、私の目はごまかせないもんね」などと勝ち誇った気持ちになり、崩れかけた道を突き進んだ。その道は一応丸太の橋があったり、階段があったりするのだが、丸太が腐っていたり、丸太自体に苔が生えていたりして、何気にワイルドな道だった。しかも所々、苔が生えすぎて、どこが正しい道なんだかわからない場所があり、私はあとから来る編マキちゃんが迷わず来れるだろうか、と心配になった。そこで、「あとから来る者が迷わないように」とスペインの巡礼路で巡礼者たちがよくやるように、小石を並べて地面に矢印をつくってあげようと考えたが、適当な小石が見つからなかったので諦めた。「ま、道に迷ったり、『この道で合ってるのかなぁ』って不安を感じるのも貴重な体験だもんね」なんてエラソーなことを考え歩き続けた。

しばらくして、なんだか様子がおかしいことに気づいた。さっきの林道との交差点からすでに30分くらい歩いている。地図によると、次の目印ポイント「地蔵茶屋跡」までは20分なのに、一向にそれらしき気配がない。おかしい……。一度不安になると、何もかもが疑わしく思えてくる。「この道は

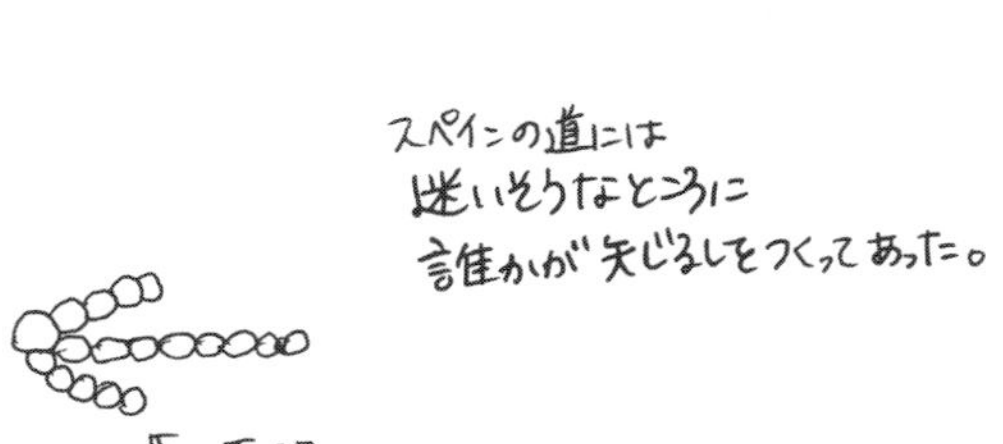
スペインの道には
迷いそうなところに
誰かが矢じるしをつくってあった。
石コロ

もしかして間違ってる!?　もしかして、私こそ、道を間違えているんじゃないか!?　『道に迷うのも貴重な経験♪』なんて思ったから罰が当たったのかも……。でも別に意地悪で思ったわけじゃないもん」「電話だ電話。こんなときこそ二人で来ているパワーを発揮するんだ。編マキちゃんに電話をしよう」私は急いでケータイを取り出した。しかし当たり前のように「圏外」表示。「ひゃぁ〜。どうしよう!?　山の中で迷子になっちゃった。怖いよー！」私はさっきまでフンフン鼻歌まじりに歩いていたのがウソのように、心細さに怯えた。「とりあえず地図だ、地図」。そう思って地図を確認したところ、川は左側に見えるはずなのに、私はいま、川を右側に見ていた。

「……間違っている……」

人の心配をしている場合ではなかったのだ。自然相手に調子に乗ってはいけなかったのだ。「こっちだ」と思ってもちゃんと地図で確認しながら歩かないといけなかったのだ。

途方に暮れた私は、本来なら左側に見えるはずの、しかしいまは右側に見える川をボンヤリと見つめた。ら、川の向こう岸、木々の間から見覚えのあるスカイブルーのザックが見えるではないか！　あぁ神様！　神様ありがとうございます！　私は船を発見した無人島漂流者のように、林の中から両手を振って叫んだ。「マーーーキチャァーーーン!!」。それは安堵と神への感謝、そして調子に乗った自分への自戒の念が込められた叫びだった。しかし当然、彼女にしてみたらただ名前を呼ばれただけ。キョロキョロと辺りを見回し、川の奥の木々の間に私の姿を見つけると、片手を上げて「オー！」とのんきな返事をした。よかった、よかったよ編マキちゃん。またあなたに会えて、本当によかった。

地蔵茶屋跡にある休憩ベンチで無事、合流できた私たちは、どこで道を間違えたのか検証した。やはり一瞬古道を見失った、林道との交差点が間違えポイントだった模様。私が勝ち誇った気分で見つけた「崩れかけた道の壊れかけた看板」は、編マキちゃんに言わせると「明らかにここは違うだろうと思ったから地図を確認したらアスファルトの道を歩けと書いてあった」とのこと。ウーム、私はちっとも疑わなかった。やっぱり「同じ道」を歩いているようでも、人それぞれその人に必要な道を歩き、必要な経験をするってことなのね。って私にはあのワイルドな山道が必要だったということ？　編マキちゃんは整備されたアスファルトの道で？　ま、まぁいい。

## 人生訓に満ちた難所――胴切坂

そうこうしているうちに、大雲取越で最大の難所と言われる「胴切坂」にやってきた。普通、「難所」といったら登りが多いけど、ここは下り坂。私は比較的下りは得意なので、「難所って言っても下りなら平気でしょ」と考えていたのだが、これが大間違いだった。「越前峠《えちぜんとうげ》」から「楠《くす》の久保旅籠跡《くぼはたごあと》」までの区間が「胴切坂」なのだが、この間約2・4キロ、約50分間、延々と急な石畳の下り坂が続くのだ。標高差にして約６００メートルを一気に下る急勾配。もちろん「踊り場」なんてない。それでも最初のほうはよかったのだが、20分も歩くとヒザが痛くなってくる。しかも石畳だから気を抜くとすぐつるっと滑る。ゆえに常にモモ筋は緊張状態。怪我をしないよう慎重に、途中で休憩しながら、ひたすらひたすら下り続ける。もうだいぶ下った、と思うのに、目の前にはまだまだ下り坂が続く。さすがは「胴が引きちぎれるほど」という由来を持つ「胴切坂」。

「あぁ、もうモモの筋肉がちぎれる〜」と思った頃、やっと「楠の久保旅籠跡」にたどり着いた。いっそのこと、ここに座ってしまおうかと思ったが、その先に休憩ベンチと水があることを地図で確認していたので、最後の力を振り絞りヨタヨタとベンチを目指し歩き続けた。

ベンチに着いた私は倒れ込むように座ると、靴を脱ぎ、裸足になり、足を水で冷やし、暑さと疲労で朦朧としながら編マキちゃんがやってくるのを待った。彼女は神倉神社の石段ですら「石段の下りはすごく怖い」と言っていて、昨日の感想としては、雨の砂浜でも最後の長い坂道でもなく、「神倉神社の石段が一番疲れた」と言っていたくらいだから、胴切坂は相当大変だろうな、と思っていたのだが……。なんと、しばらくして姿を現した彼女は、軽快な足取り、というか、小走りでやってきた。予想より疲れていないぞ、っていうか走ってるし？　と思いつつ、「胴切坂、やっぱりキツかったね〜」と言うと、「それよりもアブが！」と言って見えない敵に追われているかのように後ろを振り返っている。どうやらずっと数匹のアブに追いかけられ、逃げまくっているうちに胴切坂が終わっていたらしい。うーむ。あの長い下り坂をずっとアブ（しかも数匹）に追われ続けていたとは、さぞ大変だったろう。しかしそのおかげで胴切坂の肉体的苦しみに気づかずに済んだのだとしたら、結局どっちもどっちかも？　さすがは熊野古道最大の難所。人生訓に満ちている。

そこから先は比較的楽な道のりで、熊野の神様たちがその上で談笑したという円座石から今日の宿泊場所である「小口」までは15分弱で到着した。ただそこから宿泊所（友人に紹介してもらった修験道の行者さんの合宿所）までが遠かった。昨晩電話で確認したときには、「小口から10分も歩けば着く」とのことだったのに、20分歩いても30分歩いても着かない。「道を間違えたのか？」と不安になるも、電話をしようにも電波が入らない。私一人ならまだしも、編マキちゃんを余計に歩かせていると思うと気が気じゃない。古いPHS時代のクセでケータイを振りながら歩く私。おぉ、やっと電波が繋がった！　これを逃してなるものかと急いで修験者さんに電話したら、「まだそんなところにいるのか！しょうがねえから迎えに行ってやる」と軽トラで迎えに来てくれた。挨拶もそこそこに、「後ろの荷台に乗れ！」と言われるままに荷台に乗り込む。そして、「もう一人がもう少し後ろ、小口のほうを歩いています！」と伝え、編マキちゃんをピックアップしに行き、田んぼが広がるあぜ道をビュンビュン風を浴びながら走り、無事、合宿所に着いた。

車（というか軽トラの荷台）から降りようとしたら、行者さん（以後和尚と呼ぶ）が運転席の窓から顔を出して振り返り、「車から見える景色と歩いているときに見える景色は全然違っただろ？　その違いをよーく覚えておけ！」と言った。車から降りると和尚は私たちを歓迎してくれ、「まずはこの川で、杖（ストック）を洗ってこい！　杖は『同行二人』で一緒に歩いてくれたんだから、感謝してよく洗え！」と命じた。さすがは修験道の行者さん、言うことが違う。「ほかにも何かありがたいお話を聞けるのかしら?」とワクワクしてストックを洗い終え合宿所の入り口に戻ったら、「よし!洗ったか!　じゃあ次はこれを飲め!」と言って缶チューハイをくれた……。

その後、「風呂できてるぞー!」というので早速入らせていただいたら、地獄鍋のような温度だった。70度はあるのではないだろうか。シャワーはあるものの、水の蛇口しかなく、地獄鍋の熱さか冷水か、選択肢はふたつにひとつ!　すでに衣類を脱いでいた私たちは裸で二人、顔を見合わせるしかなかった。「やはりこれも修行なんだろうか?」。とりあえず一人が冷水シャワーを湯船に放出する係、もう一人が棒でかき混ぜる係になり、適温にし無事入浴。「ふぁ〜。やっと落ち着いた〜」と思うのも束の間、いい湯だな、なんてのんびりお風呂に浸かっていると、「おーい!　風呂出たらおいしいそうめん食わせてやるから出るとき言えよー!　茹で加減が大事だからなー!」と叫び声が。

お風呂から出ると、たくさんの薬味とそうめん、数々のおつまみ、そしてまだ夕方五時前だというのに早くも焼酎と氷が用意されていた。結局、そこから夜中の12時過ぎまで、和尚と編マキちゃん、そして私の三人で（といっても私は「明日があるから」とセーブし、酎ハイばかり飲んでいたので実質的には和尚と編マキちゃんの二人で）焼酎ボトルを二本空け、さらに一升瓶を少し飲んだところでその夜は解散となった。

◎今日のひとこと

・無事に歩けるのは杖（ストック）や靴のおかげでもある。道具にも感謝をすること!

# 熊野のあれこれ

歩く中で出逢った「熊野と言えば○○」なもの
あれこれ。食べ物が多いのは気のせいです！（笑）

熊野の人って、キャラが濃い。そして、あったかい♡

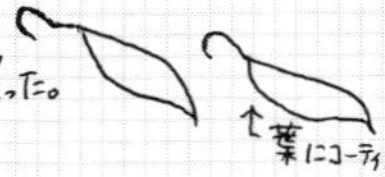

なぎの葉ピアス。自分土産に買った。

↑葉にコーティング?! 固くなってる。

青岸渡寺横の茶屋のお兄さん親切だった。

ちなみにまだ開店前 ⇐やさしい！ アイス売ってくれた。

黒飴ソフト 300円。コクがあっておいしい。

↑小さいお札

飛瀧神社で300円払うと瀧に近づける。その時、小さなお守りをもらえる。

「お瀧水。」飲める。

那智の瀧。近くで見ると、龍が次々おりてくるみたい。今気づいたけど、「たき」って、さんずいに「龍《りゅう》」って書くんだ。

熊野牛王宝印

ヤタガラス文字で描かれてる。

昔から重要な誓いの時に使われたお札。誓いを破ると血を吐いて死ぬとも…。コワイ。でもお守りとしても使える☺

さんま寿司

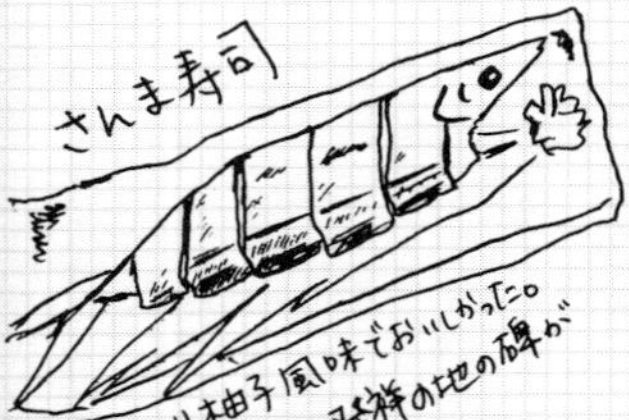

ほんのり柚子風味でおいしかった。産田神社前には発祥の地の碑があった。

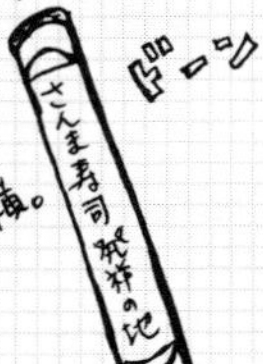


しかも鳥居の真横。

みかん

熊野はみかん畑もいっぱい。みかんて結構上向きになっている。

⇧上向き

こういうのもあるけど。

BBQで会ったサーファー風みかん農家社長、石本くんの「したつづみかん」。オレンジジュースへのイメージが変わる。甘さ！ウマさ！

鈴焼



ちょっとお尻みたい!?

神倉神社で会った地元のおばちゃんに「香梅堂の鈴焼有名だから食べんさい」と言われた。そしてなぜか「デューク更家は新宮出身なんや」と教えてくれた・・・。

茶がゆ＠蒼空げすとはうす

ほうじ茶のおかゆ。サラサラしてていくらでも食べれる。ここはオーナーが旅好きらしく、その体験がいかされていて、すごく居心地良かった。

神倉神社近く仲氷店のかき氷。あまりに美味しくて1日に3回食べたら、おじさんに「そんなに食べたら夜ごはん食べれなくなっちゃうよ。」と言われた。

子供か！私！

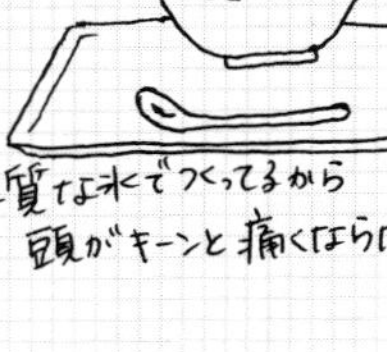

上質な氷でつくってるから頭がキーンと痛くならない。

こんな道具でまん丸氷もつくってた。Barにおろすらしい。

8/31(Fri) 晴れ

12日目

小口→熊野本宮大社

(約14.2km・5h)

行程

出 小口
↓ [3.9km]
桜峠
↓ [3.6km]
百間ぐら
↓ [1.7km]
松畑茶屋跡
↓ [3.8km]
請川バス停
↓ [1km]
大斎原
↓ [0.2km]
着 熊野本宮大社

地図 P.43〜P.45

ついに…。

# いにしえから続く道

「チュチュチュ。ピーッチュピチュッ」

小鳥のさえずりと早朝の爽やかな空気に目を覚ますと、隣で寝ていた編マキちゃんもモゾモゾと起きだしてきた。「頭の奥が少し痛い。まだお酒が残ってる」と言う。そりゃそうだろう。昨日あれだけ飲んだのだから。それどころか「少し痛い」で済むとは、酒豪おそるべし。

布団をたたみ荷造りをして下りていくと、「おぅ！　起きたか！　じゃ、いくぞ！」と言って、和尚から白装束を手渡された。ってえぇ!?

実は昨晩飲んでいるときなぜか滝行の話になり、酔っぱらっていた私と編マキちゃんは「滝行体験できるなら、ぜひやりたい！」と言ってしまったのだ。とはいえ内心、「でも明日は小口から小雲取越を本宮大社まで歩かないといけないから〝残念ながら〟滝行をする時間はないだろうけど」と思っていた。実際、和尚も「でもお前ら明日本宮まで歩くんだろ？　行場までは片道40分かかるから往復すると……うーん、ちょっと時間的に厳しいかもなぁ。またの機会だな」などと言っていた。だから今日は滝行はしないと思っていたのに。私は手渡された白装束に戸惑った。今日は本宮まで歩くのに本当に大丈夫なのだろうか。念のため確認すると和尚は、「昼に出ても十分夕方には本宮に着けるぞ！」と昨日とはまったく違うことを言う。それどころか二日酔いのはずの編マキちゃんはすでに白装束を手に、ニコニコしているではないか。まあよい。そういうことなら貴重な機会だ。人生初の滝行をさせていただこう。

「すぐだからな」と言う和尚について、私たちは出発した。

**私はキャベツ**

「しまった！　この人の言う『すぐ着く』とか『10分で着く』は信じちゃいけないんだった！　修験者の足と一般人の足は違うんだった！」。そう思い出したときには時すでに遅し。和尚は「すぐだからな」なんて、まるで近所のコンビニに行くかのように言ったけど、滝行どころか、行場に行くまでがすでに修行。岩を登り、川を越え、倒木をまたぎズンズン進んでいく。「いままで私が歩いてきた『熊野古道』は舗装された歩きやすい街道だったのね」と思うほど、半端ない山道。いや、山道というか獣道？　というかこれは道なのか？　スタスタ歩く和尚に必死でついて行きながら「道なき道を行く感じですね」と言うと和尚は「道だもんね～。オレ20年通ってるもんねー」とのこと（しかし帰り道で「あれ？　オレここ通ったっけ？　道間違えちゃったかも」と言っていたことを私は聞き逃さなかった。ただフォローとしては、昨年の大雨でここも川が氾濫し、地形が変わってしまったらしい）。とにかく、そんな「道なき道」を40分くらい歩き続け、私たちはやっと行場にたどり着いた。

行場に着くと和尚は、いつものおちゃらけたノリとはうって変わって真剣な表情になり、まず場を清め、それから私たちに滝行の仕方を教えてくれた。私たちは和尚に習って場を清め、そして自分たち自身を清めた。さぁ、準備は整った。いよいよ人生初の（そしてまったく予定外の）滝行だ。

高さ38メートルの滝は、見ている分にはたいして激しく感じないが、滝壺に足を入れ瀑布に近づくとものすごい迫力で、思わず息を飲んだ。緊張と恐怖で息が上がり、鼓動が速くなる。すると余計に緊張し、身体が固くなる。一瞬、「なんで古道歩きに来てこんなことやってんだ!?」と思うものの、もうあとには引けない。これも何かのご縁。必要だからやる流れになったのだろう。左側を見ると、和尚の弟子の女性（若くて美人）がすでに瀑布に打たれている。よし、私も行く！　私は意を決して滝の中に入った。

心配していた水の冷たさなんて、まったく気にならなかった。それより、ものすごい水圧と滝の迫力に呼吸ができない。体中が苦しく、ただただ必死。「首の骨が折れちゃう！　苦しいよ！　怖いよ！　息が、息が、苦しい！」。そう思った瞬間、和尚が「つかまれ！」と言って力強い腕を差し出し、支えながら滝から出してくれた。

全身が解き放たれホ～ッとしていたら、和尚から「よーし！　じゃあもう一度行け！　今度は本気の滝行だぁー！　行ってこぉーい！」と号令が。ええ！　さっきのは本気じゃなかったのか⁉　しかし確かに、自分でも全力（？）を出し切れなかった感じがしていたので、「よっしゃー！　今度は本気の滝行だー！」ともう一度滝に向かった。二回目のほうが余裕だろうと思いきや、一度瀑布の迫力を経験してしまっただけに恐怖心が邪魔をして、さっきのように無邪気に入れない。私は「ふぅっ」と大きく息を吐き出し、「スゥッ」とめいっぱい息を吸い込むと、「エイッ！」と思い切って瀑布の中に身体を突っ込んだ。

ゴォーー！！

すごい水圧と迫力。息が苦しい。全身が苦しい。怖い。やっぱりダメかも。そう思ったとき、轟音に混じって和尚の叫び声が聞こえた。

「力を抜け！　リラックスしろ！　キャベツだ！　キャベツ！　キャベツになれ！」

そうか、キャベツだ。私はキャベツ。キャベツ……。

するとある瞬間から、ふっと身体が軽くなり、あれほど感じていた水圧を感じなくなった。まるで滝と一体になっているような、温かく、心地よい感覚に包まれた。なぜか滝の轟音も聴こえない。時が止まったかのような静寂。

「心棒だけ。私が心棒だけになっている……」

強いて言葉にするならそんな感覚。それは何とも心地よく、私はしばらくその感覚を味わっていた。

やがて和尚が「よーし、いいぞー!」と言って腕を差し出し、滝から出してくれた(滝に入るときと出るときが一番瀑布が強く、滝の力で下に押し付けられそうになる)。

不思議なことに、滝から出たらいままでの疲れやヒザの痛み(実は2日前、石畳で滑って転んで左ヒザのじん帯を伸ばした)が消えていた。それどころか、まるで羽が生えたかのように、身体も、そして心も軽くなっていた。

滝行を終えた私たちは、和尚の合宿所で着替えをすませると、熊野古道の入り口である「小口」まで軽トラで連れて行ってもらった。和尚は車を止めると私たちと一緒に階段を登り、古道のところまで案内してくれた。そして「またいつでも来いよ!」と言うと、はにかんだような笑顔を見せ、去って行った。

何とも破天荒な和尚だったけど、なんだかんだ言って、あったかくて、真っ直ぐで、気持ちのいい方だった。正直、昨晩酔っぱらって説教された(絡まれた?)ときには「せっかく熊野古道最後の夜なのに、なんとも面倒くさいところへ来てしまったものだ。普通の宿に泊まったほうが気楽だったかもな~」と一瞬思ったけれど、いやいや、まったく、2週間に渡る熊野古道最後の夜にふさわしい出逢いだった。このタイミングで和尚に出逢えて、本当によかった。巡り合わせに感謝。

「ところで改めて考えてみると……」

私は小口から続く熊野古道、熊野詣での最終目的地である「熊野本宮」へと続く「小雲取越」を歩きながら、この不思議な出逢いについて考えていた。

考えてみると、この和尚を紹介してくれたのは東京の友人である。その友人と私は、10年くらい前に飲み会で出逢った。それ以来その友人とは「時々ランチをする」という不思議な関係で繋がっている。今回も約1年ぶりに「久々にランチしなーい？」と誘われたので、お昼ご飯を食べながら「そう言えば来月熊野に行くんですよ～」と話したところ、「じゃ、ぼくの友だち紹介するよ。ぜひ訪ねてみて」という話になり、気づいたらその「友達の友達」である和尚と夜中まで飲んで語って（時々説教されて）、滝に打たれていた。つまり約10年前の飲み会の縁が、熊野での滝行に繋がっていたことになる。人との出逢いというのはつくづく不思議なものだ。

……なんてことを考えていたら、ジワジワと、そしてだんだんと、ものすごいキツい上り坂を歩かされていることに気づいた。

「あれ～？　小雲取越って、大雲取越よりずっと楽なんじゃないの？『大雲取に比べれば比較的アップダウンも少なく、木立の中快適なハイキングをお楽しみいただけます』BY和歌山県のガイドマップ、という話じゃなかったっけ？」

そう思って地図を確認すると、小口から約95分先の桜峠まではひたすら登りが続き、その後はなだらかな道になり、徐々に下っていくことがわかった。しかし地図で見ると大変そうじゃないのに、実際にはすごくキツイ。この地図間違ってるんじゃないの？　と疑いたくなるほどだ。それとも、午前中に滝行をしたことで予想以上に体力を消耗したのだろうか。なんだか昨日の大雲取越よりハードな気がする。だいたい大雲取越は上り坂と平らな道が交互にくるけど、小雲取越ってば、踊り場一切なしで延々と急な登りが続いているから本当にしんどい。今日は熊野古道を歩く最終日だから、旅の日々を振り返り、じっくり味わって歩こう、と思っていたのに、相変わらず暑いわ、アブは追いかけてくるわ、登りはキツいわで、そんな余裕はまったくない。さすがは熊野古道、最後の最後まで一筋縄ではいかないわけか。

## 日本という国との距離――小雲取越

感傷に浸る余裕もなく、ゼェゼェ言いながら、ひたすら登り続けること2時間弱。やっと桜峠に到着した。といっても植物の名前が書いてある白いプレートのようなものに、「桜峠」と書いてあるだけの地味な場所で、あまり峠っぽくない。そこから「賽の河原地蔵」までは多少のアップダウンはあるものの、だいぶ歩きやすい道になった。天気のせいかもしれないが、大雲取越のほうが神秘的な空間や怪しげ（？）な場所があり、「いにしえからの祈りの道、熊野古道」という雰囲気で、それに比べると小雲取越は緑が気持ちよい普通の山道という印象。

「賽の河原地蔵」は案内板によると熊野詣での途中で亡くなった方を供養するためにつくられたそうで、お地蔵さんの下にはたくさんの小石が積み上げられて山のようになっていた。お地蔵さんを通り過ぎてからはしばらく長い下り坂が続いた。「登りよりマシ、登りよりマシ」と思いながら延々下っていたら、前から男の人が歩いてきた。和尚と編マキちゃん以外で今日初めて出逢う人間だ。しかも日本人ではない。西洋人の中年男性だ。私は一瞬スペインを歩いている錯覚に陥りつつ、しかしここは日本なので「こんにちは！」と挨拶した。するとその男性は私を見て「コンニチワ」と言ったあと、少し間を置いて「How are you?（調子どう？）」と英語で話しかけてきた。だから私も英語で「調子は悪くないけど、とにかく疲れた。あなたは？」と訊き返した。彼は人と話すことに飢えていたのか、あるいは誰とも出逢わずに心細かったのか、ぺらぺらとしゃべりだした。

「もう暑いのなんのって、日本ってこんなに暑い国なの？　ところでキミはどこから歩いて来たの？どこまで行くの？　歩いている途中に何か恐ろしい生き物はいなかった？　僕はヘビを見たよ。毒があるかはわからないけど、キミもこの先歩くときは気をつけてね」などなど。その間に彼の連れと思われる西洋人の中年女性も歩いてきた。彼らはオーストラリアから来た夫婦だそうで、昨日は本宮周辺の温泉宿に宿泊し、今朝本宮大社を出発したとのこと。私たちと逆行する形で今日は小口まで、明日は小口から那智まで歩くのだと言う。つまりこの人たちはあの大雲取越の最大の難所、「胴切坂」を登るということだ。この人たちが持ってるガイドブックにはちゃんと、「胴切坂＝最大の難所」という注意書きはしてあるのだろうか、などと余計な心配をする私。というのも、彼らってば、ザックこそ大きいものの、それ以外は公園で犬の散歩をするような軽装（半袖、半ズボン、登山靴に見えない普通の運動靴）で、しかもストックも持たずパタパタと扇子をあおぎながら歩いているのだ。

思うに海外の人って、日本人より自然の中で遊ぶことへの敷居が低い気がする。スペインの巡礼路を歩いているときも、「こっちのほうがよっぽど歩きやすい」と言って、ピレネー山脈をサンダルで歩いているドイツ人がいたし。それにしてもこの二人、山の中でこんなに肌を露出して、アブに噛まれないのだろうか。私なんて昨日、長袖シャツの上から噛まれたし、編マキちゃんだって厚手のタイツの上から3カ所も噛まれたのに。そのことを言うと彼らは「アブ？　アブって何？　あぁ、ホースフライ(horse fly)のことね。確かにホースフライがいっぱい飛んでるけど、そんなのこれで、こうやればいいのよ！」と言ってご自慢の扇子でパンパンッと叩くそぶりをした。

その後、私たちは道の様子や見所、気をつけたほうがいい場所など、情報を交換し合い、旅の無事を祈り合って別れた。正直、オーストラリアから来た旅人に「あと少し行くと『百間《ひゃっけん》ぐら』という、景色がとっても綺麗な場所があるわよ。そこからは『熊野三千六百峰』と言われる幾重にも重なる山々が見渡せて、とってもビューティフルよ！」と教えてもらうのはなんだか少し変な感じがした。でも考えてみると、自分の国であっても「知らない場所」を旅するときは、海外から来た人も私もなんら変わらない「同じ旅人同士」なわけで、ちっとも変じゃない。しかし私にとってこれは新鮮な感覚だった。2年前にスペインを歩いたときは「私は結局どうひっくり返っても日本人なのだ。日本は私の母国なのだ」と感じたけど、今回はそれとは逆で、日本という国と自分との間に距離を感じた。でもそれはいいことだと思う。というのは、近づきすぎると時にモノゴトを正しく捉えられないから。

## 水をください！——百間ぐら

さて彼らの言うとおり、30～40分ほど歩いたら突然パーンと景色がひらける場所に出た。景色がいい場所はよくあるけれど、こんなに山に囲まれた景色は見たことがない。実際これは「熊野三千六百峰」と呼ばれる熊野の山々だそうだ。三千六百というのは実際の数ではなく、それほどたくさんということらしい。横に連なるだけでなく、どこまでも奥までずらずらーっと何重にも続いているのが圧巻。しばらく見ていると一瞬、自分が地上の住人であることを忘れそうになる。

そんな景色を楽しみながら少し休憩。ザックから水筒を取り出し、喉を潤そうとして焦った。たった一口しか水が残っていないのである。「そんなバカな！」。でもそう言えば、小口の自動販売機の前で確認したとき、「今日は4～5時間の行程だから、1リットル弱あれば平気だろう。飲まないのに買い足しても重たいだけだもんね」と補充しなかったのだ。失敗した。やはり真夏の山道5時間歩きには1リットルでは足りなかった。しかもこの先は小雲取越の終着点である「請川バス停」まで水分補給できる場所がない。その間約95分。トイレで水を補給しようにも、トイレすら国道と合流する請川まで行かないとない。なんということ！

その後の道のり（つまり百間ぐらからの道のり）は、緑の木々が太陽の光を浴びてキラキラと輝き、ゆるやかな下り坂で道幅も広く、とても気持ちよく歩ける素晴らしい道だった。にもかかわらず、一滴も水が残っていない私は、景色を楽しむ余裕も、この美しい最後の熊野古道を味わって踏みしめる余裕もなく、「水！　水！　水！　水が飲みたい！　水をください！　雨つゆでもいい、水を～！」と、砂漠でさまよう旅人のように水を求め、猛スピードで歩くハメになった。それでも、百間ぐらから30分くらいのところにある「松畑茶屋跡」を通ったときは一瞬のどの渇きを忘れ、「うわぁきれい。『ナウシカに出てきそう』と思った逢神坂峠の苔畑と少し似てる。ここだけなんだか異空間みたいな、不思議な空気。素敵なところだな」と思った。そして、「喉が渇いていなければベンチに座ってしばらくこの空間を楽しむのに。いまの私にはそれをしている余裕はない。無念！」と後ろ髪引かれつつ、自動販売機があるであろう「請川バス停」までフルスピードで歩いた。

喉の渇きも限界に達した頃、ポツポツと2～3軒の民家が見えてきた。思わず民家の人に頼んで軒先にある水道（洗濯用と思われる）から水を分けていただこうかと思ったが、ふと顔を上げた目の先にオアシスを示すヤシの木、ではなくコンビニの看板が目に入ったのであと少し我慢することにした。

## 遥か昔から人々が目指してきた場所――大斎原

請川バス停横のコンビニに駆け込んだ私は、冷蔵庫に一直線。500ミリリットルのCCレモンと500ミリリットルのスポーツドリンクと水500ミリリットル、さらに野菜ジュース200ミリリットル、加えてアイス（パピコ）を買ってしまった。コンビニ横のベンチでゴキュゴキュと飲み干す私。しかしさすがに全部は飲みきれず、「飢えへの恐怖が所有欲、貯蓄欲へと繋がるのだな」などと考えつつ余った飲み物をザックにしまった。

請川から本宮までは国道沿いの道で熊野古道らしくない道だった。でも右手には雄大な熊野川が見えている。傾きかけたオレンジ色の日差しの中、車がビュンビュン通過するアスファルトの道を歩きながら、「いよいよこれで熊野古道を歩くのは終わるんだな。これが最後の熊野古道歩きなんだな」と思ったら、なんだか少し寂しいような気持ちになってきた。

今日は滝行をしたおかげで歩きはじめるのが遅かったから、「本宮大社あと200メートル」の看板を見つけたときにはもう6時を過ぎ、あたりはすっかり夕暮れどきを迎えていた。道行く人はほとんどいない。ひっそりと静かな町に、沈みかけた太陽が長い影をつくっている。

「本宮大社あと200メートル」の看板のお向かいには、今日の宿である「蒼空げすとはうす左」という看板があった。このまま本宮に行くか、それとも本宮は明日にして、今日は宿に直行するか。もう時間も遅いし、私も編マキちゃんもかなり疲れている。でも私は、いままでずっとそうしてきたように、到着したこの足でお参りして、ここまで無事に来れたこと、そして今回熊野古道を歩くというご縁を頂けたことへのお礼をしたいと思った。疲れた身体をなんとか奮い立たせ、黄昏れ色に染まる町の中を、ザックを背負ったまま熊野本宮大社の旧社地である大斎原《おおゆのはら》(1)へと向かった。

大斎原は熊野川と音無川と岩田川という3つの川の中州に位置している。国道からは橋が架けられていて、そこを渡れば中州、つまり大斎原に行ける。しかし私たちは「ぬれわらじの入堂」(2)に習い、

(1) 約120年前(明治22年)の大水害の被害に遭うまで熊野本宮大社があった場所。3つの川の中州だから水害が起きたのではなく、上流の過剰な木々の伐採が原因の水害だったそうで、天災ではなく人災と考える人もいる。

(2) 昔の参詣者は身分にかかわらず皆、音無川を歩いて渡り、大斎原にある熊野本宮大社にお参りをした。当然、川の中を歩いたら足や着物の裾は濡れてしまう。しかしそれが本宮への最後の禊の役割でもあった。

橋を渡る前に橋のたもとの階段を降り、音無川の河原まで行った。そしてザックを下ろし、靴と靴下を脱いで音無川に足を浸した。水量が少ないためか、水は生温かかった。たとえ形だけだったとしても、昔の人と同じように音無川で禊をできたことに満足した私は、濡れた足をタオルで拭き、靴を履いて河原から橋へと続く階段を登ろうと顔を上げた。そしてなんとなく右側を振り向き、思わず息を飲んだ。

「漆黒の大鳥居……！」

それは、日本一の大鳥居と言われる、高さ33・9メートル、幅42メートル、総重量172トンの、真っ黒に塗られた巨大な鳥居だった。しかしそんな細かな数字や「日本一であること」なんて重要ではない。明治22年の大水害で社殿が流され、いまではこんもりと生い茂った鎮守の杜と小さな祠《ほこら》があるだけの大斎原を護るようにどっしりと佇《たたず》むその姿からは、いかにこの場所が特別であるかが伝わってきた。

「江戸時代や鎌倉時代、そして平安時代。遥か昔から人々はここを目指してきたのだ。道中たくさんの行き倒れの供養塔を見たけど、その人たちもみんな、心はこの場所を目指し、一歩、一歩、命の限界まで歩いたんだな」

そう思ったら、なんとも感慨深い気持ちになった。

コンクリートの橋を渡り大斎原に足を踏み入れると、そこには不思議な空気が流れていた。

しっとりとした緑の木々。かつて本宮があったことを伝える古い石垣。昔は拝殿があったと思われる広大な敷地には淡い緑の芝が生えており、少し高台になったところには小さな祠があった。隣りには祠を守るように立派な木が枝を広げている。タイムスリップしたような、とまでは言わないけれど、しかしそこだけが独自の時を刻んでいるような、独特の空間だった。でもそれは怖い感じではなくて、とても清らかで、優しい空間。

私はここまで無事に歩けたことへの感謝を胸に、小さな祠に手を合わせた。

そして、「現在の本宮の約8倍はあった」というかつての熊野本宮大社に想いを馳せながら、ゆっくりと大鳥居に向かった。

あかね色に染まった夕焼け空、遠くにかすんで見える美しい熊野の山々、ゆっくりと沈む夕日、刻一刻と表情を変える雲、黄金色に輝く稲穂……。

漆黒の大鳥居から見える夕焼けは本当に美しく、ふと「この鳥居は、大斎原だけでなく、この外のすべての世界が聖域であることを示しているのではないか」という想いが浮かんできた。

私はすっかり日が沈んだのを見届けると、歩いて約10分の距離にある現在の熊野本宮大社へと急いだ。本宮大社の参拝時間は夜7時までだからだ。

本宮は大斎原の目と鼻の先にあった。鳥居をくぐると拝殿へと続く158段の階段があり、その両脇には「熊野大権現」と書かれた白い旗がずらーっと並んでいた。大斎原とは違った意味で「熊野本宮大社へ来たのだな」という感じがした。しかしこの階段、間に合うだろうか。時計を確認するとすでに6時40分を過ぎている。私たちは一瞬躊躇したが、すぐにザックを背負ったまま階段を駆け登り、本宮大社の拝殿へと急いだ。拝殿の門をくぐると、その奥には横長の敷地が広がっており、重厚感のある立派な拝殿が3つ横に並び、お祈りをする場所（カラカラ鳴らす鈴と鈴緒）が4カ所あった。私は焦る気持ちを抑え、ここまで無事に導いていただいたことへの感謝を込めて、ひとつひとつの拝殿にゆっくりと手を合わせた。

本宮大社でのお参りをすませ、階段下の鳥居に戻ったときには辺りはもう真っ暗だった。本当は今日はもっと早く本宮に着けるはずだったが、予定外の滝行をしたおかげで到着が遅くなってしまった。でもそれで本当によかった。なぜならそのおかげで、夕日が沈む最高に美しい瞬間に大斎原に着くことができたから。

「やはり、すべては一番いい形になるようになっているんだな」

星空の下、宿に向かって歩きながらしみじみそう思った。そしてもう一度、大斎原を見ようと左後ろを振り向くと、ぼんやりと神秘的な光を纏った月が、ちょうど大鳥居の真ん中に浮かんでいた。奇しくも今日は満月。しかもブルームーン(1)の夜だった。三体月の伝説を持つ大斎原に、「それを見ると幸せになれる」と言われるブルームーンの夜に到着できた偶然。まるで熊野の神様がプレゼントしてくれたようだ。

私はそっと、大鳥居に浮かぶ満月に手を合わせた。

(1) 元々は本当に青っぽく見える月のことを指した（大気中のガスや塵の影響で青っぽく見えることがあるらしい）。そこから発展して、英語では「とても珍しいこと」を指す言葉としても使われるようになった。さらにいつしか、ひと月のうちに2回満月が来るときの2回目の満月のことをブルームーンと呼ぶようになった（普通は満月はひと月に1回）。なお、「ブルームーンを見ると幸せになれる」という伝承もあるらしい。

## よみがえりの聖地――熊野

「もう明日は歩かなくていいから少しゆっくり、8時くらいに目覚ましかけよっか」

そう言って寝たのに、翌朝目を覚ますと明け方の5時だった。

「ちょうど日が昇る頃かもしれないな」

私はそっと部屋を出て、早朝の大斎原に行くことにした。

町はまだ寝静まっていて、清々しい静寂に包まれていた。薄暗い中、少しひんやりとする空気を頬に感じながら3分も歩くと、大斎原に着いた。辺りには誰もいない。遠くのほうで子鹿が5匹、草を食んでいるのが見える。そういえば田んぼの横に獣害対策ネットがあったっけ。そんなことをぼんやり考えながら、深い藍色から白みを帯びたブルーへと空の色が移り変わるのを見ていた。そしてあぜ道を通り、大鳥居をくぐって大斎原の参道をのんびりと歩いた。早朝の大斎原は夕方とはまた違う空気で、新しい一日の始まり、新しい生命の息吹に満ちていた。

「私は本当に日本のことを何にも知らなかったんだなぁ」としみじみ思った。もちろん、たった1回歩いただけでは日本のことはおろか、熊野のことだって本当にはわからない。だけど今回歩いたことで、少なくとも「とても奥深い、なんとももののすごい場所だ」ということを知ることができた。

正直、伊勢路は峠がたくさんあるし、歩いている巡礼者とはほとんど出逢わないから、キツかったりつまらなかったりして、「なんでこんなことしてるんだろう?」と思うときもあった。でも、こうして歩き終わってみると「歩いて来てよかった」という想いしか湧いてこない。それどころか、つい昨日までヒーヒー言いながら歩いていたのに、早くも「中辺路や小辺路も歩いてみたいな」と思っている自分がいる。そしてこの大斎原にも「また絶対来たい」と考えている。これは一体何なのだろう？でもそれこそが、遥か千年以上の昔から人々が熊野詣でに来た理由であり、二千年も前から熊野が祈りの聖地であった所以なのかもしれない。

そんなことを考えているうちに、ポツリ、ポツリとカメラをぶら下げた観光客がやってきた。

私は最後にもう一度、小さな祠に手を合わせ、大斎原をあとにした。「きっとまた来ます」と小さくつぶやいて。

## エピローグ――はじまりとおわりとはじまり

本宮大社に到着した翌々日。

私は標高約千メートルの霊山にある神社の参道を歩いていた。

「無事に歩き終えたら必ずその足であの神社に行こう」。出発前からそう決めていた。その神社は本宮から車で約1時間の山奥にあり、二千年以上の歴史を持つとも、熊野三山の奥の院とも言われている。でも私がそこに行きたかったのはそれとは関係がない。誤解を恐れずに言えば、そこが神社であろうが、お寺であろうが、教会であろうが、何もない原っぱであろうが、この旅の最後にそこに行こうと決めていた。なぜなら、「はじめに」で書いたようにこの場所がなければ私は熊野を歩いていなかったから。『歩く旅の本』を書くことにならなかったから。

3ヵ月ぶりに歩くその参道は、真夏の日差しにもかかわらずひんやりと肌寒く、木々の緑が少し乾いていることをのぞいては、初めて来たときと何も変わっていなかった。身が引き締まるような神聖さと、こわいほどの神々しさ。だけどいまは、その奥底になんとも言えない温かさも感じた。私は心の中で、木々に、岩に、苔に、道に、こうしてまたここに来られたことへの感謝を伝えながら歩いた。そして、無事に伊勢神宮から熊野三山まで歩けたこと、熊野古道のことを本に書けること、歩く旅の素晴らしさを伝えられることへの感謝を込めて、手を合わせた。静かに目を閉じていると、古道を歩いた日々のことはもちろん、この3ヵ月間のことやスペインを歩いてからの2年間のこと、歩く前のことなど、いろいろなことが思い浮かんできて、涙が出てきた。それは悲しい涙ではなく、感謝の涙だった。

私たちはみんな、人生という『道』を歩いている。

それは実際の道を歩くこととすごく似ていて、時に迷ったり、この『道』でいいんだろうかと不安になることもある。だけど、『道』はいつだって必ず、最高のタイミングで必要なところへ導いてくれる。私たちはただ、それを信じて、安心して自分のペースで歩いていればいいだけなのだ。

私はスペインの道の上で学んだことを、熊野の山奥でしみじみと実感した。

こうして、それがはじまった場所で、ひとつの旅がおわった。だけど私は知っている。

おわりはいつだって、新しいはじまりであることを。

おまけ

# 紀伊田辺〜本宮の中辺路も歩いてみました。

伊勢路を歩いた2ヵ月後の10月には、歩く人が一番多いと言われる中辺路も歩いてみました。石畳は少ないですが、自然が美しくて史跡も多く、楽しめる道でした。なにより宿や休憩所が充実していて歩きやすかったです。

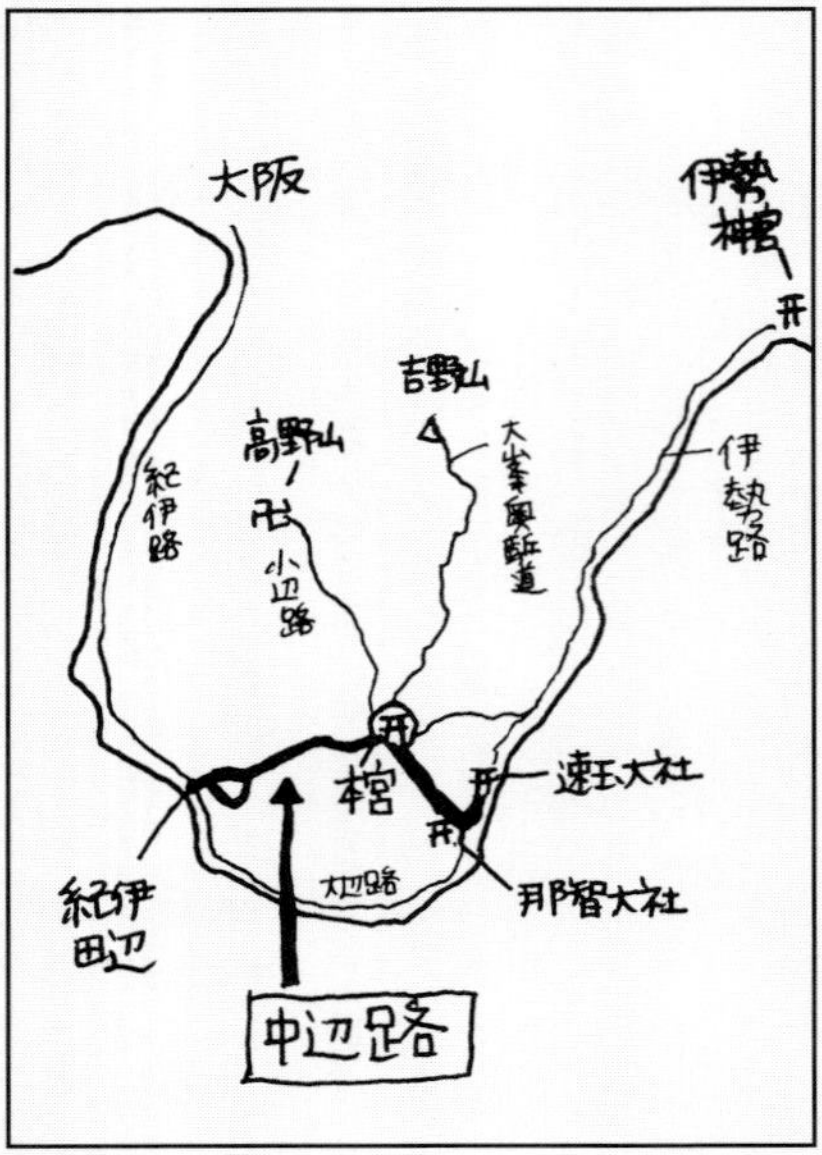


### どんな道？

中辺路は大阪から続く「紀伊路」の一部で、紀伊田辺を起点とし、熊野三山へ繋がる道です。平安時代には上皇や貴族たちが歩いたことから、伊勢路が「庶民の道」と言われるのに対して中辺路は「貴族の道」とも言われます。なお、中辺路と大辺路との分岐点でもある紀伊田辺は、「熊野への入り口」ということで「口熊野」とも呼ばれ、重要な場所だったようです。

### 紀伊田辺に行ったらぜひ闘鶏神社へ！

紀伊田辺で有名なのは「闘鶏神社《とうけいじんじゃ》」。この神社は昔、平氏と源氏の両方から援軍を頼まれた熊野別当（弁慶のお父さんと言われている）がどちらに味方するか決めるため、源氏と平氏に見立てた鶏を闘わせた場所と言われています。結局、源氏側の鶏が勝ったため熊野は源氏に加勢することになり、熊野水軍の助力が壇ノ浦の合戦の勝敗を分けたそうです。

そんな闘鶏神社は、熊野詣でに向かう皇族や貴族たちが山に入る前に立ち寄り、心願成就を祈願した場所でもあります。熊野三山のすべての祭神を祀る熊野の別宮的な存在でもあることから、闘鶏神社に参詣し、三山を遥拝して熊野まで行かずに引き返す人々もいたらしいです。

**距離はどのくらい？　何日間かかるの？**

紀伊田辺から熊野本宮大社までの距離は約62・1キロで2泊3日で歩ける行程です。ただ紀伊田辺から滝尻王子までは街中を歩き、熊野古道らしい道は滝尻王子からなので中辺路を歩く人の多くは滝尻王子から歩きはじめるようです。滝尻王子から本宮大社までは37・7キロなので慣れている人は1日で歩いてしまうそうですが、一般的には1泊2日で歩く人が多いようです。もちろん、2泊3日でのんびり歩くのも良いと思います。

**伊勢路との違いは？　実際歩いてどうだった？**

私は例によって(?)「折角なら全部歩いてみよ～！　オーッ！」ということで紀伊田辺から2泊3日で本宮大社まで以下の行程で歩きました。

◎1日目：紀伊田辺～高原熊野神社／宿泊場所「霧の郷たかはら」（28・1キロ）

◎2日目：高原熊野神社～継桜王子／宿泊場所「民宿のなか山荘」（13・2キロ）

◎3日目：継桜王子～熊野本宮大社（20・8キロ）

事前に聞いていたとおり、紀伊田辺から滝尻王子まではあまり古道っぽくない道ですが、それでも標識などは充実していて歩きやすかったです。ただ富田川沿いの道が一部、大雨や台風の影響で崩れていて注意が必要な場所もありました。滝尻王子から高原熊野神社までが少し急な上り坂ですが、「熊野の聖域への入り口」と言われるだけあって、磐座のようなものがたくさんあり、神聖なエネルギーに満ちていてあまり疲れを感じない気持ちよい道でした。高原という場所はとても景色の良い場所で気温が低い時期の早朝などは運が良ければ雲海が見られるそうです。確かにとても美しくのどかな場所で、滝尻王子から高原まではぜひまた歩きたいと思いました。

そこから先の道は基本的に山道です。伊勢路の峠と異なりこちらは本当に山道なので石畳は少ないです。しかし標識が充実しているのであまり道に迷うことなく歩けます（もちろん地図は必携ですが）。

また、宿や休憩所なども伊勢路よりも充実しているため、熊野古道の中では一番歩きやすい初心者向けの道だと感じました（実際、地元のおじさんが言うには、熊野古道の難易度を学校で例えるなら、中辺路は幼稚園レベルで、伊勢路は中学生レベル、小辺路は大学レベルだとか）。ちなみに宿が充実しているのは「近露王子エリア」と「継桜王子エリア」です。

その他、中辺路の一番の特徴としては、「王子社」がたくさんあることです。王子社には諸説あるようですが一般的には熊野権現の御子神を祀った社と言われており、儀式なども行われていたそうです。さらに休憩場所の役割も果たしたそうで、平安時代には歌会などのイベントも行われたと言われています。

**見どころは？**

◇三体月伝説観賞地

大坂本王子の手前に、その昔、一人の修験者が三体月を見たと言われる場所があります。少し山の上なので私はそこまで行っていませんが、古道沿いに説明板がありました。説明板の周辺も山の中なのですが、なんともやわらかい雰囲気の気持ちのよい素敵な場所だったので、三体月の説明板を見つけたときは「やっぱりこの辺は少し特別な雰囲気がすると思った！」と妙に納得しました。

◇牛馬童子像

中辺路には有名なスポットがいくつかあります。ひとつは近露王子手前にある「牛馬童子像」。これは小さな像なのですが、牛と馬の上に人が乗っている可愛い像です。この像は熊野行幸を行った花山法皇を模してつくられたとも言われています。

◇野中の一方杉

継桜王子の境内には樹齢８００年を超える立派な杉が生えていますが、枝が一方向を向いているため「一方杉」と言われています。日照の関係などが理由と言われていますが、那智の方向を向いているのでまるで那智の山を拝んでいるみたい……と言う人もいます。

◇船玉神社

猪鼻王子の手前にある、そんなに大きくない神社ですが、熊野本宮大社の奥の院という説もあるそうです。真偽のほどはわかりませんが、私には少し怖い雰囲気がする場所でした。

◇伏拝王子《ふしがみおうじ》

この場所で初めて熊野本宮大社（現在の大斎原）を見ることができ、あまりのありがたさに参詣者たちはひれ伏し拝んだ、ということからその名前がついたと言われています。

実はスペインの巡礼路にも同じような場所があるのですが、そこは長い巡礼の旅をしてきた巡礼者がこの場所で初めてサンティアゴ大聖堂を目にし、歓喜の声を上げたと言われることから「モンテ・ド・ゴソ」（「歓喜の丘」）と呼ばれています。

スペインと日本で同じような場所があることも興味深いですし、「ひれ伏し拝む」日本と「歓喜の声を上げる（あるいは涙を流す）」スペインと、お国柄の特徴が出ていて面白いと思いました。

# インフォメーション

| ●神社・仏閣 | 住所 | TEL |
|---|---|---|
| 二見興玉神社 | 三重県伊勢市二見町江 575 | 0596-43-2020 |
| 伊勢神宮・内宮 | 三重県伊勢市宇治館町 1 | 0596-24-1111（神宮司庁） |
| 伊勢神宮・外宮 | 三重県伊勢市豊川町 279 | 0596-24-1111（神宮司庁） |
| 倭姫宮 | 三重県伊勢市楠部町 5 | 0596-24-1111（神宮司庁） |
| 猿田彦神社 | 三重県伊勢市宇治蒲田 2-1-10 | 0596-22-2554 |
| 伊雑宮 | 三重県志摩郡磯辺町大字上之郷 | 0596-24-1111（神宮司庁） |
| 佐美長神社 | 三重県志摩市磯部町恵利原 | |
| 瀧原宮 | 三重県度会郡大紀町滝原 872 | 0596-24-1111（神宮司庁） |
| 丹倉神社 | 三重県熊野市育生町赤倉 | |
| 神内神社 | 三重県紀宝町神内近石 958 | |
| 大馬神社 | 三重県熊野市井戸町 3444 | |
| 花窟神社 | 三重県熊野市有馬町上地 130 | |
| 産田神社 | 三重県熊野市有馬町 1814 | |
| 熊野速玉大社 | 和歌山県新宮市新宮 1 | 0735-22-2533 |
| 神倉神社 | 和歌山県新宮市神倉 1-13-8 | 0735-22-2533 |
| 補陀洛山寺 | 和歌山県東牟婁郡那智勝浦町浜の宮 348 | 0735-52-2523 |
| 熊野那智大社 | 和歌山県東牟婁郡那智勝浦町那智山 1 | 0735-55-0321 |
| 青岸渡寺 | 和歌山県東牟婁郡那智勝浦町那智山 8 番地 | 0735-55-0001 |
| 飛瀧神社 | 和歌山県東牟婁郡那智勝浦町那智山 | 0735-55-0321（熊野那智大社） |
| 大斎原 | 和歌山県田辺市本宮町本宮 | 0735-42-0009（熊野本宮大社） |
| 熊野本宮大社 | 和歌山県田辺市本宮町本宮 | 0735-42-0009 |
| 玉置神社 | 奈良県吉野郡十津川村玉置川 1 番地 | 0746-64-0500 |

| ●宿 | | |
|---|---|---|
| 岡島屋 | 三重県多気郡大台町大字新田 26 | 0598-85-0014 |
| 紀勢荘料理旅館 | 三重県度会郡大紀町崎 276-1 | 0598-74-1133 |
| ゆうがく邸 | 三重県北牟婁郡紀北町紀伊長島区東長島 128 | 0597-47-2116 |
| アルベルゲ山帰来 | 三重県尾鷲市馬越町 1509-49 | 0597-22-3597 |
| 山里民泊あかくら | 三重県熊野市育生町赤倉 594-1 | 0597-82-1347 |
| 川口家 | 三重県熊野市二木島町 351 | 0597-87-0040 |
| 美滝山荘 | 和歌山県東牟婁郡那智勝浦町那智山 545-1 | 0735-55-0745 |
| 蒼空げすとはうす | 和歌山県田辺市本宮町本宮 1526 | 0735-42-0800 |
| ＊霧の郷たかはら | 和歌山県田辺市中辺路町高原 826 | 0739-64-1900 |
| ＊民宿のなか山荘 | 和歌山県田辺市中辺路町野中 894 | 0739-65-0080 |

（＊は、紀伊田辺～本宮を歩いたときに宿泊した宿です）

| ●ほか | | |
|---|---|---|
| 五十鈴川カフェ | 三重県伊勢市宇治中之切町 12 | 0596-23-9002 |
| おかげ座 | 三重県伊勢市宇治中之切町おかげ横丁内 | 0596-23-8844 |
| 徐福茶屋 | 三重県熊野市波田須町宮ノ下 | 0597-86-0788 |
| 木花堂 | 三重県熊野市木本町 264-7 | 0597-89-1558 |
| 紀宝町ウミガメ公園 | 南牟婁郡紀宝町井田 568-7 | 0735-33-0300 |
| 仲氷店 | 和歌山県新宮市新宮 551-12 | 0735-21-5300 |

# おわりに

スペインの巡礼路を歩いていたとき、ふと、「本当に平和な世界があるとしたら、こういう世界をいうのかもしれない」と思った瞬間がある。それはこんな世界だった。自分にとって本当に必要なものだけをもち、自然のリズムに調和したシンプルな生活。巡礼者は限られた荷物しか持っていないのに、困っている人がいたら当たり前のように助け合い、分かち合う。しかし個を尊重し合うから、面倒なしがらみはない。年齢も肌の色も国籍も職業も社会的な立場も宗教も違う人同士が、「ひとりの人間同士」として出逢い、語り合う。そして、将来への不安も、過去への後悔もなく、今日という一日の美しさを、生きていることの喜びを感じる毎日。「これって、ジョン・レノンが『イマジン』で歌っていた世界なのでは？」そう思った。しかも、歩くペースというのは、人間にも自然にも優しい。

それで私は、歩く旅をする人が増えたら、社会が今より少し、人にも自然にも優しい世界に近づくのではないか、と思うようになった。また、スペインには巡礼（歩く旅）が活性化したことで廃村がよみがえった事例がある。だから歩く旅が広まると、今問題になっている地方の過疎化の一助にもなるような気がした。

そんなわけでスペインから戻った私は、歩く旅の良さを広めたいと考えるようになった。しかし何から始めれば良いのか分からず、帰国して2年間は以前とあまり変わらない生活をしていた。それが不思議なご縁で熊野古道を歩くことになり、本にできることになった。

正直、歩く前は「本に書けるような面白い旅になるか分からないけど、大丈夫かなぁ？　ネタがなかったらどうしよう？」「『日本を歩いたけどやはりスペインほど楽しくありませんでした』というオチになったらどうしよう？」と心配していた。だけど歩いてみたら毎日ドラマの連続で、予定のページ数を大幅にオーバーし、それでも書ききれないほど濃厚な体験が待っていた。「日本ってこんなに素敵な場所だったのか。日本人って、こんなに温かいのか。日本って、いい国だなぁ」心からそう思った。これは日本があまり好きではなかった私にとって、すごく嬉しい発見だった。おかげで、日本人であることを誇りに思えるようになったし、東京での日常を、さらにやわらかい心で過ごせるようになった。そうして改めて思ったのは、「歩く旅って、やっぱりいいな！」ということ。もちろん歩く旅が万能だとは思っていない。だけど、この本を読んでくださったあなたが何かのときに、いや何もなくても、「そう言えば、道を歩いてみようかな」「熊野古道を歩いてみようかな」と思ってくださったら、本当に嬉しいです。

最後に、今回の本をつくるきっかけをくれた「編マキちゃん」こと編集者の秋元さん。彼女がいなければこの本は存在しませんでした。それから、初めてお会いした時から私のことを理解し、信じてくださった社長の田辺さん、仕事の範疇を越えて「熊野を歩く素晴らしさを伝えよう」と尽力してくださった写真家の清永さん、デザイナーの成澤豪さん、宏美さん、本当にありがとうございました。また、三重県の平野さん、茶原さん、植野さん、カバーデザインをしてくださった古庄さん、井上さんにも、この場を借りてお礼申し上げます。そして、今回の旅で大変お世話になった熊野のみなさまと熊野の大自然に、心より感謝いたします。

すべての人が、安心して楽しく「その人の道」を生きられる。そんな世界になりますように。

２０１３年３月　福元ひろこ

カバーデザイン　井上千夏、古庄美和（apuaroot）
口絵写真　清永　洋
イラスト・本文写真・文字　福元ひろこ
P26イラスト　植野めぐみ（ちきゅうの道）
別冊地図協力　平野　昌、茶原史子（伊勢路イラストマップ探検隊）
植野めぐみ（ちきゅうの道）
協力　なかよし図工室
編集　秋元麻希

# 歩《ある》く旅《たび》の本《ほん》
## 伊勢《いせ》から熊野《くまの》まで

発行日　2013年4月24日　第1刷発行

著　者　福元《ふくもと》ひろこ
発行者　田辺修三
発行所　東洋出版株式会社
〒112-0014　東京都文京区関口1-23-6
電話　03-5261-1004（代）
振替　00110-2-175030
http://www.toyo-shuppan.com/
印　刷　日本ハイコム株式会社
製　本　ダンクセキ株式会社


ISBN 978-4-8096-7686-4

熊野古道

# 伊勢路&中辺路
# イラストマップ

## 伊勢路＋中辺路鳥瞰図

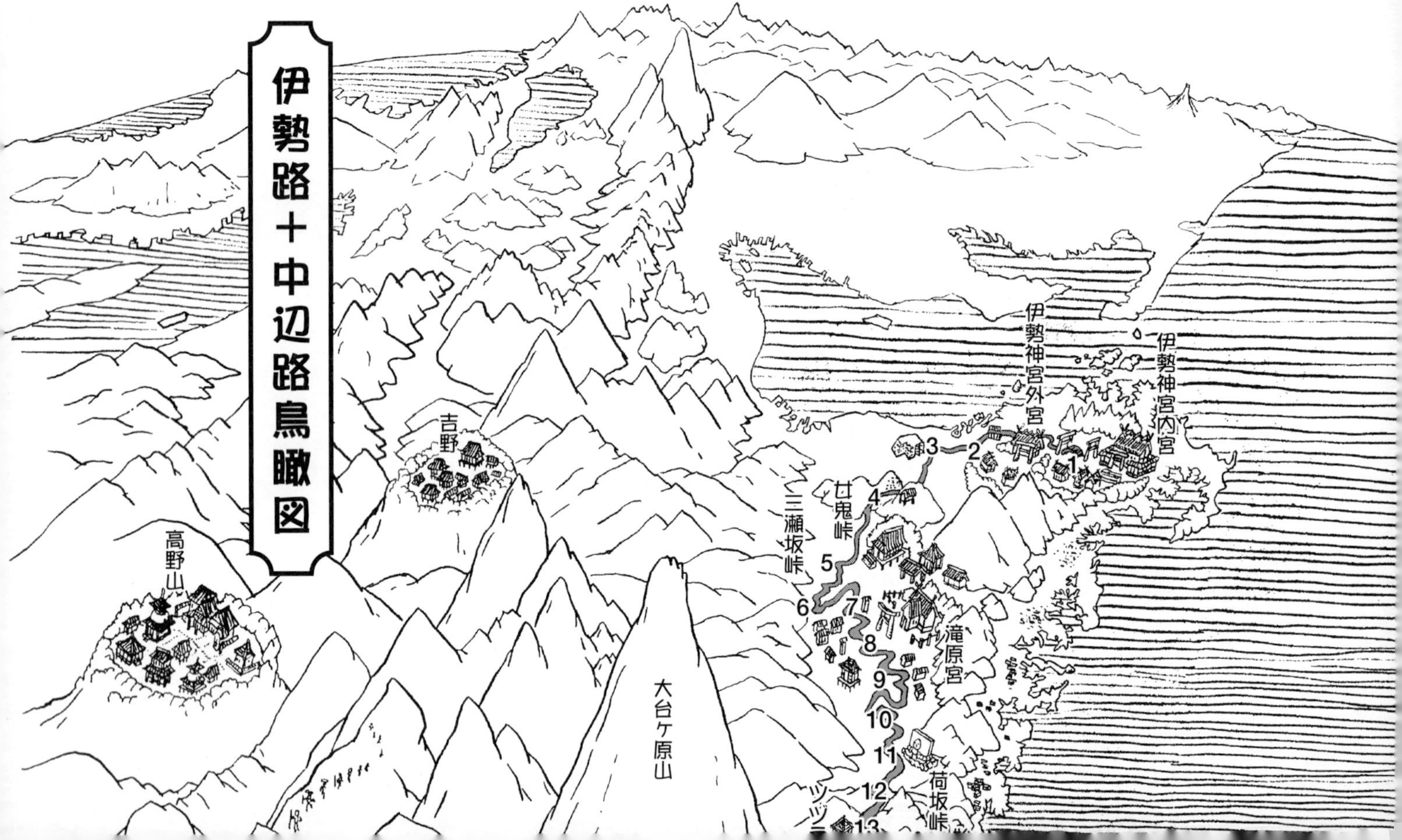

伊勢神宮内宮
伊勢神宮外宮
1
2
3
甘鬼峠
4
三瀬坂峠
5
6
7
8
9
10
11
12
13
滝原宮
荷坂峠
ツヅラ
吉野
高野山
大台ケ原山

● 本地図は、伊勢神宮から熊野本宮大社までの熊野古道・伊勢路＋中辺路のおすすめルートを示したものであり、必ずしも昔の街道を忠実に再現したわけではありません。
● 全長220キロを45ページに分けて掲載しています。
● 各ページは上が北、進行順路は矢印で示しています。
● 所要時間は、高低差等を配慮し目安を示したものです。個人差がありますので、余裕をもって計画を立ててください。
熊野本宮大社
丸山千枚田
通り峠
風伝峠
横垣峠
花の窟
観音道
逢神坂峠
三木峠
馬越峠
八鬼山
羽後峠
楯ヶ崎
大吹峠
松本峠
鬼ヶ城
七里御浜
小雲取越
大雲取越
熊野速玉大社
熊野那智大社
熊野川
17
18
19
20
21
22
23
24
25
26
27
28
29
30
31
32
33
34
35
36
37
38
39
40
41
42
43
44
45
P1～45の地図凡例
おすすめルート
進行順路
熊野古道 道標
（世界遺産登録エリアのみ100mごとに設置）
い ろ は
地図のつながりを示す順路目印
（順路の起点と終点にマーク）

# 目次

## 世界遺産・紀伊山地の霊場と参詣道とは？

紀伊半島には、「熊野三山（熊野信仰）」「吉野・大峯（修験道）」「高野山（仏教〈真言密教〉）」の３つの霊場があります。これらの霊場は「熊野参詣道（熊野古道）」「大峯奥駈道」「高野山町石道」と呼ばれる道で結ばれており、３つの霊場とそれを結ぶ道は 2004 年に世界遺産に登録されました。「道」が世界遺産に登録されるケースは珍しく、スペインの巡礼路カミーノ・デ・サンティアゴに次いで２例目。さらにこの場所が世界的にみても特異な点は、異なる宗教の聖地が道で結ばれているということ。これは、異なるものを排除するのではなく受け入れ、うまく融合させる日本だからこそ存在し得たのかもしれません。そのようなことも考えると、単に「自然が美しい」「世界遺産」という以上のものがあるように思えます。まさに「心のふるさと」として大切にしたい場所です。

## 紀伊山地の参詣道ルール（世界遺産登録推進三県協議会作成）

世界遺産「紀伊山地の霊場と参詣道」は、万物、生命の根源である自然や宇宙に対する畏敬を、山や森に宿る神仏への祈りという形で受け継いできた、日本の精神文化を象徴する文化遺産です。

私たちは、このかけがえのない資産がもたらす恵みを、世界の人々がいつまでも分かちあえるよう、参詣道を歩くにあたって次のことを約束します。

### ①「人類の遺産」をみんなで守ります

紀伊山地の自然や文化にふれ、学び、私たち共有の資産の素晴らしさを、みんなの力で末永く後世へ伝えましょう。

### ② いにしえからの祈りの心をたどります

この道には、祈りを捧げてきた多くの足跡が刻まれています。今なお続く人々の心に思いを馳せながら歩きましょう。

### ③ 笑顔であいさつ、心のふれあいを深めます

出会った人と声をかけあい、また地域の人々とも交流を図りましょう。

### ④ 動植物をとらず、持ち込まず、大切にします

貴重な動植物が生息する紀伊山地では、存在するもの全てが大切な資産です。自然を愛し、守る心を持ち続けましょう。

### ⑤ 計画と装備を万全に、ゆとりをもって歩きます

道中は何が起こるかわかりません。中には険しい道もあるので、天候・体調・装備などを十分考えて、無理をせず歩きましょう。

### ⑥ 道からはずれないようにします

道をはずれることは危険であり、植生などを傷めることにもなります。むやみに周囲に踏み込まないようにしましょう。

### ⑦ 火の用心をこころがけます

タバコのポイ捨てなど、ちょっとした不注意から火災は起こります。火気の取り扱いは十分注意しましょう。

### ⑧ ゴミを持ち帰り、きれいな道にします

地域の人たちが古くから守りつづけてきた道です。ゴミを持ち帰り、来た時よりも美しい道にしましょう。

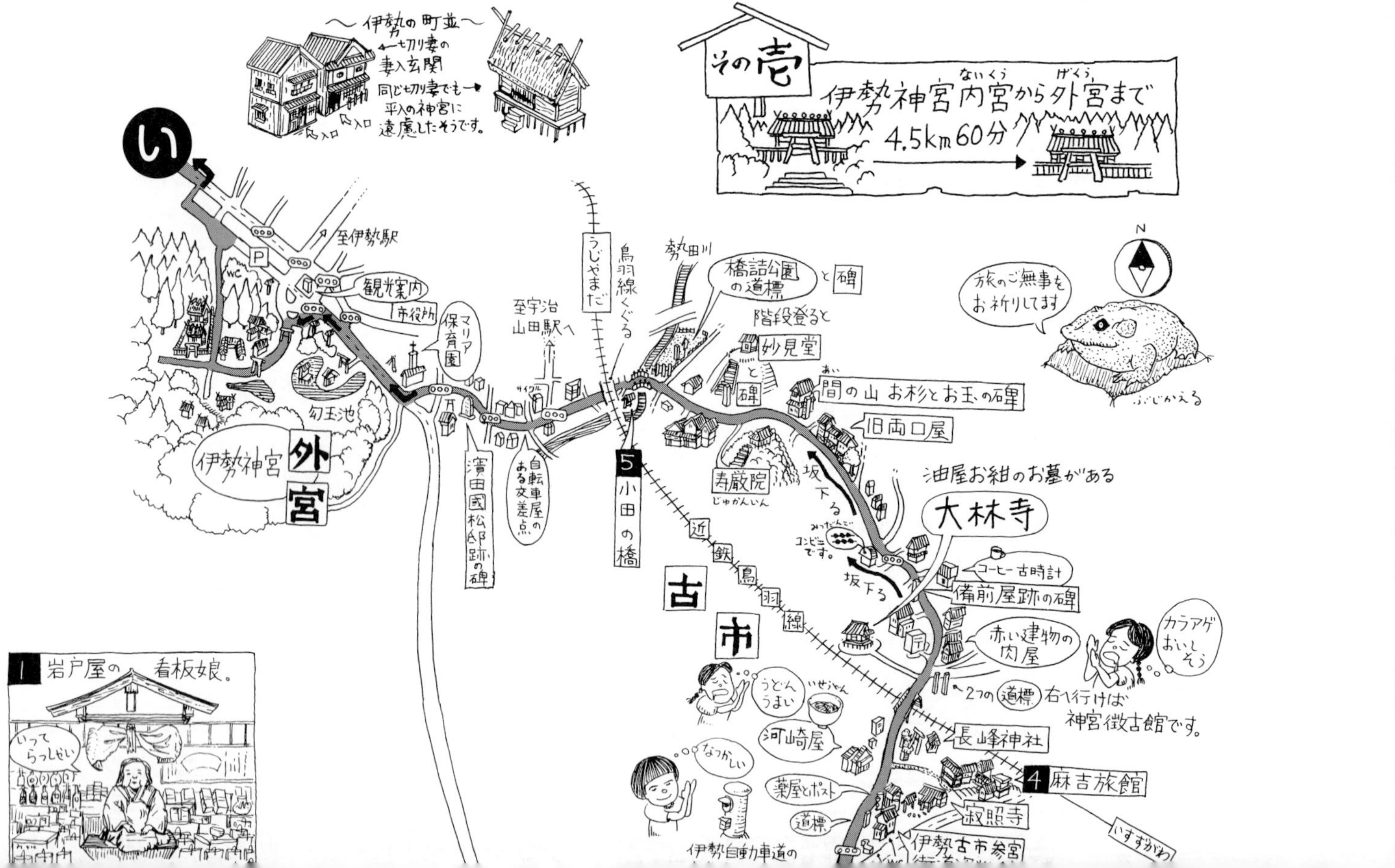

その壱
伊勢神宮内宮《ないくう》から外宮《げくう》まで
4.5km 60分
〜伊勢の町並〜
←切り妻の妻入玄関
同じ切り妻でも→平入の神宮に遠慮したそうです。
入口
入口
い
至伊勢駅
観光案内
市役所
マリア保育園
伊勢神宮 外宮
勾玉池
濱田國松邸跡の碑
自転車屋のある交差点
至宇治山田駅へ
うじやまだ
鳥羽線くぐる
勢田川
橋詰公園の道標
と
碑
階段登ると
妙見堂
と
碑
間《あい》の山 お杉とお玉の碑
旧両口屋
5 小田の橋
寿巌院
じゅかんいん
坂下る
坂下る
みったんご
コンビニです。
油屋お紺のお墓がある
大林寺
コーヒー 古時計
備前屋跡の碑
赤い建物の肉屋
カラアゲおいしそう
2つの道標 右へ行けば神宮徴古館です。
古市
近鉄鳥羽線
うどんうまい
いせうどん
河崎屋
長峰神社
なつかしい
4 麻吉旅館
薬屋とポスト
道標
寂照寺
伊勢古市参宮
いすずがわ
伊勢自動車道の
旅のご無事をお祈りしてます
ふじかえる
N
1 岩戸屋の 看板娘。
いってらっしゃい

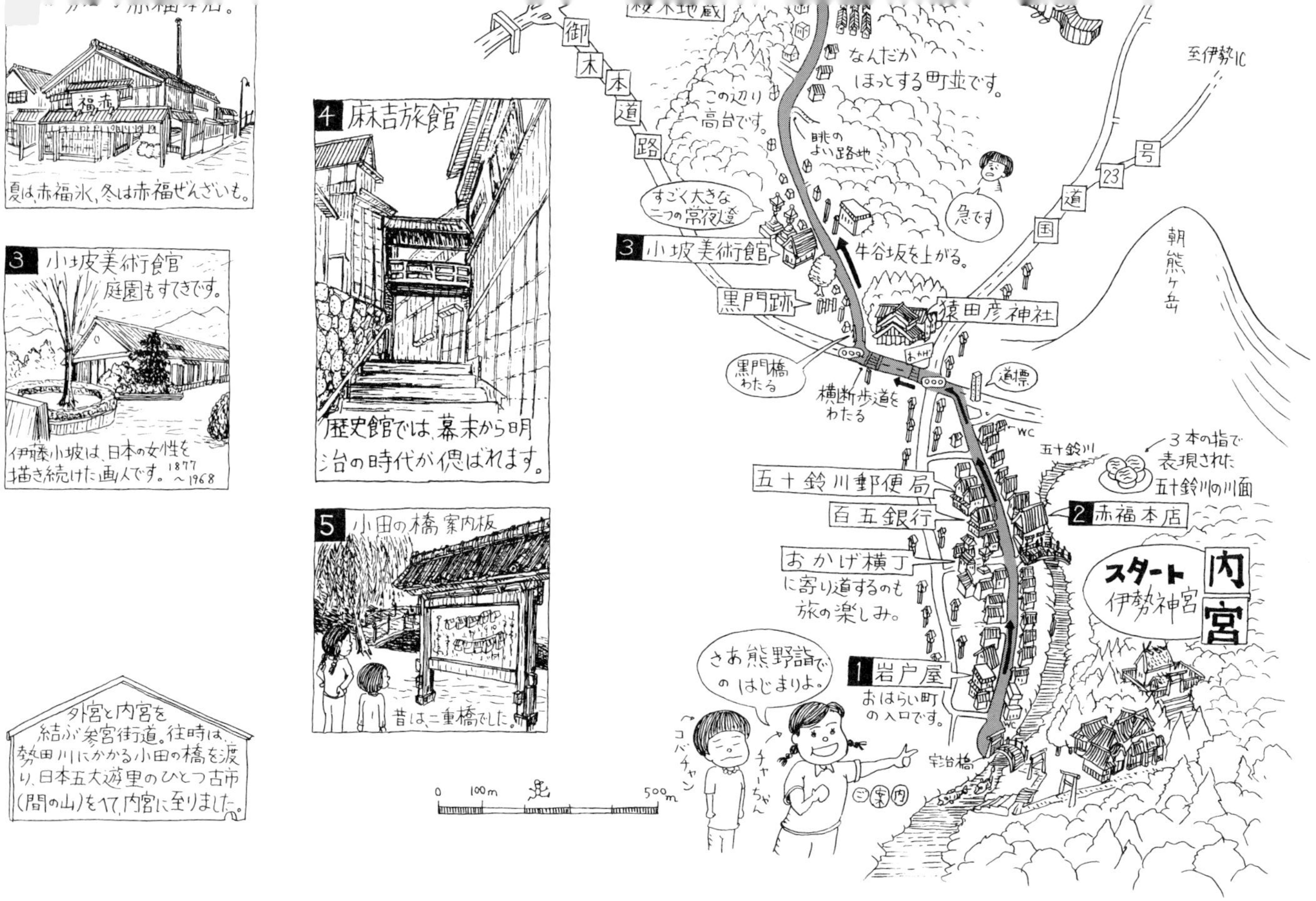

夏は赤福氷、冬は赤福ぜんざいも。
3 小坂美術館
庭園もすてきです。
伊藤小坂は、日本の女性を描き続けた画人です。1877〜1968
4 麻吉旅館
歴史館では、幕末から明治の時代が偲ばれます。
5 小田の橋案内板
昔は二重橋でした。

外宮と内宮を結ぶ参宮街道。往時は、勢田川にかかる小田の橋を渡り、日本五大遊里のひとつ古市(間の山)をへて、内宮に至りました。
0 100m 500m
御木本道路
なんだか ほっとする町並です。
この辺り高台です。
眺のよい路地
すごく大きな二つの常夜燈
急です
国道23号
至伊勢IC
朝熊ヶ岳
3 小坂美術館
牛谷坂を上がる。
黒門跡
猿田彦神社
黒門橋わたる
横断歩道をわたる
道標
WC
五十鈴川
3本の指で表現された五十鈴川の川面
五十鈴川郵便局
百五銀行
2 赤福本店
おかげ横丁に寄り道するのも旅の楽しみ。
スタート 伊勢神宮 内宮
さあ熊野詣でのはじまりよ。
1 岩戸屋
おはらい町の入口です。
宇治橋
コバチャン
チャーちゃん
ご案内

# その弐 伊勢神宮外宮《げくう》から田丸《たまる》まで

8.5km 125分

世古《せこ》というのは表通りから入った路地のこと。「大世古」という町名もありますが、地元では色々な世古が今も暮しに根づいています。

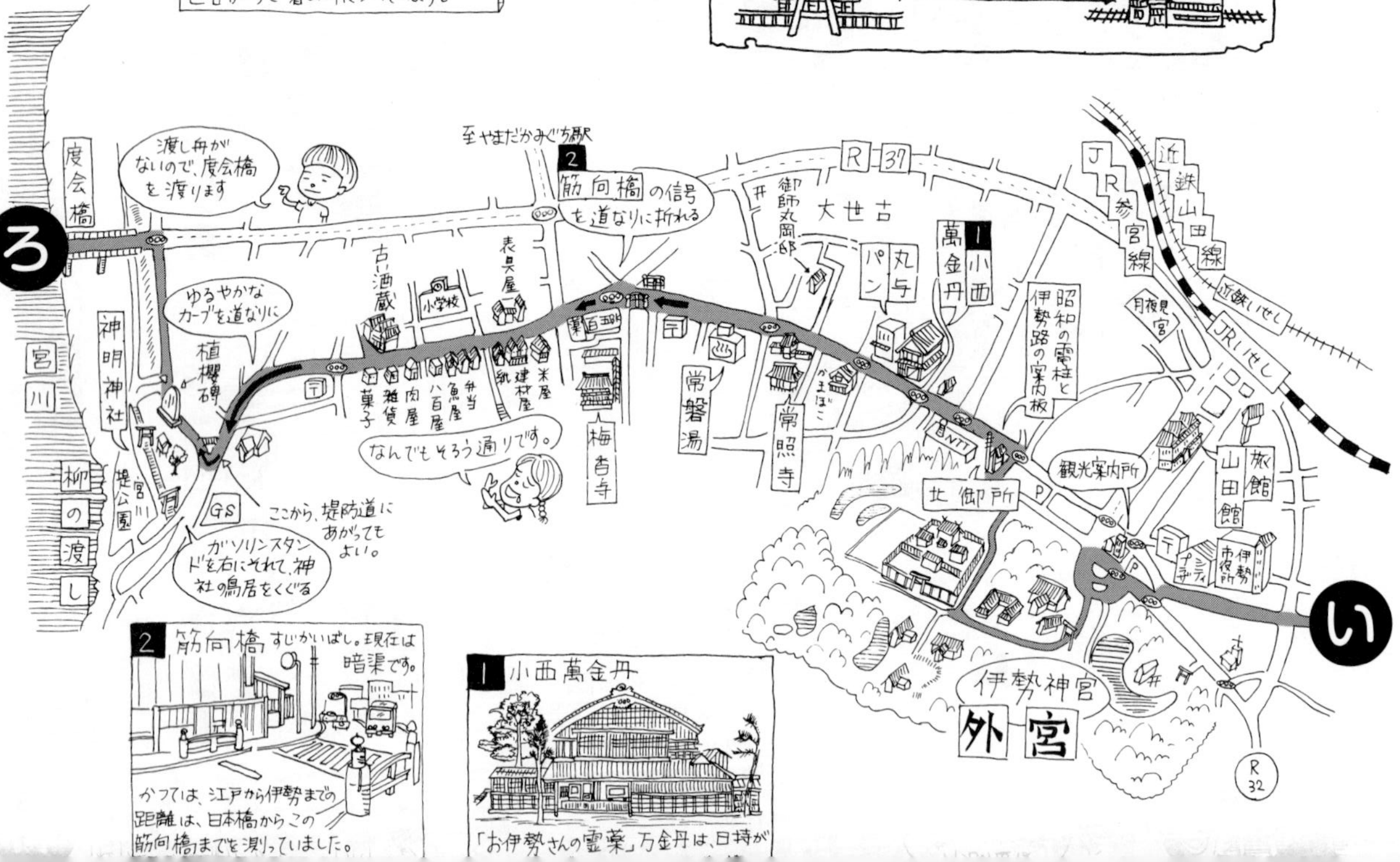

2 筋向橋 すじかいばし。現在は暗渠です。
かつては、江戸から伊勢までの距離は、日本橋からこの筋向橋までを測っていました。
1 小西萬金丹
「お伊勢さんの霊薬」万金丹は、日持が

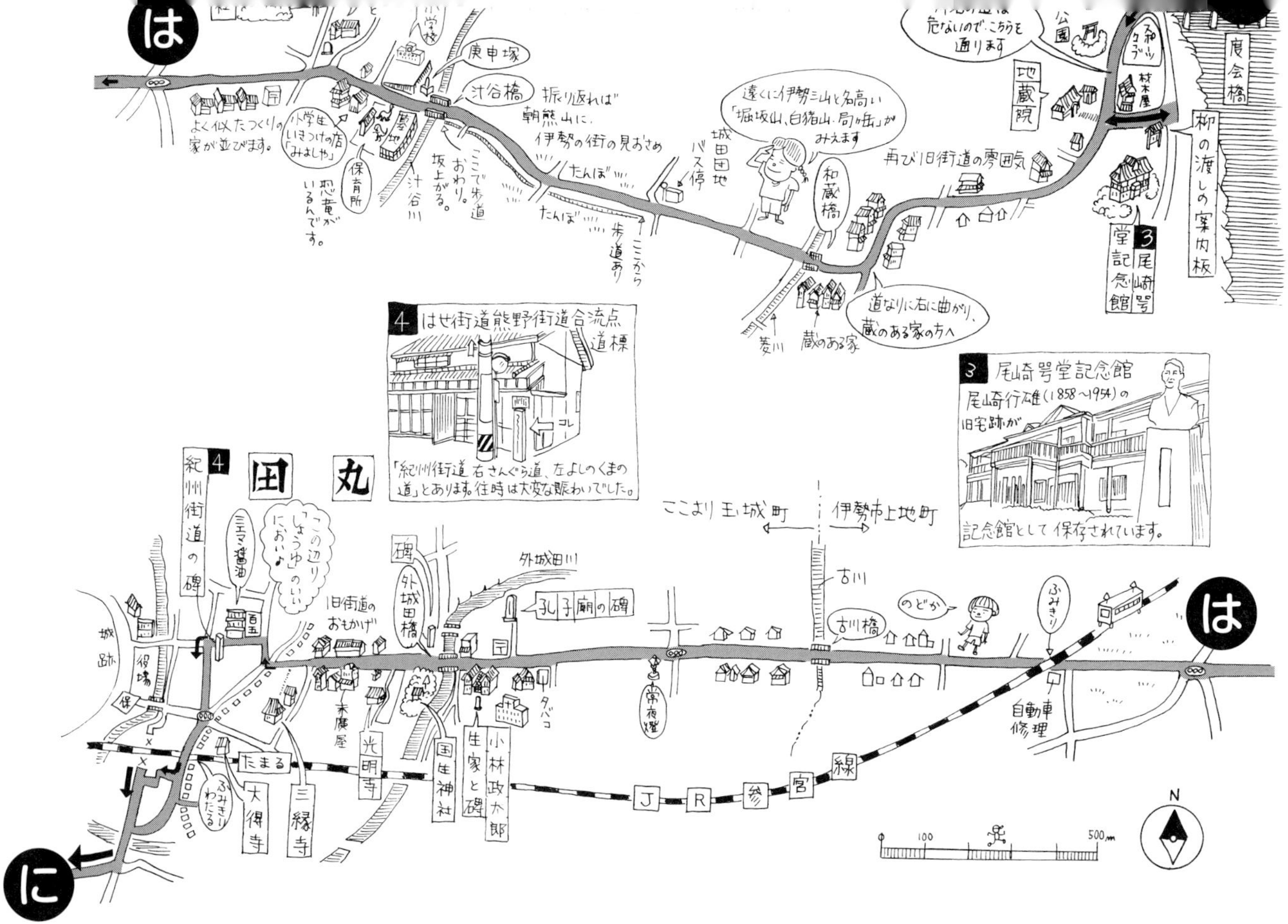
は
よく似たつくりの家が並びます。
小学生いきつけの店「みよしや」
保育所
恐竜がいるんです。
汁谷川
庚申塚
汁谷橋
ここで歩道おわり。坂上がる。
振り返れば朝熊山に、伊勢の街の見おさめ
たんぼ
ここから歩道あり
城田団地バス停
遠くに伊勢三山と名高い「堀坂山、白猪山、局ヶ岳」がみえます
和蔵橋
再び旧街道の雰囲気
菱川
蔵のある家
道なりに右に曲がり、蔵のある家の方へ
危ないので、こちらを通ります
公園
地蔵院
林木屋
度会橋
柳の渡しの案内板
3 尾崎咢堂記念館
4 はせ街道熊野街道合流点 道標
コレ
「紀州街道 右さんぐう道、左よしのくまの道」とあります。往時は大変な賑わいでした。
3 尾崎咢堂記念館
尾崎行雄(1858〜1954)の旧宅跡が記念館として保存されています。
4 紀州街道の碑
田丸
ここより玉城町
伊勢市上地町
ミエマ醤油
この辺り「しょうゆ」のいいにおい♪
旧街道のおもかげ
碑
外城田橋
外城田川
孔子廟の碑
古川
古川橋
のどか
ふみきり
は
城跡
役場
保
末廣屋
光明寺
国生神社
生家と碑 小林政太郎
タバコ
常夜燈
自動車修理
たまる
ふみきりわたる
大得寺
三縁寺
JR参宮線
100
500m
N
に

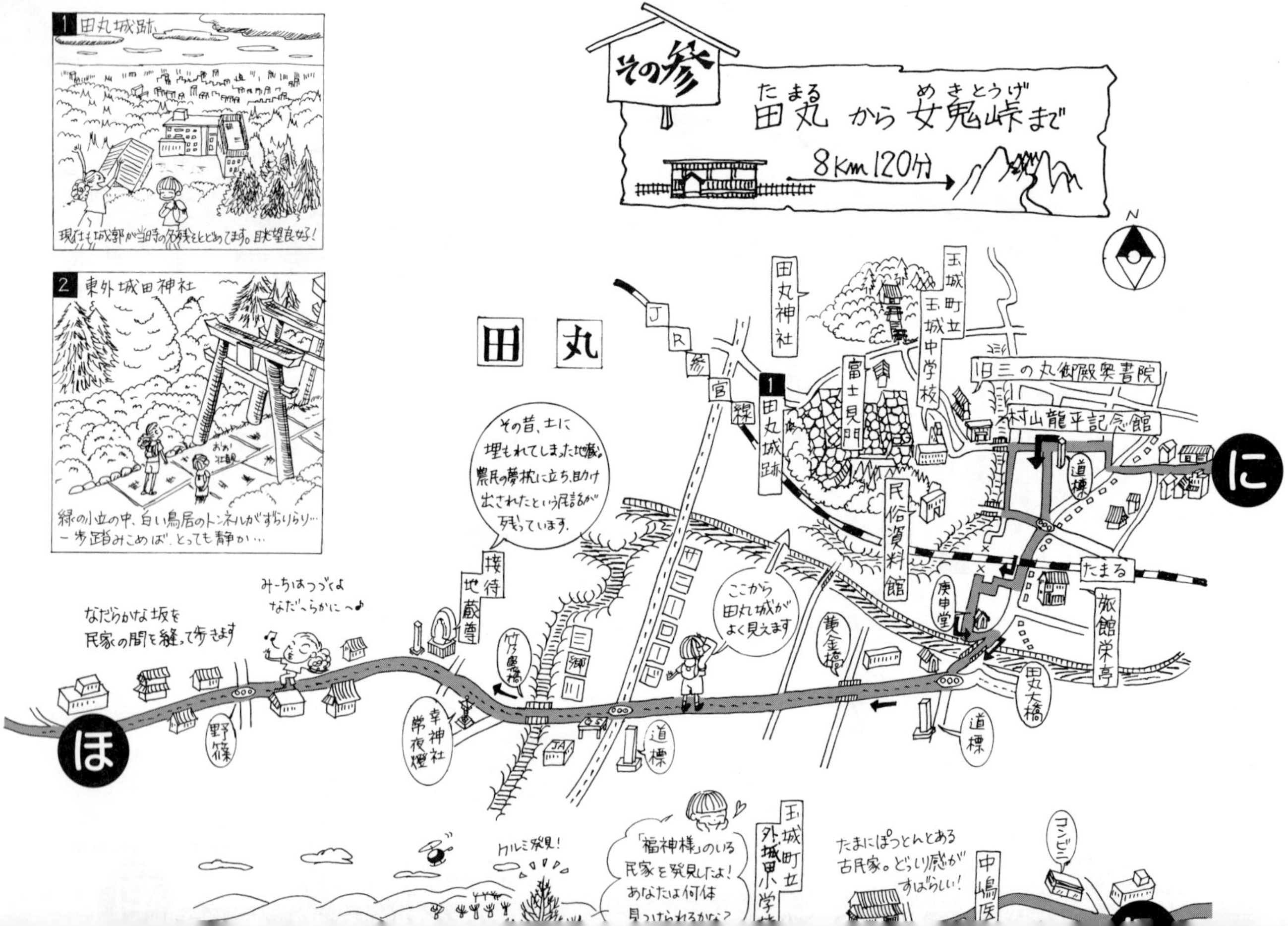

その参
田丸《たまる》から女鬼峠《めきとうげ》まで
8Km 120分
N
1 田丸城跡
現在も城郭が当時の名残をとどめてます。眺望良好!
2 東外城田神社
緑の小立の中、白い鳥居のトンネルがずらりらり…
一歩踏みこめば、とっても静か…
おお!壮観
田丸
田丸神社
玉城町立玉城中学校
旧三の丸御殿奥書院
村山龍平記念館
1 田丸城跡
富士見門
民俗資料館
JR参宮線
たまる
旅館栄亭
庚申堂
道標
田丸大橋
黄金橋
ここから田丸城がよく見えます
その昔、土に埋もれてしまった地蔵。農民の夢枕に立ち、助け出されたという民話が残っています。
接待地蔵尊
竹鼻橋
三郷川
幸神社常夜燈
野篠
なだらかな坂を民家の間を縫って歩きます
み〜ちはつづくよ なだ〜らかに〜♪
ほ
に
クルミ発見!
「福神様」のいる民家を発見したよ! あなたは何体見つけられるかな?
玉城町立外城田小学校
たまにぽつんとある古民家。どっしり感がすばらしい!
中嶋医
コンビニ
JA

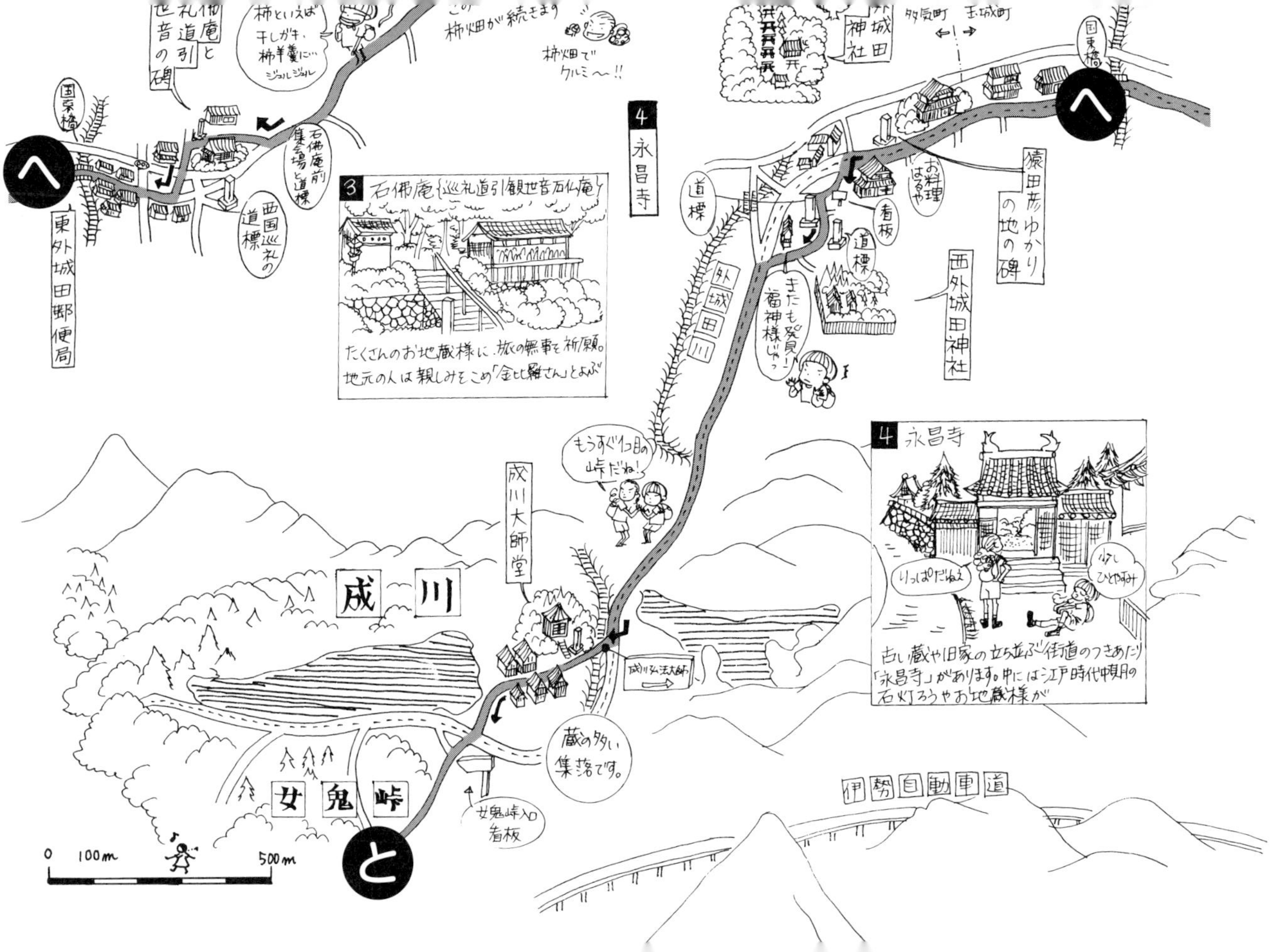

石佛庵と巡礼道引観世音の碑
柿といえば干しガキ、柿羊羹に… ジュルジュル
この柿畑が続きます
柿畑でクルミ～!!
国束橋
へ
東外城田郵便局
石佛庵前集会場と道標
西国巡礼の道標
3 石佛庵｛巡礼道引観世音石仏庵｝
たくさんのお地蔵様に、旅の無事を祈願。地元の人は親しみをこめ「金比羅さん」とよぶ
4 永昌寺
外城田神社
多気町 玉城町
国束橋
へ
猿田彦ゆかりの地の碑
お料理はるや
看板
道標
道標
外城田川
きたも発見！ 福神様じゃっ
西外城田神社
もうすぐ1つ目の峠だね！
成川大師堂
4 永昌寺
りっぱだねぇ
少しひとやすみ
古い蔵や旧家の立ち並ぶ街道のつきあたり「永昌寺」があります。中には江戸時代中期の石灯ろうやお地蔵様が
成川
成川弘法大師
蔵の多い集落です。
女鬼峠
女鬼峠入口看板
伊勢自動車道
0 100m 500m
と

その四

女鬼峠《めきとうげ》(成川)から、柳原《やなぎはら》まで

4km 70分

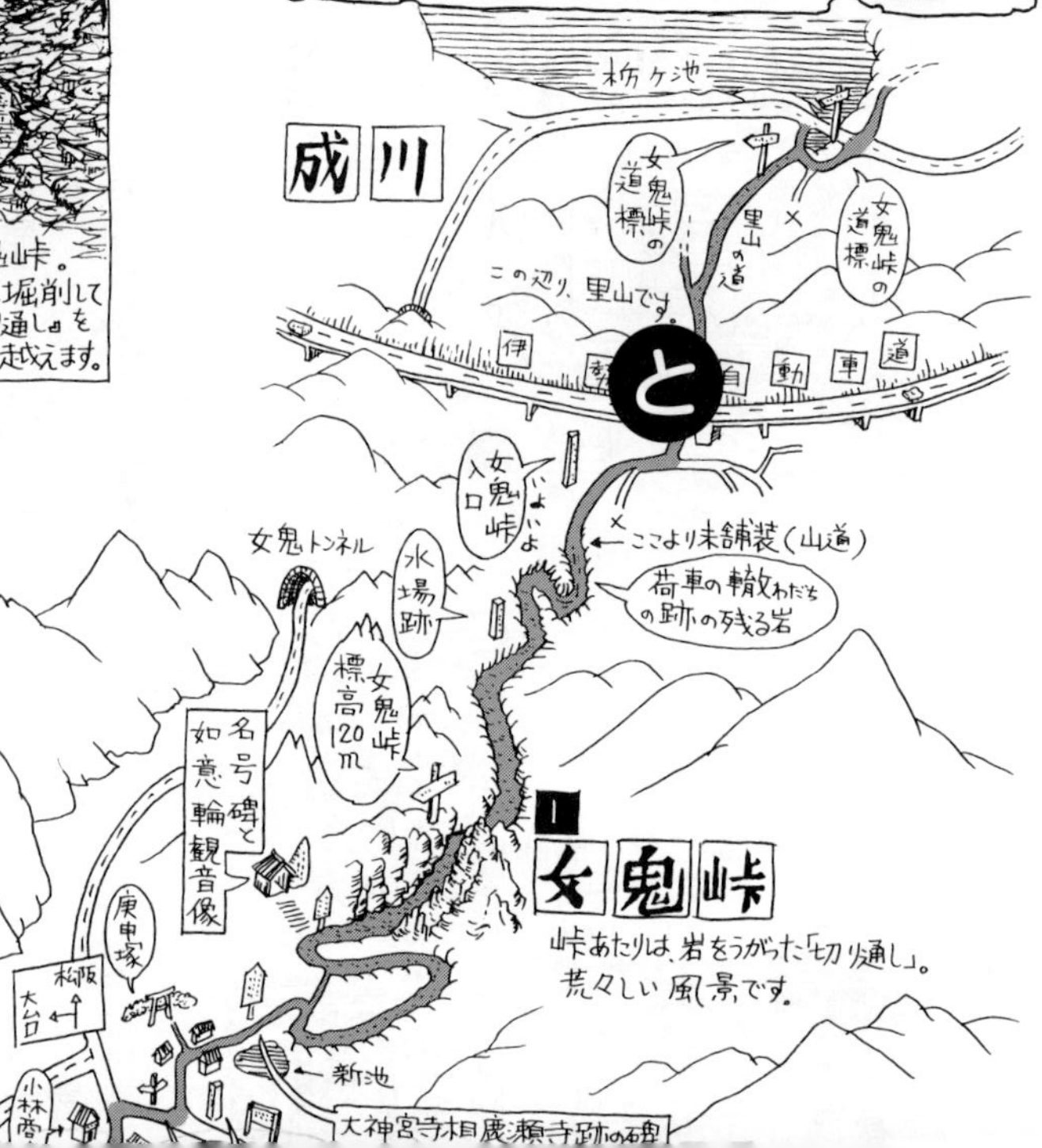

1 女鬼峠。千枚岩を掘削して開いた『切り通し』をぬけて、峠を越えます。

2 浄保法師五輪塔

浄保法師は、伝染病に苦しむ村人のため、自ら生き埋めになって、仏を救いを祈ったそうです。

3 柳原観音千福寺

本尊の観世音菩薩は、聖徳太子の神勅によると言われています。

2 浄

輪塔
深谷橋
三界万霊の石地蔵
おもむろに「足ゆ←」とある。
足湯
地蔵 150cmと背が高いです。
宮川
寄り道してみたら八柱神社がありました。不思議な雰囲気です。
大きなけやき
竹やぶ
昔、校舎として使われていた民家
かつてまんじゅう屋のあったところ
「煙だし」が2つある屋敷
公園
←くぼち
足ゆ発見
元坂酒蔵
3 柳原観音 千福寺
バイパス
右折
ち
柳原
餓鬼つき
「ゲゲゲの鬼太郎」の作者
水木しげるさんの「妖怪百物語」を読んでいると「餓鬼つき」という妖怪がでてきます。昔、伊勢から伊賀へ越える道を歩いていた人が、この餓鬼つきにとりつかれたために急に飢えをおぼえ歩くことができなくなったそうです。
この妖怪、大和の十津川では「ダルがつく」と言うそうです。
なんとなく、この女鬼峠あたりにもいそうな気配がします。
0 100m 500m
チャーチャン
コバチャン
ごあんない

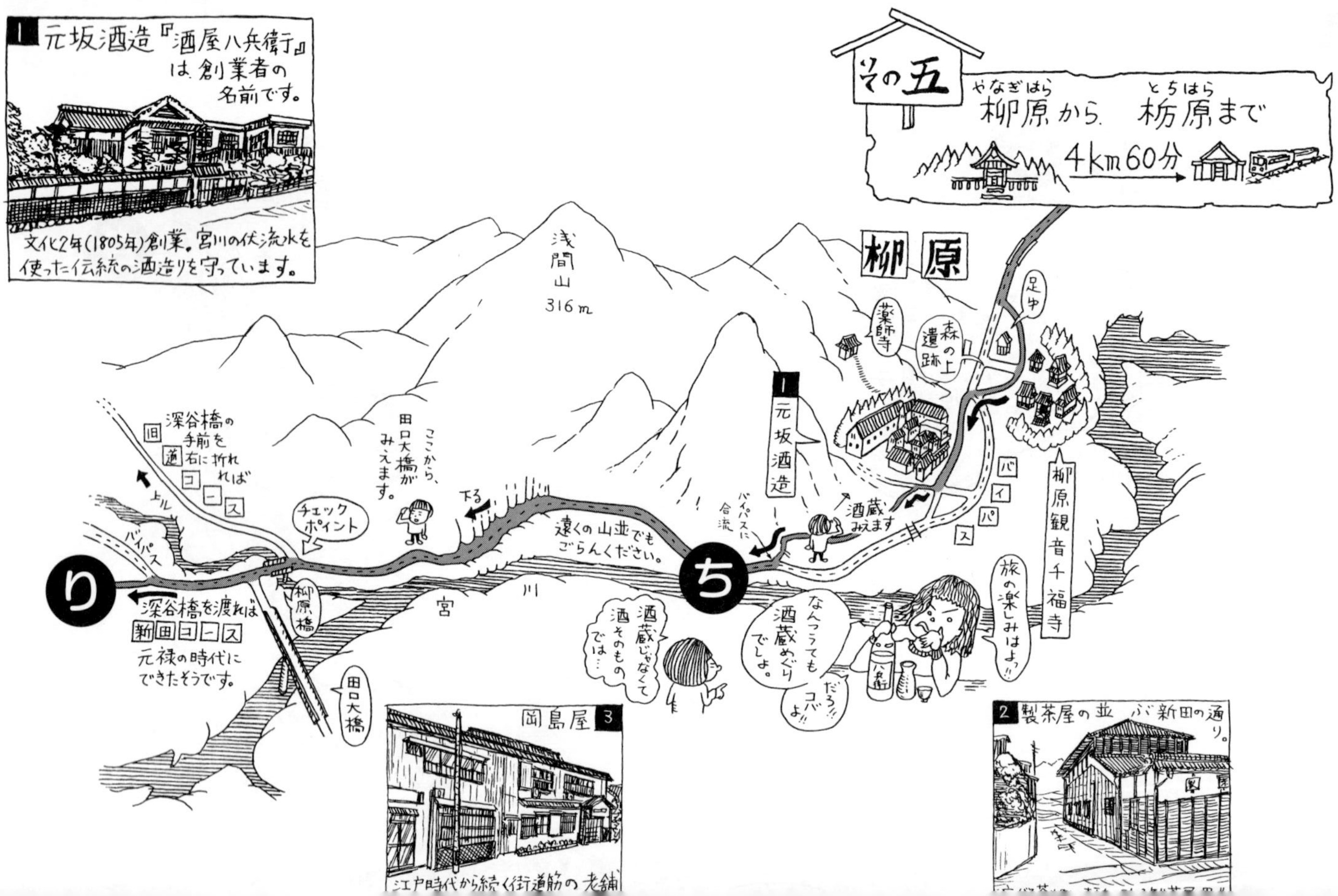
その五
柳原《やなぎはら》から　栃原《とちはら》まで
4km60分
柳原
1 元坂酒造『酒屋八兵衛』は、創業者の名前です。
文化2年(1805年)創業。宮川の伏流水を使った伝統の酒造りを守っています。
浅間山
316m
足中
薬師寺
森の上遺跡
元坂酒造
バイパス
柳原観音千福寺
酒蔵みえます
バイパスに合流
遠くの山並でもごらんください。
ここから、田口大橋がみえます。
下る
チェックポイント
旧道コース
深谷橋の手前を右に折れれば
上ル
バイパス
深谷橋を渡れば
新田コース
元禄の時代にできたそうです。
柳原橋
田口大橋
宮
川
旅の楽しみはよっ!!
なんつっても酒蔵めぐりでしょ。
だろ!!コバよ!!
酒蔵じゃなくて酒そのものでは…
八兵衛
岡島屋 3
江戸時代から続く街道筋の老舗
2 製茶屋の並ぶ新田の通り。

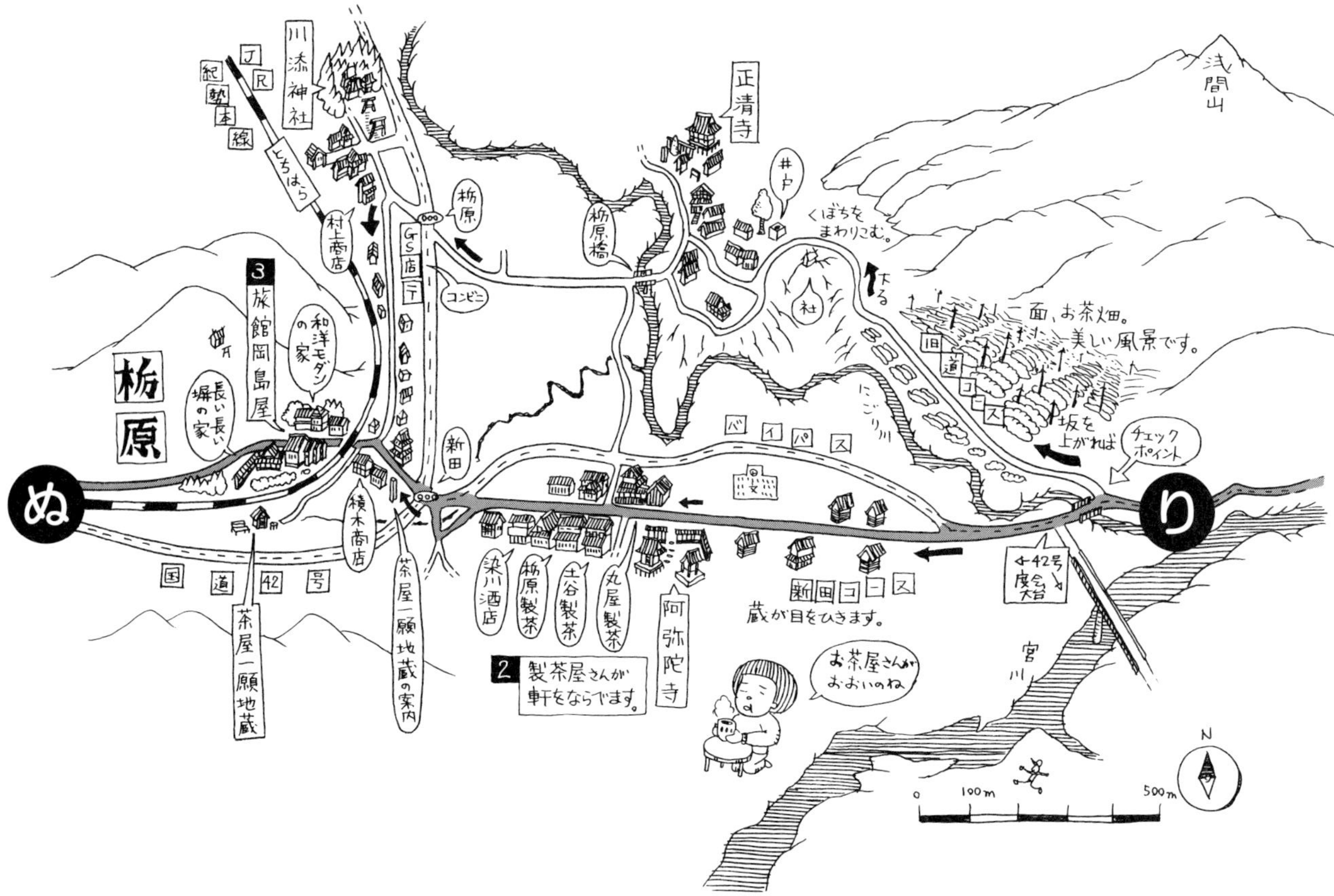

ぬ
り
栃原
3 旅館岡島屋
長い長い塀の家
和洋モダンの家
JR
紀勢本線
とちはら
川添神社
村上商店
GS店
コンビニ
栃原
新田
積木商店
茶屋一願地蔵の案内
茶屋一願地蔵
国道42号
染川酒店
栃原製茶
土谷製茶
丸屋製茶
2 製茶屋さんが軒をならべます。
阿弥陀寺
新田コース
蔵が目をひきます。
お茶屋さんがおおいのね
バイパス
にごり川
栃原橋
正清寺
井戸
社
くぼちをまわりこむ。
下る
一面、お茶畑。美しい風景です。
旧道コース
坂を上がれば
チェックポイント
←42号 度会大台→
宮川
浅間山
0
100m
500m
N

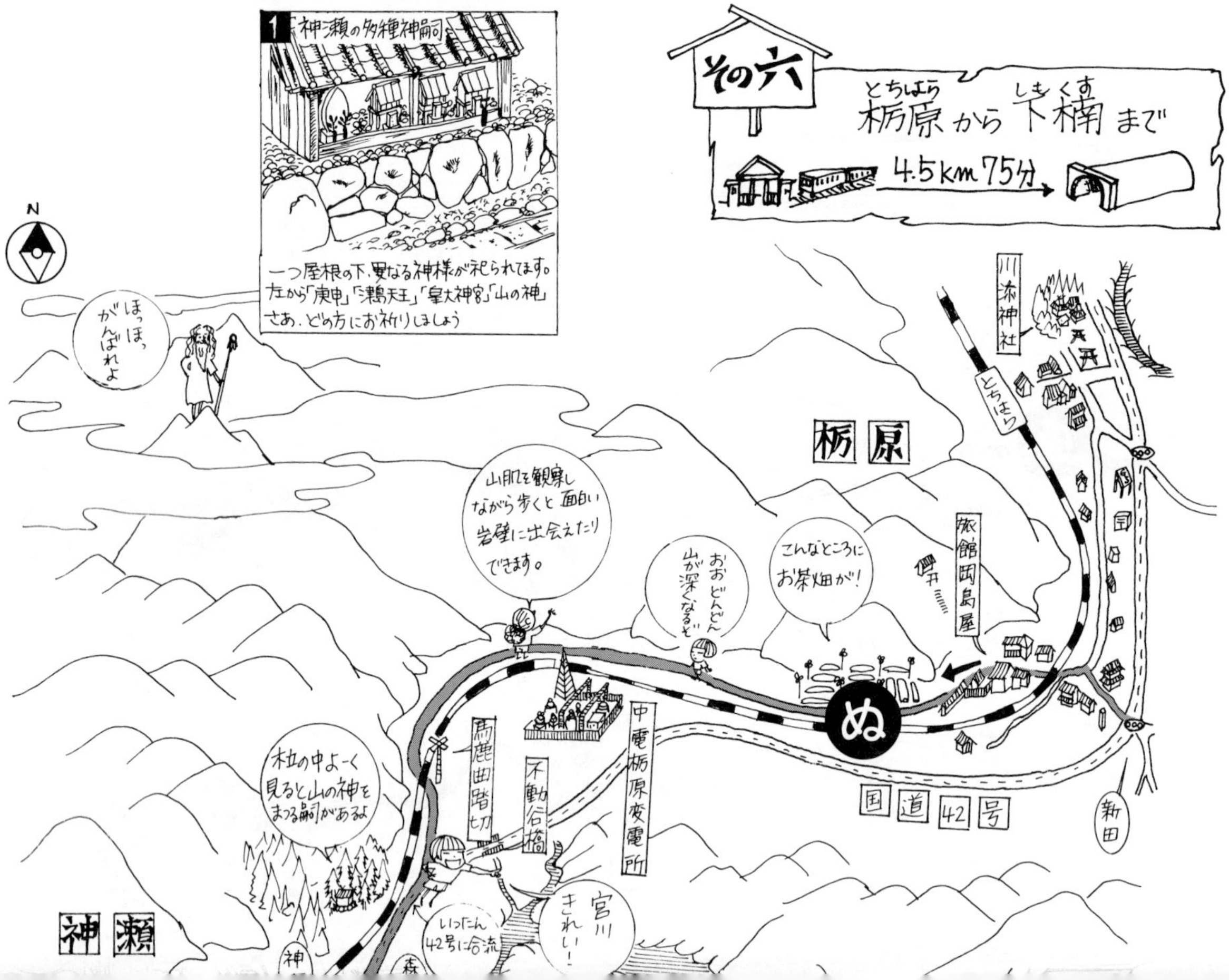

その六
栃原《とちはら》から下楠《しもくす》まで
4.5km 75分
1 神瀬の多種神祠
一つ屋根の下、異なる神様が祀られてます。
左から「庚申」「津島天王」「皇大神宮」「山の神」
さあ、どの方にお祈りしましょう
ほっほ、がんばれよ
N
栃原
とちはら
川添神社
旅館岡島屋
こんなところにお茶畑が!
おおどんどん山が深くなるぞ
山肌を観察しながら歩くと面白い岩壁に出会えたりできます。
ぬ
中電栃原変電所
国道42号
新田
馬鹿曲踏切
不動谷橋
杜の中よーく見ると山の神をまつる祠があるよ
宮川きれい!
いったん42号に合流
神瀬
神
森

WCあり
神社
神照寺
注！
茶畑の中の作業道を通って林道にでます
谷川
林道で谷川をうかいします
こちらに昔の街道が残っています
いい見晴らし！
踏切を渡って42号に合流！
行き倒れの墓
昔の道の入口はわかりにくい
神瀬橋
庚申さん
多種神祠
オサルがいるよ
宮川
42号に合流せず集落内に入って踏切を渡ります気をつけて！
JR紀勢本線
レストラン名古屋
歩道を上がったところ踏切
下楠
0
100m
200m
2 神瀬橋
通称「めがね橋」
明治40年に作られた石造りの立派な橋
馬鹿曲がり
不動谷は宮川にせり出した山々によって形成される深い谷であり、大正12年の鉄道開通以前は交通の難所であった。
この地を通る熊野古道は「馬鹿曲がり」と呼ばれる谷間づたいの大まわりを余儀なくされてきていた。
馬鹿曲がりの谷には、かつて橋をかけていた石積が残っています。

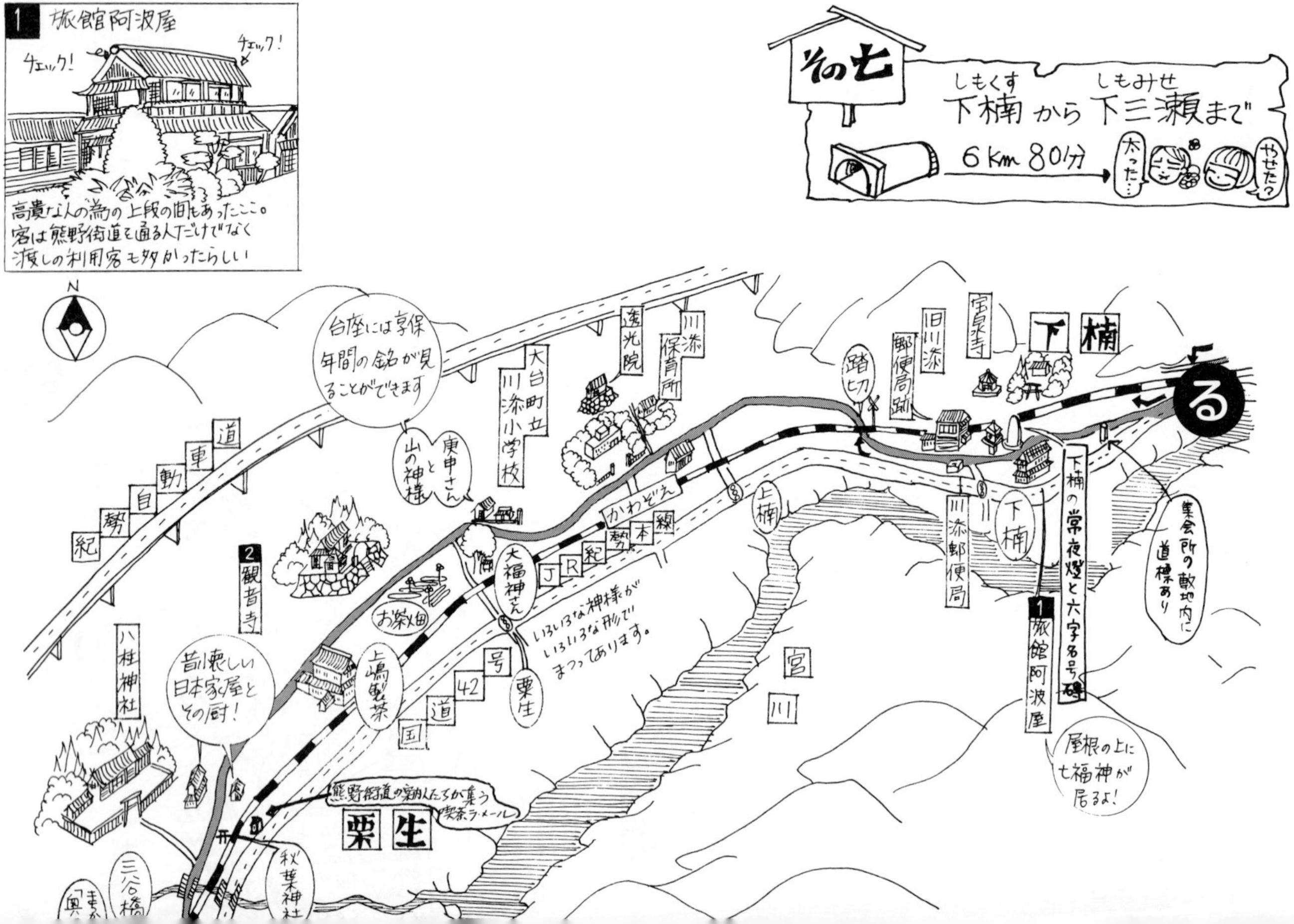
その七
下楠《しもくす》から下三瀬《しもみせ》まで
6km 80分
太った…
やせた？
1 旅館阿波屋
チェック！
チェック！
高貴な人の為の上段の間もあったここ。
客は熊野街道を通る人だけでなく
渡しの利用客も多かったらしい
N
台座には享保年間の銘が見ることができます
庚申さんと山の神様
紀勢自動車道
大台町立川添小学校
蓮光院
川添保育所
踏切
旧川添郵便局跡
宝泉寺
下楠
る
2 観音寺
八柱神社
昔懐しい日本家屋とその厨！
お茶畑
上嶋製茶
大福神さん
かわぞえ
JR紀勢本線
いろいろな神様がいろいろな形でまつってあります。
国道42号
栗生
上楠
下楠
川添郵便局
下楠の常夜燈と六字名号碑
集会所の敷地内に道標あり
1 旅館阿波屋
屋根の上に七福神が居るよ！
宮川
熊野街道の旅人たちが集う喫茶ラ・メール
栗生
三谷橋
秋葉神社

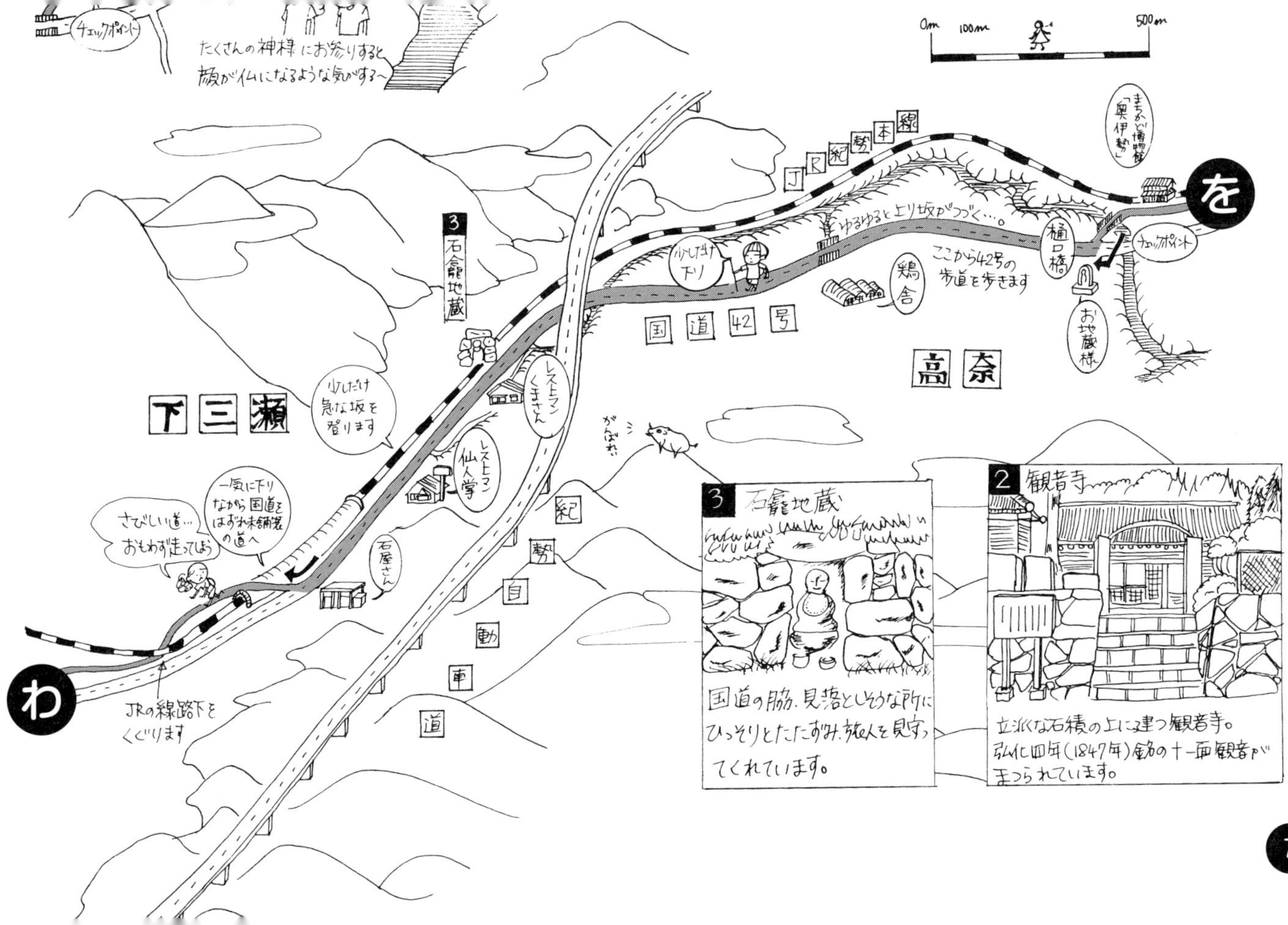

国道の脇、見落としそうな所にひっそりとたたずみ、旅人を見守ってくれています。

立派な石積の上に建つ観音寺。弘化四年（1847年）銘の十一面観音が祀られています。

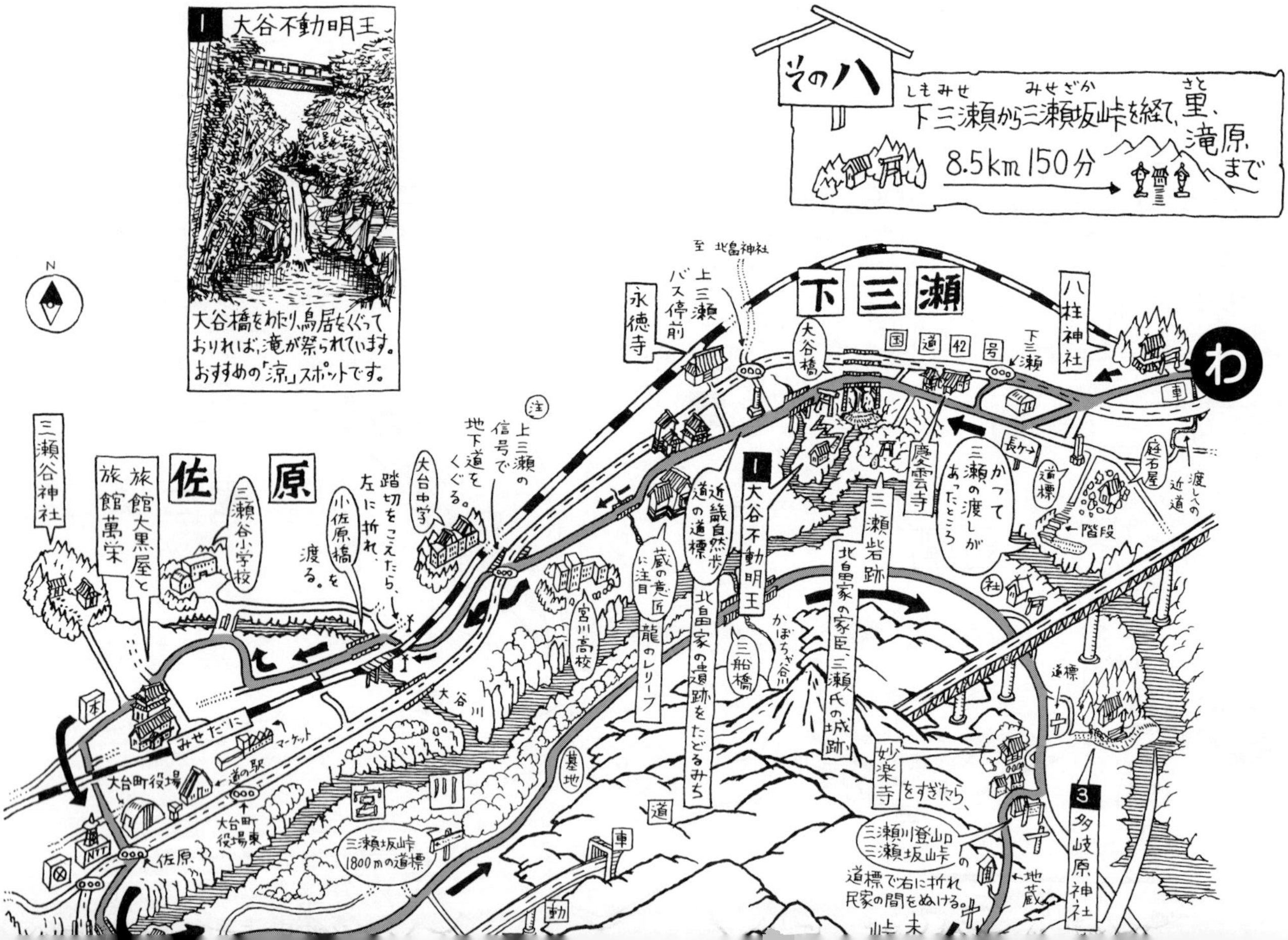

その八
下三瀬《しもみせ》から三瀬坂《みせざか》峠を経て、里《さと》、滝原まで
8.5km 150分
1 大谷不動明王
大谷橋をわたり、鳥居をくぐっておりれば、滝が祭られています。おすすめの「涼」スポットです。
下三瀬
国道42号
下三瀬
八柱神社
大谷橋
至 北畠神社
上三瀬バス停前
永徳寺
かつて三瀬の渡しがあったところ
長ケ
道標
庭石屋
渡しへの近道
階段
慶雲寺
三瀬砦跡
北畠家の家臣、三瀬氏の城跡
1 大谷不動明王
近畿自然歩道の道標
北畠家の遺跡をたどるみち
蔵の意匠に注目
龍のレリーフ
三船橋
かぼちゃ谷川
宮川高校
上三瀬の信号で地下道をくぐる。
大台中学
踏切をこえたら、左に折れ、
小佐原橋を渡る。
佐原
三瀬谷小学校
旅館大黒屋と旅館萬栄
三瀬谷神社
みせだに
マーケット
道の駅
大台町役場
大台町役場東
佐原
大谷川
三瀬坂峠1800mの道標
墓地
道
妙楽寺をすぎたら、
三瀬川登山口
三瀬坂峠の道標で右に折れ民家の間をぬける。
地蔵
道標
3 多岐原神社
峠

滝見橋
その名のとおり滝が見られます。
大宮大台IC
大内山川
国道42号
紀勢本線
坂峠
急坂を登る。
宝暦地蔵
その後の道標では『三瀬坂峠』をめざします。
△328
峠の道標
三瀬川登り口 1,100m
里登り口 1,000m
三瀬坂峠
急坂を下る。
石がゴロゴロ
こけむしたところ
里登り口の祠
里登り口の道標
危
三瀬坂池
横断歩道も信号もないので気をつけて渡ってください。
小さな祠があちこちに
宝積寺
里の信号わたる
道標
里
岩瀬神社
か
足神
滝原宮
0
100m
500m
3 多岐原神社
三瀬の渡し場から、すぐ境内に入ります。玉石砂利のやわらかな踏みごこちが心地よいです。峠越えにそなえて一休み。
2 舟木橋
レンガづくりの橋脚をもつこの舟木橋は、登録有形文化財。近代モダンのデザインですが欄干が低いので注意してください。

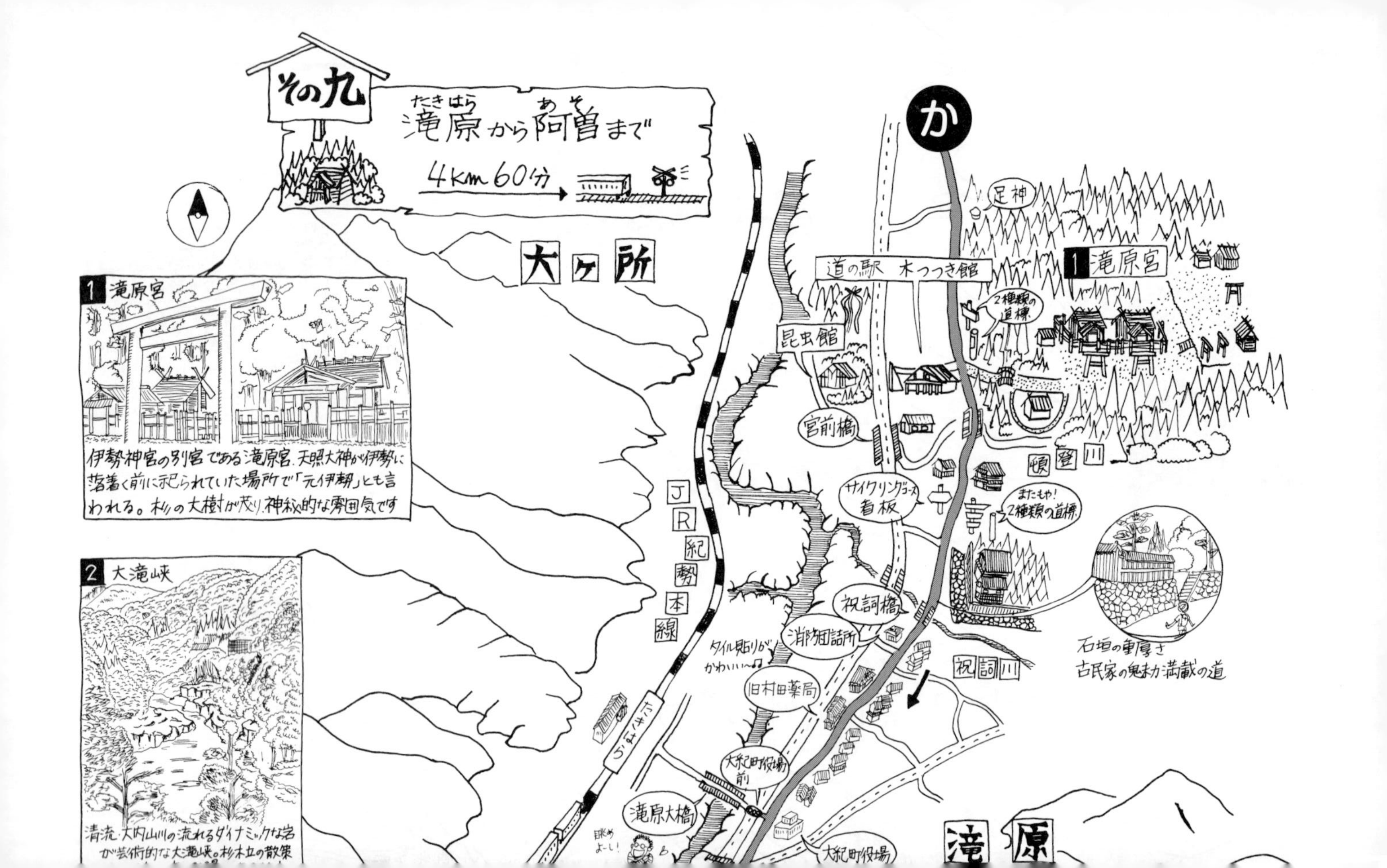

その九
滝原《たきはら》から阿曽《あそ》まで
4km 60分
大ヶ所
1 滝原宮
伊勢神宮の別宮である滝原宮。天照大神が伊勢に落着く前に祀られていた場所で「元伊勢」とも言われる。杉の大樹が茂り、神秘的な雰囲気です
2 大滝峡
清流・大内山川の流れるダイナミックな岩が芸術的な大滝峡。杉木立の散策
JR紀勢本線
たきはら
か
足神
道の駅 木つつき館
1 滝原宮
2種類の道標
昆虫館
宮前橋
頓登川
サイクリングコース看板
またもや！2種類の道標
祝詞橋
消防団詰所
タイル貼りがかわいい〜♫
祝詞川
石垣の重厚さ
古民家の鬼力満載の道
旧村田薬局
大紀町役場前
滝原大橋
眺めよーし！
大紀町役場
滝原

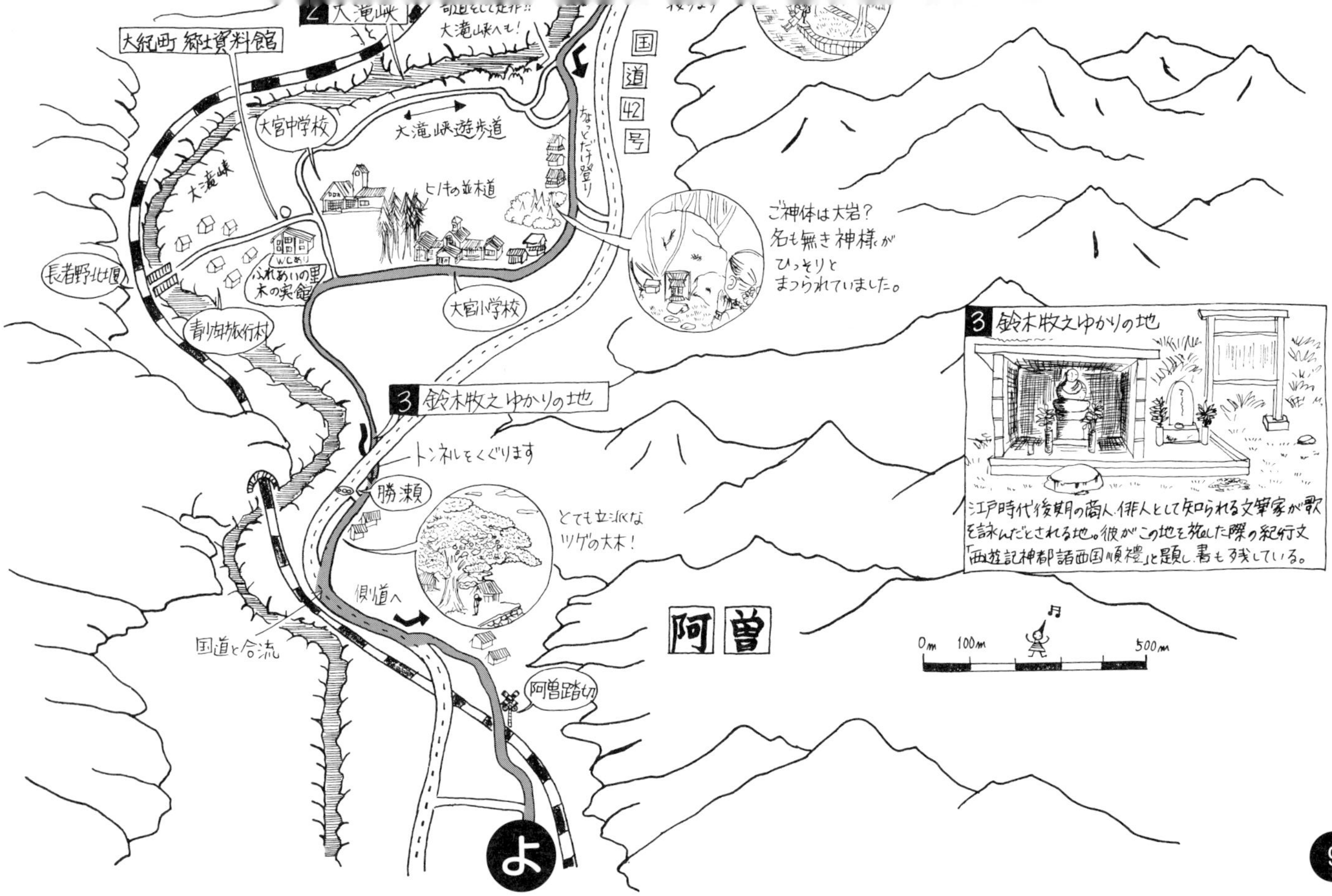
2 大滝峡
大滝峡へも!
大紀町 郷土資料館
国道42号
大宮中学校
大滝峡遊歩道
なっとだけ登り
大滝峡
ヒノキの並木道
長者野北園
WCあり
ふれあいの里 木の実館
大宮小学校
青少年旅行村
ご神体は大岩?
名も無き神様が
ひっそりと
まつられていました。
3 鈴木牧之ゆかりの地
トンネルをくぐります
勝瀬
とても立派な
ツゲの大木!
側道へ
国道と合流
阿曽踏切
阿曽
0m 100m 500m
よ
3 鈴木牧之ゆかりの地
江戸時代後期の商人、俳人として知られる文筆家が歌を詠んだとされる地。彼がこの地を旅した際の紀行文「西遊記神都詣西国順禮」と題し書も残している。

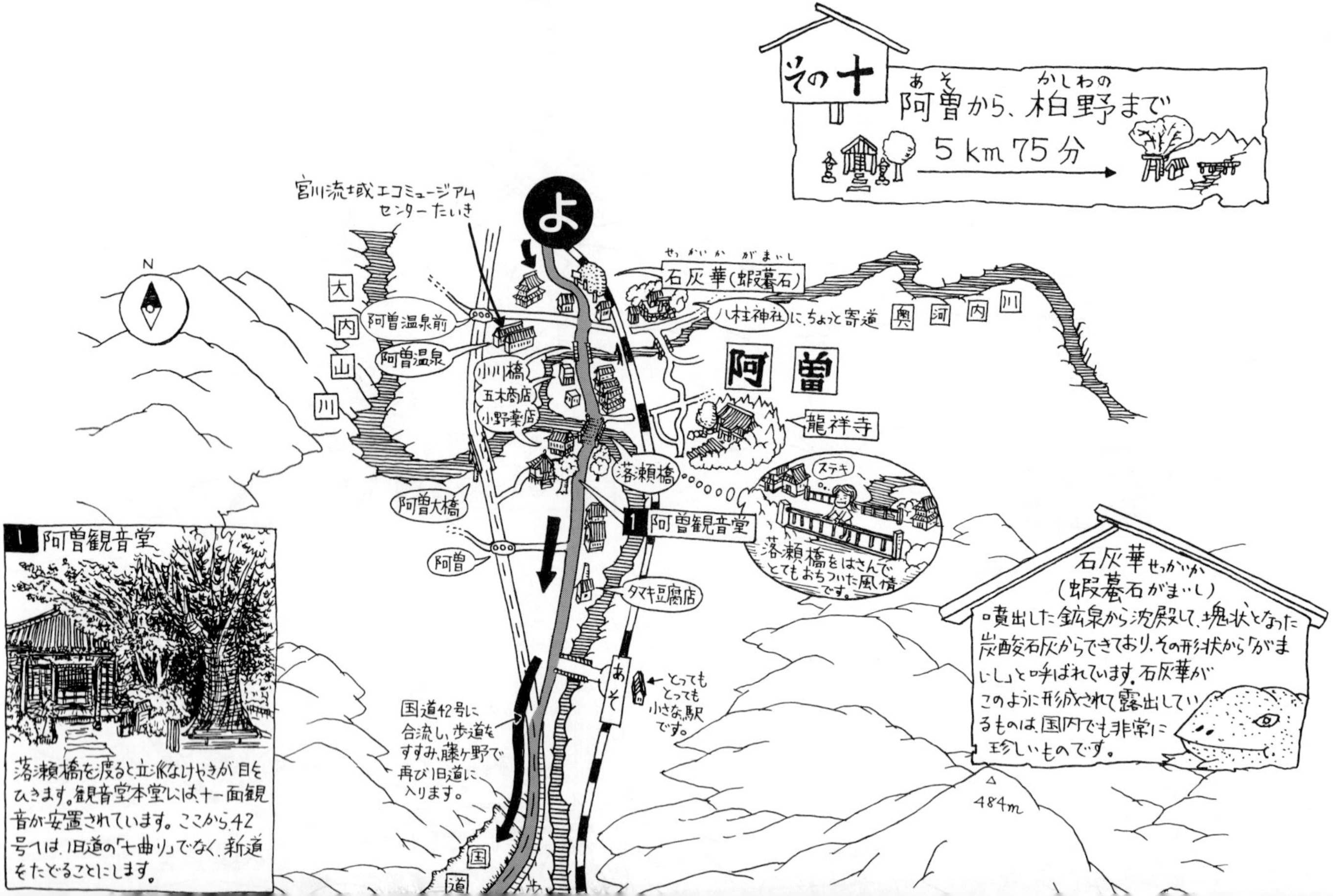

その十
阿曽《あそ》から、柏野《かしわの》まで
5km 75分
宮川流域エコミュージアム センターたいき
よ
石灰華《せっかいか》(蝦蟇石《がまいし》)
八柱神社に、ちょっと寄道
奥河内川
大内山川
阿曽温泉前
阿曽温泉
阿曽
小川橋
五木商店
小野薬店
龍祥寺
落瀬橋
ステキ
阿曽大橋
1 阿曽観音堂
落瀬橋をはさんでとてもおちついた風情です。
阿曽
タマキ豆腐店
あそ
とってもとっても小さな駅です。
国道42号に合流し、歩道をすすみ、藤ヶ野で再び旧道に入ります。
国道
484m
石灰華せっかいか (蝦蟇石がまいし)
噴出した鉱泉から沈殿して、塊状となった炭酸石灰からできており、その形状から「がまいし」と呼ばれています。石灰華がこのように形成されて露出しているものは、国内でも非常に珍しいものです。
1 阿曽観音堂
落瀬橋を渡ると立派なけやきが目をひきます。観音堂本堂には、十一面観音が安置されています。ここから42号へは、旧道の「七曲り」でなく、新道をたどることにします。

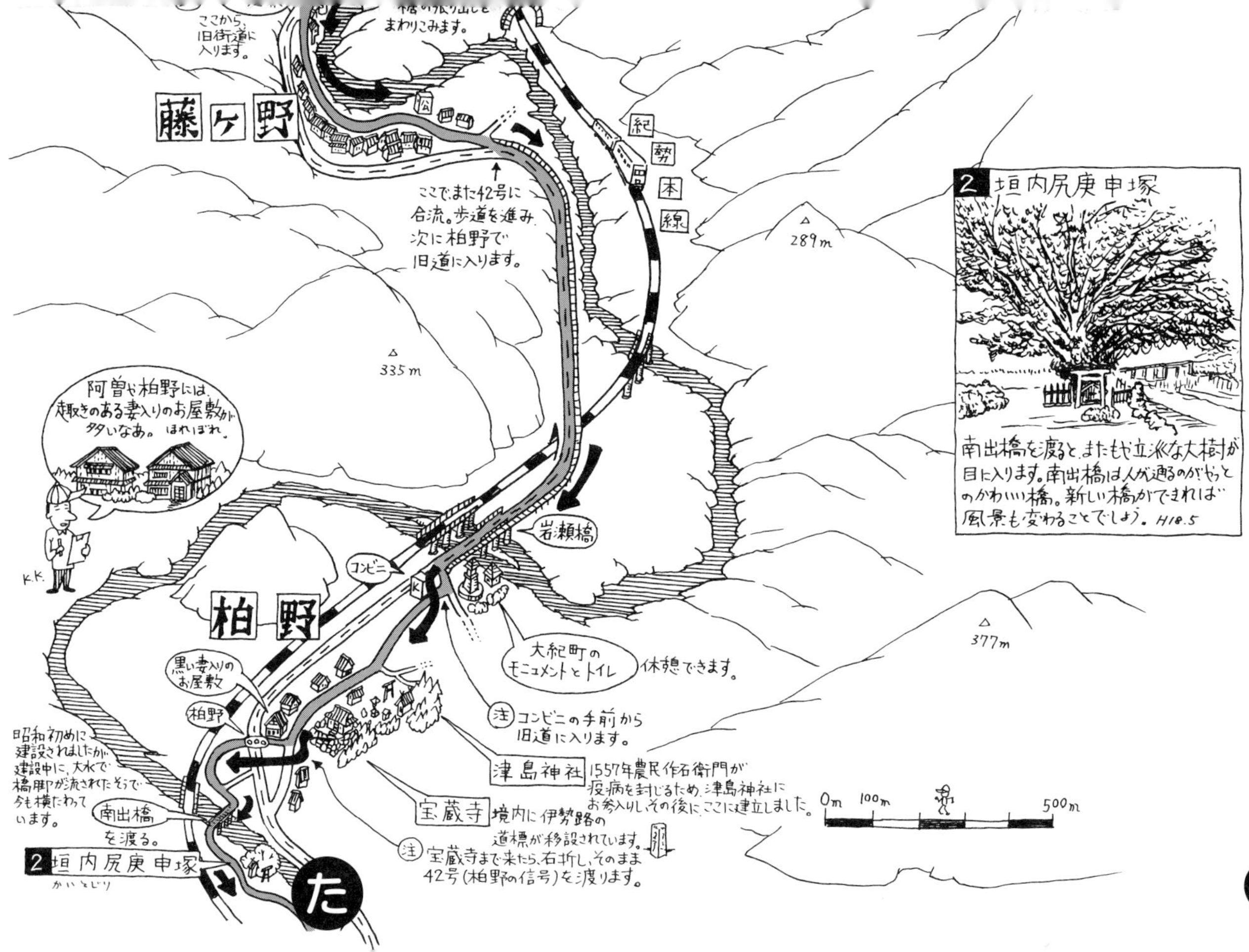
ここから旧街道に入ります。
…まわりこみます。
藤ヶ野
紀勢本線
ここでまた42号に合流。歩道を進み次に柏野で旧道に入ります。
289m
335m
377m
2 垣内尻庚申塚
南出橋を渡ると、またもや立派な大樹が目に入ります。南出橋は人が通るのがやっとのかわいい橋。新しい橋ができれば風景も変わることでしょう。H18.5
阿曽や柏野には趣きのある妻入りのお屋敷が多いなあ。ほれぼれ。
K.K.
岩瀬橋
コンビニ
柏野
大紀町のモニュメントとトイレ
休憩できます。
黒い妻入りのお屋敷
柏野
注 コンビニの手前から旧道に入ります。
昭和初めに建設されましたが建設中に、大水で橋脚が流されたそうで今も横たわっています。
南出橋を渡る。
津島神社 1557年農民作右衛門が疫病を封じるため、津島神社にお参りし、その後にここに建立しました。
宝蔵寺 境内に伊勢路の道標が移設されています。
注 宝蔵寺まで来たら、右折し、そのまま42号(柏野の信号)を渡ります。
2 垣内尻《かいとじり》庚申塚
た
0m 100m 500m

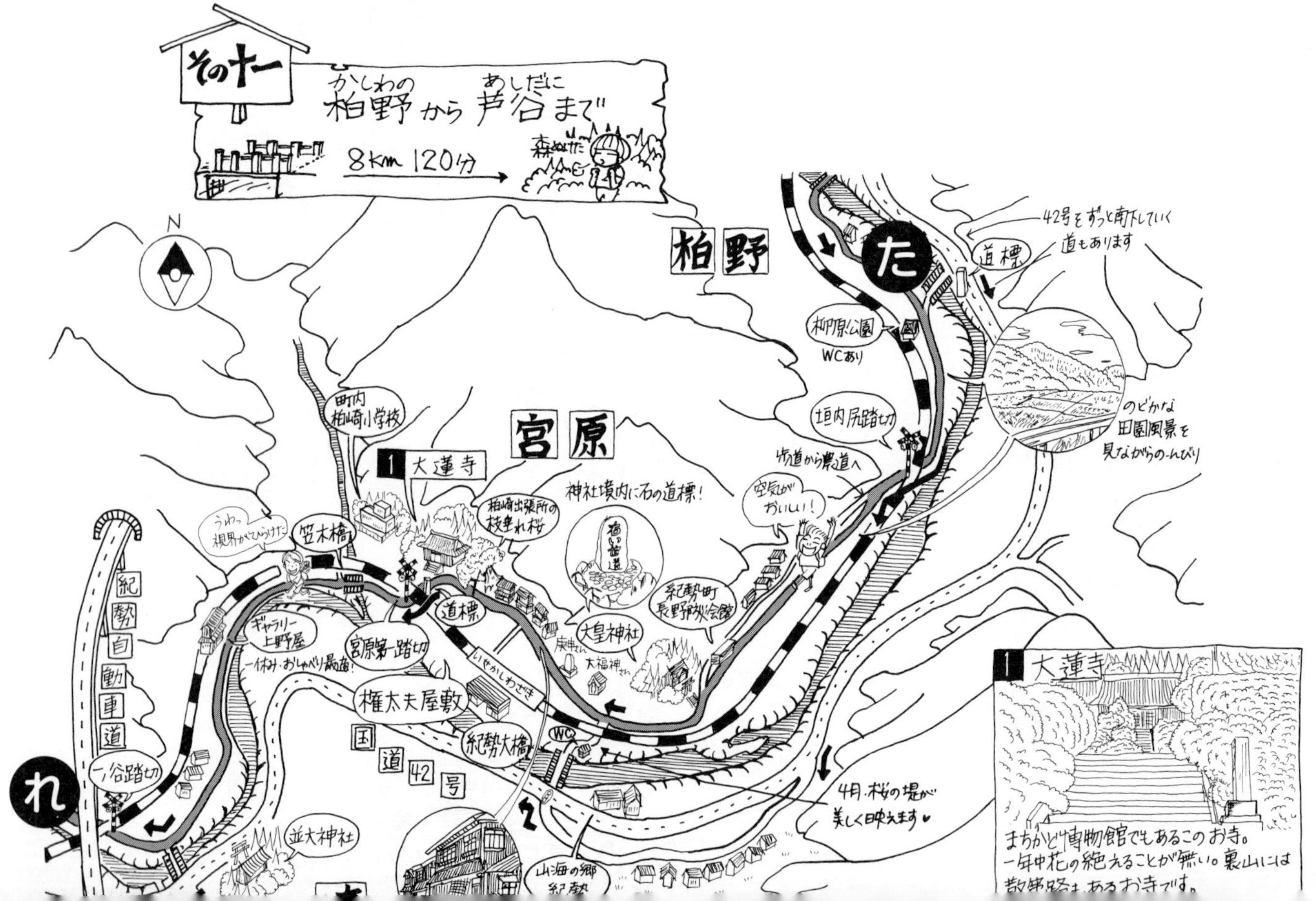
その十一
柏野《かしわの》から芦谷《あしだに》まで
8km 120分
森ぬいた
柏野
た
42号をずっと南下していく道もあります
道標
柳原公園
WCあり
のどかな田園風景を見ながらの一んびり
垣内尻踏切
歩道から農道へ
空気がおいしい!
宮原
町内
柏崎小学校
1 大蓮寺
神社境内に石の道標!
柏崎出張所の枝垂れ桜
うわっ 視界がひらけた
笠木橋
紀勢町長野防災会館
大皇神社
庚申さん
大福神さん
道標
ギャラリー上野屋
一休み・おしゃべり最適!
宮原第一踏切
いせかしわざき
権太夫屋敷
紀勢自動車道
国道42号
紀勢大橋
WC
4月、桜の堤が美しく映えます
一ノ谷踏切
れ
並大神社
山海の郷紀勢
1 大蓮寺
まちかど博物館でもあるこのお寺。一年中花の絶えることが無い。裏山には散策路まであるお寺です。

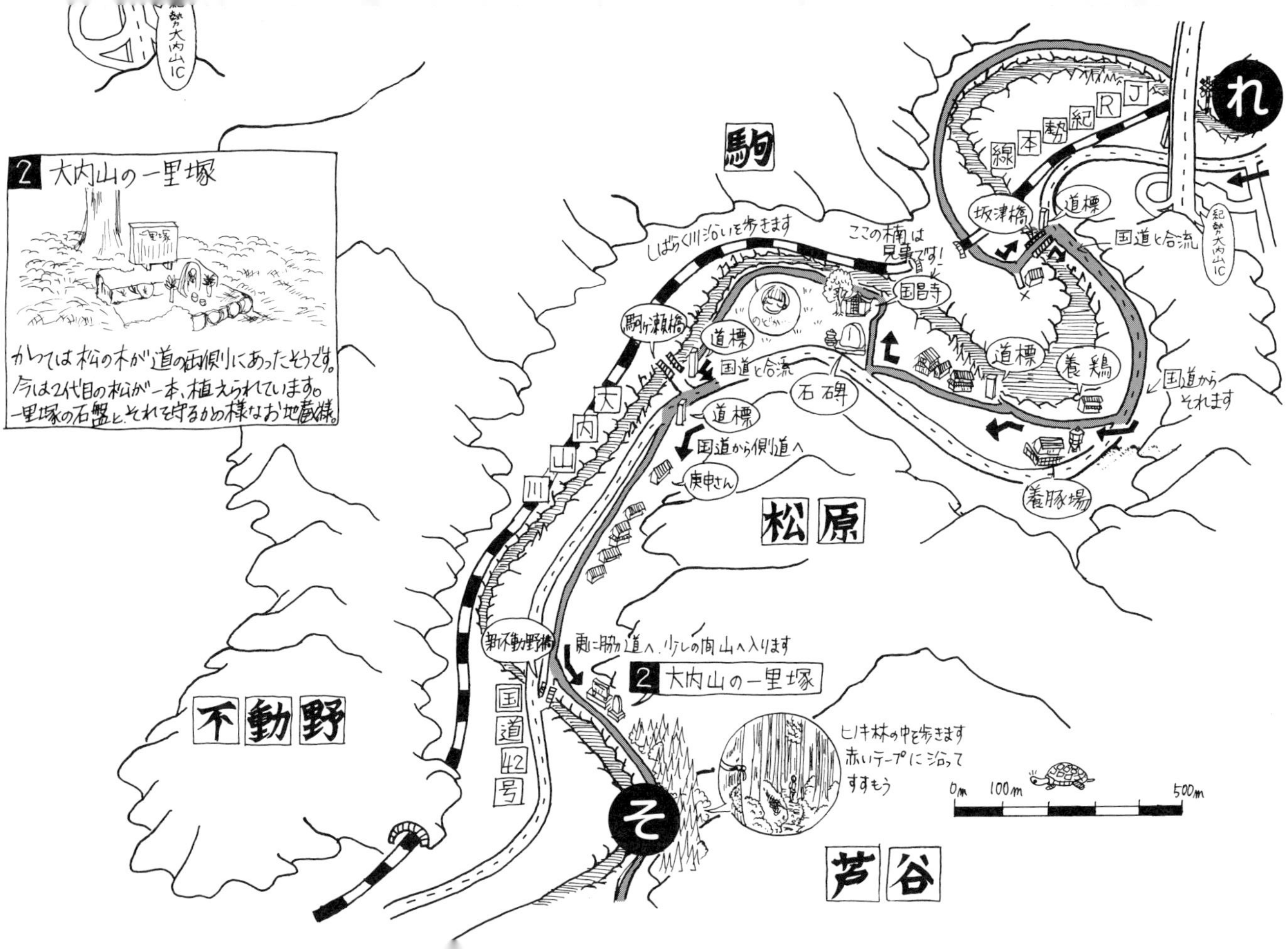

2 大内山の一里塚
かつては松の木が道の両側にあったそうです。
今は2代目の松が一本、植えられています。
一里塚の石盤と、それを守るかの様なお地蔵様。
紀勢大内山IC
駒
しばらく川沿いを歩きます
ここの楠は見事です!
紀勢本線
JR
れ
坂津橋
道標
国道と合流
紀勢大内山IC
国昌寺
駒ヶ瀬橋
道標
国道と合流
石碑
道標
養鶏
国道からそれます
大内山川
道標
国道から側道へ
庚申さん
養豚場
松原
新不動野橋
東に脇道へ、少しの間山へ入ります
2 大内山の一里塚
不動野
国道42号
ヒノキ林の中を歩きます
赤いテープに沿ってすすもう
0m 100m 500m
そ
芦谷

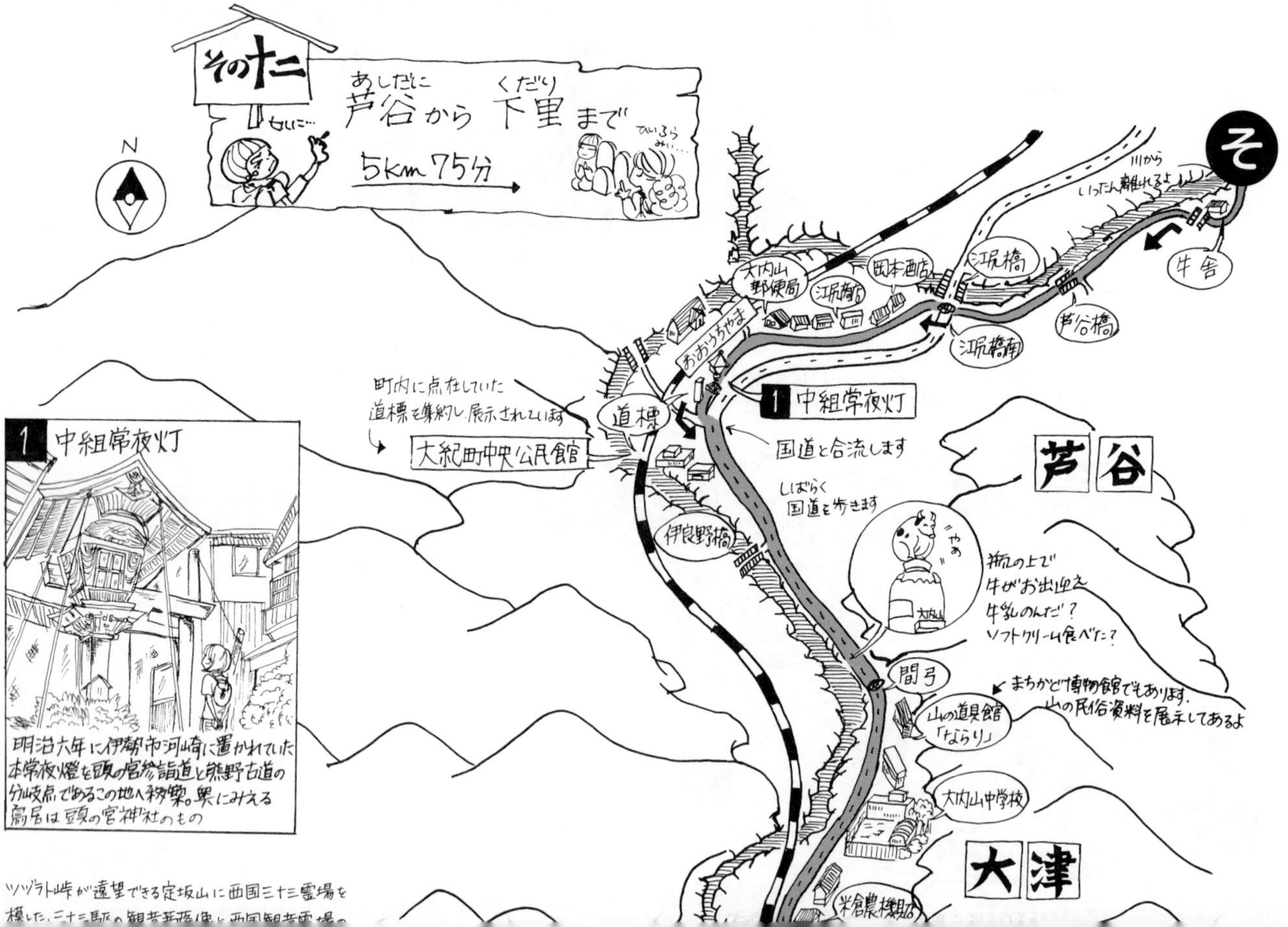
その十二
芦谷《あしだに》から下里《くだり》まで
5km 75分
むいに…
ひいふぅみい…
N
そ
川から いったん離れるよ
牛舎
芦谷橋
江尻橋
江尻橋南
岡本酒店
江尻館
大内山郵便局
おおうちやま
1 中組常夜灯
国道と合流します
道標
町内に点在していた道標を集約し展示されています
大紀町中央公民館
しばらく国道を歩きます
伊良野橋
芦谷
やあ
丘の上で牛がお出迎え
牛乳のんだ？
ソフトクリーム食べた？
大内山
間弓
まちかど博物館でもあります。山の民俗資料を展示してあるよ
山の道具館「ならり」
大内山中学校
大津
米倉農機具
1 中組常夜灯
明治六年に伊勢市河崎に置かれていた本常夜燈を頭の宮参詣道と熊野古道の分岐点であるこの地へ移築。奥にみえる鳥居は頭の宮神社のもの

ツヅラト峠が遠望できる定坂山に西国三十三霊場を
模した、三十三躰の観音菩薩像と西国観音霊場の

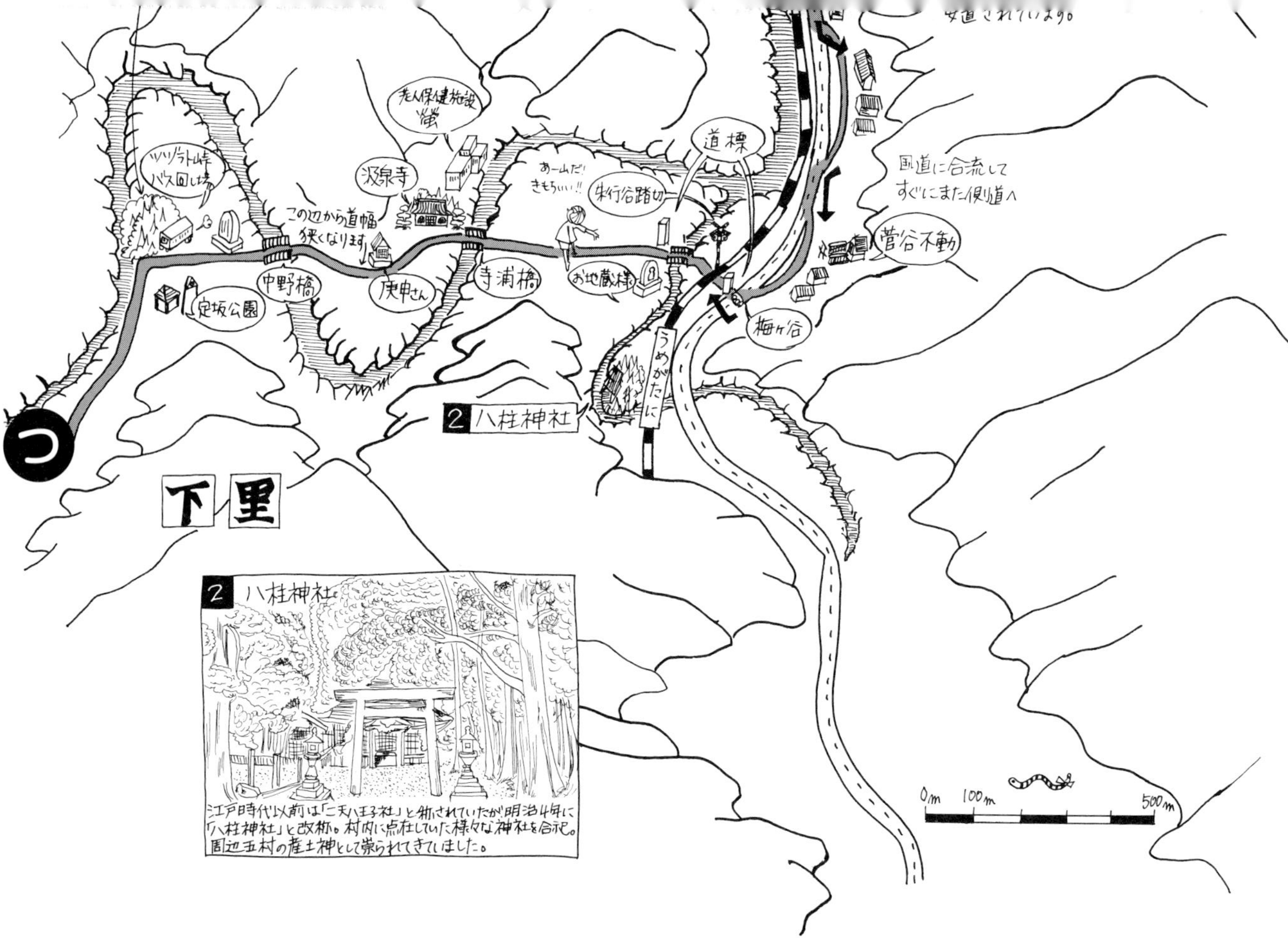
ツヅラト峠
バス回し場
老人保健施設
蛍
汲泉寺
この辺から道幅
狭くなります
道標
あーんだ!
きもちいい!!
朱行谷踏切
国道に合流して
すぐにまた側道へ
菅谷不動
中野橋
庚申さん
寺浦橋
お地蔵様
定坂公園
うめがたに
梅ケ谷
2 八柱神社
つ
下
里
2 八柱神社
江戸時代以前は「二天八王子社」と称されていたが明治4年に「八柱神社」と改称。村内に点在していた様々な神社を合祀。周辺五村の産土神として崇められてきていました。
0m
100m
500m

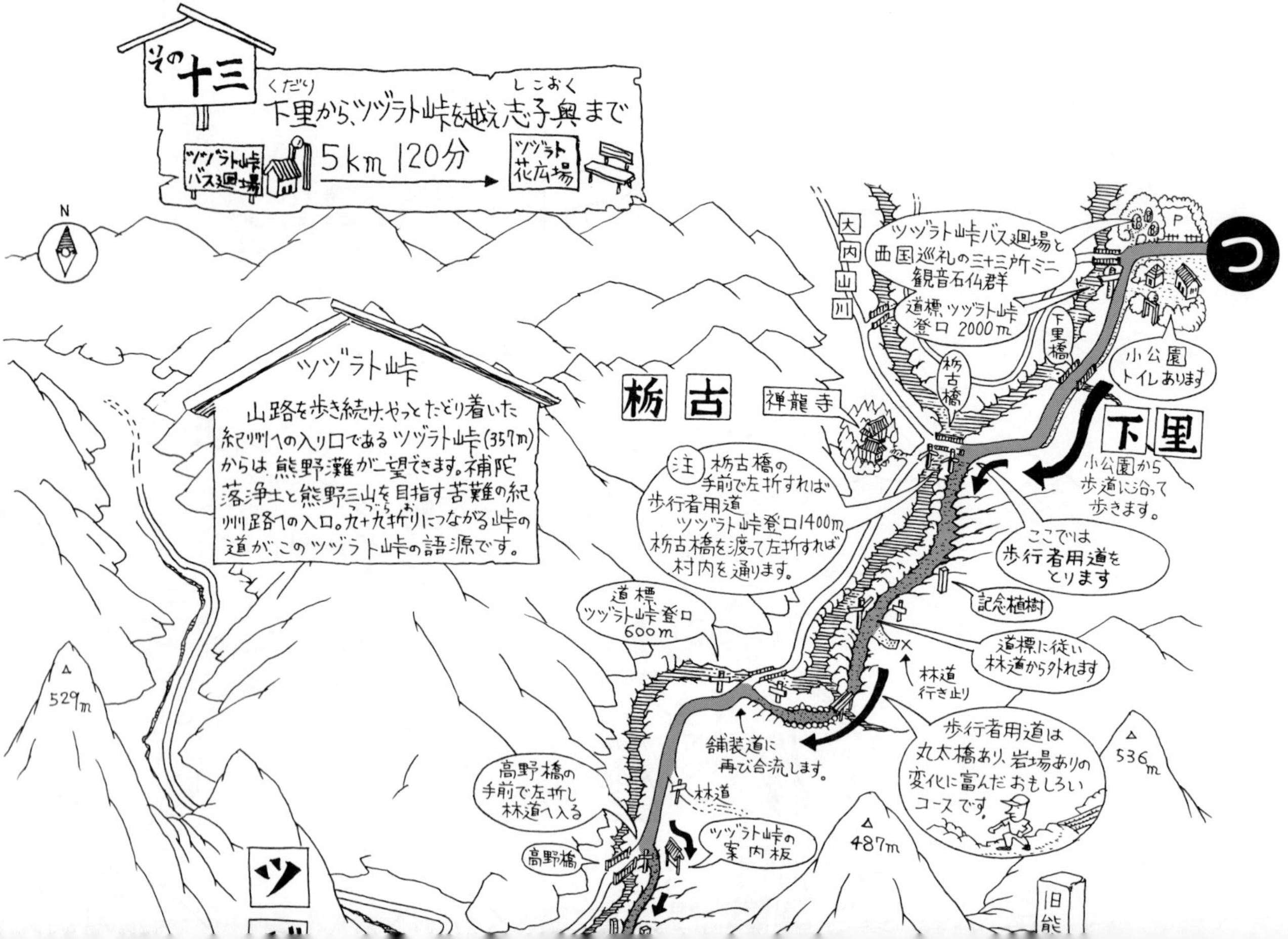

その十三
下里《くだり》から、ツヅラト峠を越え志子奥《しこおく》まで
ツヅラト峠バス廻場
5km 120分
ツヅラト花広場
N
ツヅラト峠
山路を歩き続けやっとたどり着いた紀州への入り口であるツヅラト峠(357m)からは熊野灘が一望できます。補陀落浄土と熊野三山を目指す苦難の紀州路への入口。九十九折《つづらお》りにつながる峠の道が、このツヅラト峠の語源です。
栃古
禅龍寺
大内山川
ツヅラト峠バス廻場と西国巡礼の三十三所ミニ観音石仏群
道標 ツヅラト峠登口 2000m
下里橋
栃古橋
小公園 トイレあります
下里
小公園から歩道に沿って歩きます。
注 栃古橋の手前で左折すれば歩行者用道 ツヅラト峠登口1400m 栃古橋を渡って左折すれば村内を通ります。
ここでは歩行者用道をとります
記念植樹
道標 ツヅラト峠登口 600m
道標に従い林道から外れます
林道行き止り
529m
舗装道に再び合流します。
歩行者用道は丸太橋あり、岩場ありの変化に富んだおもしろいコースです。
536m
高野橋の手前で左折し林道へ入る
林道
ツヅラト峠の案内板
高野橋
487m
ツ
旧能

ラト峠
見晴台
晴台
ツヅラト峠
「ツヅラト峠 01/18 の道標が目に入ります。志子登口18/18までは、この道標を目安にします。
ツヅラト峠 01/18
ラト峠登口
で、林道を外れ、峠道へ!!
06/18の道標で再び林道と合流します。林道を横切るとすぐ峠の頂です。
1 野面乱層積み
道標 9/18〜10/18 あたり このあたり、シダがきれいです。
山の神
「石畳右へ曲がる」の標示に従い石畳道へ入る。
ツヅラト峠は江戸時代に入ってから東寄りの荷坂峠に、本道をとってかわられましたが、昭和初期まで生活道路として利用されていました。地元ボランティアの熱心な探索・修復のおかげで、古い石畳が掘り起こされています。
ツヅラト石道登り口
ここで18/18です。
志子登口
案内板
2 ツヅラト石道登り口 の碑
登り口の石碑のところで谷川を渡り、林道へ合流します。
林道終点の広場
標示に従って折れる。
いせじみちしるべ
伊勢路道標
世界遺産登録地内には、木製の伊勢路道標が、約100m間隔で設置されており歩行の目印になります。
ツヅラト峠 18/18
石碑と山の神
たな田跡
1 野面乱層積
中世に開かれたツヅラト峠には、石垣や石畳が多く残されています。野面乱層積と呼ばれる自然石をうまく積み上げた石垣は、風雪に耐え、今も残されています。
ここより舗装路
地蔵
水場のところです。
ツヅラト花広場
メダカの分校
花広場駐車場
P
志子奥
トイレ
をすぎたら、橋を渡らずに、そのまま、川沿の歩道を進みます。
0
100
500m
ね

## その十四 志子奥《しこおく》から魚《うお》まちを経て、加田《かた》まで

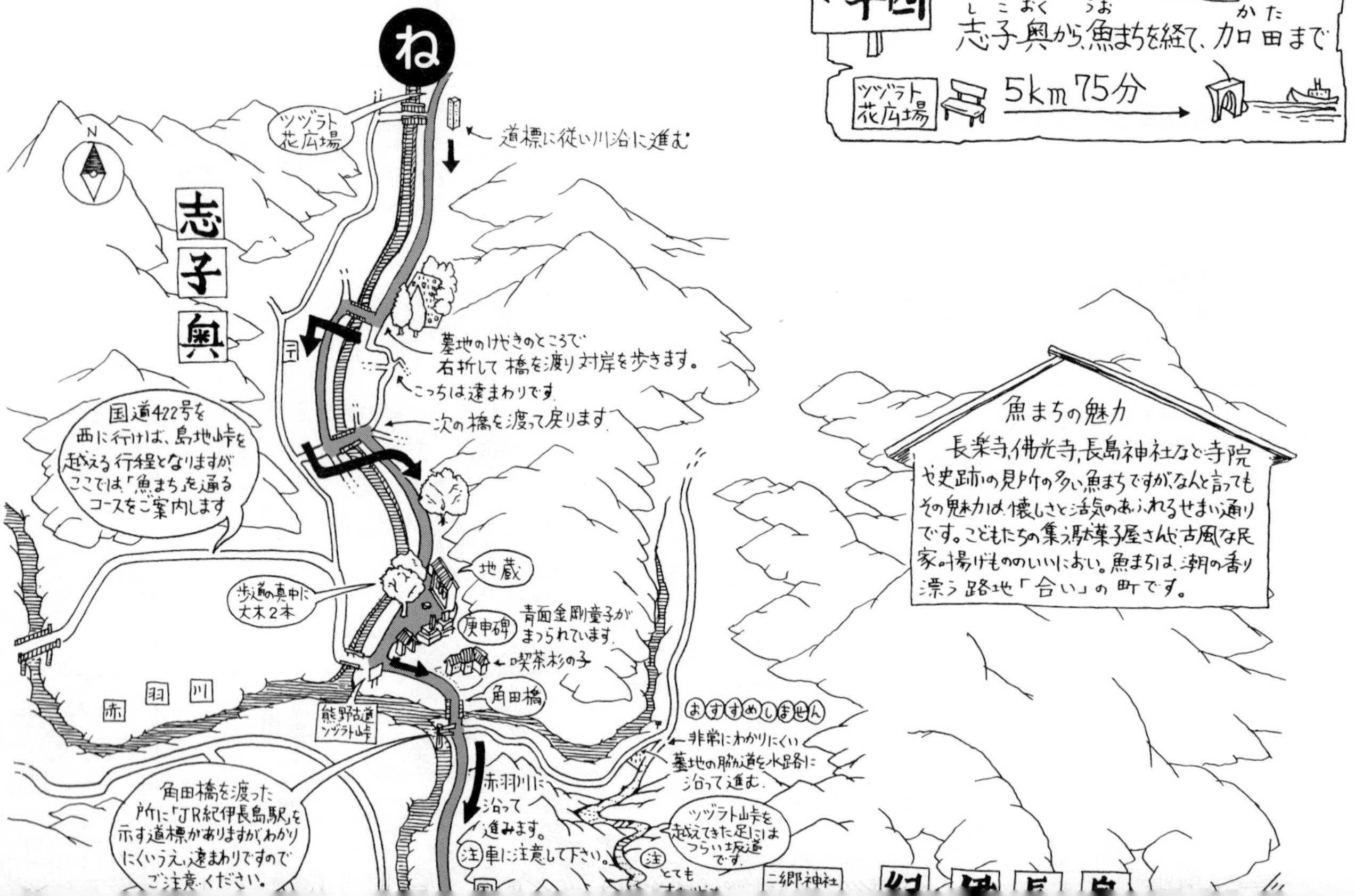
ツヅラト花広場
5km 75分
ね
ツヅラト花広場
道標に従い川沿に進む
志子奥
墓地のけやきのところで右折して橋を渡り対岸を歩きます。
こっちは遠まわりです
次の橋を渡って戻ります
国道422号を西に行けば、島地峠を越える行程となりますが、ここでは「魚まち」を通るコースをご案内します
地蔵
歩道の真中に大木2本
庚申碑
青面金剛童子がまつられています
喫茶杉の子
角田橋
赤羽川
熊野古道ツヅラト峠
おすすめしません
非常にわかりにくい
墓地の脇道を水路に沿って進む
赤羽川に沿って進みます。
注 車に注意して下さい。
角田橋を渡った所に「JR紀伊長島駅」を示す道標がありますが、わかりにくいうえ、遠まわりですのでご注意ください。
ツヅラト峠を越えてきた足にはつらい坂道です
注 とても
二郷神社

### 魚まちの魅力

長楽寺、佛光寺、長島神社など寺院や史跡の見所の多い魚まちですが、なんと言ってもその魅力は懐しさと活気のあふれるせまい通りです。こどもたちの集う駄菓子屋さんや古風な民家の揚げもののいいにおい。魚まちは、潮の香り漂う路地「合い」の町です。

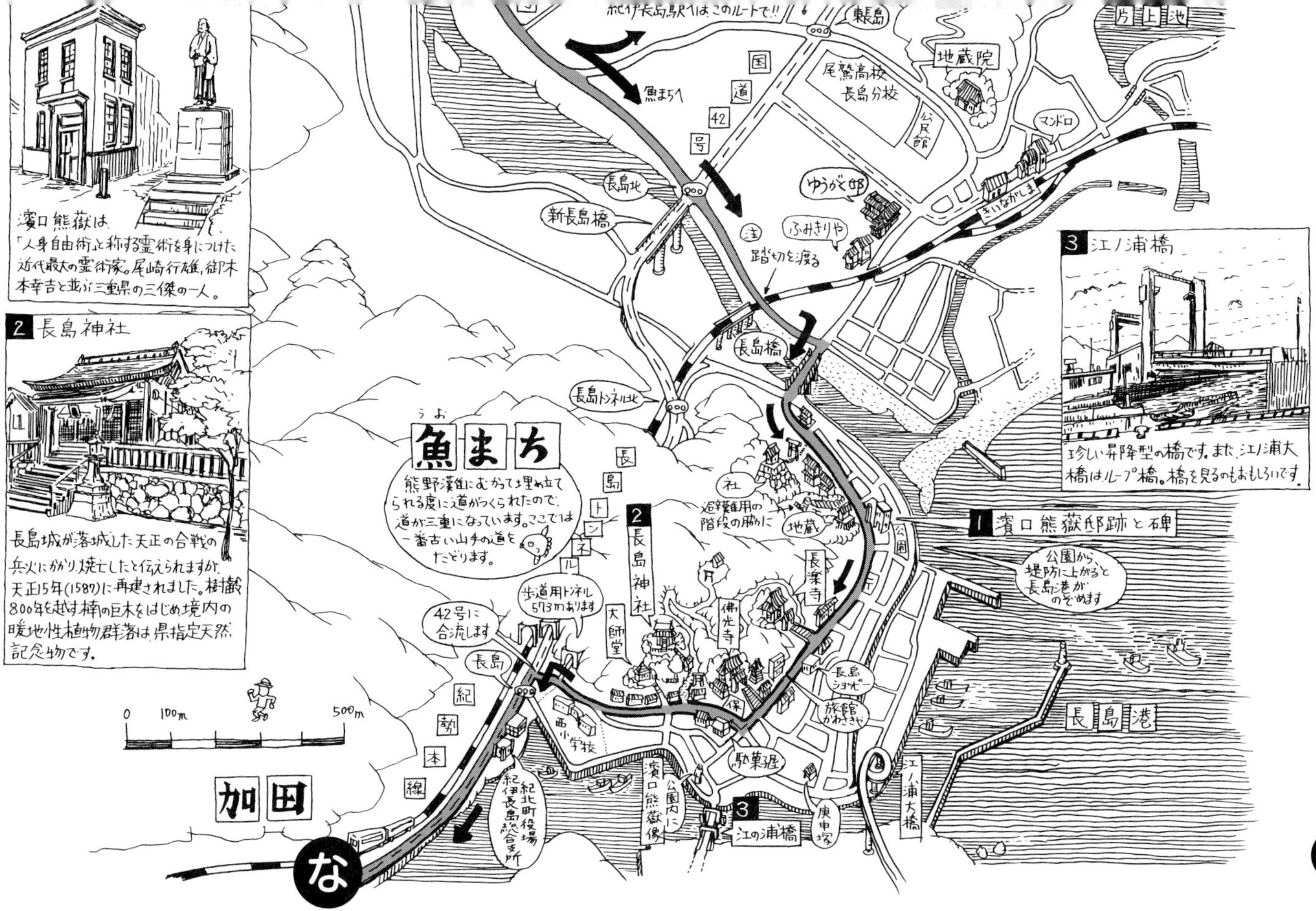

魚《うお》まち
熊野灘にむかって埋め立てられる度に道がつくられたので、道が三重になっています。ここでは一番古い山手の道をたどります。
濱口熊嶽は「人身自由術」と称する霊術を身につけた近代最大の霊術家。尾崎行雄、御木本幸吉と並ぶ三重県の三傑の一人。
2 長島神社
長島城が落城した天正の合戦の兵火にかかり焼亡したと伝えられますが、天正15年(1587)に再建されました。樹齢800年を越す楠の巨木をはじめ境内の暖地性植物群落は県指定天然記念物です。
3 江ノ浦橋
珍しい昇降型の橋です。また、江ノ浦大橋はループ橋。橋を見るのもおもしろいです。
1 濱口熊嶽邸跡と碑
公園から堤防に上がると長島港がのぞめます
紀伊長島駅へはこのルートで!!
魚まちへ
国道42号
尾鷲高校長島分校
公民館
地蔵院
片上池
東長島
マンドロ
きいながしま
ゆうがく邸
ふみきりや
注 踏切を渡る
長島北
新長島橋
長島橋
長島トンネル北
長島トンネル
社
通行用の階段の脇に
地蔵
長楽寺
佛光寺
長島神社
大師堂
歩道用トンネル 573mあります
42号に合流します
長島
紀勢本線
西小学校
紀北町役場 紀伊長島総合支所
濱口熊嶽像
公園内に
3 江の浦橋
駄菓子屋
庚申塚
旅館かわさきや
長島ショッピー
江ノ浦大橋
長島港
公園
加田
な
0 100m 500m

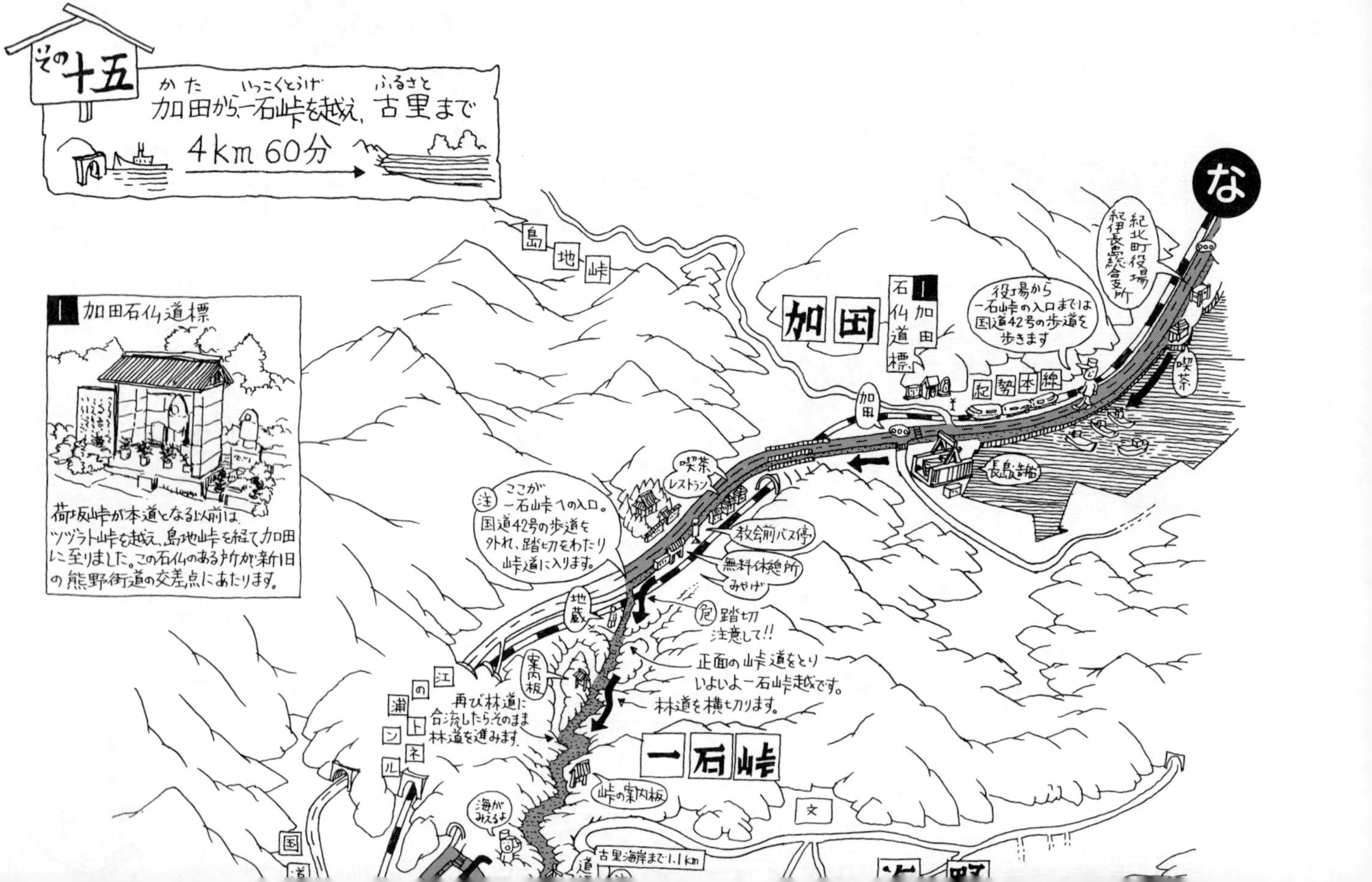
その十五
加田《かた》から一石峠《いっこくとうげ》を越え、古里《ふるさと》まで
4km 60分
1 加田石仏道標
荷坂峠が本道となる以前は、ツヅラト峠を越え、島地峠を経て加田に至りました。この石仏のある所が新旧の熊野街道の交差点にあたります。
島地峠
な
紀北町役場
紀伊長島総合支所
役場から一石峠の入口までは国道42号の歩道を歩きます
喫茶
1 加田石仏道標
加田
加田
紀勢本線
長島港
喫茶
レストラン
注 ここが一石峠への入口。国道42号の歩道を外れ、踏切をわたり峠道に入ります。
教会前バス停
無料休憩所
みやげ
地蔵
危 踏切注意して!!
正面の峠道をとりいよいよ一石峠越です。
林道を横切ります。
案内板
江の浦トンネル
再び林道に合流したらそのまま林道を進みます。
一石峠
峠の案内板
海がみえるよ
文
国道
古里海岸まで1.1km

踏切を渡り42号に合流したらそのまま歩道をすすみます。
オマワキ川
古里には民宿が多いですね
古里温泉
せっかくなので古里海岸によっていきます
WC
道標
古里トンネル
2 古里海水浴場
鏡神社
比総海岸
注 古里トンネルの手前で左手の坂を上がりホテル跡地の脇をすぎて遊歩道を歩きます
展望台
足もと注意
5
一石峠《いっこくとうげ》
長島から古里へは、この一石峠と平方峠を越えていきます。一石峠の一部は消失しているため、その間は林道を通ります。弘化元年(1845)、下総の神戸由左衛門の「道中日記帳」に「一石坂という峠」と記されている名のある峠です。
2 古里海水浴場
歓古里海水浴場迎
夏場は大勢の海水浴客で振う人気のスポットです。波とたわむれ古里温泉につかり、民宿に泊まるのもよいですね
丸山島
赤野島
N
0
100m
500m

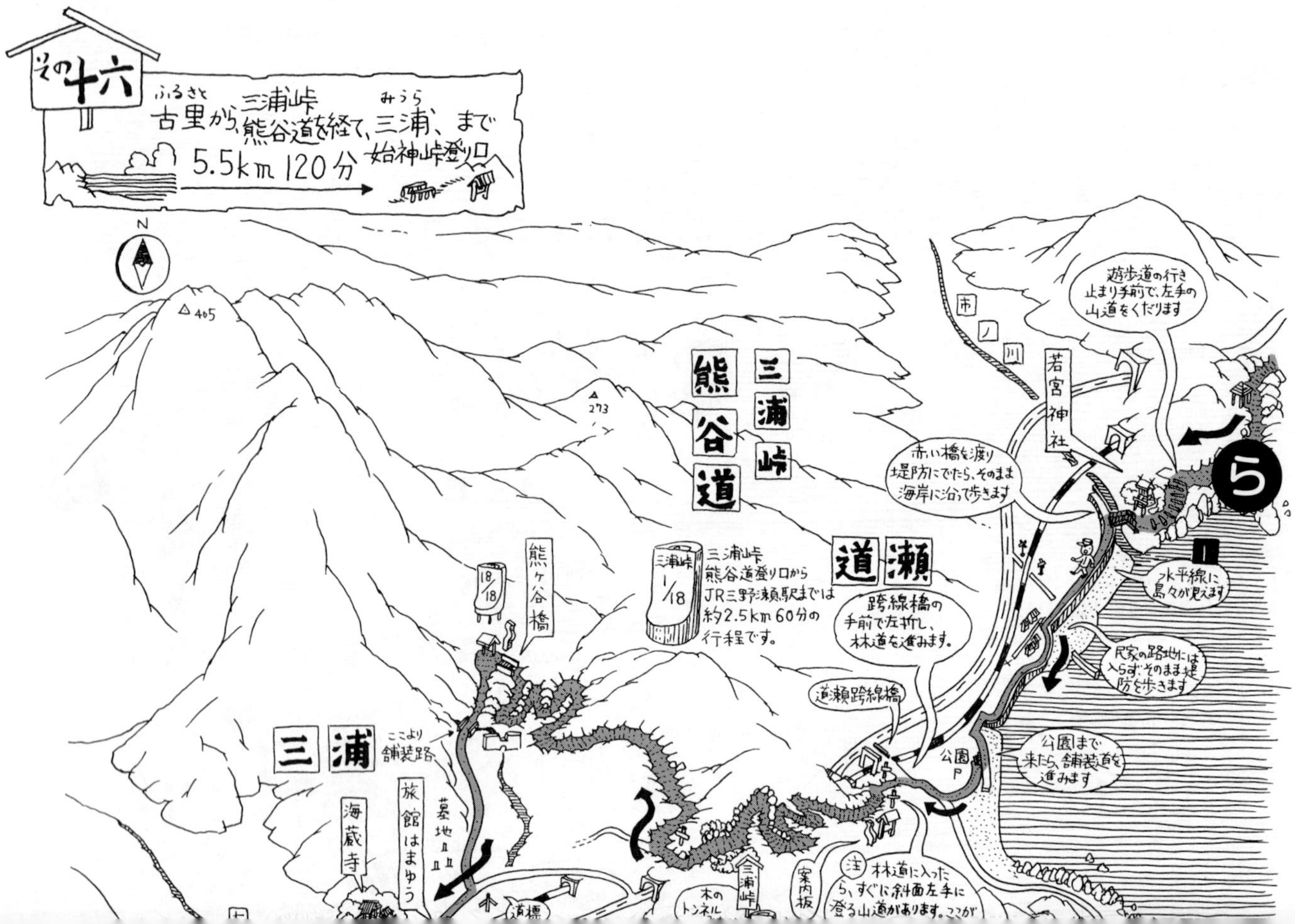

その十六
古里《ふるさと》から、三浦峠 熊谷道を経て、三浦《みうら》、まで
5.5km 120分
始神峠登り口
N
405
273
三浦峠
熊谷道
道瀬
市ノ川
若宮神社
遊歩道の行き止まり手前で、左手の山道をくだります
赤い橋を渡り堤防にでたら、そのまま海岸に沿って歩きます
三浦峠 1/18
三浦峠 熊谷道登り口からJR三野瀬駅までは約2.5km 60分の行程です。
18/18
熊ヶ谷橋
跨線橋の手前で左折し、林道を進みます。
水平線に島々が見えます
民家の路地には入らず、そのまま堤防を歩きます
道瀬跨線橋
公園
P
公園まで来たら、舗装道を進みます
三浦
ここより舗装路
海蔵寺
旅館はまゆう
墓地
道標
木のトンネル
三浦峠
案内板
注 林道に入ったら、すぐに斜面左手に登る山道があります。ここが

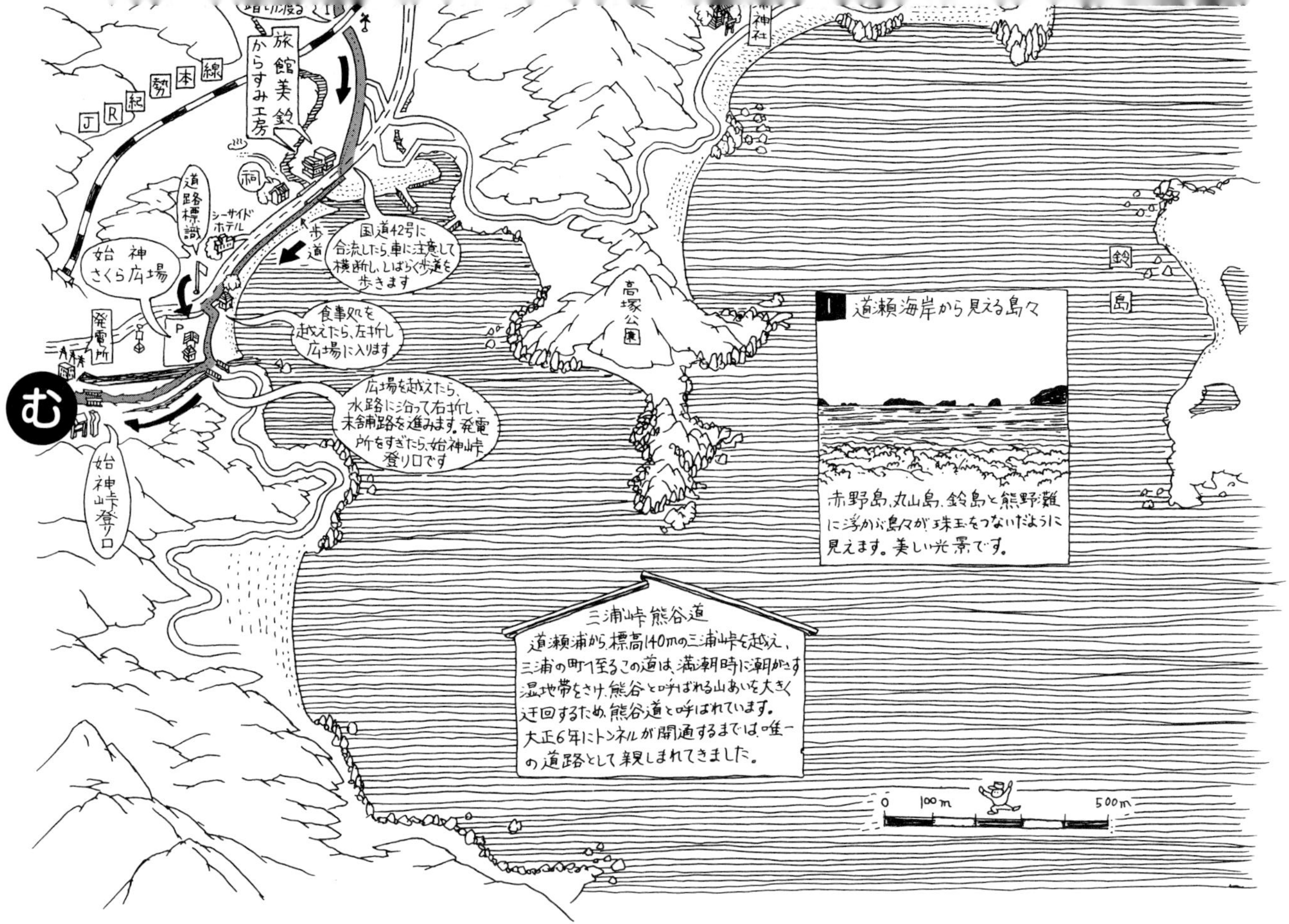
む
JR紀勢本線
旅館美鈴
からすみ工房
祠
道路標識
シーサイドホテル
始神さくら広場
発電所
P
歩道
国道42号に合流したら、車に注意して横断し、しばらく歩道を歩きます
食事処を越えたら、左折し広場に入ります
広場を越えたら、水路に沿って右折し、未舗路を進みます。発電所をすぎたら、始神峠登り口です
始神峠登り口
高塚公園
神社
鈴島
1 道瀬海岸から見える島々
赤野島、丸山島、鈴島と熊野灘に浮かぶ島々が、珠玉をつないだように見えます。美しい光景です。
三浦峠熊谷道
道瀬浦から標高140mの三浦峠を越え、三浦の町へ至るこの道は、満潮時に潮がさす湿地帯をさけ、熊谷と呼ばれる山あいを大きく迂回するため、熊谷道と呼ばれています。大正6年にトンネルが開通するまでは、唯一の道路として親しまれてきました。
0 100m 500m

その十七
三浦《みらう》から始神峠《はじかみとうげ》を経て馬瀬《うまぜ》まで
いざ！始神!!
ああおいしい
5km 100分
「始神峠」名の由来
始神はもともと「椒(はじかみ)」であり、山椒魚を意味します。大舟川上流にブチサンショウウオが多く生息する故だそう。より読みやすくする為に近年「始神」と書くようになったと考えられています
N
さっぱり。
明治道と江戸道分岐点。江戸道を行くと国道に出ます。周遊もできますよ！（世界遺産として登録されているのは江戸道）
明治道との交差点 道が広くなります!
明治道
給水所
道標
むトイレ隣の東屋のある民家は、古道客を大事にしてくれるお宅。なんと東屋は手づくり！是非お寄り下さい。
道標
大曲の谷 手洗場
16/16
江戸道
2 野面乱層積
1 始神峠
おおお 海〜♪
最初は比較的ゆるい傾斜です。
ふふふ…
十二町
国道から離れるあたりから石だらけの道に… 歩きにくーい
始神峠 1/16
木の根っこが張り出して、歩きやすくなります
一気に登ります！がんばって〜!!
石屋
用水路を右手に眺めすすみます
WC
原の池
国道42号
JR紀勢本線
始神峠
大舟川
注 川の中の道を行きますよ！でも水が
1 始神峠
ここ始神峠は伊勢路の峠の中でも、熊野市の松本峠と並ぶ景勝の峠として知られていました。峠には江戸時代から明治にかけて

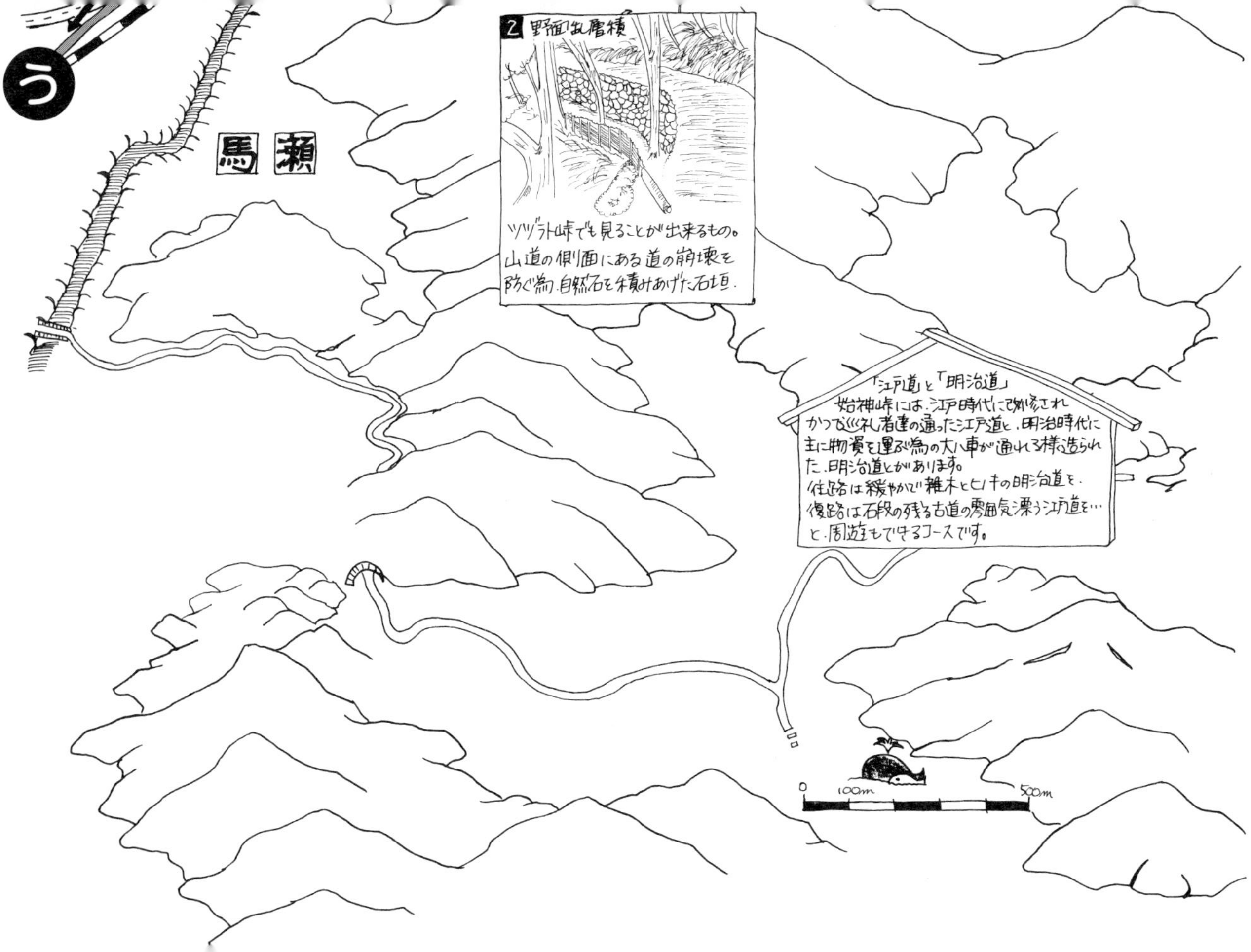
う
馬瀬
2 野面乱層積
ツヅラト峠でも見ることが出来るもの。
山道の側面にある道の崩壊を
防ぐ為、自然石を積みあげた石垣。
「江戸道」と「明治道」
始神峠には、江戸時代に改修され
かつて巡礼者達の通った江戸道と、明治時代に
主に物資を運ぶ為の大八車が通れる様造られ
た、明治道とがあります。
往路は緩やかで雑木とヒノキの明治道を、
復路は石段の残る古道の雰囲気漂う江戸道を…
と、周遊もできるコースです。
0
100m
500m

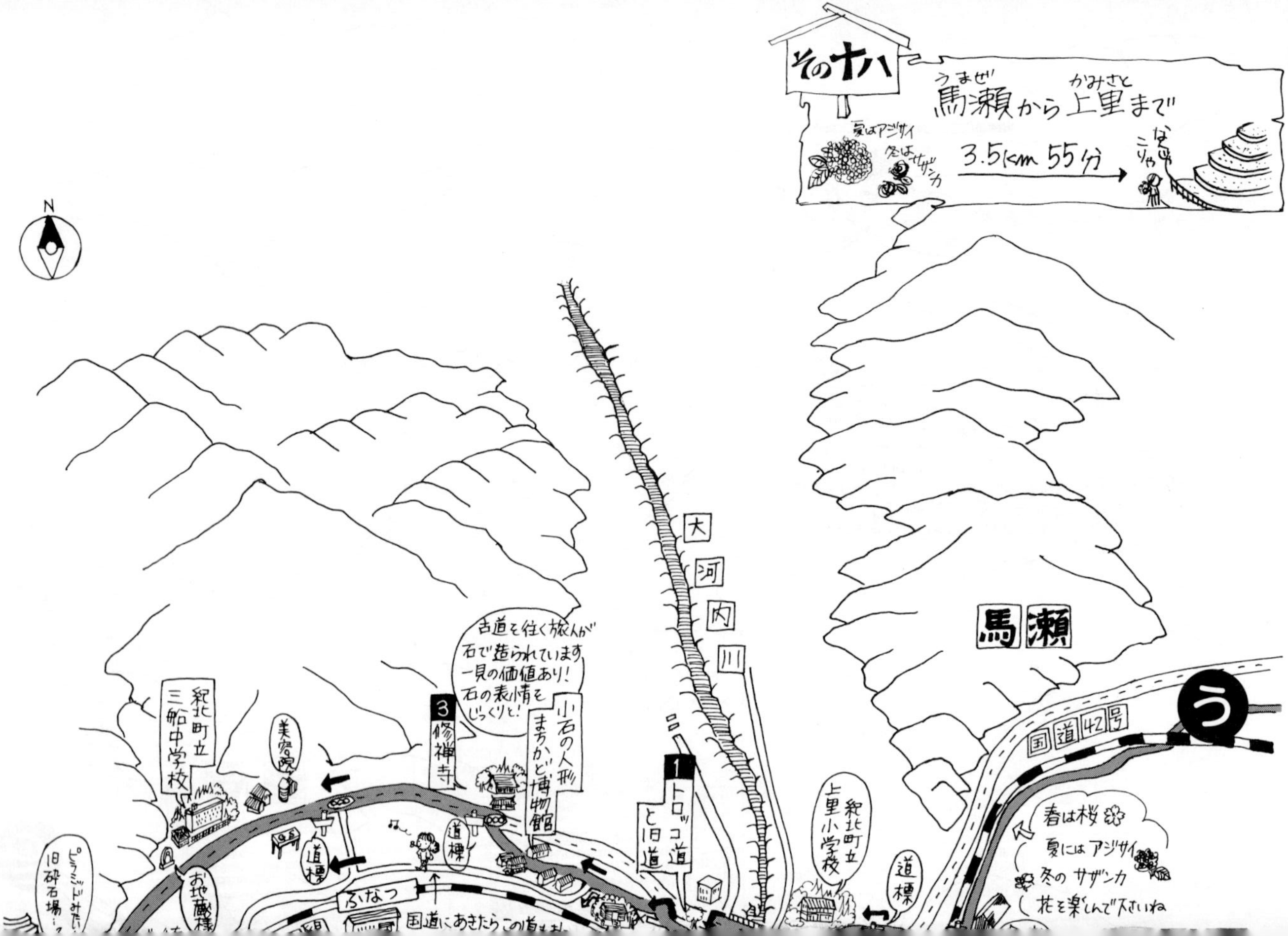

その十八
馬瀬《うませ》から上里《かみさと》まで
夏はアジサイ
冬はサザンカ
3.5km 55分
なちりゅう
N
大河内川
馬瀬
古道を往く旅人が石で造られています。一見の価値あり! 石の表情をじっくりと!
3 修禅寺
小石の人形 まちかど博物館
1 トロッコ道と旧道
紀北町立上里小学校
道標
紀北町立三船中学校
美容院
道標
道標
ふなつ
国道にあきたらこの道もお
お地蔵様
ピラミッドみたい 旧砕石場…
国道42号
う
春は桜 夏にはアジサイ 冬のサザンカ 花を楽しんで下さいね

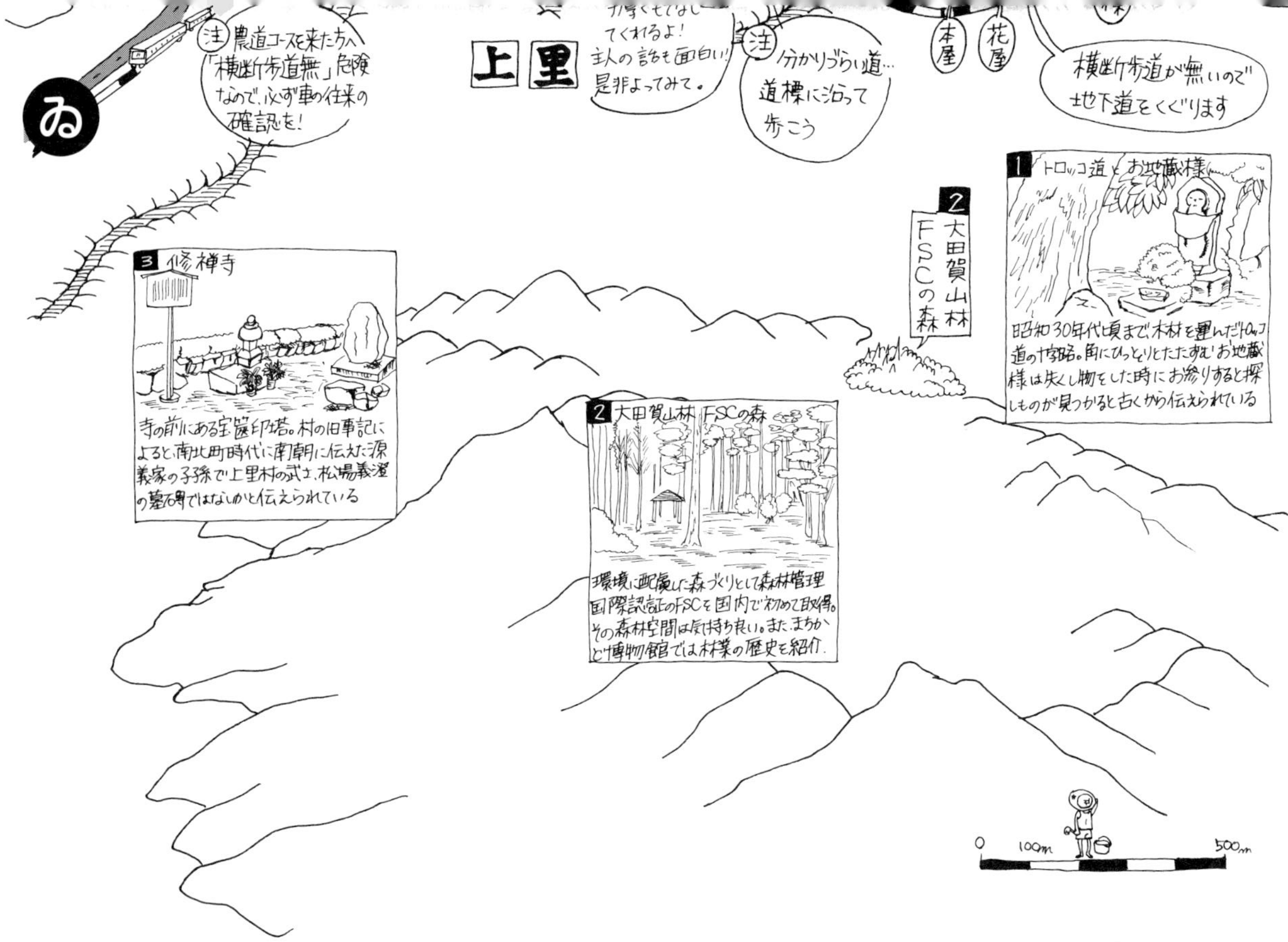

ゐ
注 農道コースを来た方へ「横断歩道無」危険なので、必ず車の往来の確認を！
上里
てくれるよ！主人の話も面白い！！是非よってみて。
注 分かりづらい道…道標に沿って歩こう
本屋
花屋
横断歩道が無いので地下道をくぐります
3 修禅寺
寺の前にある宝篋印塔。村の旧事記によると、南北町時代に南朝に伝えた源義家の子孫で上里村の武士、松場義澄の墓碑ではないかと伝えられている
2 大田賀山林 FSCの森
1 トロッコ道とお地蔵様
昭和30年代頃まで木材を運んだトロッコ道の十字路。角にひっそりとたたずむお地蔵様は失くし物をした時にお参りすると探しものが見つかると古くから伝えられている
2 大田賀山林 FSCの森
環境に配慮した森づくりとして森林管理国際認証のFSCを国内で初めて取得。その森林空間は気持ち良い。また、まちかど博物館では林業の歴史を紹介。
0
100m
500m

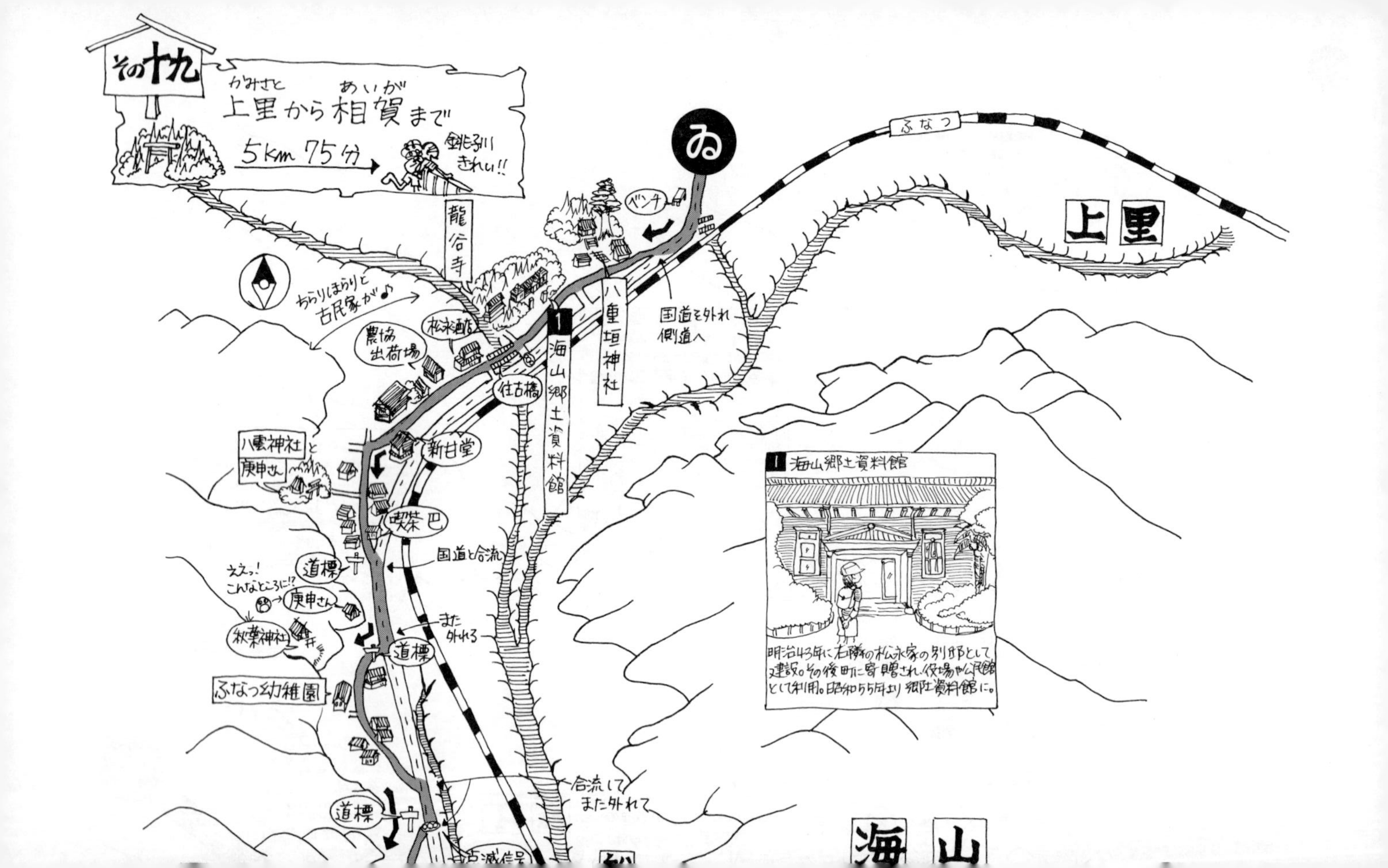

その十九
上里《かみさと》から相賀《あいが》まで
5km 75分
銚子川きれい!!
ゐ
ふなつ
上里
ベンチ
龍谷寺
ちらりほらりと古民家が♪
八重垣神社
1 海山郷土資料館
国道を外れ側道へ
松永酢
農協出荷場
住古橋
八雲神社と庚申さん
新甘堂
喫茶巴
国道と合流
道標
ええっ!こんなところに!?
庚申さん
秋葉神社
また外れる
道標
ふなつ幼稚園
合流してまた外れて
道標
海山
1 海山郷土資料館
明治43年に右隣の松永家の別邸として建設。その後町に寄贈され、役場や公民館として利用。昭和55年より郷土資料館に。

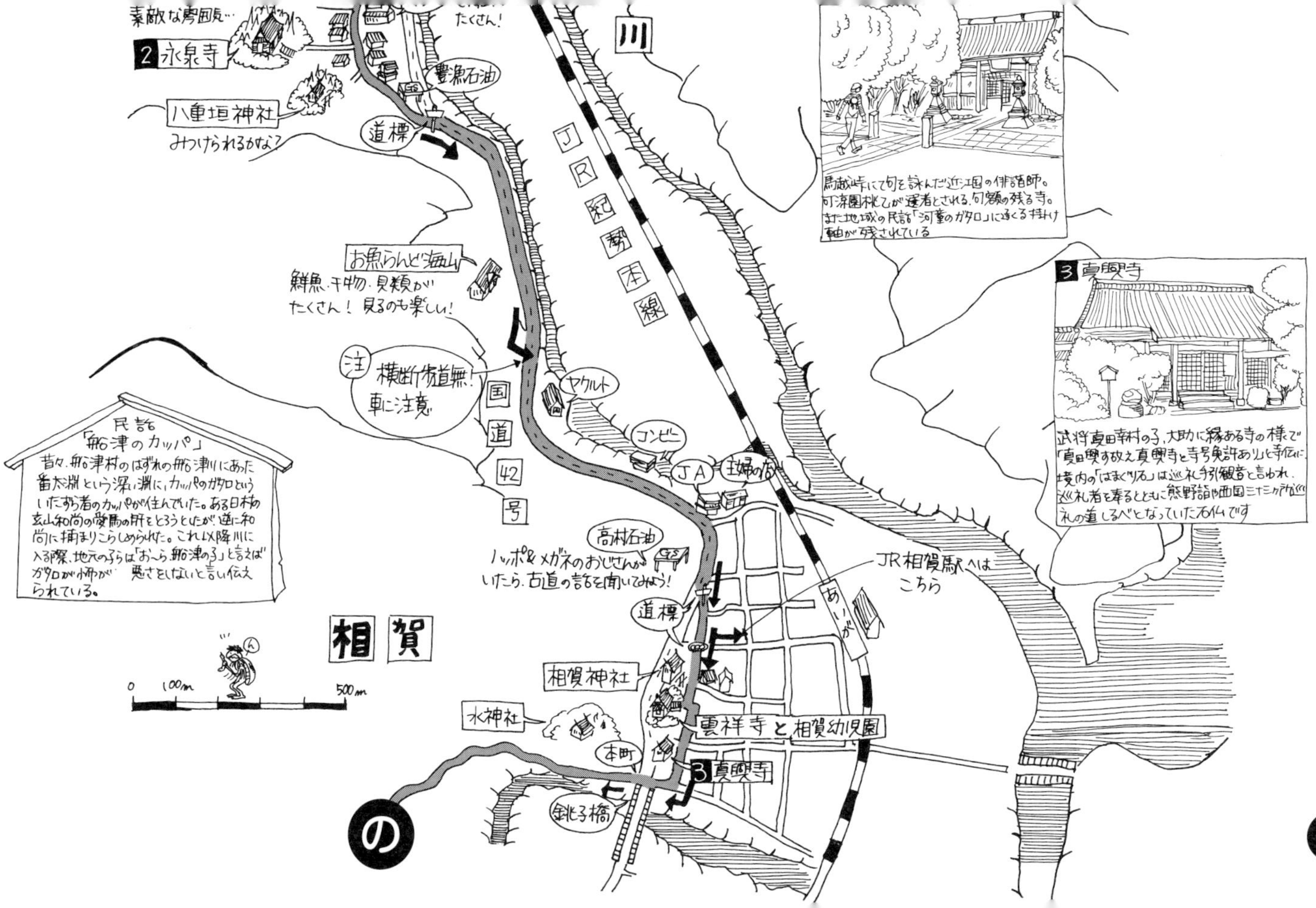
素敵な雰囲気…
2 永泉寺
八重垣神社
みつけられるかな？
たくさん！
豊漁石油
道標
川
JR紀勢本線
馬蔵峠にて句を詠んだ近江国の俳諧師。可涼園桃乙が逗着とされる。句額の残る寺。また地域の民話「河童のガタロ」に纏わる掛け軸が残されている
お魚らんど海山
鮮魚・干物・貝類がたくさん！見るのも楽しい！
注 横断歩道無！車に注意
国道42号
ヤクルト
コンビニ
JA
主婦の店
3 真興寺
武将真田幸村の子、大助に縁ある寺の様で「真田興す故え真興寺と寺号免許あり」と寺伝に。境内の「はまぐり石」は巡礼手引観音と言われ、巡礼者を奉るとともに熊野詣や西国三十三ヶ所巡礼の道しるべとなっていた石仏です
民話「船津のカッパ」
昔々、船津村のはずれの船津川にあった番太淵という深い淵に、カッパのガタロといういたずら者のカッパが住んでいた。ある日村の玄山和尚の愛馬の肝をとろうとしたが、逆に和尚に捕まりこらしめられた。これ以降川に入る際、地元の子らは「おーら、船津の子」と言えばガタロが怖がり悪さをしないと言い伝えられている。
高村石油
ハッピ＆メガネのおじさんがいたら、古道の話を聞いてみよう！
JR相賀駅へはこちら
あいが
道標
相賀
相賀神社
0 100m 500m
水神社
雲祥寺と相賀幼児園
本町
3 真興寺
銚子橋
の

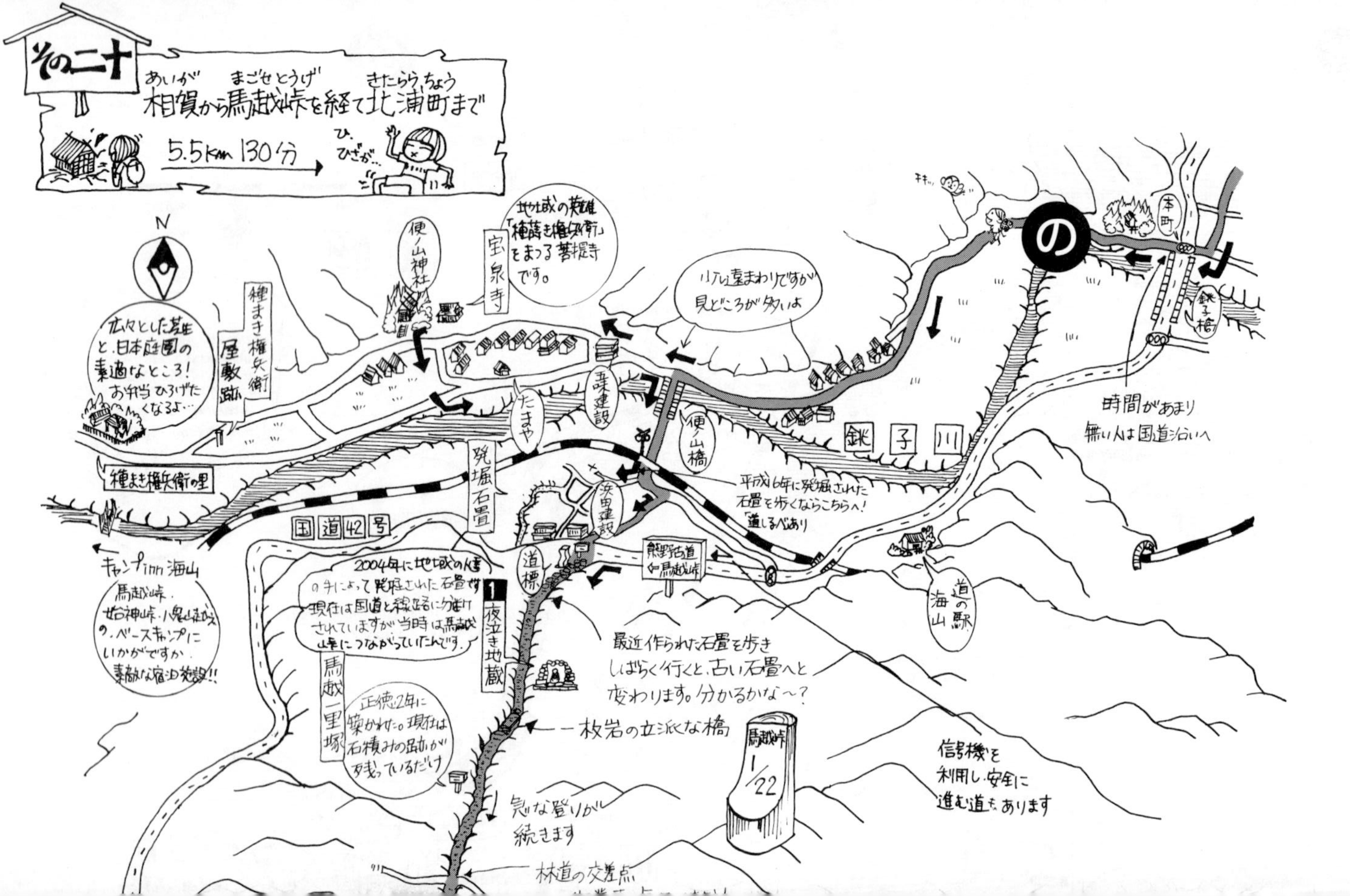

その二十
相賀《あいが》から馬越峠《まごせとうげ》を経て北浦町《きたうらちょう》まで
5.5km 130分
ひ、ひざが…
N
広々とした芝生と、日本庭園の素適なところ！お弁当ひろげたくなるよ…
種まき権兵衛屋敷跡
種まき権兵衛の里
便ノ山神社
宝泉寺
地域の英雄「種まき権兵衛」をまつる菩提寺です。
少し遠まわりですが見どころが多いよ
のの
本町
鉄子橋
時間があまり無い人は国道沿いへ
たまや
東建設
便ノ山橋
銚子川
発掘石畳
浜田建設
平成16年に発掘された石畳を歩くならこちらへ！「道しるべあり」
国道42号
熊野古道 ⇦馬越峠
道標
道の駅 海山
キャンプinn海山
馬越峠、天狗倉山、便石山などの、ベースキャンプにいかがですか。素敵な宿泊施設!!
2004年に地域の人達の手によって発掘された石畳です。現在は国道と線路に分断されていますが当時は馬越峠につながっていたんです。
1 夜泣き地蔵
最近作られた石畳を歩きしばらく行くと、古い石畳へと変わります。分かるかな～？
馬越一里塚
正徳2年に築かれた。現在は石積みの跡が残っているだけ
一枚岩の立派な橋
馬越峠 1/22
信号機を利用し安全に進む道もあります
急な登りが続きます
林道の交差点

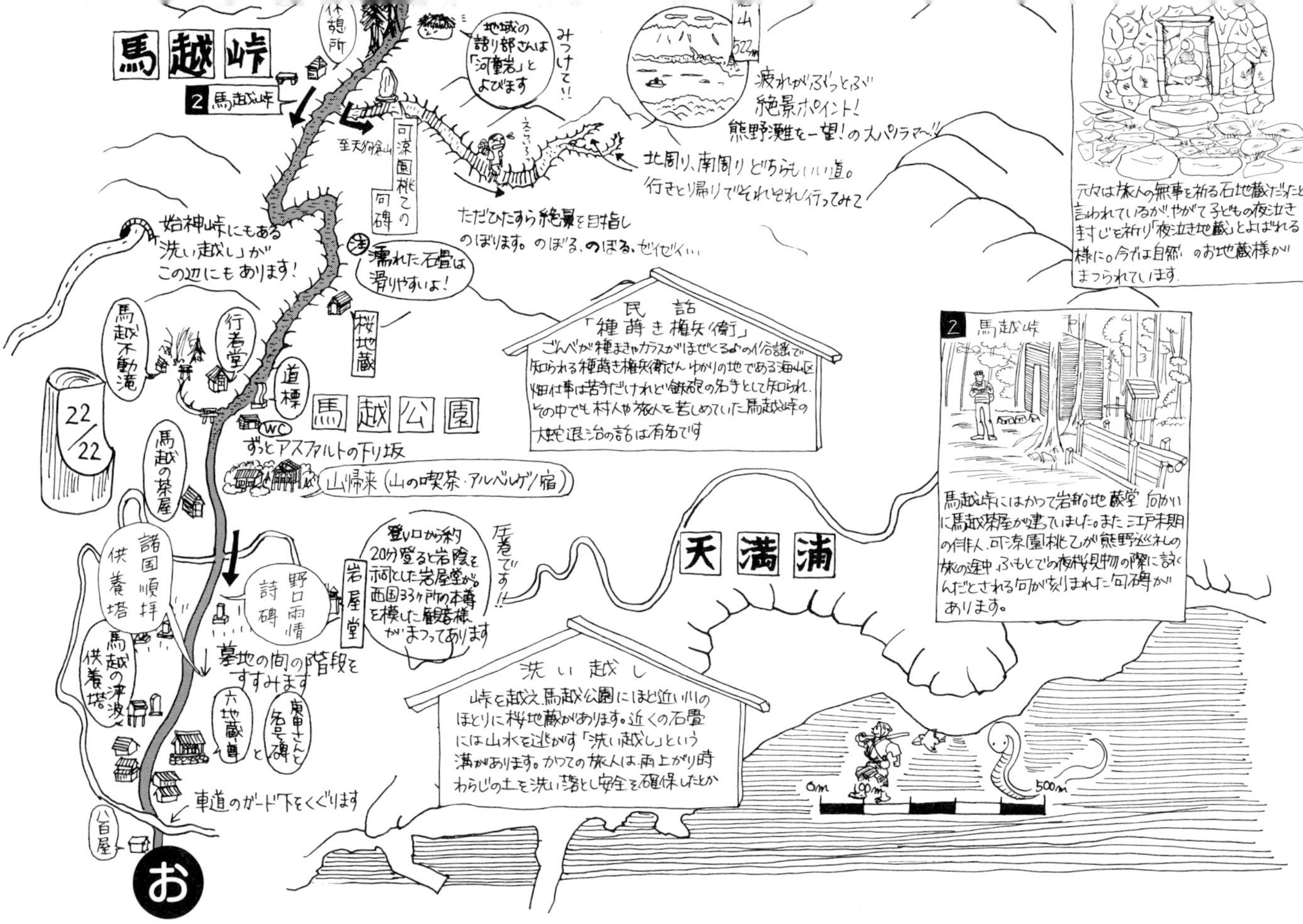

馬越峠
2 馬越峠
休憩所
至天狗倉山
可涼園桃乙の句碑
地域の語り部さんは「河童岩」とよびます
みつけて!!
山 522m
疲れがぶっとぶ 絶景ポイント! 熊野灘を一望!の大パノラマ!!
北周り、南周りどちらもいい道。行きと帰りでそれぞれ行ってみて
ただひたすら絶景を目指しのぼります。のぼる、のぼる、ゼイゼイ…
始神峠にもある「洗い越し」がこの辺にもあります!
濡れた石畳は滑りやすいよ!
桜地蔵
馬越不動滝
行者堂
道標
馬越公園
22/22
WC
ずっとアスファルトの下り坂
馬越の茶屋
山帰来(山の喫茶・アルベルゲ/宿)
民話
「種蒔き権兵衛」
ごんべが種まきゃカラスがほぜくる…の俗謡で知られる種蒔き権兵衛さんゆかりの地である海山区。畑仕事は苦手だけれど鉄砲の名手として知られ、その中でも村人や旅人を苦しめていた馬越峠の大蛇退治の話は有名です
諸国順拝供養塔
野口雨情詩碑
岩屋堂
登り口から約20分登ると岩陰を祠とした岩屋堂が。西国33ヶ所の本尊を模した観音様がまつってあります
圧巻です!!
天満浦
馬越の津波供養塔
墓地の向の階段をすすみます
六地蔵尊と
庚申さんと名号碑
車道のガード下をくぐります
八百屋
お
洗い越し
峠を越え、馬越公園にほど近い川のほとりに桜地蔵があります。近くの石畳には山水を逃がす「洗い越し」という溝があります。かつての旅人は、雨上がり時わらじの土を洗い落とし安全を確保したとか
0m 100m 500m
元々は旅人の無事を祈る石地蔵だったと言われているが、やがて子どもの夜泣き封じを祈り「夜泣き地蔵」とよばれる様に。今では自然のお地蔵様がまつられています。
2 馬越峠
馬越峠にはかつて岩船地蔵堂向かいに馬越茶屋が建っていました。また江戸末期の俳人、可涼園桃乙が熊野巡礼の旅の途中ふもとでの夜桜見物の際に詠んだとされる句が刻まれた句碑があります。

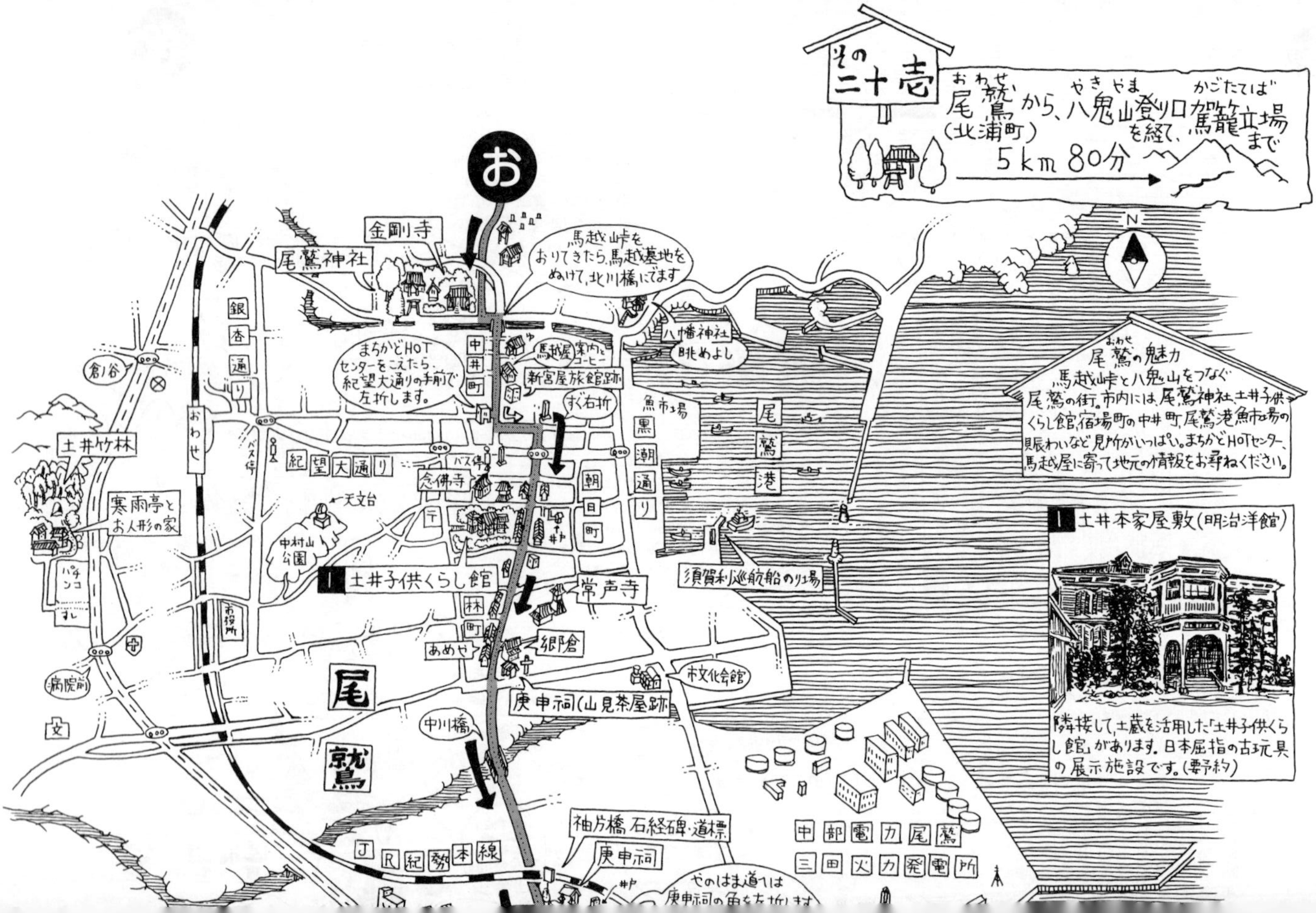
その二十壱
尾鷲《おわせ》から、八鬼山《やきやま》登り口を経て、馬籠立場《かごたてば》まで
（北浦町）
5km 80分
N
お
金剛寺
尾鷲神社
馬越峠をおりてきたら、馬越墓地をぬけて、北川橋にでます
銀杏通り
まちかどHOTセンターをこえたら、紀望大通りの手前で左折します。
中井町
馬越屋 案内とコーヒー
新宮屋旅館跡
すぐ右折
八幡神社 眺めよし
魚市場
黒潮通り
尾鷲港
尾鷲《おわせ》の魅力
馬越峠と八鬼山をつなぐ尾鷲の街。市内には、尾鷲神社、土井子供くらし館、宿場町の中井町、尾鷲港魚市場の賑わいなど見所がいっぱい。まちかどHOTセンター、馬越屋に寄って地元の情報をお尋ねください。
倉ノ谷
土井竹林
寒雨亭とお人形の家
パチンコ
すし
おわせ
バス停
紀望大通り
念仏寺
天文台
中村山公園
朝日町
1 土井子供くらし館
市役所
林町
常声寺
須賀利巡航船のり場
1 土井本家屋敷（明治洋館）
隣接して、土蔵を活用した「土井子供くらし館」があります。日本屈指の古玩具の展示施設です。（要予約）
あめや
郷倉
市文化会館
病院前
尾鷲
庚申祠（山見茶屋跡
中川橋
袖方橋 石経碑・道標
JR紀勢本線
庚申祠
中部電力尾鷲三田火力発電所
やのはま道へは庚申祠の角を左折します

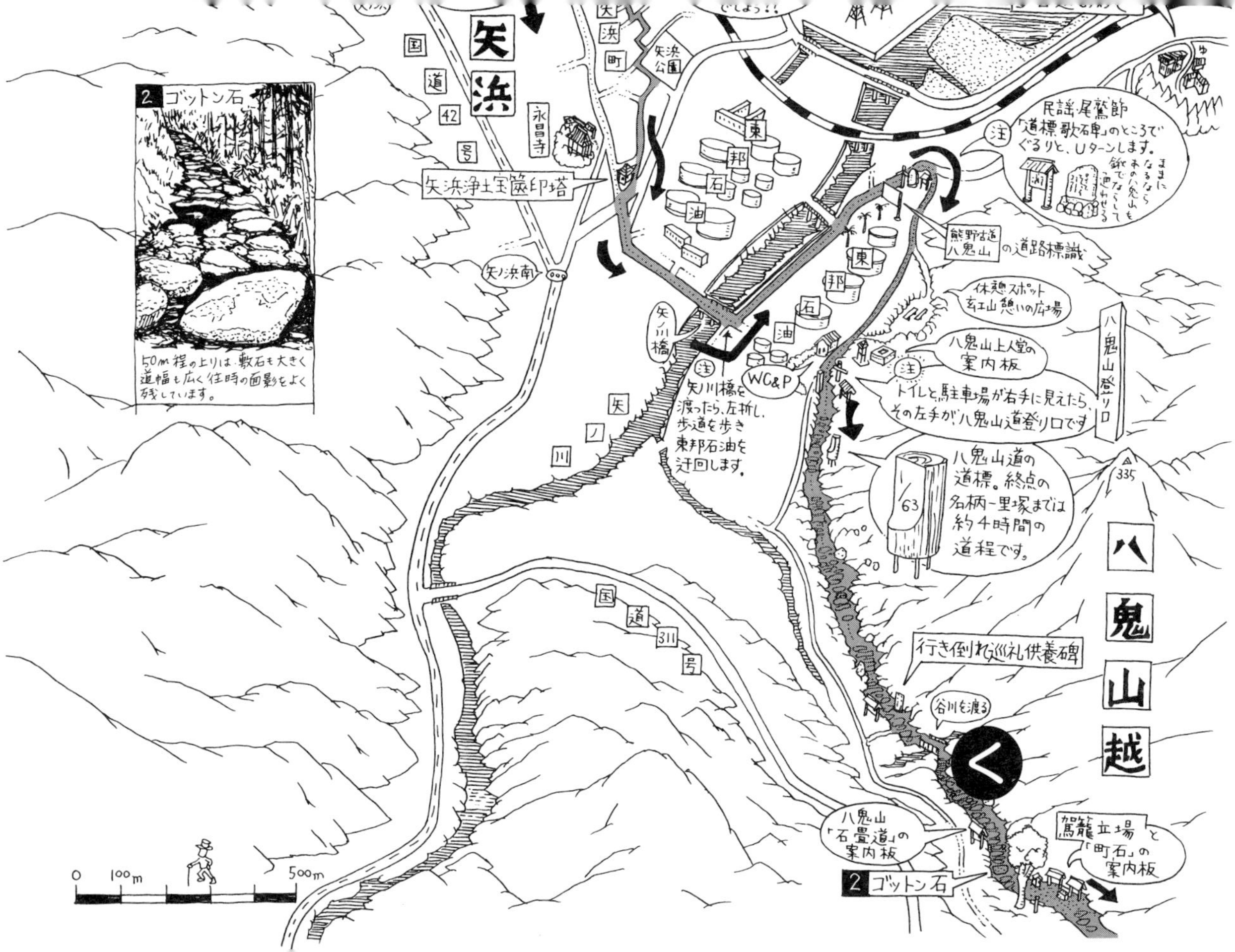
八鬼山越
矢浜
国道42号
永昌寺
矢浜浄土宝篋印塔
矢ノ浜南
矢浜町
矢浜公園
2 ゴットン石
50m程の上りは、敷石も大きく道幅も広く往時の面影をよく残しています。
東
邦
石
油
矢ノ川橋
注 矢ノ川橋を渡ったら、左折し、歩道を歩き東邦石油を迂回します。
WC&P
矢ノ川
国道311号
民謡「尾鷲節」
注 「道標歌碑」のところでぐるりと、Uターンします。
熊野古道 八鬼山 の道路標識
休憩スポット 玄江山憩いの広場
八鬼山上人堂の案内板
注 トイレと、駐車場が右手に見えたら、その左手が、八鬼山道登り口です
八鬼山登り口
八鬼山道の道標。終点の名柄一里塚までは約4時間の道程です。
1/63
335
行き倒れ巡礼供養碑
谷川を渡る
八鬼山「石畳道」の案内板
2 ゴットン石
駕籠立場と「町石」の案内板
0 100m 500m

その二十弐
八鬼山《やきやま》賀籠立場から九木峠《くき》八鬼山峠を経て、三木里《みきさと》登り口（名柄）まで
6km 140分
く
賀籠立場
伊勢内宮清順上人供養碑
国道311号
注 谷川を2つ渡り、林道に合流したら、そのまま横切って前方の石段の道をとります。
道標 八鬼山頂上まで 2090m 80分
案内地図
七曲がりの案内板
20/63
七曲がりは、難所八鬼山越のなかでも、一番の難所です。
フー
24/63をすぎて
大きな丸い石ととてもちっちゃな碑
わかるかな？これも行き倒れ供養碑です。
桜茶屋一里塚の案内板
27/63
谷川を渡る
「九木峠」
注 右みきさとみち、左くきみち 道標に従い、八鬼山をとります。
1 蓮華石と烏帽子石
八鬼山道《やきやまどう》
平安時代後期には、開かれていた八鬼山。伊勢から熊野三山に向かうときは「熊野道」「巡礼道」と、紀伊から伊勢に向かうときは、「伊勢道」と呼んだようです。急峻な峠道は、熊野古道伊勢路最大の難所です。
617
1 蓮華石と烏帽子石
無数の巨岩の鎮座する八鬼山道の中でもシンボル的な存在です。すぐに九木峠です。
八

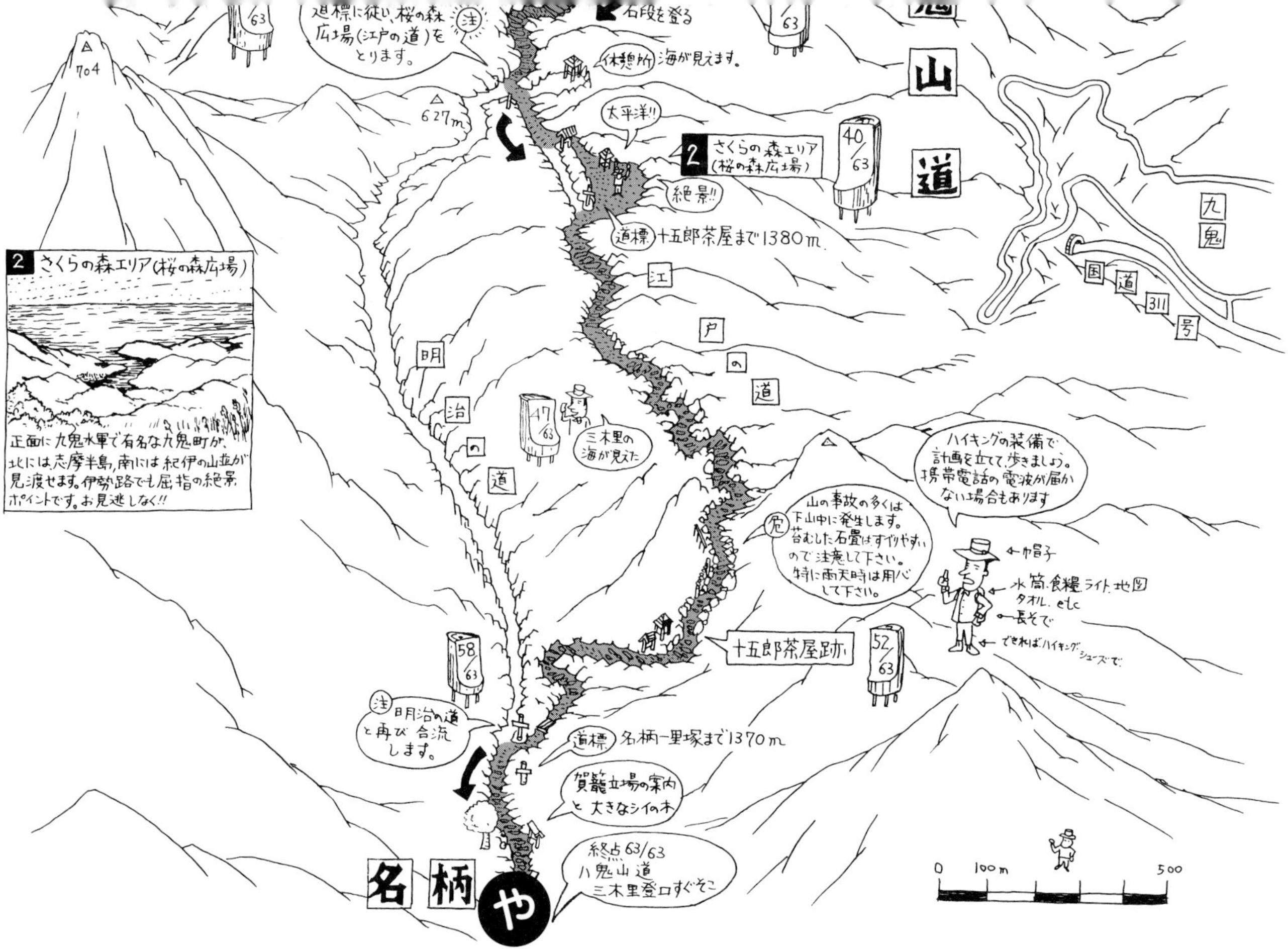
道標に従い、桜の森広場(江戸の道)をとります。
石段を登る
704
休憩所 海が見えます。
627m
太平洋!!
2 さくらの森エリア(桜の森広場)
40/63
山
道
絶景!!
道標 十五郎茶屋まで1380m.
九鬼
国道311号
江
戸
の
道
2 さくらの森エリア(桜の森広場)
正面に九鬼水軍で有名な九鬼町が、北には志摩半島、南には紀伊の山並が見渡せます。伊勢路でも屈指の絶景ポイントです。お見逃しなく!!
明
治
の
道
47/63
三木里の海が見えた
ハイキングの装備で計画を立てて歩きましょう。携帯電話の電波が届かない場合もあります
山の事故の多くは下山中に発生します。苔むした石畳はすべりやすいので注意して下さい。特に雨天時は用心して下さい。
帽子
水筒、食糧、ライト、地図、タオル、etc
長そで
できればハイキングシューズで
十五郎茶屋跡
58/63
52/63
注 明治の道と再び合流します。
道標 名柄一里塚まで1370m
賀籠立場の案内と大きなシイの木
終点63/63 八鬼山道 三木里登口すぐそこ
名柄
や
0 100m 500

その二十参
三木里《みきさと》登り口から、三木峠《みき》まで
(名柄)
5km 80分
や
終点
八鬼山峠道案内板
三木里登口
63/63
橋を渡る。
舗装された車道にでます。
名柄
片面橋
片面橋の手前で再び石畳道に入ります。
名柄一里塚
286
省川
舗装路に合流します。
踏切渡る。
国道311号に合流したら横断します
1 三木里の町並
賀田湾を背景に瓦屋根が連なる旅情漂う風景です。
味わいのある街だなぁ。
三木里神社に向かう道から、
1 三木里の町並が見渡せます。
三木里神社
三木里
法念寺
なぎの木
坂を上がる。
省川橋
三木里小学校
2 雁木のある家並
軒先から垂れ下がる木の覆いは、激しい雨風と日差しを防ぎ、農作物の

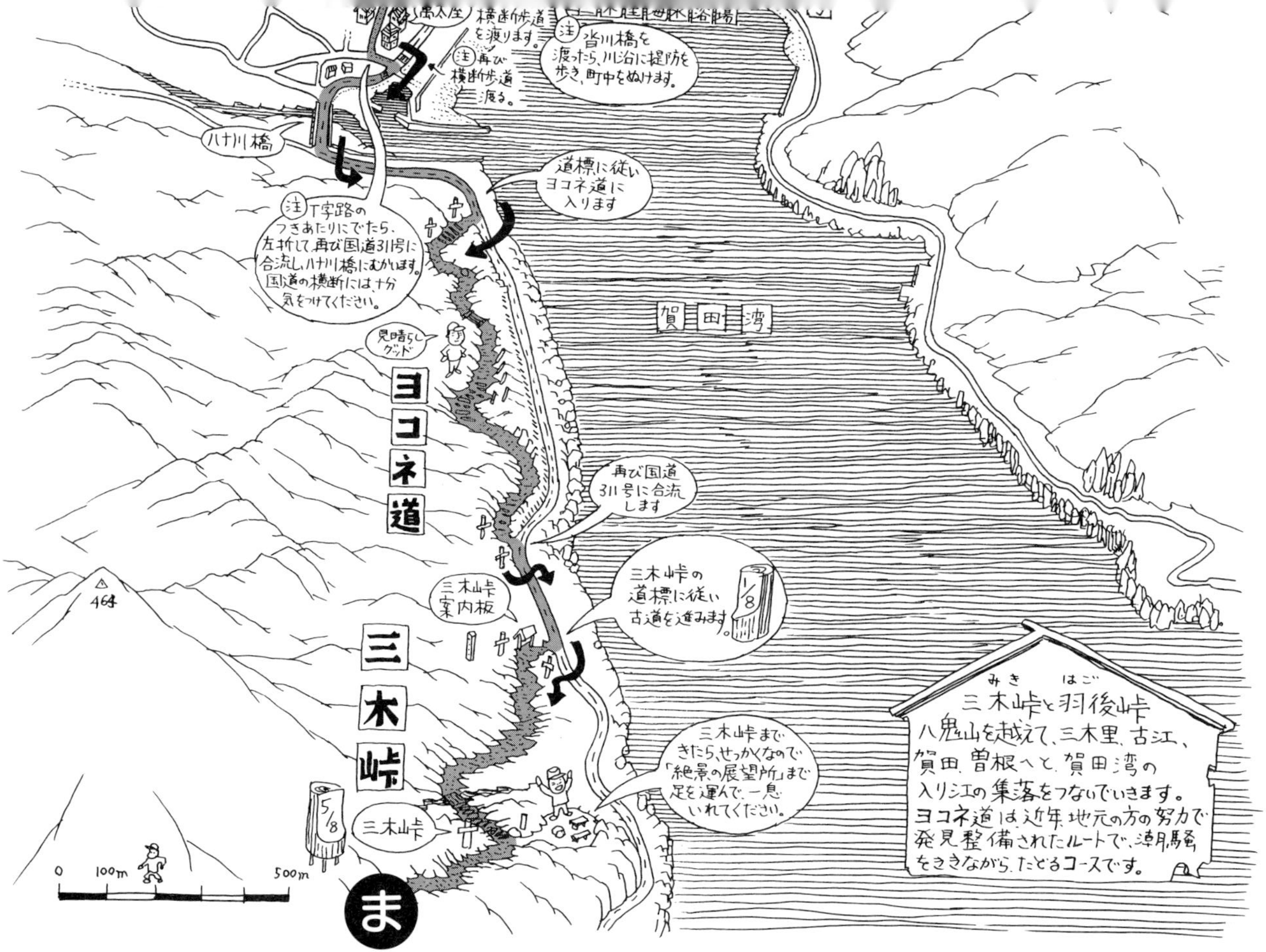
横断歩道を渡ります。
注 沓川橋を渡ったら、川沿に堤防を歩き、町中をぬけます。
注 再び横断歩道渡る。
ハナ川橋
道標に従いヨコネ道に入ります
注 T字路のつきあたりにでたら、左折して再び国道311号に合流し、ハナ川橋にむかいます。国道の横断には十分気をつけてください。
賀田湾
見晴らしグッド
ヨコネ道
再び国道311号に合流します
三木峠の道標に従い古道を進みます。
1/8
三木峠案内板
464
三木峠
三木峠まできたら、せっかくなので「絶景の展望所」まで足を運んで、一息いれてください。
三木峠
5/8
0
100m
500m
ま
三木峠《みき》と羽後峠《はご》
八鬼山を越えて、三木里、古江、賀田、曽根へと、賀田湾の入り江の集落をつないでいきます。
ヨコネ道は近年地元の方の努力で発見整備されたルートで、潮騒をききながらたどるコースです。

その二十四
三木《みき》峠から賀田《かた》曽根《そね》を経て、甫母《ほぼ》峠まで（楯見ヶ丘）
6.5km 120分
N
392
羽後峠
賀田
古江
ま
三木峠
展望所
注 三木峠をおりて農道に出たら、農道を歩かず、道標と、のぼりを目印に、道路反対側の古道を進んでください。
ジグザグに民家の間を通りぬけ、国道311号「フリー新開地バス停」脇に合流します。
バス停
農道
猪垣
「ここは古江町です」の看板の手前で、道標に従い、再び古道に入ります。その後は「羽後峠登り口」の道標に沿って進みます
アクア・ステーション
旧古江小学校
見晴よし
道標に従い猪垣の間をぬける。
立派な猪垣
山の神
注 再び農道にでたら、道路反対側の道標を目印に古道を進みます。ここが「羽後峠登り口」です。
1/9
羽後峠
羽後峠案内板
道標2/9で峠です。
1 猪垣に沿って歩いていくと、石の道標がありますので、左折します。「左、くまのみち」
賀田案内板
水路に沿って農道にでたら、そのまま横切って、20mほど進み、「賀田羽根の五輪塔」の道標に従い古道に入ります。
賀田羽根の五輪塔
舗装路にでたらガードレールの案内に従い20mほど下り、階段をおります。
この辺り、見事な猪垣が続きます。
すぐに、再び農道に、でますので、横切って、「賀田羽根の五輪塔」の案内板から、古道に入ります。
GS
←R42号
WC
古川橋
熊野参詣道案内板
食事ゆみ
うどん花
国道311号
1 羽後峠の猪垣
行動範囲が広く、大食漢な猪は畑を荒らす厄介な動物です。この猪垣は、人々と猪との壮絶な戦いの歴史を
三木《みき》峠と羽後《はご》峠を結ぶ古道
この二つの峠の間は、農道で分断され、これまでマップにも記されていませんでしたが、地域の方々やボランティアのみなさんによる掘り起こしが進められ、発見、整備されました。山の神の祠や猪垣など歴史を今に伝えています。

曽根次郎坂太郎坂
け
曽根
本線
喫茶潮
飛鳥神社
飛鳥幼稚園と曽根郷土資料館
碑
レトロな市役所出張所をすぎ、その先の二又道を左にとります
レトロな公民館まできたら、公園に沿って右折します。
安定寺
見晴らしよし。
公園
WC
飛鳥神社の入口までぎたら、国道311号を外れ、ベランダに看板のある民家を目印に路地に入ります。
逢神橋バス停
トイレまできたら、左折しますが、国道311号には合流せず、手前の右手の路地を進みます。
国道311号
208
224
329
曽根五輪塔
案内板
1/39
曽根次郎坂太郎坂登り口。JR二木島駅までは約100分の道程です。
曽根次郎坂《そねじろうざか》・太郎坂《たろうざか》
甫母峠は大化2年(646年)から、天正10年(1582年)まで志摩の国と紀伊国の境で「次郎」「太郎」は「自領」「他領」に由来しています。
登り口から→すぐの幅広の石段の道
行き倒れ巡礼供養碑
賀田湾見えます
曽根の一里塚
ここより熊野市です!?
鯨石
9/36
甫母峠
休憩所
ほうじ茶屋跡
道標13/39です
ホオノキ平
甫母峠の地蔵
楯見ヶ丘
その名のとおり楯ヶ崎が見えます。ヤッホー!!
甫母方面
0
100m
500m

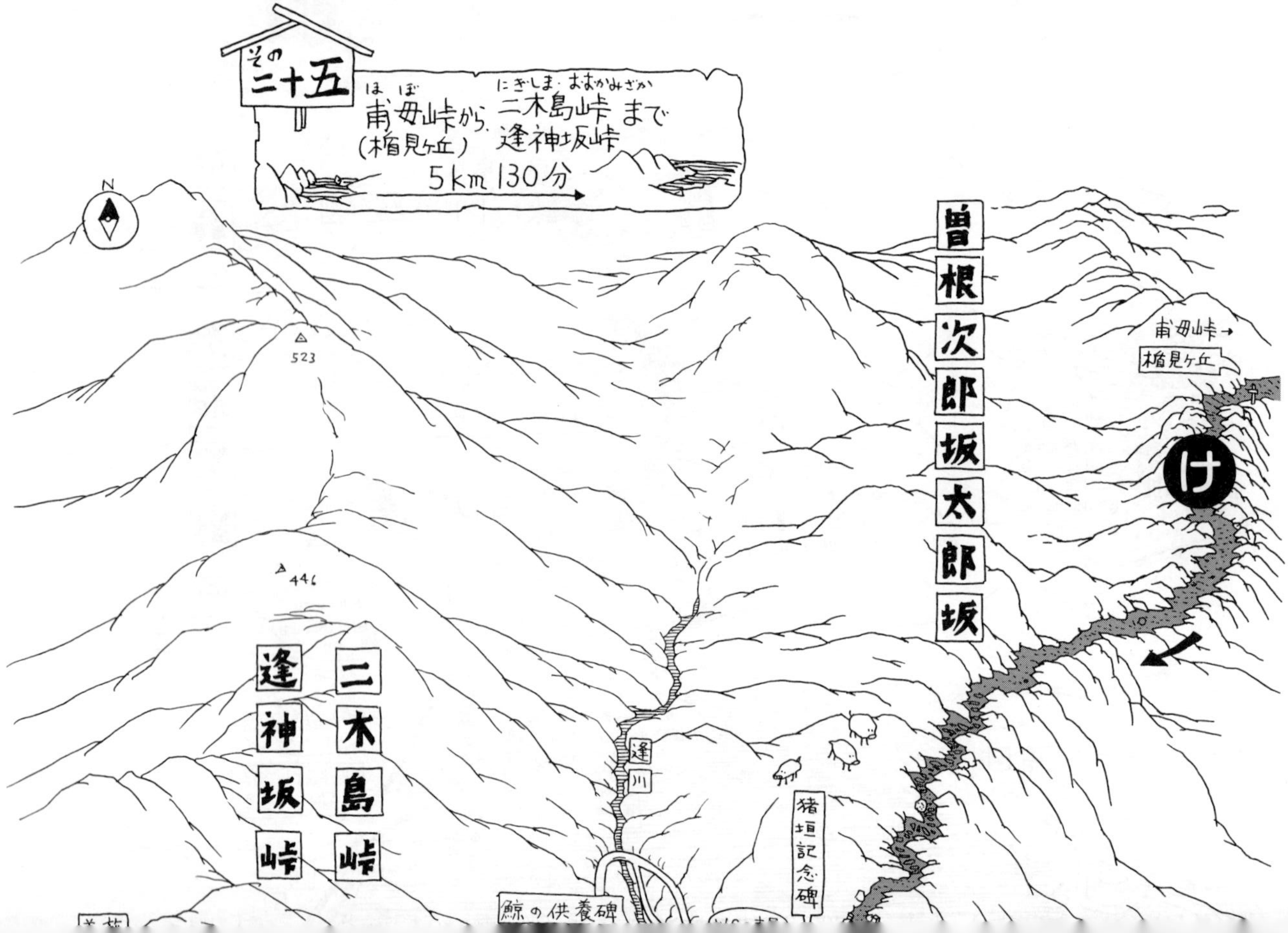
その二十五
甫母峠《ほぼ》から（楯見ヶ丘）
二木島峠《にぎしま・おおかみざか》まで
逢神坂峠
5km 130分
N
523
446
曽根次郎坂太郎坂
甫母峠→
楯見ヶ丘
け
二木島峠
逢神坂峠
逢川
猪垣記念碑
鯨の供養碑

五郎
蔵
二木島峠から
逢神坂峠まで(約850m)は、
なだらかな山道が続きます。
供養碑が、見えますので、
目印にしてください。
つきあたり左折です
階段を
上がり民家
の間をぬけます。
二木島峠
逢神坂峠
登り口
バス停
ホルトの木
キリシタン灯籠
国道311号に
でたら、しばらく国道
に沿って歩きます
民宿川口家
新逢川橋を
渡ったら、右折し、
高架をくぐります
バイパスに
でたら、そのまま
横切って、道標に
従い進みます
西の谷橋
国道311号
1 二木島湾
二木島
二木島峠
逢神坂峠登り口から、
終点の新鹿町登り口
までは、3.2kmの
行程です。
遊木
「逢」
逢川の逢、逢神の逢。「逢」の字には、
伊勢の神様と熊野の神様が出会った
所という意味がこめられています。
峠の石畳は
紀州藩五代
藩主、後の八代
将軍吉宗により
整備されたと
伝えられ今も
美しさを保っています。
1 二木島湾の風景
入江に面した急な傾斜地に家々が、積み重なるように並ぶ漁村の風景は、海とともに生きてきた人々の暮しや歴史を物語っています。阿古師神社(楯ヶ崎の方面)と室古神社のある二つの山甲に囲われた二木島湾は、静かな印象です。
0 100m 500m

その二十六
二木島峠《にぎしまとうげ》
逢神坂峠《おおかみざかとうげ》から 波田須《はたす》神社まで
5km 100分
N
逢神坂峠案内板
14/30
施主庄五郎善吉の地蔵
ふ
「尻削り」とある。
「のまずの水（清水）」とある。
里山にでます。
新鹿登り口案内板
30/30
湊川橋
庚申さん
注 国道311号の手前で左折し町中をぬけます
新 鹿
二木島峠
逢神坂峠
国道311号
ここで国道に合流。そのまま国道を歩きます
JR紀勢本線
里川橋
三浦樗良句碑
消えもせぬ有明の浜千鳥
東南海大地震の記
巡礼道標
店
あたしか
1 徳司神社
新鹿湾
WC
注 ここで道標を
「逢神」の名の由来
紀伊続風土記には、「山奥狼多き故狼坂の名あり」とあり、逢神坂峠の名の由来は伊勢の神と熊野の神が逢という説のほか狼が多く出没したことにもあるようです。

須の道
従い左折します
祠
再び国道311号に合流したらトンネルの手前まで進みます
段々畑の里山の風景がすてきなとっておきの散歩道。ほっとします。
道標に従い石段を上がります
西行松案内板
波田須神社
集落をぬけたら、案内板を目印に山中の道をとります
1/3
波田須の里まではすぐです。
波田須の道案内板
徐福茶屋
神社をすぎ国道にでたら、横断歩道を渡り、道標を頼りに茶屋の脇から、里へと下ります
こ
←波田須駅
2 徐福の宮
波田須
1 徳司神社の丸石の石垣
荒々しい海岸で角が削られ丸まった石は、玉として特別の意味を持っていたのでしょう。徳司神社の石垣は、丸石が積み上げられ、独特の意匠となっています。
2 徐福《じょふく》の宮
始皇帝から、不老長寿の仙薬を探すようにと命を受けた徐福が上陸した波田須。その船団上陸の地「矢賀《やいが》の磯」付近の徐福の宮に今も徐福が祠られています。
0 100m 500m
GOOD BYE K.K

その二十七
波田須《はだす》神社から観音道（かんのんどう）大吹峠（おおぶきとうげ）を経て大泊《おおどまり》まで
3.5km 120分
波田須神社
徐福茶屋
新鹿小学校波田須分校
懐しさ一杯…
観音道
観音道 1/9
あー鬼ヶ城
泊観音
ここから大泊側の登り口まで三十三体の（おそらく…）観音様が並んでいます。
注意してないと見落とす！実はこの道標指してる方向が違うんです…
道標
絶景！
1 徐福の宮
こ
はだす
2 文字岩
弘法御足跡水
しばらく平坦な道が続きます
あっちにも
こっちにも
注 橋を渡ると右手に階段が。見つけづらいが看板あり
泊観音
波田須橋
横断歩道なし車に注意！
WC
とにかく看板を探せ～
3 大吹峠
注 熊野古道 波田須の民家の中、頼りになるのはこの表示！
国道42号
無理っ
ぜんぶお参りできたの？
ずらずらずら…
JR高架をくぐっていきます
道標
9/9
波田須の道
14/14
ところどころに畑の名残が…
道標
大吹峠 1/14
楽な登り♪
見事な竹林が続きます
使われていない
大吹峠

松本峠登口
え
道標
畑沿いに集落まですすみます
下山を感じられる風景!
海だあっ!!
ひろい〜
大泊海水浴場
3 大吹峠
峠付近は青々とした孟宗竹の竹林がお出迎え。清々しい空気に満ちています。峠には猪垣と道とが交差する珍しい光景も
鬼ヶ城
不老不死の薬草を求めて中国より渡来した「徐福」。彼の墓石と、探し求めたとされる「天台烏薬」の樹がある
2 文字岩
忍 慎 勤
親の仇討ちに来た相手を逆に返り討ちにした西守後守なる武士が、その者たちの命をあわれみ、死者の供養と、今後の殺生を自身に禁ずる為に、刻ませたとされる巨岩
「観音道」
波田須と大泊を結ぶ観音信仰の道。入口は大泊側。全国に観音信仰が普及した江戸時代、多くの信者により西国三十三ヶ所の石仏が寄進されたそう。山頂の鬼退治の伝説が残る比音山清水寺(泊観音)までの参道には、西国三十三ヶ所の観音さんが並びます。
0m 100m 500m

その二十八
松本峠《まつもととうげ》から花《はな》の窟神社《いわやじんじゃ》まで
4.5km 120分
N
おおどまり
松本峠 1/7
最初からいきなり急!な階段です…
え
松本峠
道標
石畳がとぎれながら続きます
道標
二の看板のあるところではお手洗がかりられます
熊野古道 手洗所
木本高校を右手に斜面の道の民家の軒先くぐりつつ下へ下へ…
ところどころ荷物をかついだまま体をあおげるのに適した岩がいくつか道ばたに「休み岩」だそうです
1 松本峠のお地蔵様
熊野駅へはこちらを右へ!
犬の茶太郎くんが店の番をしています! 中井酒店
まちかど博 音無鍛冶
笛橋
WC
7/7
峠から約5分 七里御浜を一望できる展望台あり! 溜息が…… ホウ
まちかど博 中野酒店
木本神社
まちかど博 二丁目の井戸
みはま湯
新
の

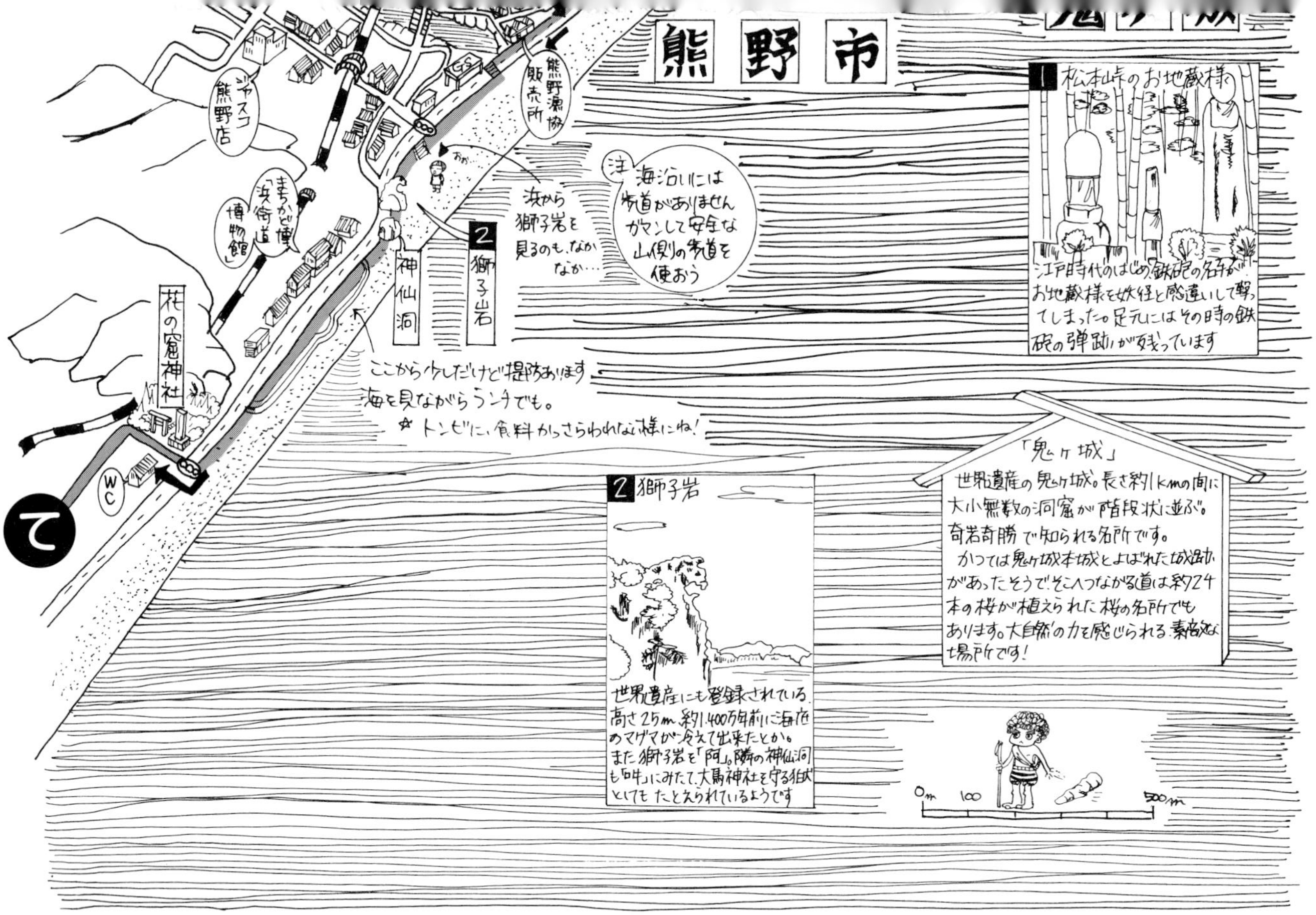

熊野市
1 松本峠のお地蔵様
江戸時代のはじめ、鉄砲の名手がお地蔵様を妖怪と勘違いして撃ってしまった。足元にはその時の鉄砲の弾跡が残っています
熊野漁協販売所
ジャスコ熊野店
「まちかど博物館」浜街道
注 海沿いには歩道がありません ガマンして安全な山側の歩道を使おう
海から獅子岩を見るのも、なかなか…
2 獅子岩
神仙洞
花の窟神社
ここから少しだけど堤防あります 海を見ながらランチでも。
☆トンビに、食料かっさらわれない様にね！
GS
WC
て
「鬼ヶ城」
世界遺産の鬼ヶ城。長さ約1kmの間に大小無数の洞窟が階段状に並ぶ。奇岩奇勝で知られる名所です。
かつては鬼ヶ城本城とよばれた城跡があったそうで、そこへつながる道は約724本の桜が植えられた桜の名所でもあります。大自然の力を感じられる素敵な場所です！
2 獅子岩
世界遺産にも登録されている。高さ25m、約1,400万年前に海底のマグマが冷えて出来たとか。また獅子岩を「阿」、隣の神仙洞も「吽」にみたて、大馬神社を守る狛犬としてもたとえられているようです
0m 100 500m

その二十九 花《はな》の窟神社《いわやじんじゃ》から有馬町《ありまちょう》まで

4.5km 65分

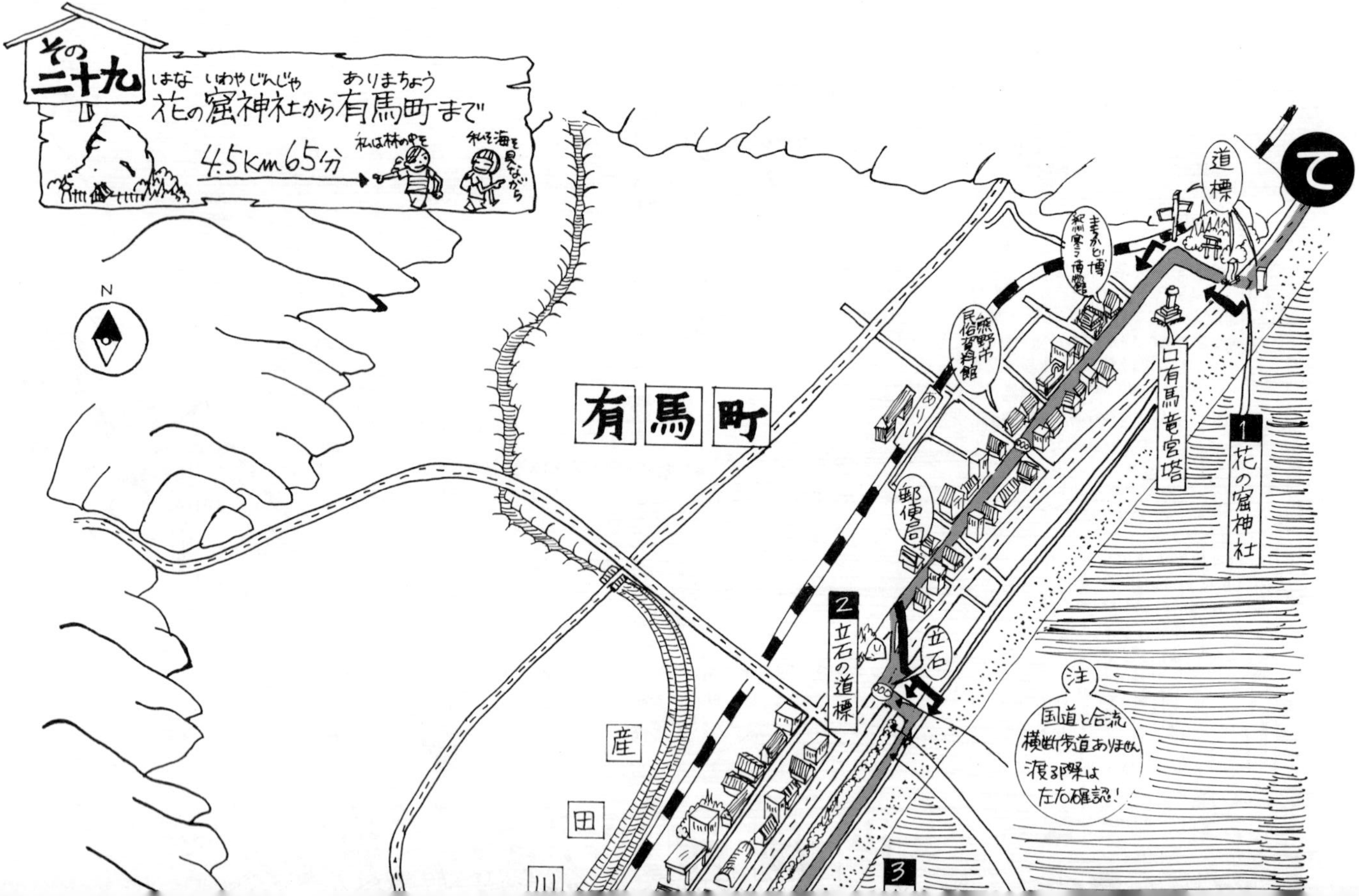

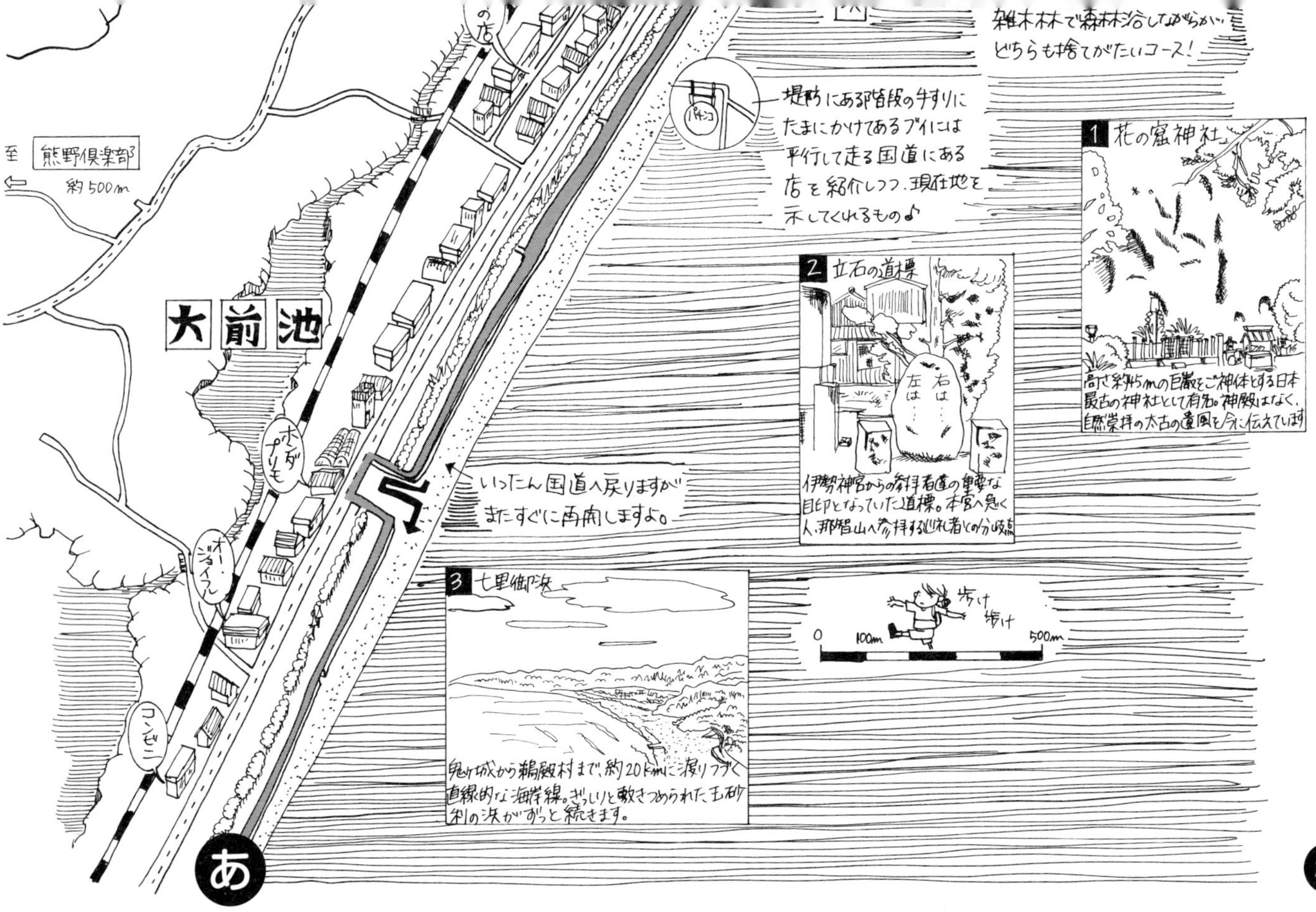

雑木林で森林浴しながらか…
どちらも捨てがたいコース!
至 熊野倶楽部
約500m
大前池
の店
ホンダ プリモ
オージョイフル
コンビニ
あ
パチンコ
堤防にある階段の手すりにたまにかけてあるブイには平行して走る国道にある店を紹介しつつ、現在地を示してくれるもの♪
いったん国道へ戻りますがまたすぐに再南しますよ。
1 花の窟神社
高さ約45mの巨巌をご神体とする日本最古の神社として有名。神殿はなく、自然崇拝の太古の遺風を今に伝えています
2 立石の道標
右は……

左は……

伊勢神宮からの参拝者道の重要な目印となっていた道標。本宮へ急ぐ人、那智山へ参拝する巡礼者との分岐点
3 七里御浜
鬼ヶ城から鵜殿村まで、約20kmに渡りつづく直線的な海岸線。ぎっしりと敷きつめられた玉砂利の浜がずっと続きます。
歩け 歩け
0 100m 500m

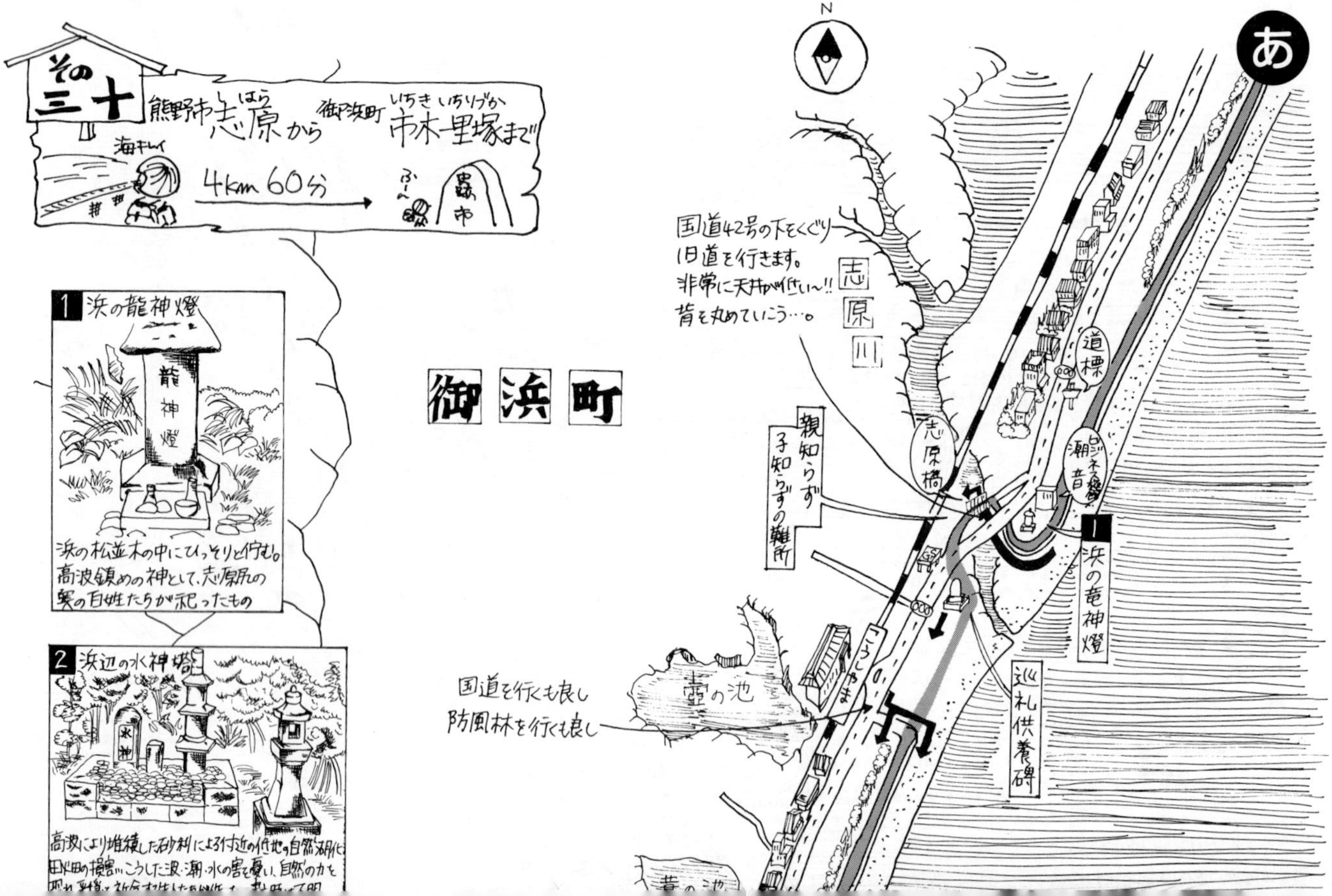

その三十
熊野市志原《はら》から御浜町市木一里塚《いちきいちりづか》まで
海キレイ
4km 60分
ふ〜
一里塚
1 浜の龍神燈
龍神燈
浜の松並木の中にひっそりと佇む。
高波鎮めの神として、志原尻の
里の百姓たちが祀ったもの
2 浜辺の水神塔
水神
高波により堆積した砂利により付近の低地の自然湖化
田畑の損害…こうした波・潮・水の害を憂い、自然の力を
御浜町
国道42号の下をくぐり
旧道を行きます。
非常に天井が低い〜!!
背を丸めていこう…。
志原川
志原橋
親知らず
子知らずの難所
道標
潮音
1 浜の竜神燈
巡礼供養碑
こうじやま
国道を行くも良し
防風林を行くも良し
壺の池
あ
N

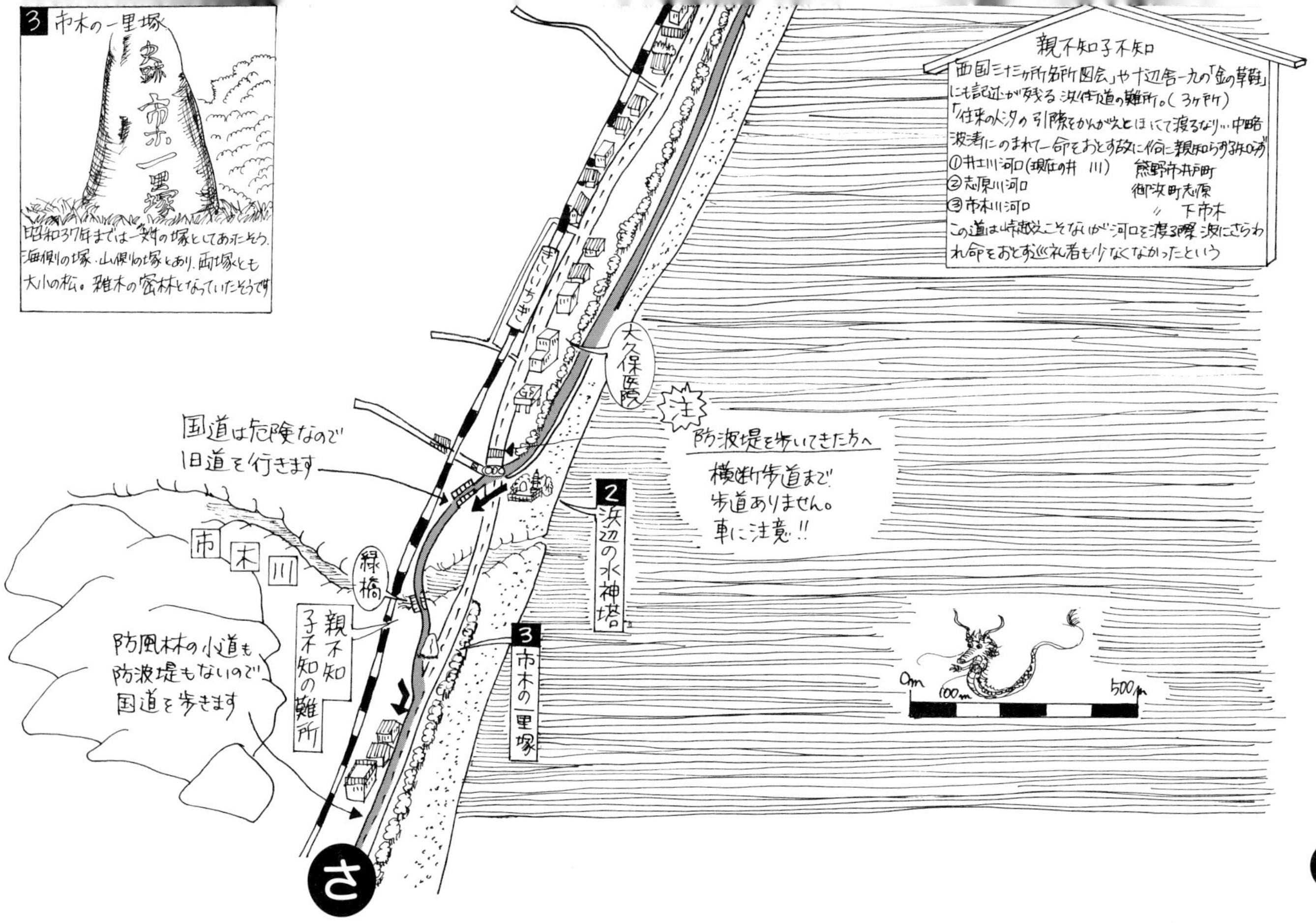
3 市木の一里塚
史跡 市木一里塚
昭和37年までは一対の塚としてあったそう。
海側の塚・山側の塚とあり。両塚とも
大小の松。雑木の密林となっていたそうです
親不知子不知
西国三十三ヶ所名所図会」や十辺舎一九の「金の草鞋」
にも記述が残る浜街道の難所。(3ヶ所)
「往来の人汐の引際をかんがえとほにて渡るなり…中略
波涛にのまれて一命をおとす故に俗に親知らず子知らず
①井土川河口(現在の井 川)　熊野市井戸町
②志原川河口　御浜町志原
③市木川河口　〃　下市木
この道は峠越えこそないが河口を渡る際波にさらわ
れ命をおとす巡礼者も少なくなかったという
きいちぎ
大久保医院
注
防波堤を歩いてきた方へ
横断歩道まで
歩道ありません。
車に注意!!
国道は危険なので
旧道を行きます
2 浜辺の水神塔
緑橋
市木川
親不知子不知の難所
3 市木の一里塚
防風林の小道も
防波堤もないので
国道を歩きます
0m
100m
500m
さ

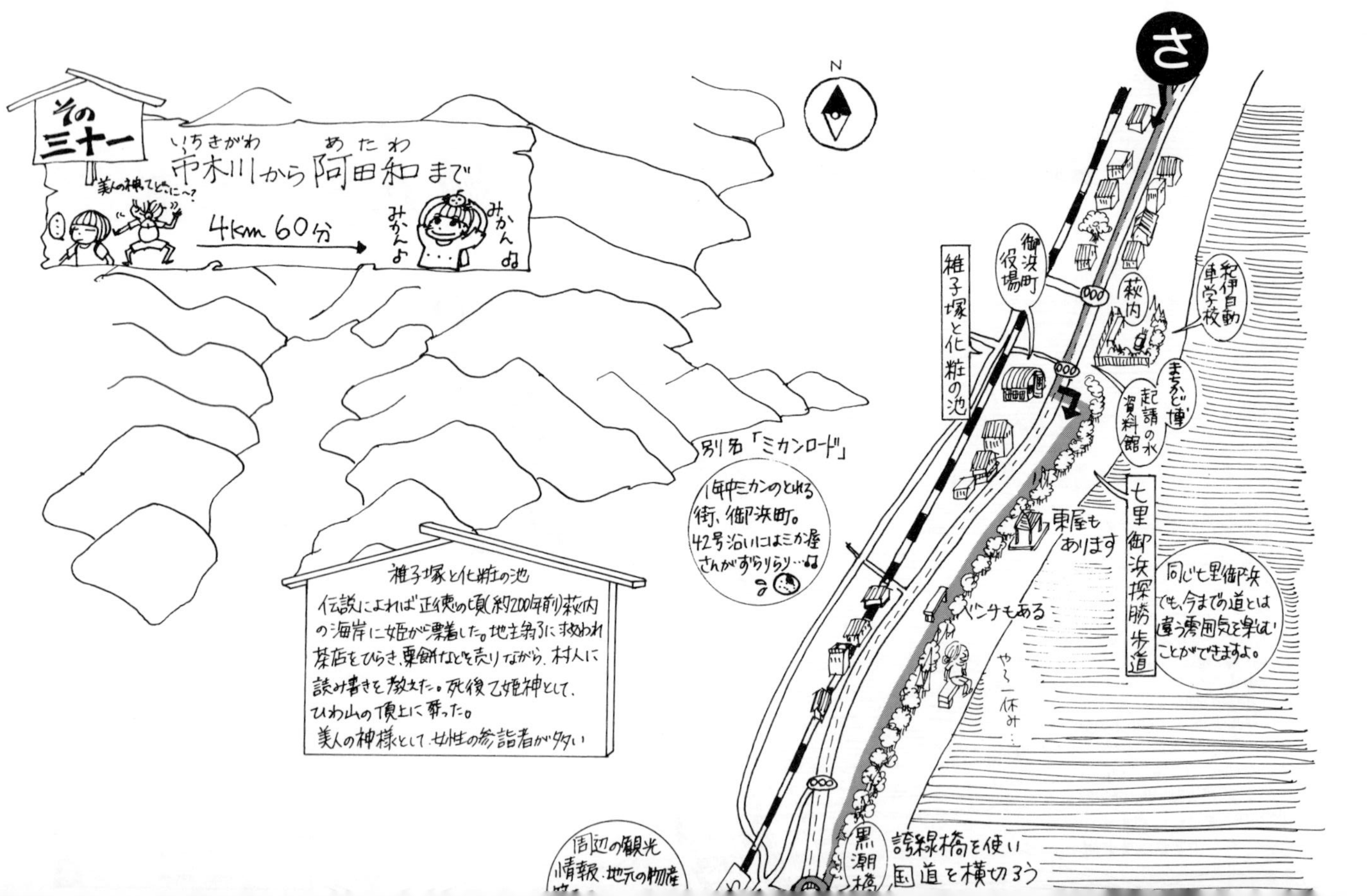
その三十一
市木川《いちきがわ》から阿田和《あたわ》まで
美人の神てどこに～？
4km 60分
みかんよ
みかん♫
さ
N
雉子塚と化粧の池
伝説によれば正徳の頃（約200年前）萩内の海岸に姫が漂着した。地主竜乃に救われ茶店をひらき、栗餅などを売りながら、村人に読み書きを教えた。死後乙姫神として、ひわ山の頂上に葬った。
美人の神様として、女性の参詣者が多い
別名「ミカンロード」
1年中ミカンのとれる街、御浜町。42号沿いにはミカン屋さんがずらりらり…♫
御浜町役場
雉子塚と化粧の池
萩内
紀伊自動車学校
まちかど博
起請の水資料館
東屋もあります
ベンチもある
やや一休み…
七里御浜探勝歩道
同じ七里御浜でも、今までの道とは違う雰囲気を楽しむことができますよ。
黒潮橋
跨線橋を使い国道を横切ろう
周辺の観光情報・地元の物産

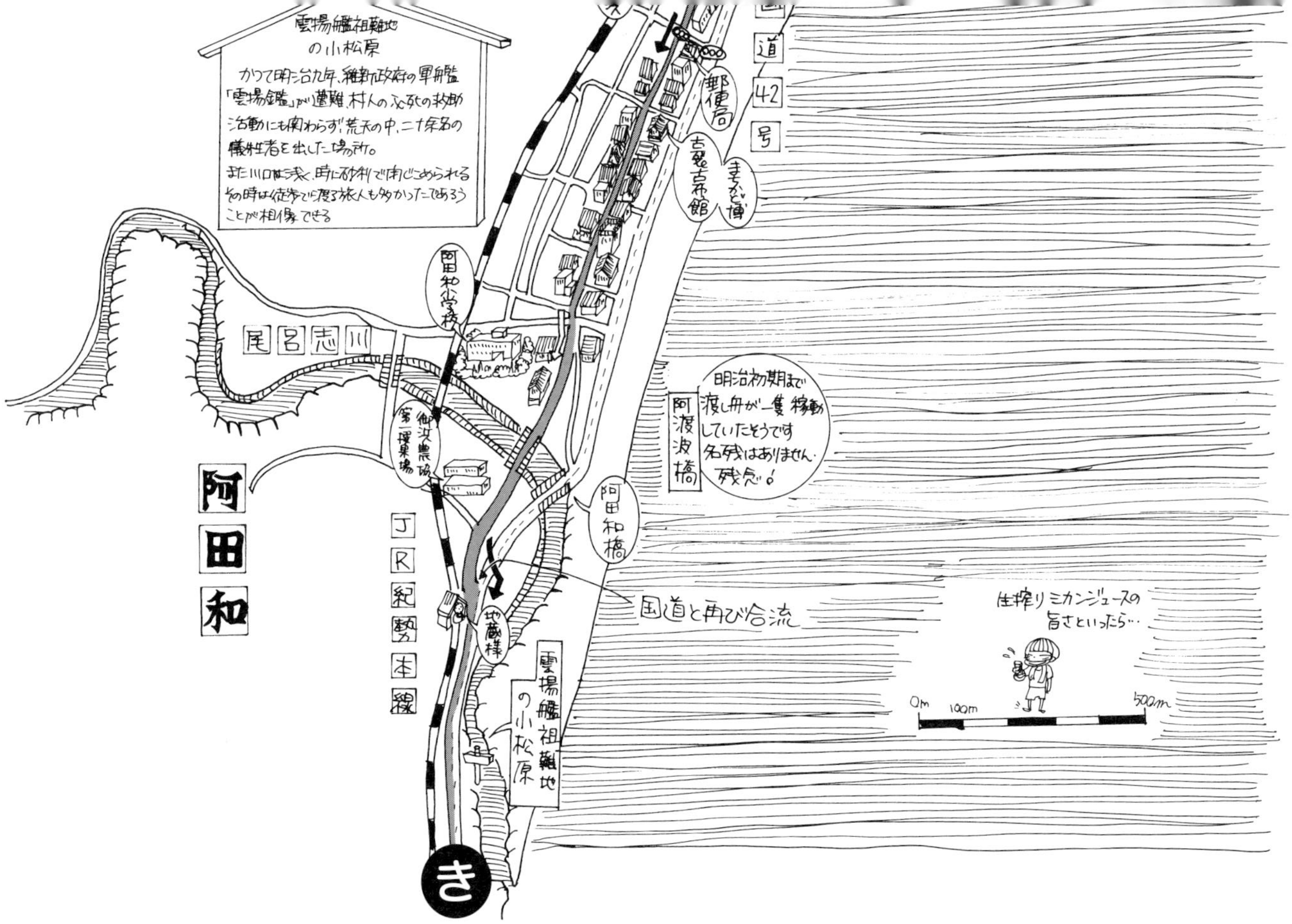

雲揚艦殉難地の小松原
かつて明治九年、維新政府の軍艦「雲揚艦」が遭難、村人の必死の救助活動にも関わらず、荒天の中、二十余名の犠牲者を出した場所。
また川口は浅く、時に砂利で閉じこめられる
その時は徒歩で渡る旅人も多かったであろうことが想像できる
国道42号
郵便局
吉野古布館
まちかど博
阿田和小学校
尾呂志川
御浜農協第一選果場
阿田和
JR紀勢本線
明治初期まで渡し舟が一隻稼動していたそうです
名残はありません。残念！
阿渡波橋
阿田和橋
国道と再び合流
地蔵様
雲揚艦殉難地の小松原
生搾りミカンジュースの旨さといったら…
0m
100m
500m
き

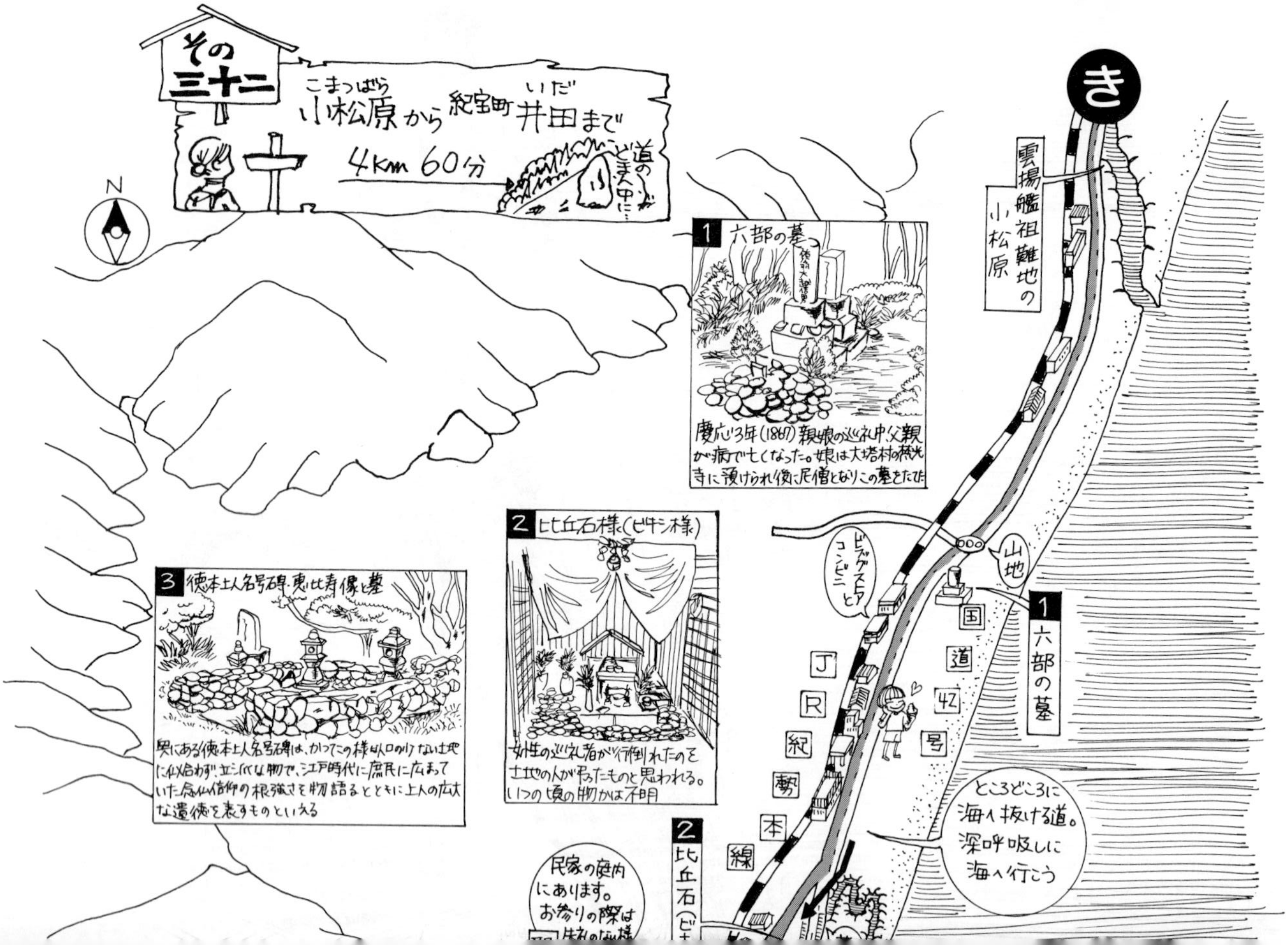

その三十二
小松原《こまつばら》から紀宝町井田《いだ》まで
4Km 60分
道のど真ん中に…
N
き
雲揚艦祖難地の小松原
1 六部の墓
慶応3年(1867)親娘の巡礼中、父親が病で亡くなった。娘は大塔村の林光寺に預けられ後に尼僧となりこの墓をたてた
2 比丘石様(ビキシ様)
女性の巡礼者が行倒れたのを土地の人が祀ったものと思われる。いつの頃の物かは不明
3 徳本上人名号碑・恵比寿像と墓
奥にある徳本上人名号碑は、かつての様以口の少ない土地に似合わず、立派な物で、江戸時代に庶民に広まっていた念仏信仰の根強さを物語るとともに上人の広大な遺徳を表すものといえる
山地
ビッグストア コンビニ
1 六部の墓
国道42号
JR紀勢本線
2 比丘石(ビ
民家の庭内にあります。お参りの際は
ところどころに海へ抜ける道。深呼吸しに海へ行こう

茶屋地
③の徳本上人いをすぎたあたりから約500mの間は、地名が示すとおり旅館や茶屋があった土地。
熊野三山へ参る人や、熊野川の筏流しの人夫の宿舎や休憩の場所でした。
紀宝町
井田
見松寺
くねくねと細い道…
道なりに上へ上へ…
道標
突然道のまん中に大岩…
道標
ゆ
JRの高架下くぐっていきます
小さな上り坂
井田神社
井田庚申
茶屋地（地名）
無人市が多いよ♪
馬場踏切
きいいだ
井田小学校
郵便局
町民バス専用 P
道の駅ウミガメ公園
3 徳本上人名号碑・恵比寿像と墓
畑の中にある。見つけづらいです～
横手地蔵
見松寺
東海道歳地蔵…札所
梅花観音…札所
この2つの看板のある角を山側へ進みます
見落とし注意!!
Cheers!
0m 100m 500m

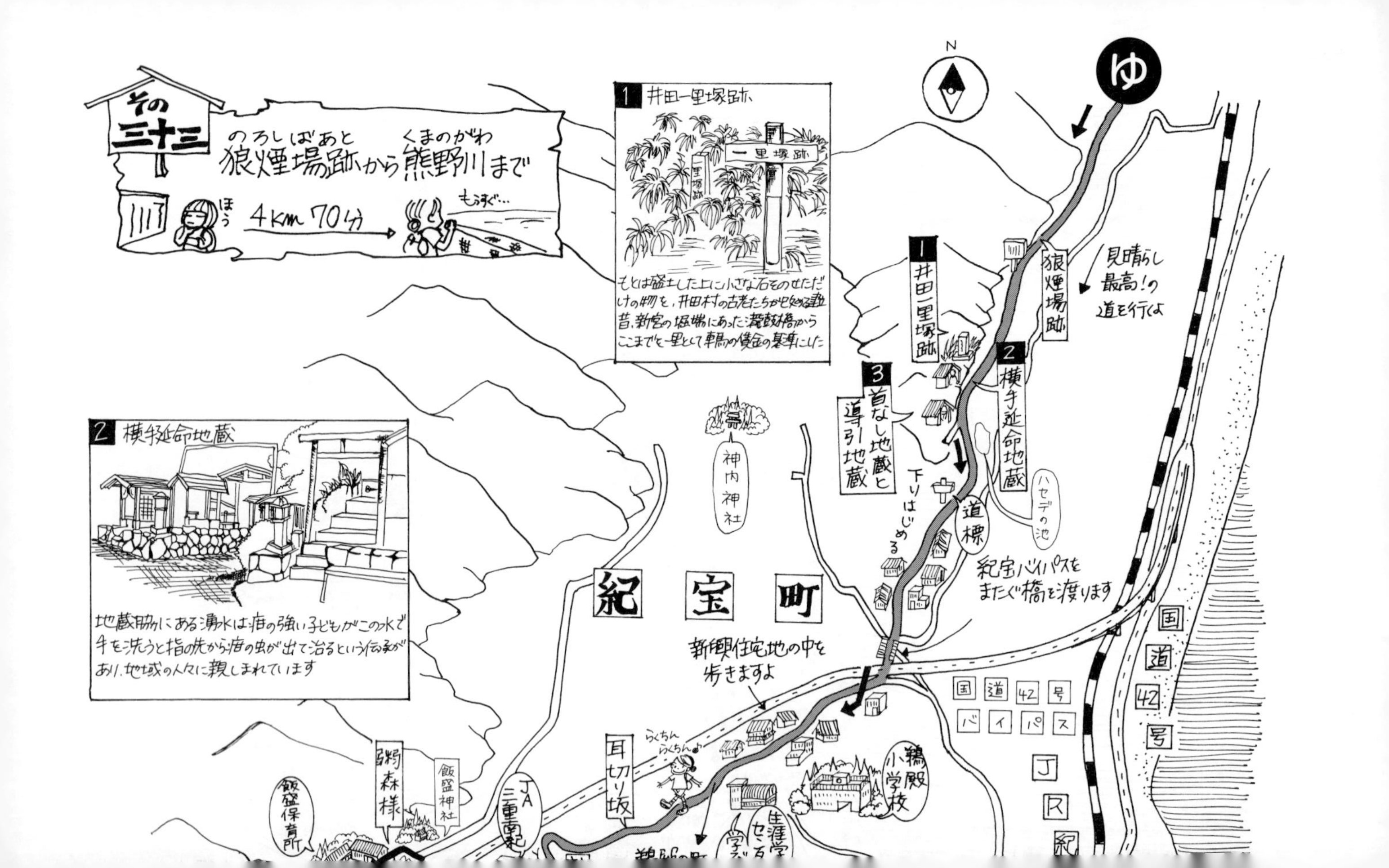

その三十三
狼煙場跡《のろしばあと》から熊野川《くまのがわ》まで
4Km 70分
もうすぐ…
1 井田一里塚跡
一里塚跡
もとは盛土した上に小さな石をのせただけの物を，井田村の古老たちが巴定める。昔，新宮の堀端にあった瀧鼓橋からここまでを一里として車馬の賃金の基準にした
2 横手延命地蔵
地蔵脇にある湧水は疳の強い子どもがこの水で手を洗うと指の先から疳の虫が出て治るという伝承があり，地域の人々に親しまれています
狼煙場跡
見晴らし最高!の道を行くよ
1 井田一里塚跡
2 横手延命地蔵
3 首なし地蔵と導引地蔵
下りはじめる
ハセデの池
道標
紀宝バイパスをまたぐ橋を渡ります
神内神社
紀 宝 町
新興住宅地の中を歩きますよ
国道42号バイパス
国道42号
JR紀
らくちん らくちん♪
耳切り坂
鵜殿小学校
生涯学習センター
JA三重南紀
飯盛神社
鶸森様
飯盛保育所
鵜殿の町

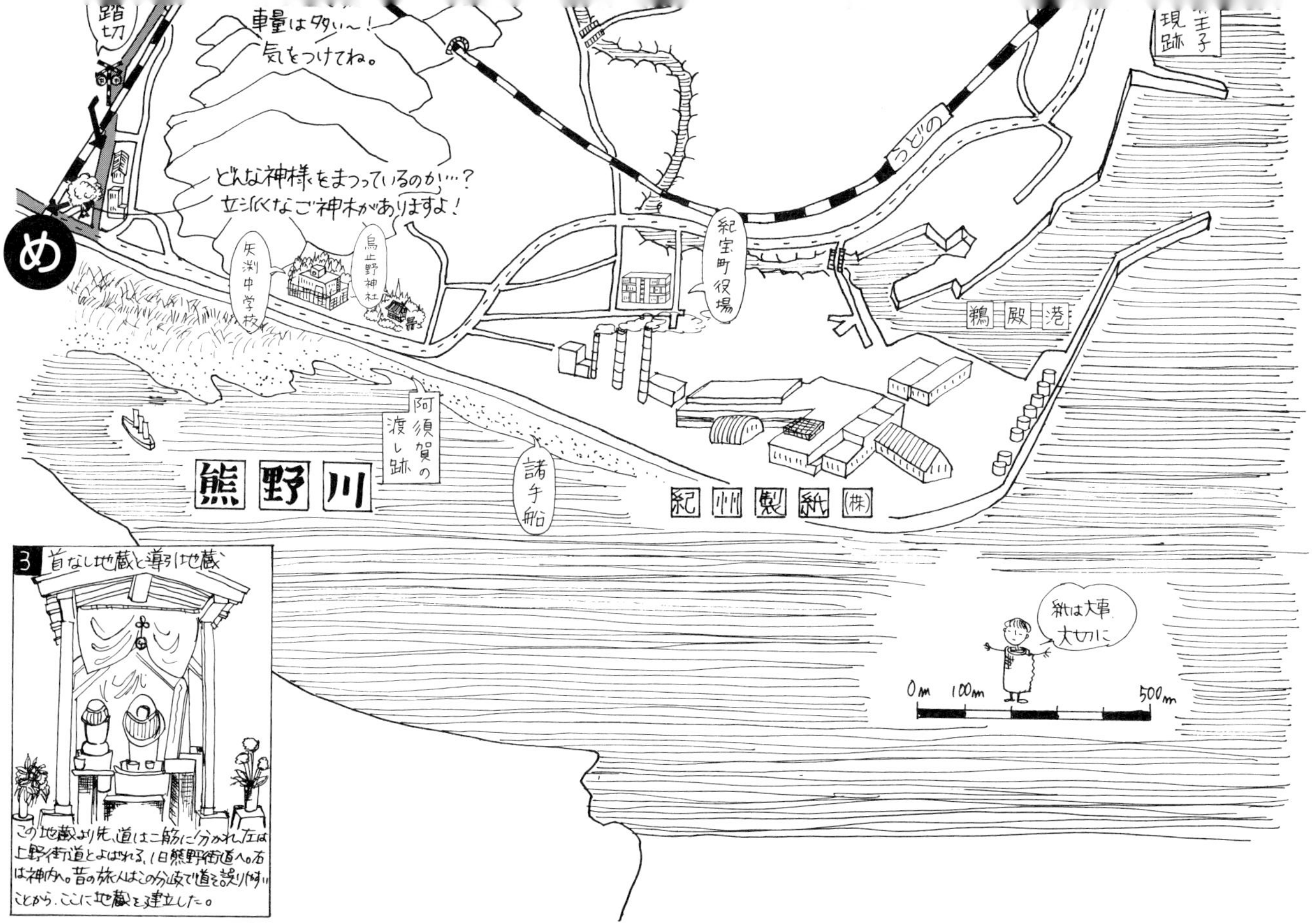
め
踏切
車量は多い～！
気をつけてね。
どんな神様をまつっているのか…？
立派なご神木がありますよ！
矢渕中学校
鳥止野神社
紀宝町役場
うどの
王子
現跡
鵜殿港
阿須賀の渡し跡
諸手船
熊野川
紀州製紙(株)
紙は大事
大切に
0m 100m 500m
3 首なし地蔵と導引地蔵
この地蔵より先、道は二筋に分かれ、左は上野街道とよばれる、旧熊野街道へ。右は神内へ。昔の旅人はこの分岐で道を誤りやすいことから、ここに地蔵を建立した。

その三十四
成川《なるかわ》から熊野《くまの》速玉大社《はやたまたいしゃ》まで
1.5km 20分
よーけ歩いたな～
お疲れ様でした～!!
1 熊野速玉大社
熊野三山の1つ。富貴を叶える神として信仰を集め、境内には熊野御幸にまつわる国宝を集めた神宝館が
2 神倉神社とゴトビキ岩
市街地の南、千穂ヶ峰の南端に鎮座する。ゴトビキ岩を御神体とし、高倉下命、天照大神を祭神とする、速玉大社の分社です。
3 丹鶴城跡
市街地の北、熊野川を背にした高台にある。昔は沖見城とも称されたほど眺望良し!!
N
大浜踏切
成川小学校
紀宝町役
郵便
亀
め

歩道あり。
熊野川の雄大な
流れを見ながら渡ろう
熊野大橋
お地蔵様
丹鶴小学校
3 丹鶴城跡
1 熊野速玉大社
速玉大社前
NTT
徐福公園
JR新宮駅へは
こちらに。
新宮
浮島の森
2 神倉神社
新宮初野地郵便局
国道42号
市内の歩道には
古道客が迷わぬ様
石板が埋めこんであり
ます。注意して探し
てみてね！
熊野古道
神社
しんぐう
0m 100m 500m
070605 ftcafield

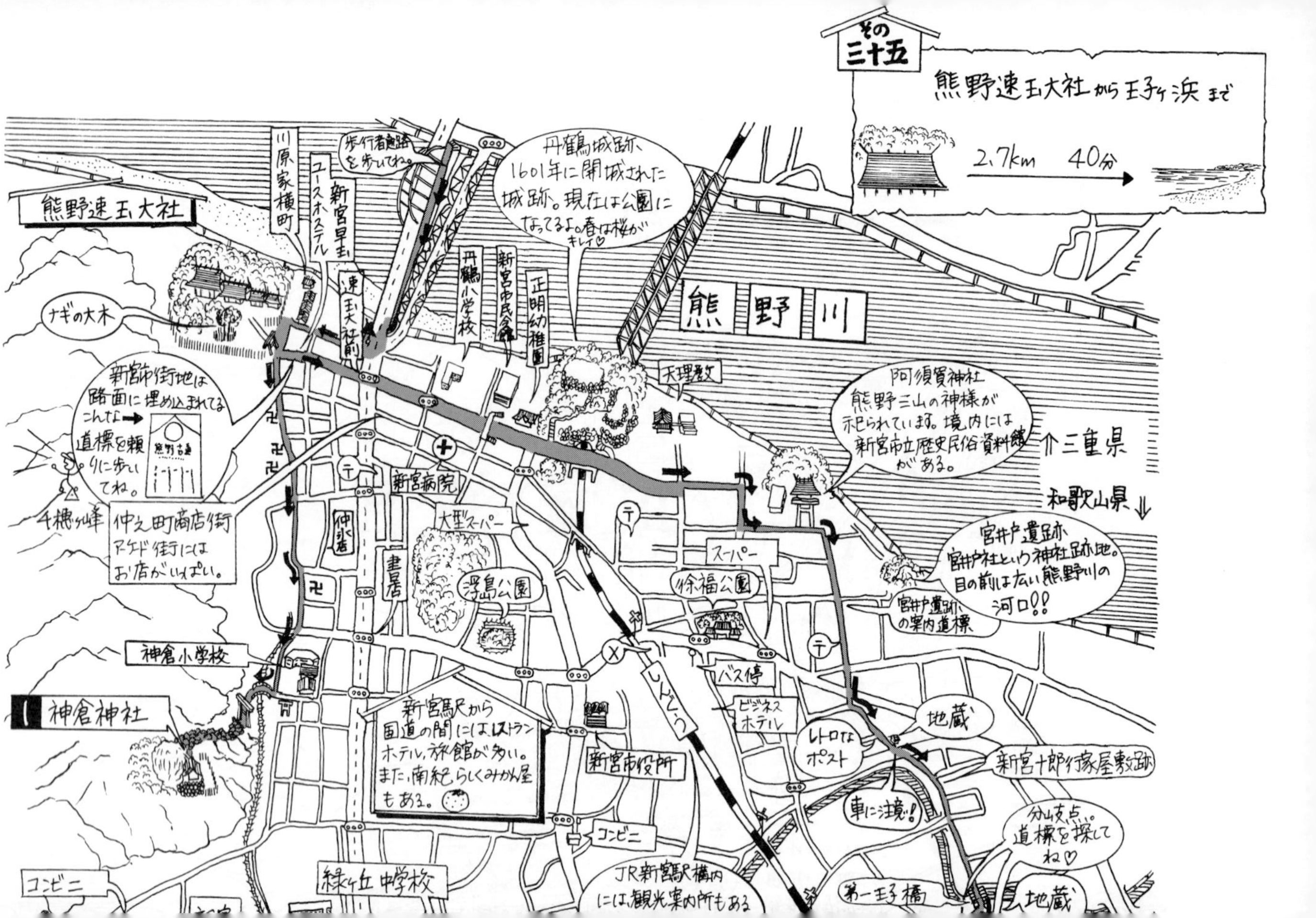
その三十五
熊野速玉大社から王子ヶ浜まで
2.7km 40分
熊野速玉大社
川原家横町
ユースホステル
新宮早玉
歩行者通路を歩いてね。
丹鶴城跡
1601年に開城された城跡。現在は公園になってるよ。春は桜がキレイ♡
熊野川
ナギの大木
速玉大社前
丹鶴小学校
新宮市民会館
正明幼稚園
天理教
新宮市街地は路面に埋め込まれてるこんな→道標を頼りに歩いてね。
熊野古道
千穂ヶ峰
仲之町商店街
アーケード街にはお店がいっぱい。
新宮病院
仲之町
書店
大型スーパー
浮島公園
阿須賀神社
熊野三山の神様が祀られています。境内には新宮市立歴史民俗資料館がある。
↑三重県
和歌山県↓
宮井戸遺跡
宮井戸社という神社跡地。目の前は広い熊野川の河口!!
宮井戸遺跡の案内道標
スーパー
徐福公園
神倉小学校
バス停
ビジネスホテル
しんぐう
神倉神社
新宮駅から国道の間にはレストランホテル、旅館が多い。また、南紀らしくみかん屋もある。
新宮市役所
レトロなポスト
地蔵
新宮十郎行家屋敷跡
車に注意!
分岐点。道標を探してね♡
コンビニ
緑ヶ丘中学校
JR新宮駅構内には観光案内所もある
第一王子橋
地蔵
コンビニ

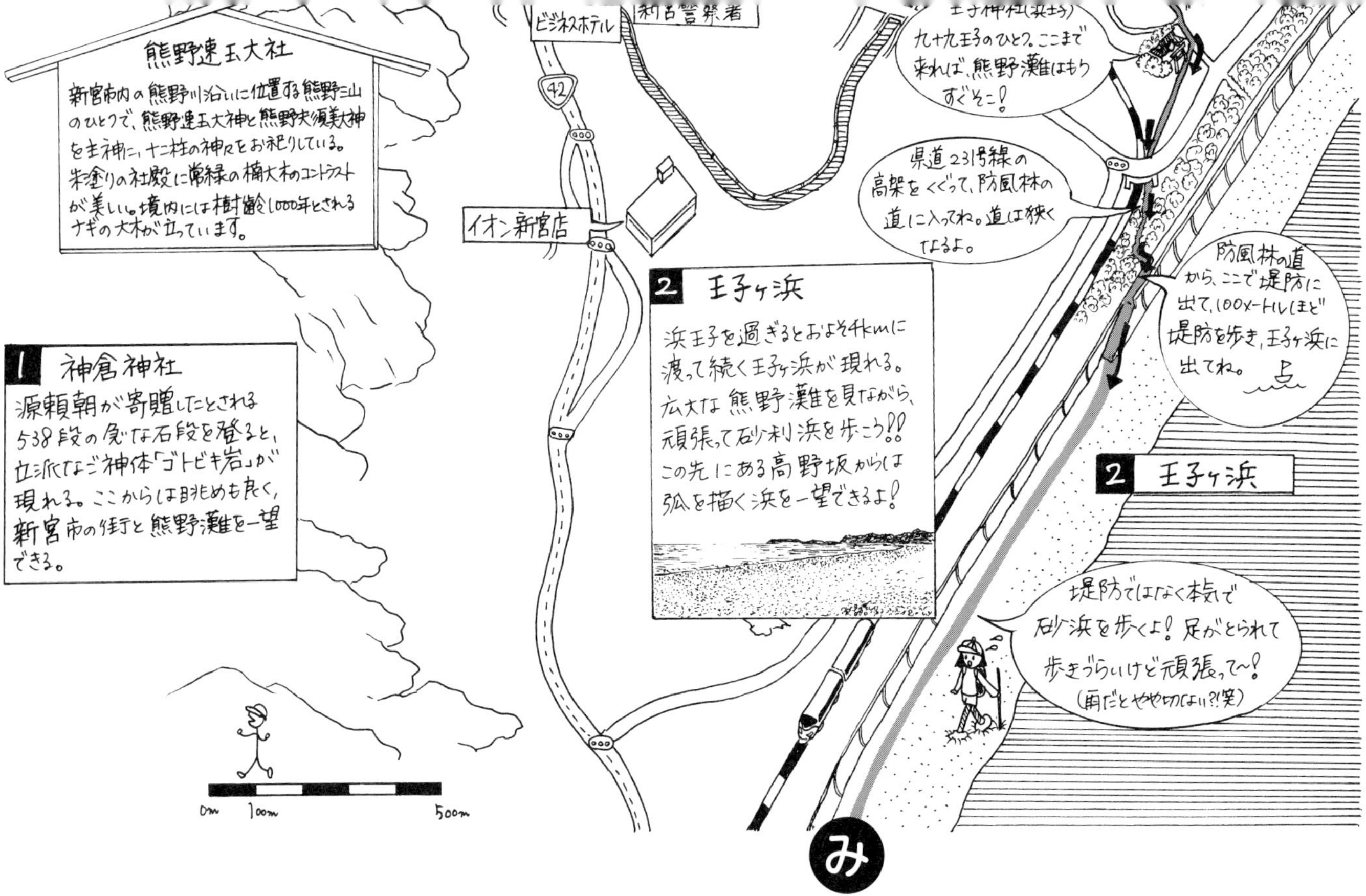
熊野速玉大社
新宮市内の熊野川沿いに位置する熊野三山のひとつで、熊野速玉大神と熊野夫須美大神を主神に、十二柱の神々をお祀りしている。朱塗りの社殿に常緑の楠大木のコントラストが美しい。境内には樹齢1000年とされるナギの大木が立っています。
1 神倉神社
源頼朝が寄贈したとされる538段の急な石段を登ると、立派なご神体「ゴトビキ岩」が現れる。ここからは眺めも良く、新宮市の街と熊野灘を一望できる。
0m 100m 500m
ビジネスホテル
新宮警察署
42
イオン新宮店
2 王子ヶ浜
浜王子を過ぎるとおよそ4kmに渡って続く王子ヶ浜が現れる。広大な熊野灘を見ながら、頑張って砂利浜を歩こう!! この先にある高野坂からは弧を描く浜を一望できるよ!

九十九王子のひとつ。ここまで来れば、熊野灘はもうすぐそこ!

県道231号線の高架をくぐって、防風林の道に入ってね。道は狭くなるよ。

防風林の道から、ここで堤防に出て、100メートルほど堤防を歩き、王子ヶ浜に出てね。
2 王子ヶ浜
堤防ではなく本気で砂浜を歩くよ! 足がとられて歩きづらいけど頑張って〜! (雨だとやや切ない?!笑)
み

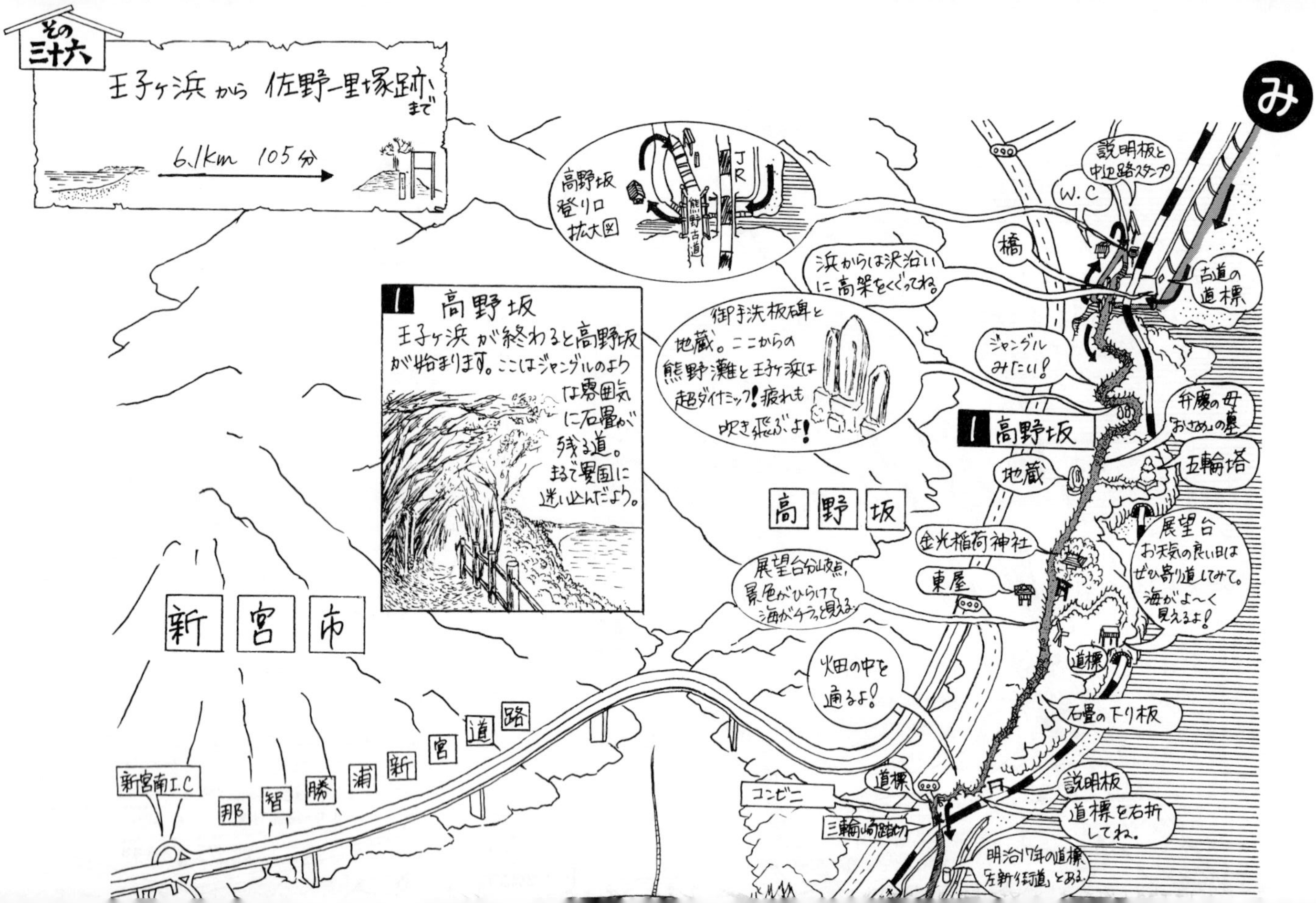

その三十六
王子ヶ浜から 佐野一里塚跡まで
6.1km 105分
み
高野坂登り口拡大図
熊野古道
JR
1 高野坂
王子ヶ浜が終わると高野坂が始まります。ここはジャングルのような雰囲気に石畳が残る道。まるで異国に迷い込んだよう。

御手洗板碑と地蔵。ここからの熊野灘と王子ヶ浜は超ダイナミック！疲れも吹き飛ぶよ！

説明板と中辺路スタンプ
W.C
橋
浜からは沢沿いに高架をくぐってね。
古道の道標
ジャングルみたい！
弁慶の母「おさめ」の墓
1 高野坂
五輪塔
地蔵
高野坂
展望台
お天気の良い日はぜひ寄り道してみて。海がよ～く見えるよ！
金光稲荷神社
東屋
展望台分岐点、景色がひらけて海がチラっと見える。
新宮市
火田の中を通るよ！
道標
石畳の下り坂
道標
説明板
道標を右折してね。
コンビニ
三輪崎踏切
明治17年の道標「左新宮街道」とある。
新宮南I.C
那智勝浦新宮道路

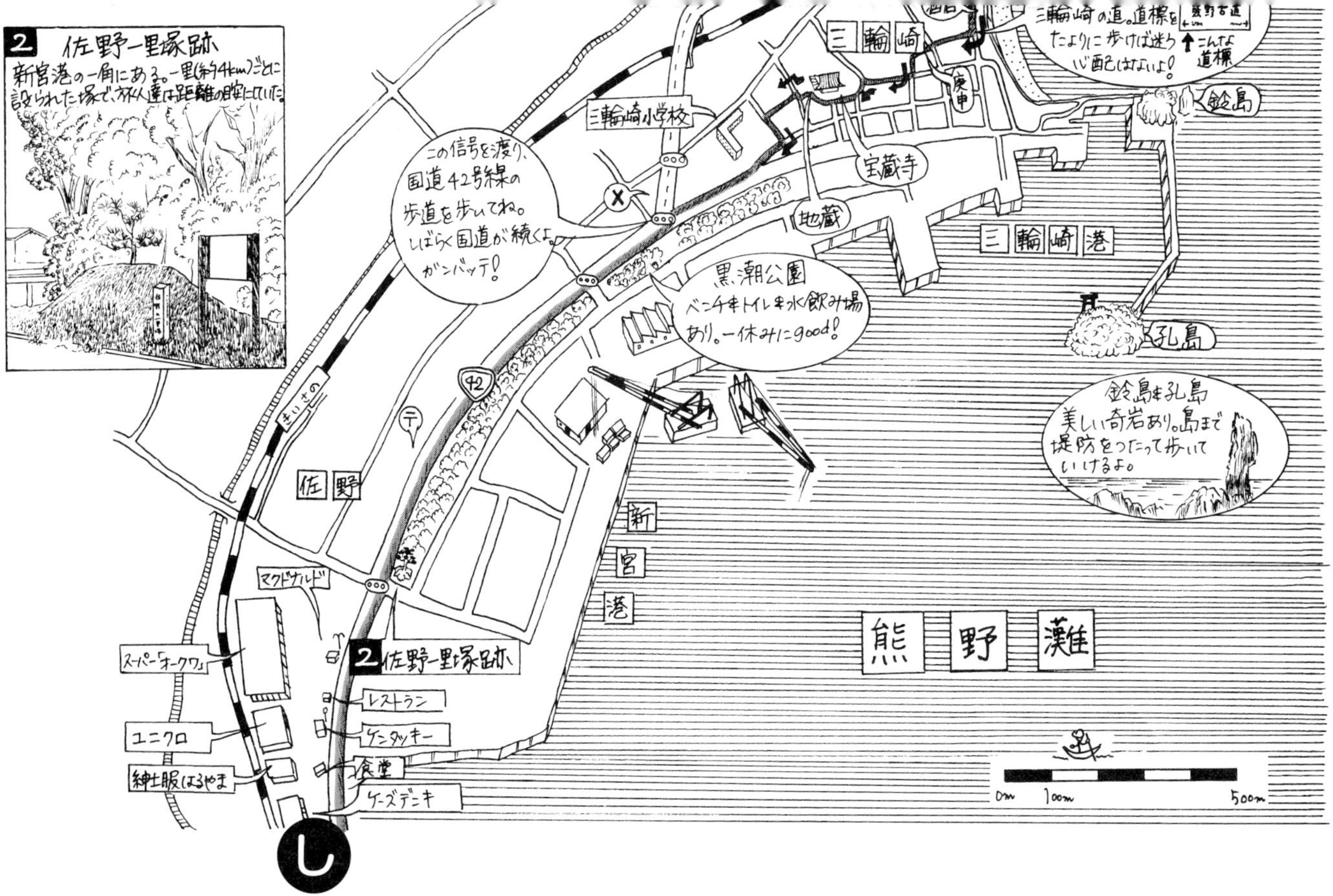

2 佐野一里塚跡
新宮港の一角にある。一里(約4km)ごとに設られた塚で、旅人達は距離の目安にしていた。
この信号を渡り、国道42号線の歩道を歩いてね。しばらく国道が続くよ。ガンバッテ!
三輪崎小学校
三輪崎
三輪崎の道。道標をたよりに歩けば迷う心配はないよ! こんな道標
熊野古道
鈴島
宝蔵寺
地蔵
三輪崎港
黒潮公園
ベンチ＆トイレ＆水飲み場あり。一休みにgood!
孔島
鈴島＆孔島
美しい奇岩あり。島まで堤防をつたって歩いていけるよ。
きいさの
42
佐野
新宮港
熊野灘
マクドナルド
2 佐野一里塚跡
スーパー「オークワ」
ユニクロ
紳士服はるやま
レストラン
ケンタッキー
食堂
ケーズデンキ
し
0m 100m 500m

その三十七
佐野一里塚跡から 大狗子峠を経て赤色海岸まで
3.7km 65分
新宮市
国道沿いにはスーパーや家電品店、ファストフード、ユニクロなどが並ぶ。必要なものがあったら、ここで買い足しておこう!
し
佐野一里塚跡
スーパー（オークワ）
ユニクロ
紳士服はるやま
ケーズデンキ
北条政子の宝きょ印塔
松籟橋
1 佐野王子跡
旧道の橋立入禁止。
新宮市
那智勝浦町
1 佐野王子跡
熊野九十九王子社のひとつ。現在は大型商業施設の片隅にひっそりと佇んでいる。
王子跡
那智勝浦新宮道路
2 小狗子峠
宇久井から狗子ノ浜へと抜ける小さな峠。距離は短いが、立派な石畳や峠の切り通しが残る。
松籟橋から宇久井駅までは歩道がないのでビュンビュン飛ばす車に気をつけて!
古い道標。
右高津氣道
左那智
とあります。
ここから歩道あり
うぐい
小狗子峠登り口拡大図
橋に道標アリ。
この先は下の絵みたい

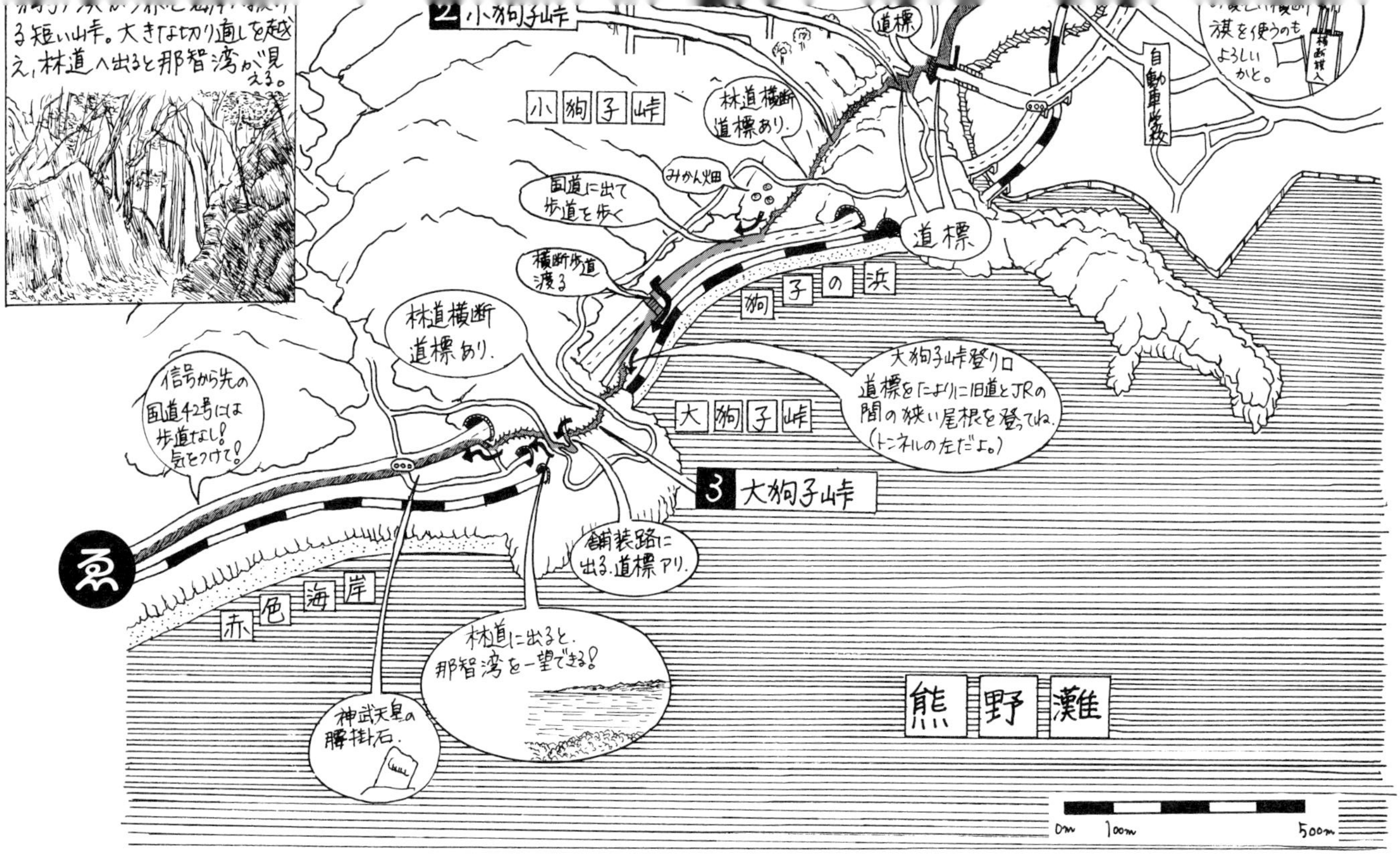
る短い峠。大きな切り通しを越え、林道へ出ると那智湾が見える。
2 小狗子峠
小狗子峠
林道横断 道標あり.
道標
自動車教
旗を使うのも よろしいかと。
みかん畑
国道に出て 歩道を歩く
横断歩道 渡る
道標
狗子の浜
林道横断 道標あり.
大狗子峠登り口 道標をたよりに旧道とJRの間の狭い尾根を登ってね.（トンネルの左だよ。）
信号から先の国道42号には歩道なし! 気をつけて!
大狗子峠
3 大狗子峠
舗装路に出る.道標アリ.
赤色海岸
林道に出ると. 那智湾を一望できる!
神武天皇の腰掛石.
熊野灘
0m 100m 500m

その三十八
赤色海岸 から 曼荼羅の道石碑（井関） まで
2.1km 30分
補陀洛山寺
2.0km 30分
1 補陀洛山寺
海の果てにあったとされる浄土、「補陀洛浄土」を求めかつて多くの僧侶がこの寺院から旅出った。当時の渡舟の模型も展示されている。隣には浜ノ宮王子跡も。
横断歩道
「熊野古道曼荼羅のみち」石碑。本来の古道はここから右側へ入っていたが、2011年の台風12号で橋が流されてしまったので、矢印（次ページ）の通り迂回してください。
那智勝浦新宮道路
ひ
石仏
那智天然温泉
飛鳥神社
県道43号に出た後、横断歩道を渡り歩道へ。
天与寺
補陀洛山寺の裏山には、補陀落渡海の旅に出た僧侶の供養石碑があります。
赤色海岸沿いの国道歩きは長く、歩道もないので、車に注意してね。これも歩く旅のダイゴ味!?
る
1 補陀洛山寺
右側の道に入る
夫婦楠
古い道標
道標
那智川
川関道標地蔵

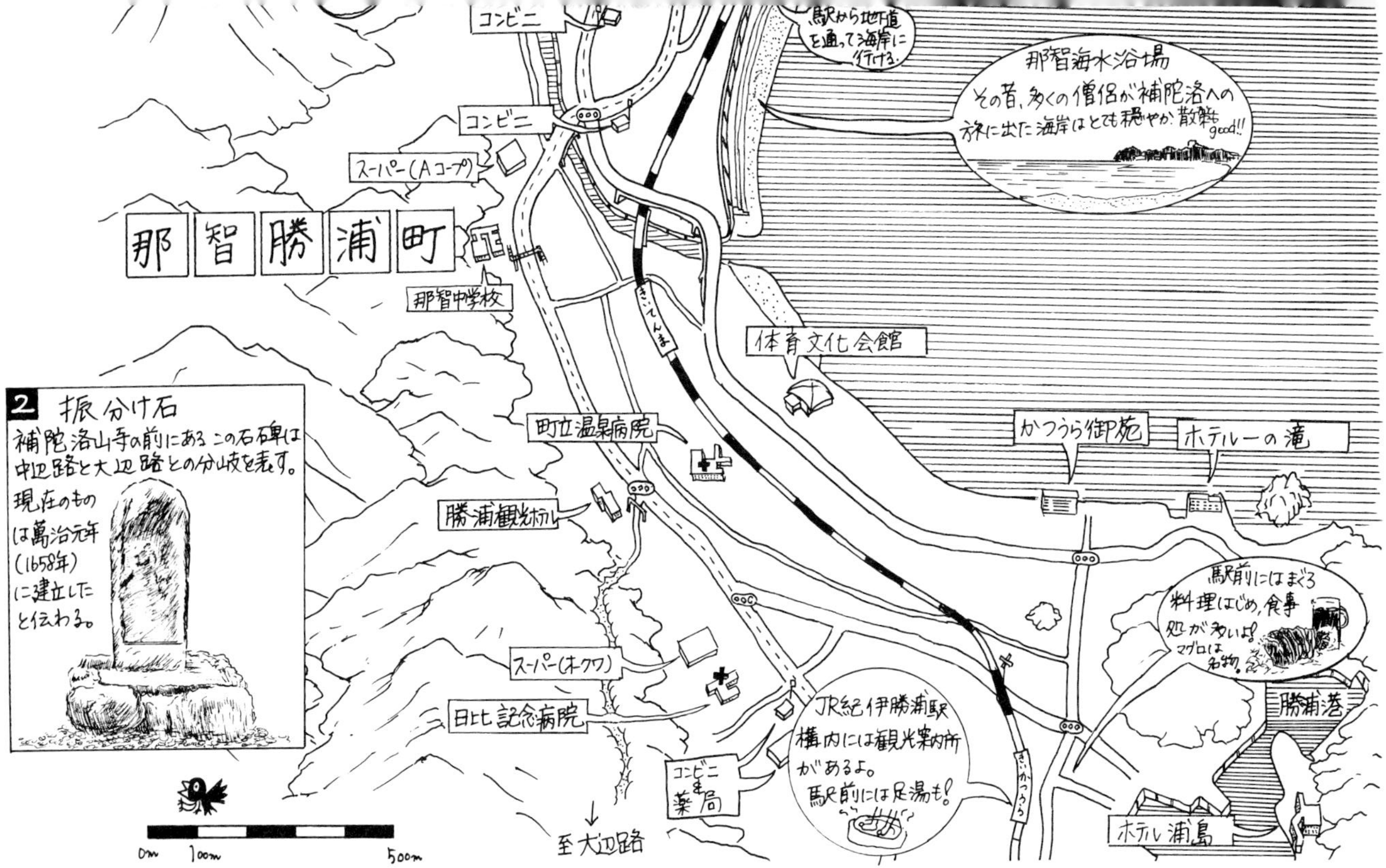
那智勝浦町
コンビニ
コンビニ
スーパー(Aコープ)
那智中学校
駅から地下道を通って海岸に行ける。
那智海水浴場
その昔、多くの僧侶が補陀洛への旅に出た海岸はとても穏やか。散策good!!
きいてんま
体育文化会館
町立温泉病院
勝浦観光ホテル
かつうら御苑
ホテル一の滝
スーパー(オークワ)
日比記念病院
コンビニ
薬局
JR紀伊勝浦駅
構内には観光案内所があるよ。
駅前には足湯も!
きいかつうら
駅前にはまぐろ料理はじめ、食事処が多いよ!
マグロは名物。
勝浦港
ホテル浦島
至大辺路
0m
100m
500m
2 振分け石
補陀洛山寺の前にあるこの石碑は中辺路と大辺路との分岐を表す。
現在のものは萬治元年(1658年)に建立したと伝わる。

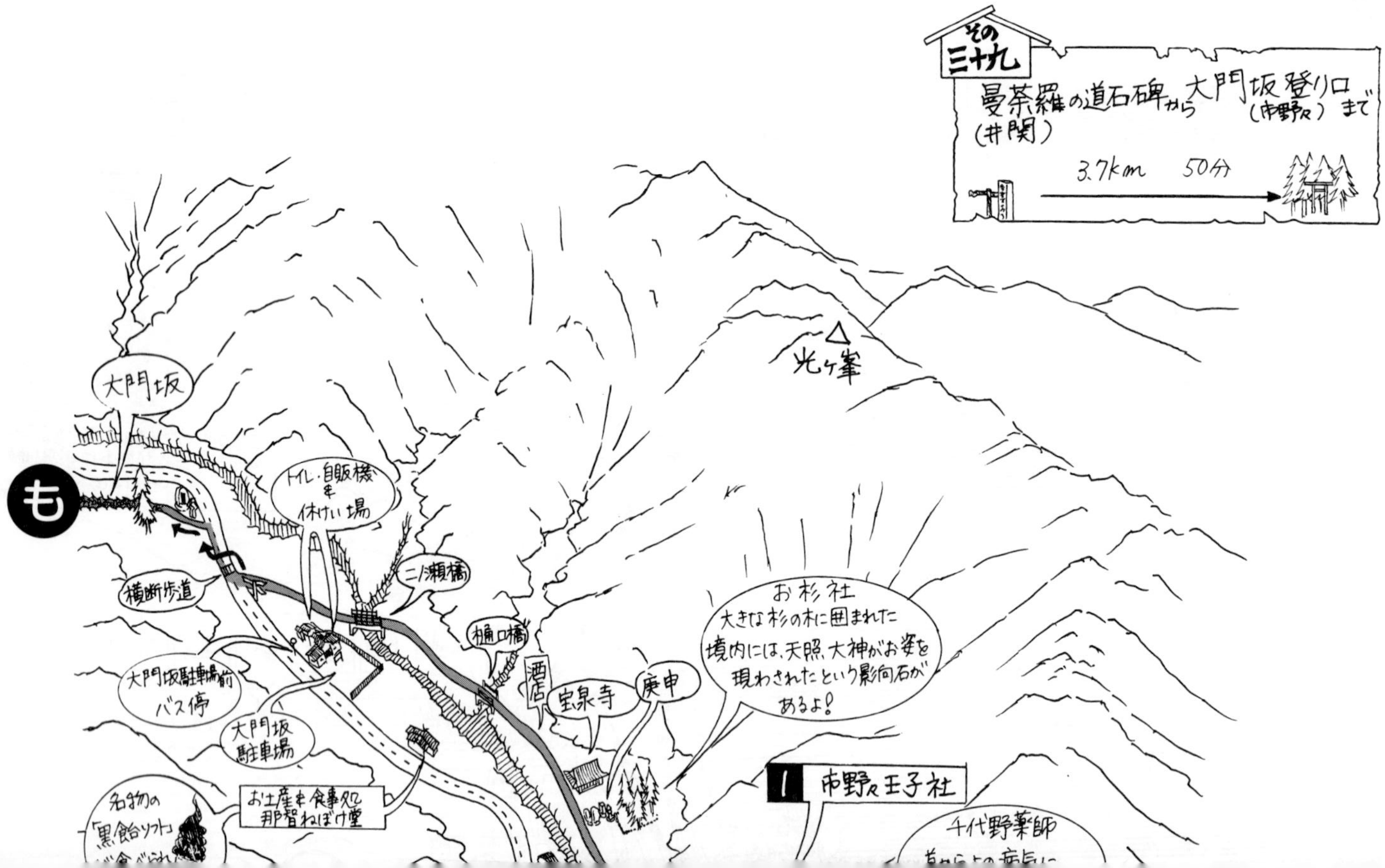
その三十九
曼荼羅の道石碑から大門坂登り口まで
(井関)
(市野々)
3.7km 50分
光ヶ峯
大門坂
も
トイレ・自販機を休けい場
二ノ瀬橋
横断歩道
樋口橋
大門坂駐車場前バス停
大門坂駐車場
酒店
宝泉寺
庚申
お杉社
大きな杉の木に囲まれた境内には、天照大神がお姿を現わされたという影向石があるよ！
1 市野々王子社
お土産＆食事処 那智ねぼけ堂
名物の「黒飴ソフト」

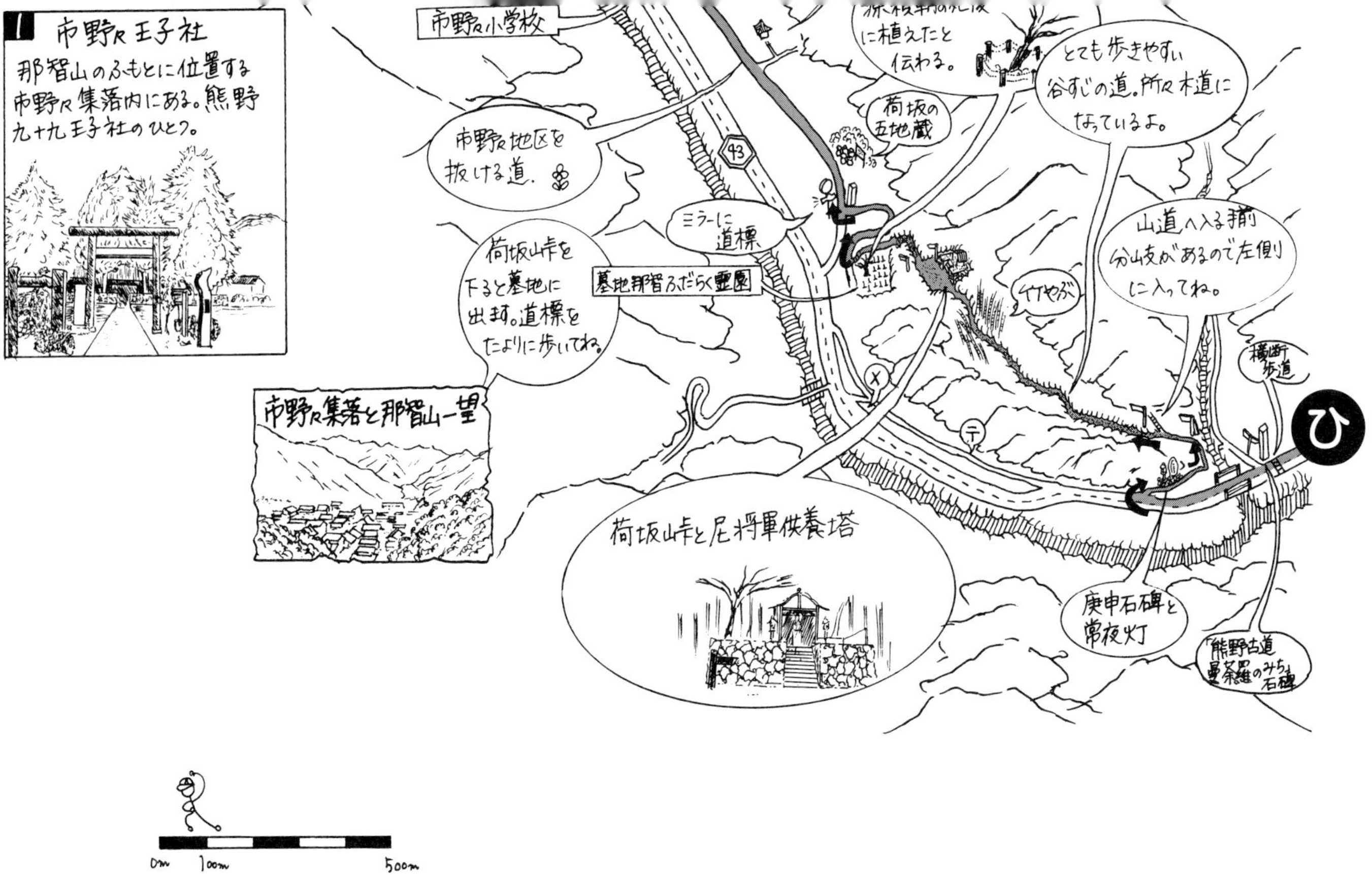
1 市野々王子社
那智山のふもとに位置する市野々集落内にある。熊野九十九王子社のひとつ。
市野々小学校
に植えたと
伝わる。
とても歩きやすい谷すじの道。所々木道になっているよ。
荷坂の五地蔵
市野々地区を抜ける道。
43
ミラーに道標
山道へ入る手前分岐があるので左側に入ってね。
荷坂峠を下ると墓地に出ます。道標をたよりに歩いてね。
墓地那智ふだらく霊園
竹やぶ
横断歩道
ひ
市野々集落と那智山一望
荷坂峠と尼将軍供養塔
庚申石碑と常夜灯
「熊野古道曼荼羅のみち」石碑
0m
100m
500m

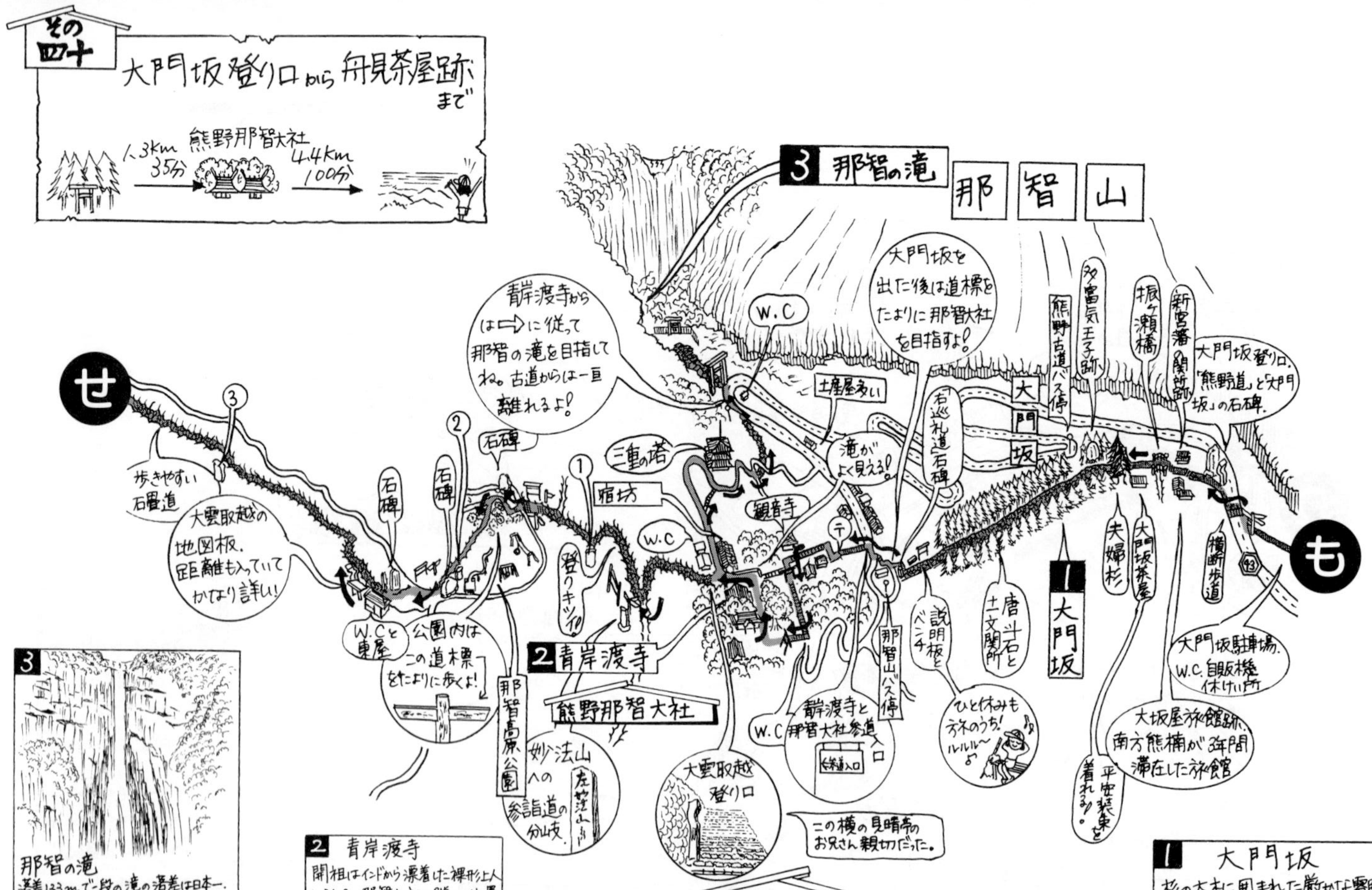


3 那智の滝
落差133mで一段の滝の落差は日本一。落口の岩に切れ目があり、三筋に分かれる

2 青岸渡寺
開祖はインドから漂着した裸形上人とされる。那智大社の隣に位置

1 大門坂
杉の大木に囲まれた厳かな雰囲気の坂。端整な石畳を登りきれば

時代の様子を感じることができる。

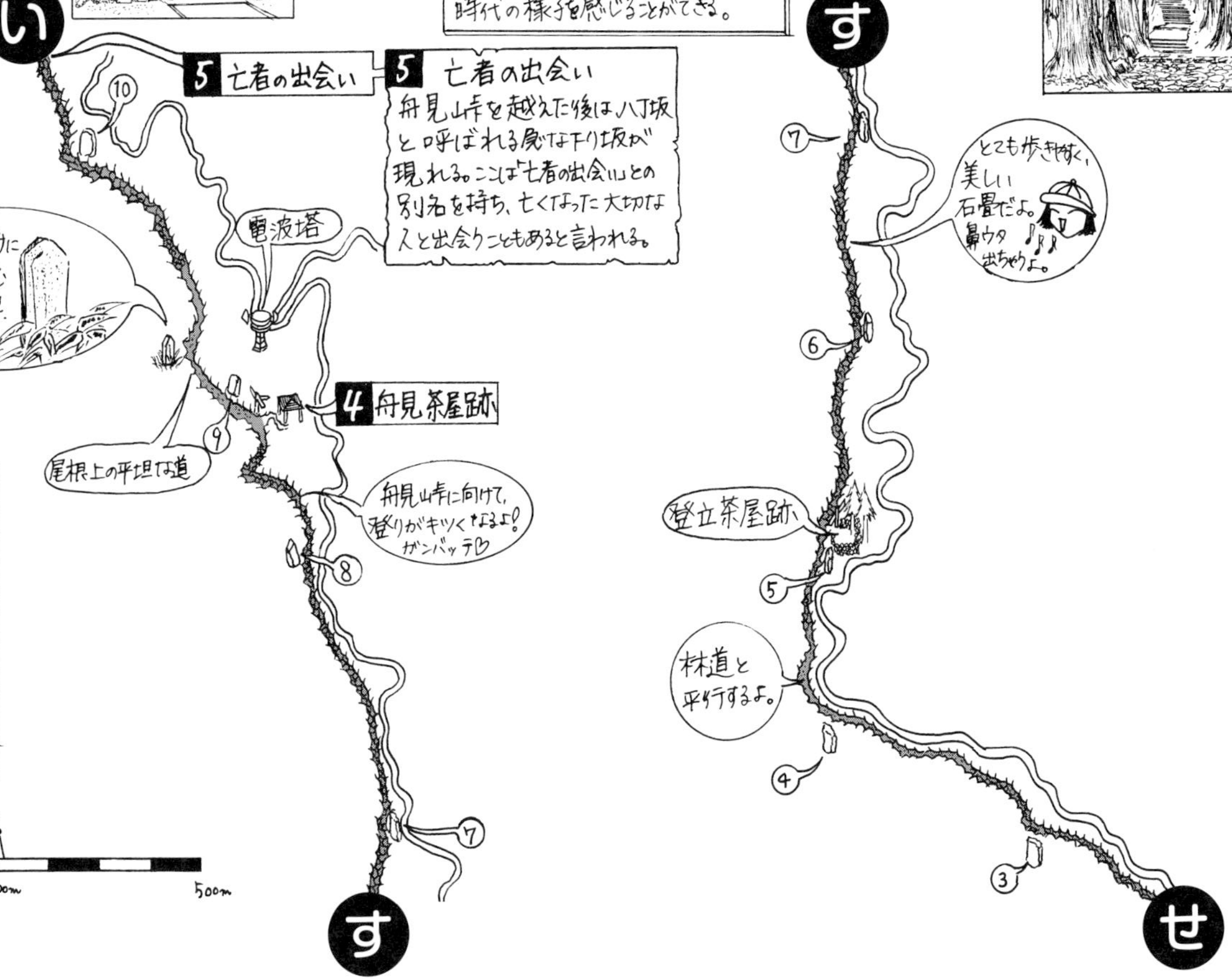


**5** 亡者の出会い

舟見峠を越えた後は八丁坂と呼ばれる急な下り坂が現れる。ここは「亡者の出会い」との別名を持ち、亡くなった大切な人と出会うこともあると言われる。

**4** 舟見茶屋跡

ひたすら続く登り坂を歩いた先にある茶屋跡からはこれまで歩いてきた道のりが一望! その名の通り遠方には熊野灘も見える。ベンチもあるので一休みにも良いスポット。

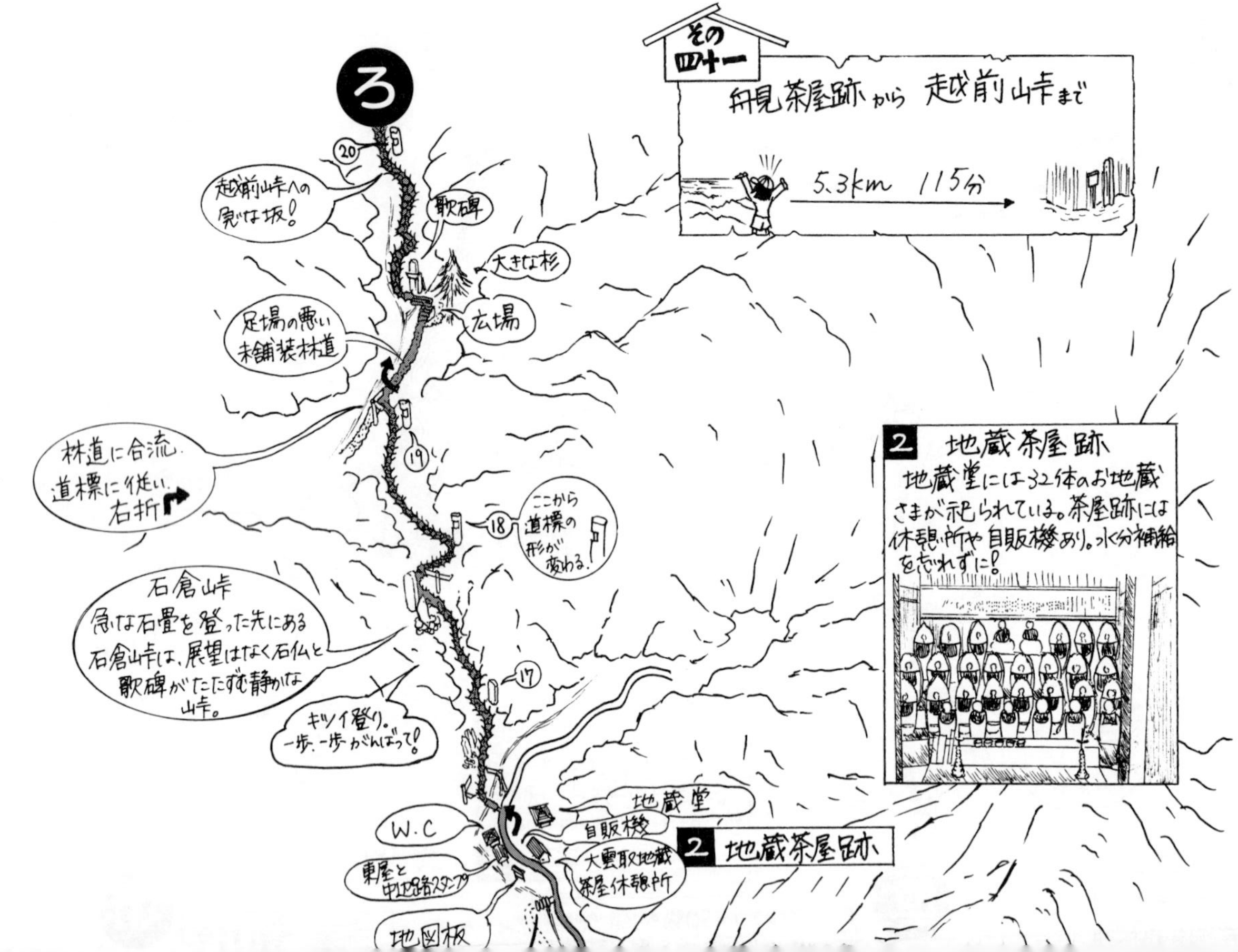

その四十一
弁見茶屋跡から 越前山寺まで
5.3km 115分
ろ
20
越前山寺への急な坂！
歌碑
大きな杉
広場
足場の悪い未舗装林道
林道に合流。道標に従い右折
19
18
ここから道標の形が変わる。
石倉山寺
急な石畳を登った先にある石倉山寺は、展望はなく石仏と歌碑がたたずむ静かな山寺。
17
キツイ登り。一歩、一歩がんばって！
地蔵堂
W.C
自販機
東屋と中辺路スタンプ
大坂取地蔵茶屋休憩所
地図板
2 地蔵茶屋跡
2 地蔵茶屋跡
地蔵堂には32体のお地蔵さまが祀られている。茶屋跡には休憩所や自販機あり。水分補給を忘れずに！

## 大雲取越

那智山から小口までを結ぶ道のり。道中には舟見峠、石倉峠、越前峠と、標高800メートル前後の3つの峠があり、熊野古道中最大の難所と言われる。（小辺路などの山岳ルートはのぞく）なお、「雲が手に取れるほどの高所」というところからその名がついたとか。

## 1 大雲取越

大雲取越の登り始めから小雲取越出口の請川にかけて右下のイラストのような道標が500mおきに立っています。1番から17番（石倉峠）までは左側のスタイル、18番から554番までは右側のスタイルとなっています。少し寂しい山道も、こんな道標があればこころ強い!!

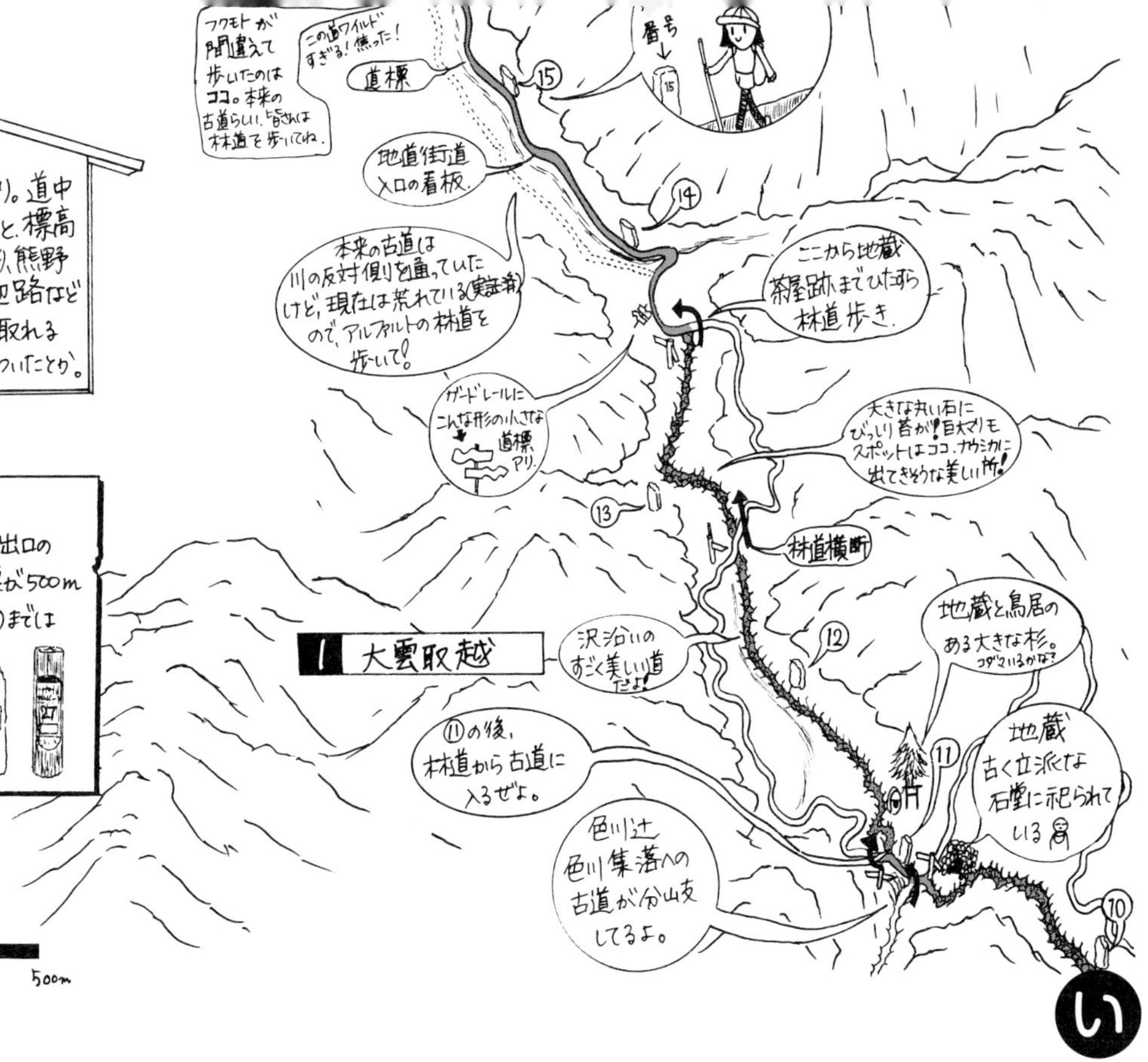

フクモトが間違えて歩いたのはココ。本来の古道らしい。皆さんは林道を歩いてね。
この道ワイルドすぎる！焦った！
道標
番号
15
地道街道入口の看板。
14
本来の古道は川の反対側を通っていたけど、現在は荒れている（実証済）ので、アスファルトの林道を歩いて！
ここから地蔵茶屋跡までひたすら林道歩き。
ガードレールにこんな形の小さな道標アリ。
大きな丸い石にびっしり苔が！巨大マリモスポットはココ。カワシカに出てきそうな美しい所！
13
林道横断
1 大雲取越
沢沿いのすごく美しい道だよ！
12
地蔵と鳥居のある大きな杉。コダマいるかな？
11
⑪の後、林道から古道に入るぜよ。
地蔵 古く立派な石堂に祀られている
色川辻 色川集落への古道が分岐してるよ。
10
い


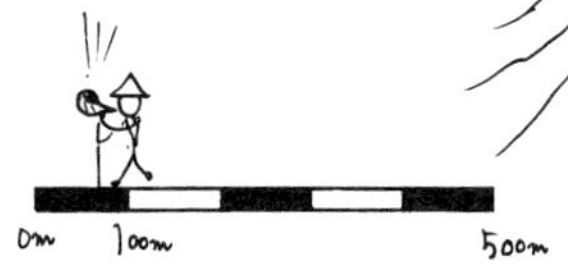

0m
100m
500m

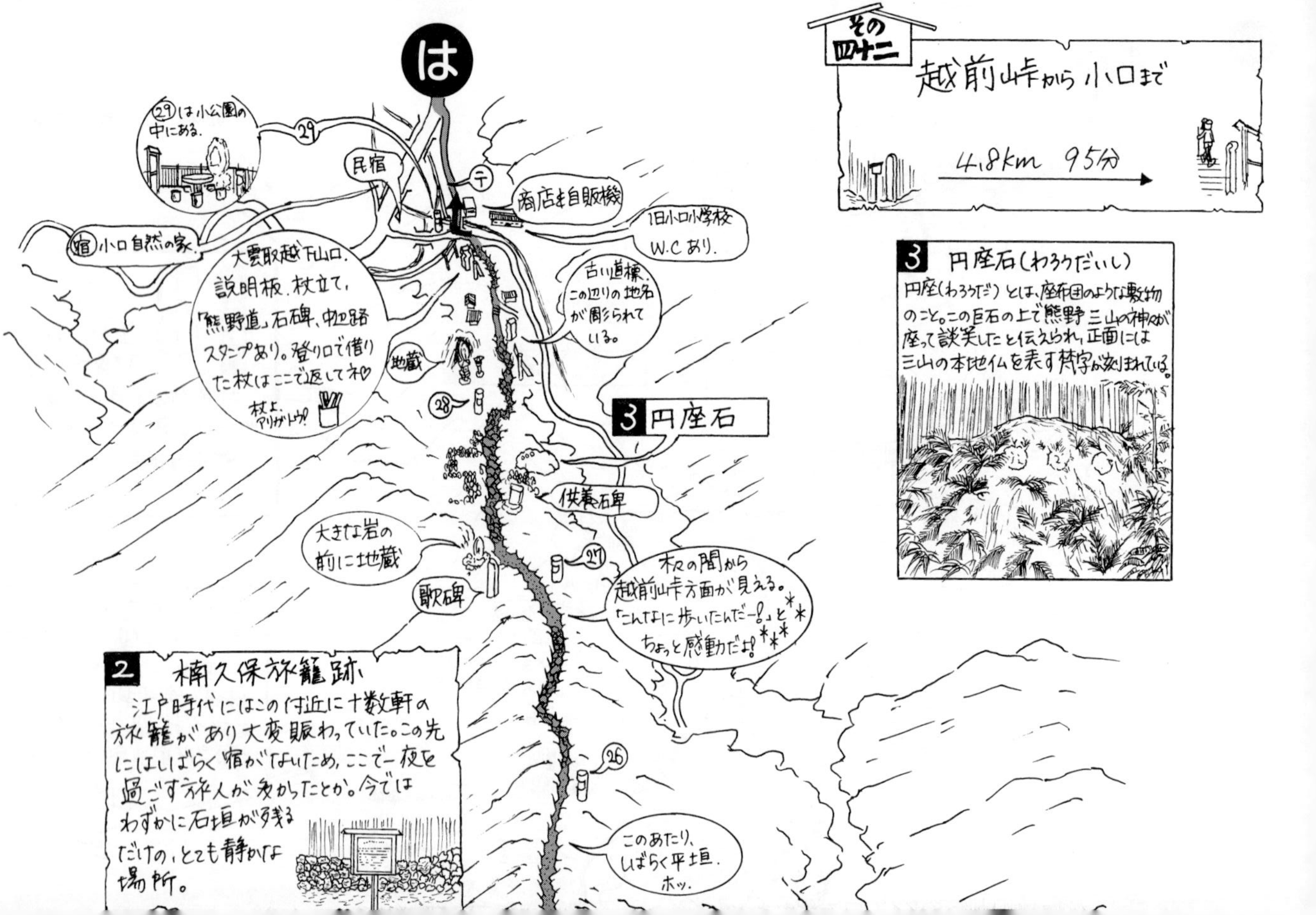
その四十二
越前峠から小口まで
4.8km 95分
は
㉙は小公園の中にある。
29
民宿
〒
商店と自販機
旧小口小学校 W.Cあり。
宿 小口自然の家
大雲取越下山口。説明板、杖立て、「熊野道」石碑、中辺路スタンプあり。登り口で借りた杖はここで返してね♡ 杖よ、アリガトウ!
古い道標。この辺りの地名が彫られている。
地蔵
28
3 円座石
供養石碑
大きな岩の前に地蔵
27
歌碑
木々の間から越前峠方面が見える。「こんなに歩いたんだー!」とちょっと感動だよ!
26
このあたり、しばらく平坦。ホッ。
3 円座石（わろうだいし）
円座（わろうだ）とは、座布団のような敷物のこと。この巨石の上で熊野三山の神々が座って談笑したと伝えられ、正面には三山の本地仏を表す梵字が刻まれている。
2 楠久保旅籠跡
江戸時代にはこの付近に十数軒の旅籠があり大変賑わっていた。この先にはしばらく宿がないため、ここで一夜を過ごす旅人が多かったとか。今ではわずかに石垣が残るだけの、とても静かな場所。

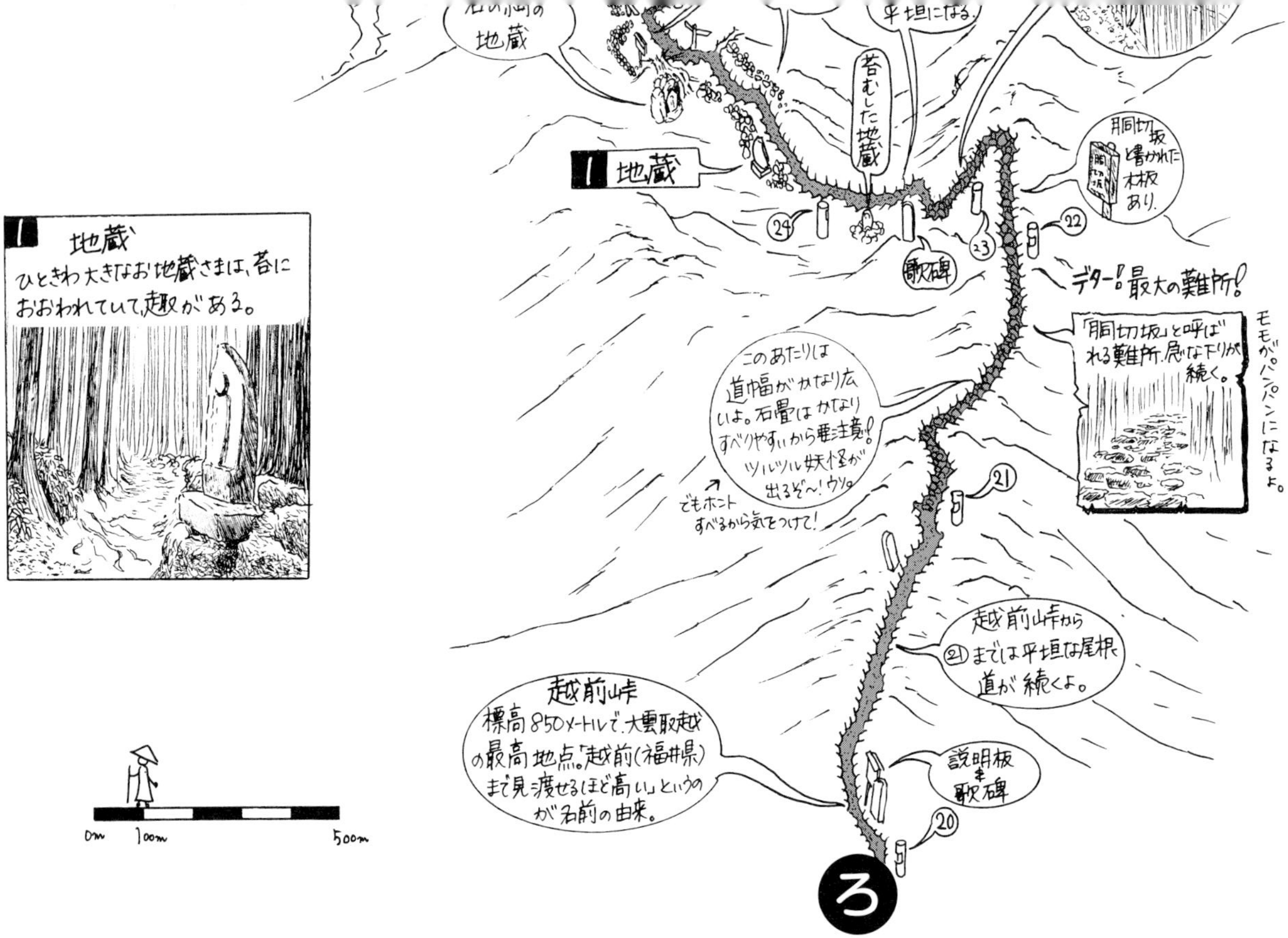
1 地蔵
ひときわ大きなお地蔵さまは、苔におおわれていて、趣がある。
地蔵
平坦になる。
苔むした地蔵
1 地蔵
胴切坂と書かれた木板あり。
24
23
22
歌碑
デター！最大の難所！
「胴切坂」と呼ばれる難所。急な下りが続く。
モモがパンパンになるよ。
このあたりは道幅がかなり広いよ。石畳はかなりすべりやすいから要注意！ツルツル妖怪が出るぞ～！ウソ。
でもホント すべるから気をつけて！
21
越前峠から㉑までは平坦な尾根道が続くよ。
越前峠
標高850メートルで、大雲取越の最高地点。「越前（福井県）まで見渡せるほど高い」というのが名前の由来。
説明板＆歌碑
20
ろ
0m 100m 500m

## その四十三

小口から 小雲取越 林道交差 まで

6.6km 150分

### 1 堂ノ坂

尾切地蔵を過ぎた後、しばらく続く急な登り。広大な景色を振り返りながらゆっくり登ろう!

な景色を振り返りながら→
ゆっくり登ろう!


### 2 桜茶屋跡

堂ノ坂を登りきったところにある茶屋跡。東屋があり、これまで歩いてきた大雲取越の壁のように連なる峰々を一望できる。風通りもよく、一休みにおすすめ。

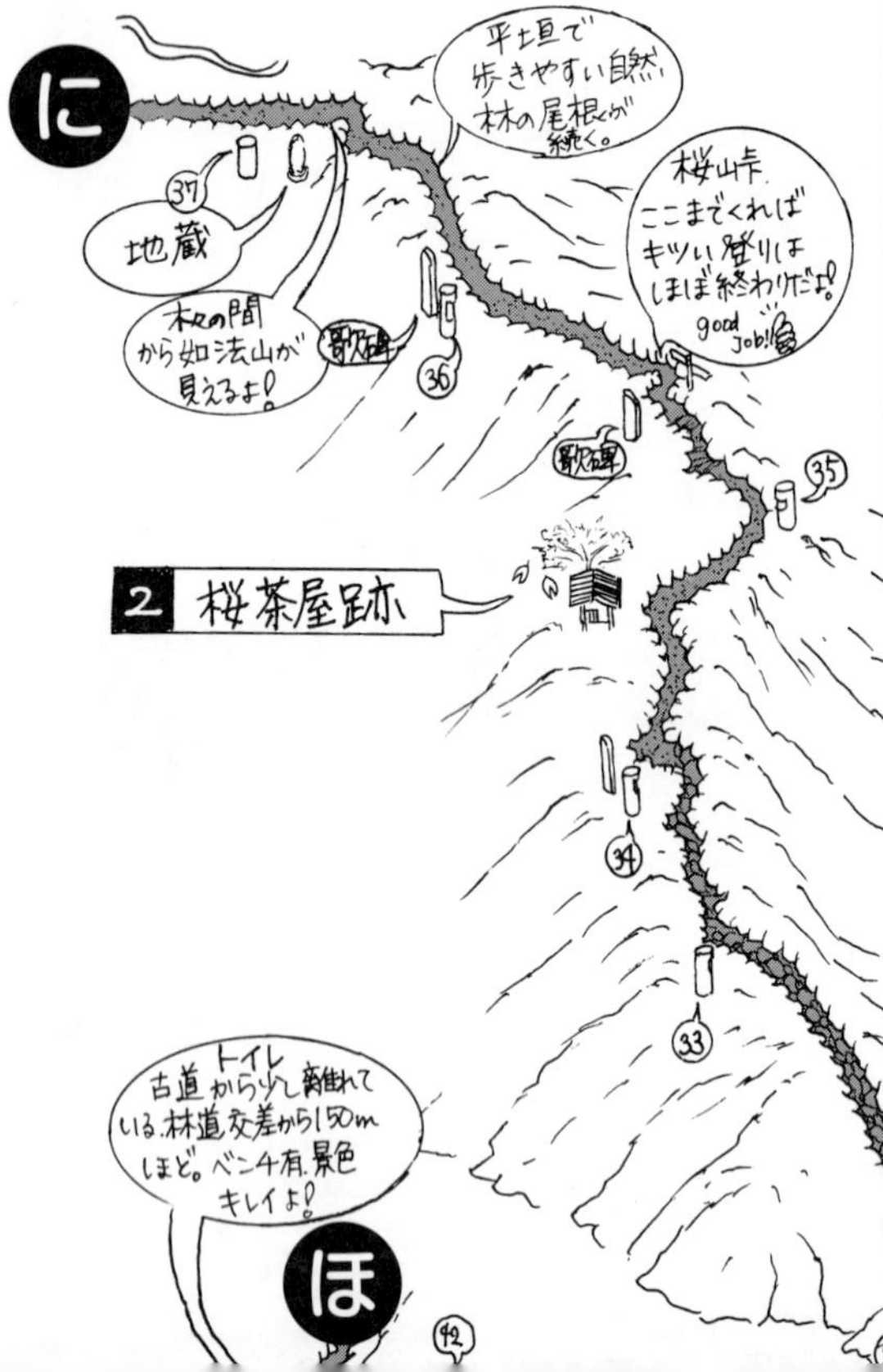

に
平坦で歩きやすい自然林の尾根が続く。
37
地蔵
木々の間から如法山が見えるよ!
歌碑
36
桜山卡
ここまでくればキツい登りはほぼ終わりだよ! good Job!
歌碑
35
2 桜茶屋跡
34
33
トイレ 古道から少し離れている。林道交差から150mほど。ベンチ有。景色キレイよ!
大雲取越方面と眼下の赤木川の展望がひらけるよ。ちょっと振り返ってみて! クルッ
ほ
32


### 小雲取越

小口から請川を結び、熊野本宮大社へと至る雲取越の後半部分。大雲取越よりは緩やかになるものの、登り口から桜茶屋跡までは「堂ノ坂」と呼ばれる急坂が続く。しかしその先は照葉樹に覆われた気持ちよい尾根道が広がっている。

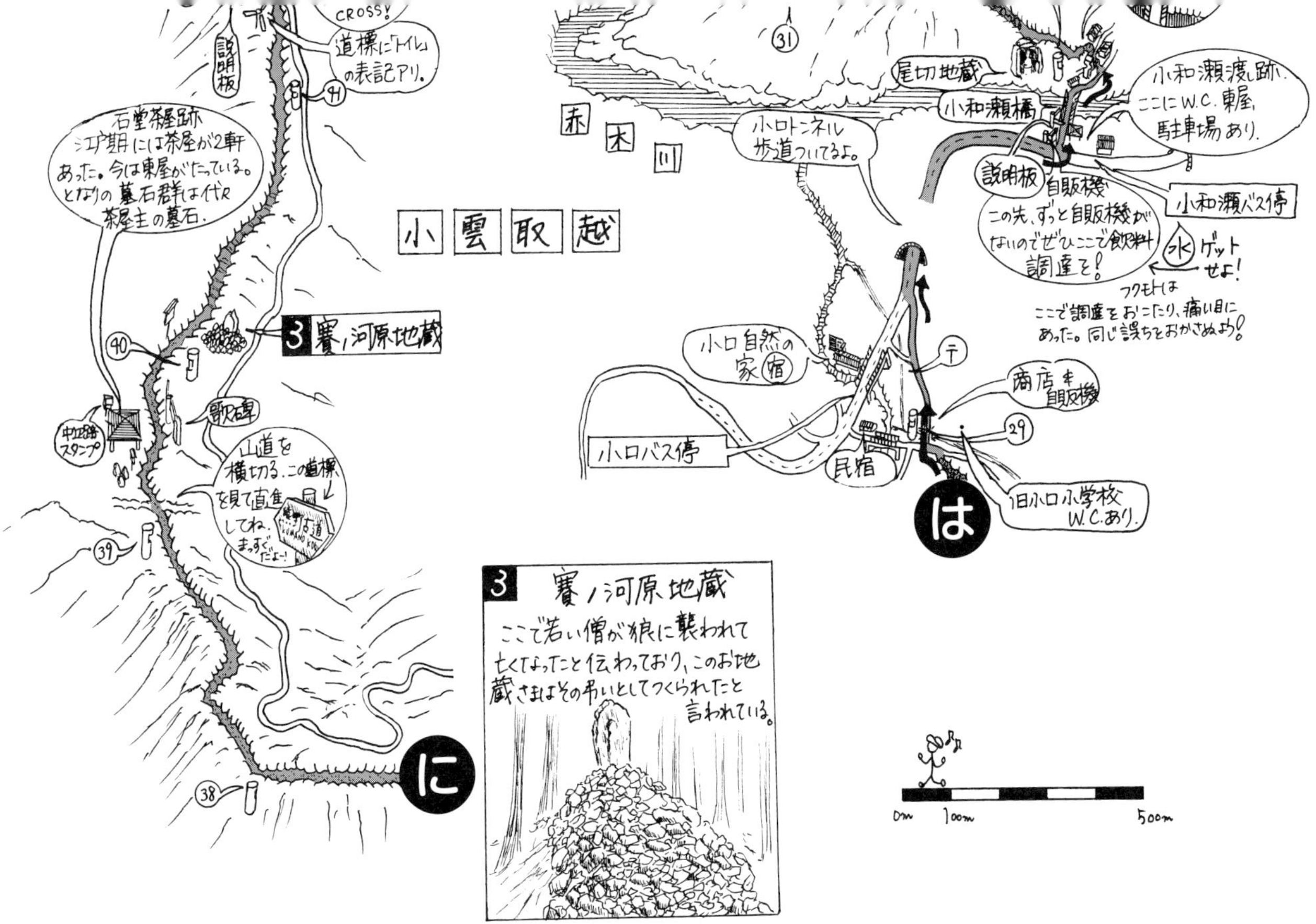
小雲取越
道標に「トイレ」の表記アリ。
CROSS!
説明板
石堂茶屋跡 江戸期には茶屋が2軒あった。今は東屋がたっている。となりの墓石群は代々茶屋主の墓石。
3 賽ノ河原地蔵
中辺路スタンプ
歌碑
山道を横切る。この道標を見て直進してね。まっすぐだよ～!
熊野古道
38
39
40
41
に
3 賽ノ河原地蔵
ここで若い僧が狼に襲われて亡くなったと伝わっており、このお地蔵さまはその弔いとしてつくられたと言われている。
赤木川
31
尾切地蔵
小和瀬橋
小和瀬渡し跡。ここにW.C.東屋、駐車場あり。
小口トンネル歩道ついてるよ。
説明板
自販機
小和瀬バス停
この先、ずっと自販機がないのでぜひここで飲料調達を!
水ゲットせよ!
フクモトはここで調達をおこたり、痛い目にあった。同じ誤ちをおかさぬよう!
小口自然の家 宿
〒
商店・自販機
29
小口バス停
民宿
旧小口小学校 W.C.あり。
は
0m
100m
500m

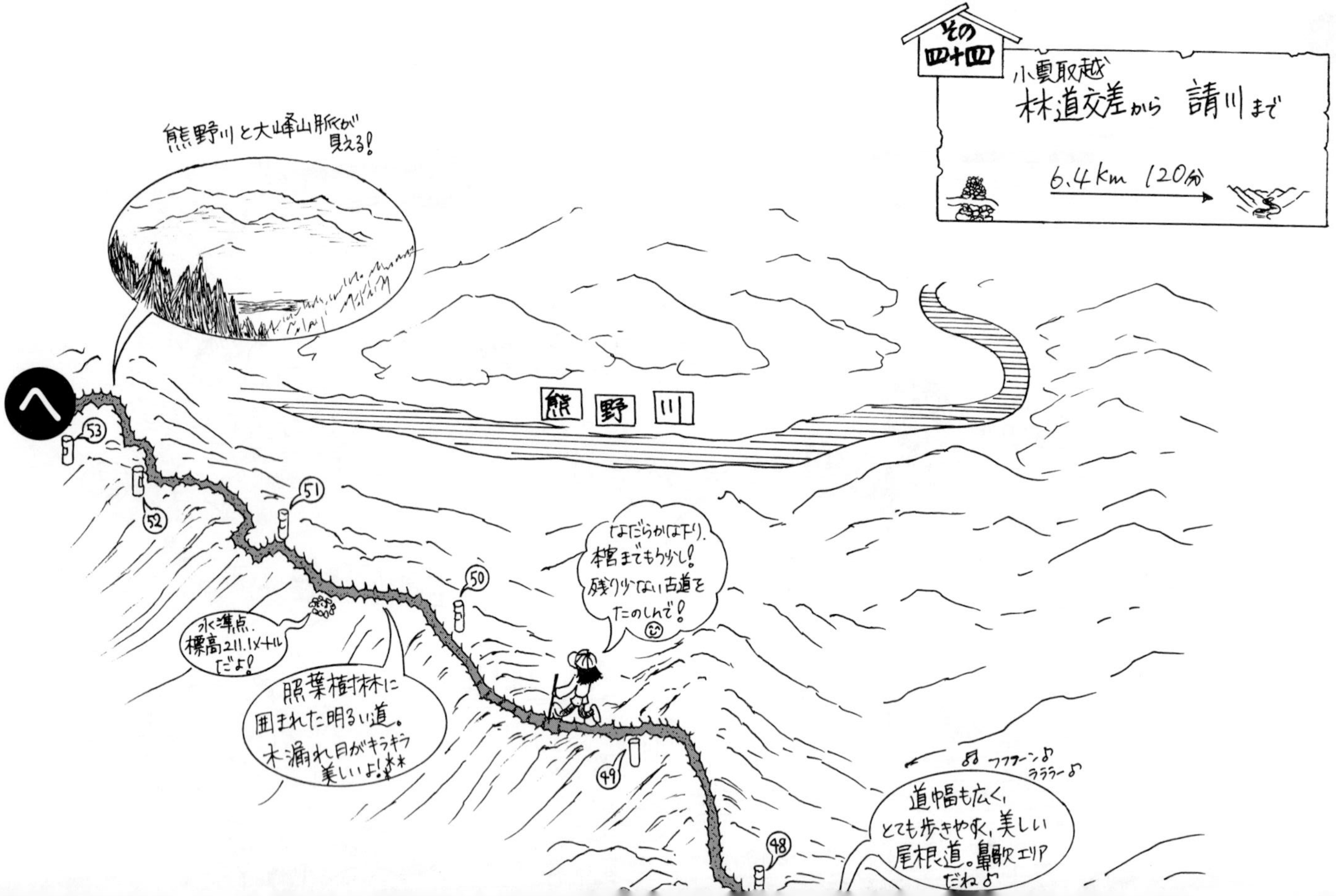
その四十四
小雲取越
林道交差から 請川まで
6.4km 120分
熊野川と大峰山脈が見える!
熊野川
53
52
51
50
49
48
水準点。標高211.1メートルだよ!
照葉樹林に囲まれた明るい道。木漏れ日がキラキラ美しいよ!
なだらかな下り。檜までもう少し! 残り少ない古道をたのしんで!
フフフーン♪ ラララー♪
道幅も広く、とても歩きやすく美しい尾根道。鼻歌エリアだね♪

石垣を積んだ屋敷跡や古いお墓が残っている。このあたりでは最後まで残っていた茶屋のひとつで昭和の頃まで営業していたそう。
3 松畑茶屋跡
茶屋の人々の墓石.
なんと!
伊勢路との合流点
万才峠を越えてくる熊野古道伊勢路(本宮道)が合流!ココに出るのだ。
木々越しに野竹法師山が見えるよ!
じわりと続く下り道
2 如法山
小雲取越道の近くにそびえる、特徴ある形の山。標高のわりには険しい印象を与え、藤原定家が日記の中でその険しさを嘆いた「紫金峰」とはこの山のことだとか。
2 如法山(609m)
1 百間ぐら
「ぐら」とは高い崖を意味する。ここからは幾重にも連なる熊野三千六百峰を一望できる。絶景を眺めながら、一休みしよう。
1 百間ぐら
46
45
44
43
42
「二本杉」の切株.
昔ここに大きな二本杉があったんだって。
ここからもW.Cに行けるよ。
W.C
説明板
林道交差.
古道は直進だけどW.Cは左折150m
ほ
0m
100m
500m

その四十五
請川から熊野本宮大社まで
3.5km 50分
1 大斎原(おおゆのはら)
かつてはここに熊野本宮大社があったが、明治22年(1889年)の大水害により社殿の多くが流されてしまった。
現在は小さな祠があるのみだが、それが逆に森羅万象の中に神々をみる熊野の(日本人の)原点を感じさせるとても素敵な所。
熊野古道中辺路
京都、大阪、和歌山を通り、いくつもの王子に参りながらここ本宮に至る参詣道紀伊路の一部。紀伊田辺から続く道。中世以降は西国巡礼道としても使われた。
中辺路
ほんぐうcafe B&B
本宮大社前バス停
熊野本宮大社
ゴール
W.C
本宮警察署
お土産「植村の里」
世界遺産熊野本宮館
世界遺産「紀伊山地の霊場と参詣道」の情報交流拠点。2009年7月にオープンした。
田辺市役所本宮行政局
薬局
蒼空げすとはうす
カフェ、食事処、お土産屋、酒屋、コンビニ(PM7:00で閉まる)が並ぶ。
建て物のデザインが本宮大社に合わせてあり、落ちついた雰囲気。
JA
カフェ
熊野本宮大社
熊野三山のひとつであり、全国の「熊野神社」の総本山にあたる。明治22年の大水災による流出を免れた上四社3棟を高台にあたる現在地に移築した。本宮の地に神が祀られたのは今から2000年前と言われている。

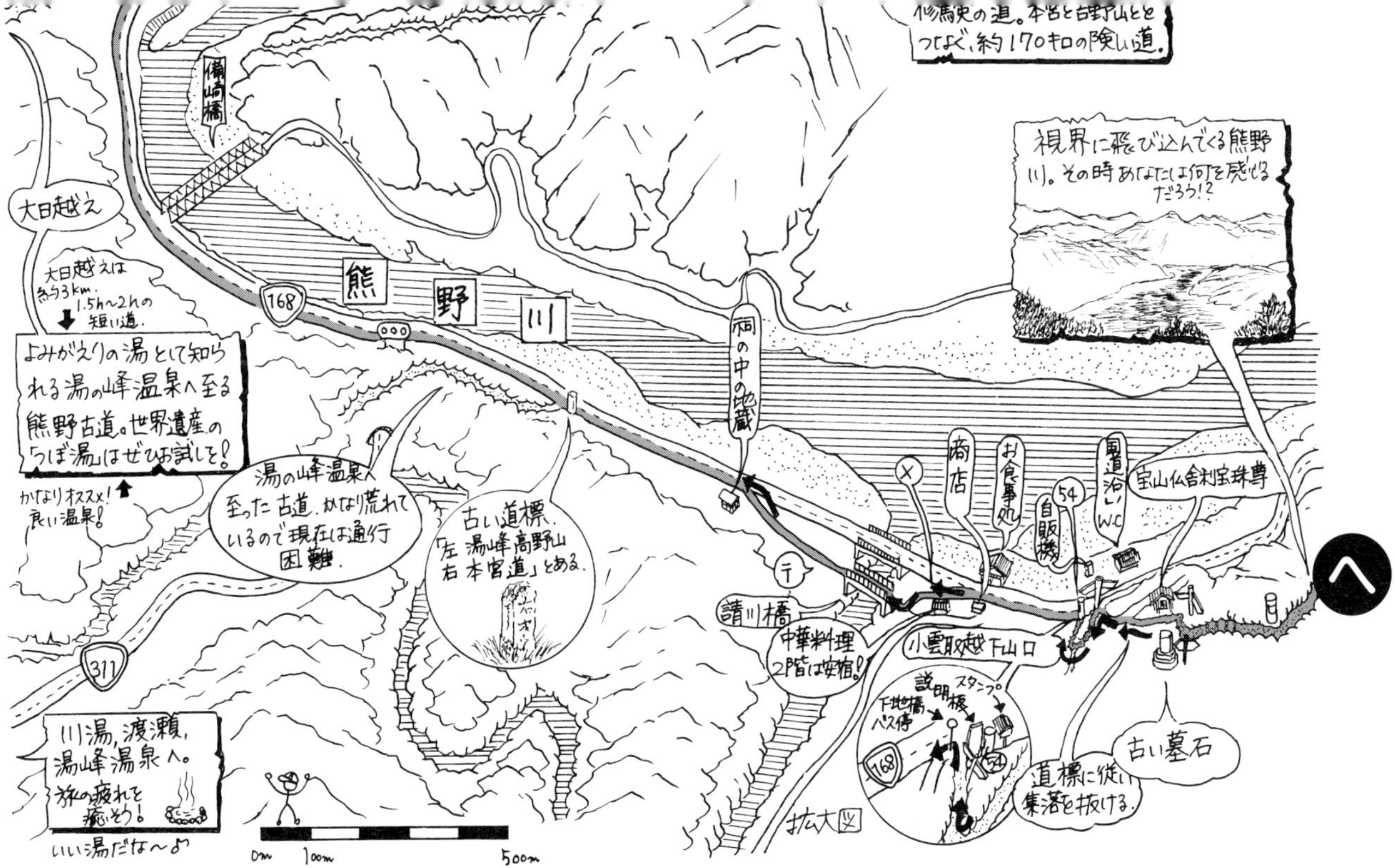

修験の道。本宮と吉野山とをつなぐ、約170キロの険しい道。
視界に飛び込んでくる熊野川。その時あなたは何を感じるだろう!?
大日越え
大日越えは約3km. 1.5h～2hの短い道.
よみがえりの湯として知られる湯の峰温泉へ至る熊野古道。世界遺産の「つぼ湯」はぜひお試しを!
かなりオススメ! 良い温泉!
備崎橋
熊野川
168
祠の中の地蔵
湯の峰温泉へ至った古道. かなり荒れているので現在は通行困難.
古い道標. 「左 湯峰高野山 右本宮道」とある.
商店
お食事処
自販機
54
国道沿い W.C
宝山仏舎利宝珠尊
請川橋
中華料理 2階は旅館!
小雲取越下山口
説明板
スタンプ
下地橋バス停
古い墓石
道標に従い集落を抜ける.
311
川湯, 渡瀬, 湯峰温泉へ。旅の疲れを癒そう!
いい湯だな～♪
0m 100m 500m
拡大図

# インフォメーション

## ■語り部さんと歩くには

熊野古道には、歴史や史跡を案内してくださる「語り部」と呼ばれるガイドさんがいます。私が歩いた伊勢路エリアの語り部ガイドの申込先は以下になります（なお、催行日の２週間前までに申し込むのが基本ルールだそうです）。

熊野古道語り部友の会（東紀州地域観光まちづくり公社）
電話：0597-23-3874（尾鷲）0597-89-6172（熊野）
WEB：http://higashikishu.org/kataribe-irai.shtml

## ■アクセス

### 伊勢神宮へ ［伊勢路出発地点］

◆東京方面から
新幹線で名古屋駅へ行き、JR または近鉄に乗り換え伊勢市駅（外宮最寄り駅）へ。池袋や横浜から伊勢・鳥羽行きの夜行バスも運行されている（西武バス、三重交通を利用）。内宮へは、外宮前から内宮行きのバスが出ている。

◆京都・大阪方面から
近鉄で伊勢市駅へ。京都駅から内宮・外宮行きの高速バスも運行（三重交通）。

### 熊野速玉大社へ ［『歩く旅の本』で歩いた熊野三山巡りの起点］

◆東京方面から
新幹線で名古屋駅または新大阪駅へ行き、JR に乗り換え新宮駅へ。池袋や新宿、横浜から勝浦温泉行きの夜行バスも運行されている（西武バス、三重交通を利用）。
羽田空港から飛行機に乗り、南紀白浜空港まで飛んで白浜駅から JR で新宮まで行く方法もある。

◆京都・大阪方面から
新大阪駅、天王寺駅、または名古屋駅から JR で新宮へ。

### 熊野本宮大社からの帰り

本宮大社周辺からはバスで移動します。新宮駅、紀伊田辺駅、白浜空港などと本宮大社をつなぐバスが運行されています。
※ JR 紀伊田辺駅～熊野本宮方面（龍神バス）
※白浜空港・白浜駅～熊野本宮方面（明光バス）
※熊野本宮～小口～新宮方面（熊野交通）
※奈良方面～新宮方面（奈良交通）

# このイラストマップについて

Ｐ１～34の「伊勢路部分（伊勢神宮～熊野速玉大社）」は、元は「熊野古道伊勢路図絵 平成の熊野詣」として、伊勢路イラストマップ探検隊の方が 2009 年に制作したものです。私ははじめこの地図を持っていなかったのですが、道中の宿の方からいただき、大変便利で役に立ちました。そこで、本書のために特別にその地図を借用させていただきました。今の伊勢路周辺は、その後、高速道路が開通しインターチェンジが新たにできるなど、現状とは一部異なる部分がありますので、その点についてご了承ください。なお、Ｐ 35 ～ 45 の「中辺路部分（熊野速玉大社～熊野本宮大社）」は「伊勢路部分」を模して今回新たに書き下ろしたものです。